比較法研究
第三巻
法文化の諸形相

山内 惟介 著

日本比較法研究所
研究叢書
111

中央大学出版部

中央大学法学部国際企業関係法学科
「比較法文化論」歴代の履修者に

装幀　道吉　剛

まえがき

1　本書の主題をなす「法文化」という言葉に著者が初めて接したのは，1983年春，最初の留学先，ドイツ連邦共和国においてであった。ノルトライン・ヴェストファーレン州のヴェストフェーリッシェ・ヴィルヘルム大学（通称「ミュンスター大学」）で著者を受け入れられたベルンハルト・グロスフェルト博士（当時正教授，現名誉教授）御担当の「比較法演習（Seminar "Rechtvergleichung"）」は知的刺激に満ちたものであった。文字と法，言葉と法，地理と法，数字と法，時間と法，宗教と法など，多様な視点から，日常的事象をめぐる「法文化」について考える契機を得ることができた。中央大学法学部では，一時期，杉山直治郎博士による「比較法原論」講義が行われていたが，著者の学生時代，「比較法原論」講義は閉講が続いていた。比較法に関する文献もさほど多くはなかった時代である。グロスフェルト博士との出会いは著者にとって何物にも代えがたい貴重な経験となった。

　帰国後，眞田芳憲教授（現名誉教授）が再開されていた「比較法原論」講義を承け継ぎ，継続して担当する機会が訪れた。先学（杉山博士のほか，石崎政一郎博士，江川英文博士，野田良之博士，五十嵐清博士，千葉正士博士，西賢博士，澤木敬郎博士，大木雅夫博士等の御名前が挙げられなければならない）の基盤的業績を頼りに，この分野の体系的把握に努め，歴史と現況を理解する日が続いた。「原論」という視点が優先されたため，講義では，歴史と方法論が優先され，各論的素材はもとより，「法文化」に触れる余裕もなかった。それでも，「法文化」の研究は，外国文献への依拠を伴いつつ，細々と続けられた。

　このような環境は，1993年4月，国際企業関係法学科が法学部に新設され

たことにより，一変した。初年度から1年次後期必修科目「比較法文化論」の講義を担当することとなったためである。爾来，四半世紀が経過した。この間，比較という行為（動詞）の対象（直接目的語）を構成する「法文化」について改めて思索をめぐらし，その解明を試みてきた。前著『比較法研究 第一巻 方法論と法文化』（日本比較法研究所研究叢書79）（中央大学出版部，2011年）および『Japanisches Recht im Vergleich』（同研究叢書83）（中央大学出版部，2012年）はいずれもその中間的成果である。幸いなことに，これらの研究はグロスフェルト博士から好意的に受け止められ，「比較法分野におけるわたくしのたった一人の後継者（mein einziger Nachfolger）」という過分の評価も戴いた（山内／エブケ編著『国際関係私法の挑戦』（同研究叢書92）（中央大学出版部，2014年）10頁）。本書には，その後の研究の歩みが収録されている。

2　本書は3部から成る。「第Ⅰ部　歌謡に化体された法文化」は，旧稿（「歌謡に化体された法文化探求の一局面（一）――わが国女性演歌歌手の作品を手掛かりに――」法学新報119巻5・6号（近藤昭雄先生退職記念論文集）239-301頁，2012年）に補正を施した上で大幅に加筆したものである。被献呈者が抱く関心事のひとつを考慮したこの研究では，同稿執筆の当時，一定の市場価値を得ていた15曲を素材として「言葉と法」という視点から，「法文化」の部分的解明が試みられた。それは，各集団に固有の社会行動文法が「歌詞」（言葉の集合体）に凝縮されている点に着目したことによる。

「第Ⅱ部　橋梁に化体された法文化」は，2007年5月2日，ヘッセン州フィリップス大学（通称「マールブルク大学」）の歴史ある旧講堂（国際私法の基礎を築いたフリートリッヒ・カール・フォン・サヴィニィの名が思い出される）で挙行された還暦記念論文集（Heinrich Menkhaus/Fumihiko Sato (Hrsg.), Japanischer Brückenbauer zum deutschen Rechtskreis : Festschrift für Koresuke Yamauchi zum 60. Geburtstag, Berlin 2006）贈呈式における著者の答礼講演（口語体を採用した日本語版元原稿）である（これを短縮したドイツ語版は，Japan-Zentrum Philipps-Universität

Marburg, OCCASIONAL PAPERS, No. 33: Akademische Feier aus Anlass der Überreichung der Festschrift *Japanischer Brückenbauer zum deutschen Rechtskreis* an Prof. Dr. Koresuke Yamauchi am 2. Mai 2007, Alte Aula der Philipps-Universität Marburg (2007), SS. 19-37 に掲載されている（『比較法研究 第一巻 方法論と法文化』第Ⅲ部 Abschnitt 4 に再録））。社会行動文法を異にする者の間で対話を成立させようとすれば、双方を架橋する手段として、体験の共有が有用である。「比較文化論」では、異文化交流の実践に向け、「社交」という主題が優先的に取り上げられてきた。法律家の視点からは、部分的利益の擁護に拘泥して争いを重ね、ついには武力衝突に至ることの愚かさを自覚し、互譲の精神のもとに共通行動基準を策定し、これを遵守する立場が優先されなければならない。周知のように、東洋の「一曰、以和爲貴」（聖徳太子 17 条憲法（紀元 604 年））も西洋の「Pax optima rerum（平和こそあらゆるものの中で最上のものである）」（ローマの詩人 Silius Italicus（紀元 1 世紀）の言葉）もともに上述の趣旨を表す警句である。このような理解の優位性は世界史上も繰り返し実証されている。

「第Ⅲ部　法学教育の方法に関する法文化」は、1977 年 4 月奉職以降、在外研究時を除きほぼ一貫して担当した初年度教育において、履修者に提供し続けた教材の最新版である（表現上、学生との対話を意図した文体が採用されている）。大学教育の要諦は、知識の伝達・継承という以上に、知識の習得および応用に関する技術を含めた実践可能な方法論を具体的に伝授することにあると考え、履修者の理解状況を考慮しつつ、年ごとに改訂を加えたこの資料は、同時に、法学教育方法に関する社会行動文法の一例とみられ得る。この技法は、著者自身が日頃実践している研究の方法論にほかならない。このような方法論の提示は、講壇から一方的に知識を提供し、一定期間をおいてその修得度を確認する過程を繰り返す伝統的教育方法を批判的に検証し、新たな提案を為し得る推進力を涵養しようとするひとつの野心的な試みでもある。

3　著者は、研究と教育を不可分一体のものと考え、これを実践してきた。

研究成果（教育内容の継続的改訂作業）を教育現場に反映させようとすれば，日々，研究を実践しなければならない。研究成果を公表しつつ，研究手法を改良する試みの連続であった。専門分野の素材を用いながらも，研究手法の伝授を中核とする著者の講義では，学部生にも研究を実践する姿勢が求められた。著者の教育態度は，教育を研究に優先させようとする今日の大勢からみると，異端に属する。それでも，異文化圏に属する者に対して，固有の視点から，新たな刺激を提供する行動力を涵養する点に中等教育とは区別された高等教育の存在意義があるとする著者の見方が世界市場で行動する者に不可欠の共通理解であるという認識は，内外関係者との交流，卒業生の活躍等を含め，40年間に及ぶ教育体験を通じて著者が得た実感でもある。

著者は本年度末をもって高等教育の現場から離れることとなった。定年は，教育現場にこそあれ，学問に携わる者にはない。「法文化」は著者にとってもなお継続的検討課題のひとつである。本書は，講義と並行し，研究実績によっても刺激を与えようと考える著者が，中央大学法学部国際企業関係法学科「比較法文化論」の歴代の履修者諸氏に対してなし得る最後の贈り物でもある。末文ではあるが，本書の刊行を許された日本比較法研究所，本書の刊行実務を担当された同研究所事務室ならびに中央大学出版部髙橋和子氏の御配慮に対し，ここに深甚なる謝意を表しておきたい。

2016 年 8 月 18 日，古稀を迎えて

山 内 惟 介

比較法研究
第三巻
法文化の諸形相

目　　次

まえがき

第Ⅰ部　歌謡に化体された法文化

第1章　問題の所在……………………………………………………… *3*

第2章　わが国の歌謡に現れた社会的行動規範の諸形相……… *9*

 1．不特定多数への接し方
  ——対人関係における行動指針——………………………………… *9*
  （1）　永井裕子「明日に咲け」（2011年）　*10*
  （2）　市川由紀乃「度胸花」（2006年）　*22*
  （3）　石原詢子「淡墨桜」（2007年）　*30*
  （4）　坂本冬美「大志」（1997年）　*37*
  （5）　伍代夏子「雪中花」（1992年）　*47*
  （6）　ま と め　*53*

 2．二人の社会の築き方
  ——内縁関係と婚姻関係における心配り——……………………… *61*
  （1）　小桜舞子「こころ川」（2010年）　*62*
  （2）　大石まどか「春待ち花」（2007年）　*69*
  （3）　多岐川舞子「愛一葉」（2007年）　*76*
  （4）　石原詢子「ふたり川」（2006年）　*82*
  （5）　藤あや子「ふたり花」（2000年）　*88*
  （6）　ま と め　*94*

 3．個人としての身の処し方
  ——自立へ向けた内省的視点——…………………………………… *101*
  （1）　永井裕子「旅路の女」（2004年）　*102*
  （2）　水森かおり「秋吉台」（2004年）　*109*
  （3）　多岐川舞子「柳川しぐれ」（2011年）　*116*
  （4）　石原詢子「おもいでの雨」（2005年）　*125*
  （5）　伍代夏子「おんな夜景」（2011年）　*133*

（6）ま　と　め　139

第3章　結びに代えて……………………………………………… 143

第Ⅱ部　橋梁に化体された法文化

第1章　は じ め に…………………………………………………… 151
第2章　法文化のシンボルとしての橋……………………………… 157
第3章　法文化──橋のイメージ…………………………………… 163
　1．西　洋……………………………………………………………… 163
　2．東　洋……………………………………………………………… 167
　3．対　比……………………………………………………………… 171
第4章　ドイツと日本との架け橋…………………………………… 173
第5章　私 的 体 験…………………………………………………… 179
第6章　課題と展望…………………………………………………… 183
第7章　結びに代えて………………………………………………… 187

第Ⅲ部　法学教育の方法に関する法文化

第1章　は じ め に…………………………………………………… 191
　1．問題意識の表明とその背景説明……………………………… 191
　2．叙述の順序とその理由………………………………………… 203
第2章　学修の基本的な技法………………………………………… 213
　1．前提的説明……………………………………………………… 213
　2．基礎力の養成 …………………………………………………… 235
　　（1）読む力の養成　235
　　（2）書く力の養成　258

（3）読む力と書く力の融合　*266*
　（4）聞く力の養成　*268*
　（5）話す力の養成　*272*
　（6）聞く力と話す力の融合　*279*
　（7）判断する力の養成　*280*

3．基礎力の向上 ………………………………………………… *284*
　（1）は じ め に　*284*
　（2）正確性の追求　*284*
　（3）稠密性の追求　*285*
　（4）迅速性の追求　*286*
　（5）ま　と　め　*287*

4．基礎力の拡充 ………………………………………………… *288*
　（1）質問する力の養成　*288*
　（2）主張する力の養成　*292*
　（3）対話する力の養成　*297*
　（4）討論する力の養成　*301*
　（5）核心を摑む力の養成　*306*
　（6）議事を進める力の養成　*310*
　（7）評価する力の養成　*317*
　（8）指導する力の養成　*319*

5．基礎力の応用 ………………………………………………… *321*
　（1）は じ め に　*321*
　（2）専門性の追求　*322*
　（3）体系性の追求　*323*
　（4）国際性の追求　*324*
　（5）ま　と　め　*325*

6．学修の基本的な技法の総まとめ……………………………… *326*

第3章　結　　び ………………………………………………… *329*

1．当初の課題に対する解答 …………………………………… *329*
2．今後の課題 …………………………………………………… *332*

付録(1) 重要用語集　*337*

付録(2) 争点整理作業参考資料　*337*

索　　引　*339*

第Ⅰ部
歌謡に化体された法文化

第 1 章

問題の所在

1 「法文化」とは何か[1]。また,われわれは「法文化」という用語(概念)をどのように理解(定義)することができるか。実定法学の研究を進める場合でも,解釈法学を実践することと並行して,同時に,「法文化(Rechtskultur, legal culture, culture juridique)」[2]の研究が継続して展開されなければならない。法文化への言及が必要となるのは,周知のように,「言葉や文字で語られる法が法のすべてではない(nicht alles Recht ist gesprochenes Recht)(言葉や文字で表されているもの以外にも,「法」に該当するものが存在する)」[3]という理解がわれわれに共有されていることに起因する。社会諸科学において用いられる抽象的概念の意味内容が,法制上認められた「思想の自由」の枠内で,論者の関心事,叙述対象たる事象のありよう等に左右され,その結果,語句の定義が論者の間で相違する点については,およそ異論の余地がないであろう。各自が設定した当

---

[1] "解釈……は答えであり,解釈の方向は……立てられた問いによって決定されている。……われわれはどのようにして,問いを立てる……か。われわれが問いを立てるときに,何に答えている……か。……われわれの関心を目覚めさせるのは何か。……解釈者は,この問いに答えるために……自分で問いを立て始める。"ハンス・ゲオルク・ガーダマー著,カルステン・ドット編(巻田悦郎訳)『ガーダマーとの対話 解釈学・美学・実践哲学』(未来社,1995 年)30 頁以下。"解釈学的な想像力(Phantasie)……とは……問うに値するもの(das Fragwürdige)とわれわれにそれを要求するものとに対する感覚である。"ガーダマー著,ドット編(巻田訳)・前掲書 18 頁以下。

[2] 五十嵐清著『比較法ハンドブック』(勁草書房,2010 年)10 頁以下(この趣旨は,同書の第 2 版(2015 年)でも変更されていない)他参照。

[3] *Sacco, Rodolfo,* Einführung in die Rechtsvergleichung, Baden-Baden 2001, S. 33.

面の課題への取組みに先行して(前提の確認)であれ,またこれと並行して(相関関係への配慮)であれ,用語に関する定義の確認がつねに必要とされるのも,論述の目的,事象の分析等との関連において用いられる道具概念とその内容との間に一貫性があるか否かが個々の文脈に即して検討されるためにほかならない。こうした認識は,比較法学においてさほど古い歴史を持たない「法文化」という用語についてもそのままあてはまるように思われる。

　広義の「比較法学」に関する内外の文献では,以前から,「法文化」という表現が繰り返し用いられている[4]。しかしながら,それでいて,おそらくは上述の事情によるためであろうが,この語の意味内容についていまだ明確な一致はみられていない。そのことは「法文化」という道具概念そのものについての研究が今なお解明の途上にあることを意味しよう。このような状況のもと,「法文化」という用語をどのように理解することができるかという点については,著者自身,すでに繰り返し検討する機会があった[5]。また,折りに触れて,

---

4) 山内「総論の課題」比較法雑誌 36 巻臨時増刊号「シンポジウム　日本の法文化」(2003 年) 41-57 頁(「法文化」と改題の上,『比較法研究　第一巻　方法論と法文化』(中央大学出版部, 2011 年) 111-128 頁所収) 他参照。

5) 山内「総論の課題」(前注4)), *Koresuke Yamauchi, Laufen und Recht — Die japanische Pilgerfahrt—*, in: *Bernhard Großfeld/Koresuke Yamauchi/Dirk Ehlers/Toshiyuki Ishikawa (Hrsg.)*, Probleme des deutschen, europäischen und japanischen Rechts, Berlin 2006, SS. 185-207. (『比較法研究　第一巻　方法論と法文化』264-290 頁所収). *Yamauchi*, Kultur, Recht, Rechtskultur, in: Freundeskreis Rechtswissenschaft (Htsg.), SCHLAGLICHTER 5, Ansprachen und Reden an der Rechtswissenschaftlichen Fakultät Münster im Akademischen Jahr 2005/2006, Münster 2006, SS. 79-98. (『比較法研究　第一巻　方法論と法文化』246-263 頁所収),「文化,法,法文化」(石川敏行,エーラース,グロスフェルト,山内惟介編著『中央大学・ミュンスター大学交流 20 周年記念──共演　ドイツ法と日本法』(日本比較法研究所研究叢書 (73), 中央大学出版部, 2007 年) 475-504 頁) (『比較法研究　第一巻　方法論と法文化』178-203 頁所収). *Yamauchi*, Brücke und Rechtskultur: Zugleich Dankesrede für die Verleihung der Festschrift *Japanischer Brückenbauer zum deutschen Rechtskreis*, Japan-Zentrum: Philipps-Universität Marburg, Occasional Papers No.33: Akademische Feier aus Anlaß der Überreichung der Festschrift „Japanischer Brückenbauer zum deutschen Rechtskreis an Prof. Dr. YAMAUCHI

「法文化」を具体的に認識するための試論を提示したこともある[6]。

2　ここでは，これまでの断片的な研究に続け，被献呈者・近藤昭雄教授[7]が関心を寄せられた社会事象に配慮する立場から，われわれを取り巻く現実の社会に存在し得る「法文化」を探求するためのひとつの試みとして，わが国で比較的広く浸透していると思われる[8]歌謡のうち，女性演歌歌手の作品に着目し，主に近年リリースされた演歌（ないし艶歌）15曲に素材を求めることとした[9]。むろん，素材の選定にあたっては，あくまでも「法文化」探求上の便宜という視点が優先され，対象曲がそれぞれに有する固有の諸価値（人気投票順位，売上高ランキング等）はまったく考慮されていない。排列は，便宜上，歌手の年齢順（若年者から年長者へ）に拠る。人生の表舞台において社会の注目を浴び続ける歌手のほか，作詞家，作曲家および演奏家を含め，当該活動に関わる少なからざる人々がそうした職業をなりわいとして生活し，それぞれの経済的活動が（たとえ高額所得者がその一部に限られるにせよ）それなりの収益を上げているという事実をみる限り，わが国にはこのような「文化」に属する活動を精神的にも経済的にも支える基盤が少なからざる規模と範囲において実在することは明らかであろう。おそらくはこの種の活動に関わる多様な人々（消費者等）

Koresuke" am 2. Mai 2007, Alte Aula der Philipps-Universität Marburg, Juni 2008, SS. 19-37.（『比較法研究　第一巻　方法論と法文化』291-312 頁所収），「植物に化体された法文化の比較可能性——民話にみる法文化探求の一局面——」（法学新報 116 巻 3・4 号「柳井俊二先生古稀記念論文集」）（2009 年）721-774 頁（『比較法研究　第一巻　方法論と法文化』129-177 頁所収）。

6)　前注 5) 参照。
7)　法学新報 119 巻 5・6 合併号は，近藤昭雄教授（労働法専攻）の退職記念論文集として刊行された。
8)　このことは，たとえばインターネットの You Tube においてアクセスが容易になっていること等からもうかがえよう。
9)　むろん，こうした基準を満たす歌詞は決して少なくないであろうが，著者の関心は，あくまでも「法文化」探求の可能性を探ることにあり，わが国歌謡史の網羅的研究にあるわけではない。

の社会的行動（積極的な推進から消極的な受容までを含む）のうちに，歌詞に込められた一定の主張に対する少なからざる共感が，ひいてはそこに生活する人々に固有の「社会的行動規範（社会行動文法（social grammer）[10]）」の存在が確認され得るのではないかと考えられたからである。

3 以下では，これら15曲の歌詞の内容に着目し，3つの類型に分けることとした（こうした視点自体，むろん，整理の都合による便宜的なものに過ぎない）。第一のそれは，個人の「不特定多数への接し方」にみられる社会的行動規範の探求である。「対人関係における行動指針」という副題を付けた理由もこの点にある。第二の類型は，社会の最小構成単位をなす男女の（生活）共同体（生成過程を含む），つまり，「二人の社会の築き方」にみられる社会的行動規範の探求である。ここでは，「内縁関係と婚姻関係における心配り」という副題が付されている。そして第三のものは，「個人としての身の処し方」にみられる社会的行動規範の探求である。「自立へ向けた内省的視点」という副題を用意した。各項においては，初めに歌詞等に関する情報を掲げ(1)，次いで歌詞に対する著者なりの解釈を示し(2)，さらに，歌詞に含まれる種々の争点と各争点に対する個々の判断基準等を体系的に整理し(3)，最後に，それぞれの歌詞の文言および行間から何を「法文化」として読み取ることができるかについて検討する(4)。「法文化」の探求にあたり社会的行動規範（一定の条件が与えられたときに，特定の行動をとることが社会的責務として要請されているとみる理解，「……とき」（要件）→「……しなければならない，……すべきである，……することができる」（効果））に着目するこうした見方[11]が「法文化」概念探求の歩みを少しでも進めることになるならば，何よりのこととされよう（ただ，「法文化」の区分に地

---

10) なお，この表現は社会学等において用いられる用語をそのまま借用するものではない。この表現は，社会的行動基準，社会的行動規範，良識，常識等と言い換えられる余地もある。

11) これに先行する論究としては，さしあたり，山内「植物に化体された法文化の比較可能性──民話にみる法文化探求の一局面──」（前注5）参照。

域的視点(「日本の法文化」,「石垣島の法文化」等)を入れることができるか否か,地域をどこまで細分化することができるかといった諸点についてはなお検討中であるため,空間的観点の捉え方如何については留保する)。

第2章
わが国の歌謡に現れた社会的行動規範の諸形相

1. 不特定多数への接し方
―― 対人関係における行動指針 ――

　この項では，所属する社会（組織）の種類，規模等に関わりなく，各構成員に広くあてはまる可能性をもった歌詞として，永井裕子「明日に咲け」[12]，市川由紀乃「度胸花」[13]，石原詢子「淡墨桜」[14]，坂本冬美「大志」[15]，そして伍代夏子「雪中花」[16]，これら5点が取り上げられる。とりわけ，人生の逆境にある者にとって，おのれを鼓舞し，新たな挑戦の意欲を掻き立てられる歌詞は，大いに魅力的に映ることであろう。演歌が「人生の応援歌」とも言われるゆえんである。ここに「不特定多数への接し方」という表現を用いたのは，それぞれの歌詞の中に，職業や貴賤，信条や立場の相違を超えて，広く通用する社会的行動規範を見出すことができるのではないかと考えたことによる[17]。

---

12) http://www.uta-net.com/movie/44834/ （2016年9月4日確認）。2011年4月20日発売『永井裕子ベストセレクション2011』Disc 2の2番目に収録。

13) http://utaten.com/movie/ym15070927/ （2016年9月4日確認）。2006年10月発売『市川由紀乃全曲集 カセット KITX 3431』14番目に収録。

14) https://www.youtube.com/watch?v=xwzlWJr7hRk （2016年9月4日確認）。2007年3月7日に23枚目発売シングル盤『淡墨桜』。

15) http://www.uta-net.com/movie/9612/ （2016年9月4日確認）。1997年3月5日発売の19枚目シングル盤『大志』。

16) https://www.youtube.com/watch?v=r1KokG0zQBA （2016年9月4日確認）。1992年4月22日発売5枚目シングル盤『雪中花』。

17) なお，法文化の形成基準として空間的視点を考慮すべきか否か，これが肯定され

（1）　永井裕子「明日に咲け」（2011 年）

1　まず，「明日に咲け（あすにさけ）」の歌詞および関連する情報[18]を掲げよう。

　　先に咲いたら　散るのも早い
　　早いばかりが　勝ちじゃない
　　遅い分だけ　陽差しが伸びた
　　春が苦労の　先で待つ
　　人生焦らず　明日に咲け

　　持ちつ持たれつ　この世の中は
　　何も出来ない　一人では
　　傘を譲れば　土砂降り雨に
　　他人（ひと）は　情けの軒を貸す
　　人生迷わず　明日に咲け

　　長く厳しい　冬の夜（よ）だって
　　遅れようとも　朝は来る
　　いまは値打ちに　気づかぬけれど
　　いつか世間も　目を覚ます
　　人生挫けず　明日に咲け

2　(1)　この歌詞は，3 つの 5 行連から成る。主人公の性別，年齢，社会的地位等，その属性のほか，設定された舞台，時間帯等は特定されていない。このような形式が採用されたのは，より多くの視聴者を獲得することが意図されていたためであろう。また，素材として選ばれた「花」の種類等も明示されて

　　る場合において，法文化の単位たる地域をどの程度細分化すべきか（「日本の法文化」，「石垣島の法文化」等）といった諸点については今後の検討に委ねたい。
18)　http://www.uta-net.com/movie/44834/（2016 年 9 月 4 日確認）（前注12）。木下龍太郎作詞，四方章人作曲，永井裕子歌唱。永井裕子は佐賀県佐賀市出身の演歌歌手である（http://www.yuko-nagai.com/（2016 年 9 月 4 日確認））。

おらず，歌詞の趣旨に最もよく適合する花を特定する基準は全面的に解釈者の主観に委ねられている。ここでは，地域性，花言葉の意味等も考慮される余地がある。「桜前線（ソメイヨシノの開花日が同じである地点を連ねた線）」という言葉や日本各地におけるソメイヨシノの開花時期の相違に着目して桜が選ばれる場合もあろう。また，春の桜[19]，秋の菊[20]というように，季節ごとに異なる花が選ばれることもあろう。「精神美」[21]への連想から「桜」に着目されることもあれば，暗く長い冬にじっと耐えて新芽を出す春を待つ「水仙」[22]が選ばれることもあろう。他方，「春が苦労の　先で待つ」および「冬の夜」という表現からみて，季節は生活環境の厳しさを暗示する冬に設定されている。総じて，ほどなく春が訪れることを信じ，日々の努力を続ける姿勢の大切さが謳い上げられている。

（2）　最初の5行連1行目では，「先に咲いたら　散るのも早い」という表現で，花々が開花期を異にして咲くように，人々の活動が世に認められる時期にも違いがあること，人の心は移ろいやすく，世に認められる時期が早ければ世間の関心も早く失われること，これらが示される。2行目では，「早いばかりが　勝ちじゃない」という表現で，成果を出す時期の早さそれ自体に価値はない（人生における勝負の決め手は，成果が表れる時期如何にはない）ことが指摘される。3行目では，「遅い分だけ　陽差しが伸びた」という表現で，開花する時期が遅ければ，その分たっぷりと暖かい陽射しを浴びて，充実した準備期間を過ごせるという長所もあることが述べられる。4行目では，「春が苦労の　先で待つ」という表現で，熟成型（大器晩成型）の人間には，開花期が遅い（準備期間が長い）ことで，早世型の人間より苦労をする機会が多くても，苦労の積み重ねは必ず報われる（「春」が来る）ことが示される。5行目では，「人生焦

---

19) 伊宮伶編著『花ことばと神話・伝説』（新典社，2006年）97頁，瀧井康勝著『366日　相性花の本』（三五館，1995年）114頁他参照。
20) 伊宮編著・前掲書（前注19））57頁，瀧井著・前掲書（前注19））298頁他参照。
21) 伊宮編著・前掲書（前注19））97頁，瀧井著・前掲書（前注19））114頁他参照。
22) 伊宮編著・前掲書（前注19））123頁，瀧井著・前掲書（前注19））24頁他参照。

らず　明日に咲け」という表現で，成果を出す時期が早いか遅いかはなんら問題にならないことを再度示しつつ，より良い結果を求めて日々努力し続けるよう，激励の言葉が述べられる。この5行を通じて，熟成型の人間に対して，すぐに結果が出なくても結果が出るまで挑戦する姿勢を持ち続けさせるために，成果を出す時期の早さに価値はないという主張が意図的に提示されている。

　(3)　次の5行連1，2行目において，「この世の中」では人々は互いに「持ちつ持たれつ」の関係にあること，すなわち，「一人では」「何も出来ない」のであり，社会の構成員が相互に助け合うという姿勢を持つとともに，それを実践することが必要だという考えが示される。3行目では，「傘を譲れば　土砂降り雨に」という表現で，他人に善意を施すことで一時的に困難な状況に陥る可能性がないわけではないことが，そして4行目では，それでも，最終的にはそうした善意に見合う救済が周囲の者から与えられるという趣旨が，具体例（雨空にも拘らず，自分の傘を貸して人助けをした後，自分自身が土砂降り雨に遭遇し，傘を必要とするような事態に陥っても，傘の代わりに雨宿り用の軒先を貸してくれる親切な人がさらに別にいる――人助けの連鎖，互助精神の伝承）を通して示される。5行目では，「人生迷わず　明日に咲け」という表現で，相互扶助の精神を大切にすれば，必ずや良い結果が現れるのだから，どのような状況に遭遇しても，いささかも迷うことなく，互助精神を発揮するよう努めるべきであるという提言が示される。この5行を通じて，相互扶助の姿勢を植え付けるべく，見返りを期待できる事例が紹介されている。

　(4)　最後の5行連1，2行目では，「長く厳しい　冬の夜だって」「遅れようとも　朝は来る」という表現で，緯度や季節の違いから夜が長い（夜明けが遅い）冬でさえ，夜の長さ如何に関わりなく必ず「朝は来る」という自然現象に触れながら，社会生活でも，努力する者には必ずそれに見合った結果が訪れることが示される。3，4行目では，自然現象になぞらえながら，「いまは値打ちに　気づかぬけれど」「いつか世間も　目を覚ます」という表現で，まだ開花していない植物（成果を出せていない人物）にも値打ちがあることに気付かない者が世間にはいるが，開花期は遅くとも，花が咲けば（努力の成果が表れれば），

世間はその花（人）の値打ちに気付くはずだという主張が示される。5行目では、「人生挫けず　明日に咲け」という表現で、遅く咲く花であっても、必ずやその価値が世間に認められるであろうという状況を人々の社会的活動に転用し、今は苦労が続いていても、諦めず着実に努力を続け、成果を挙げられるように行動することの大切さが強調されている。この5行を通じて、第一連の場合と同様、容易く諦めず日々着実に努力する姿勢を維持させるために、開花期如何は重要ではないという主張が繰り返されている。

3　それならば、この歌詞に対する上述の理解から、どのような争点、解答、そして、判断基準等を見出すことができるか。

(1)　最初の5行連では、勝負事とは異なる意味で、人生の成功を得るための心構えが取り上げられていた。むろん、人生における成功の意味如何、いいかえれば、人生における勝ち負け（成功と失敗）とは何かという（定義に関する）問（争点①）に対する反応（解答①）は、出自（解答①a）、社会的地位（名声、評判）（解答①b）、資産（解答①c）、愛（解答①d）等のうちいずれを優先するかをめぐる各自の価値観を反映して十分に異なり得る。争点①に対する解答①a、解答①b、解答①c、解答①d等を導くものは、むろん、それぞれの解答に固有の判断基準①a、判断基準①b、判断基準①c、判断基準①d等でなければならない。より多くの視聴者を確保するための工夫として、解答①a、解答①b、解答①c、解答①d等の間での（それゆえ、解答①a、解答①b、解答①c、解答①d等を導くはずの判断基準①a、判断基準①b、判断基準①c、判断基準①d等の間での）選択はすべて視聴者に一任されている。

このように、争点①に対する解答が明示されていないにも拘らず、この歌詞では、上の定義確定後に生じる争点が新たに取り上げられる。すなわち、「勝ち」か否かを決める判断基準の要件と効果をそれぞれどのように表現すべきかという問い（争点②）に対する反応（解答②a）は直接的に要件と効果とを明示した規範の形式では表現されず、「早いばかりが　勝ちじゃない」（結果を出す時期が早いか遅いかは重要ではない）という結果に着目した表現で、間接的か

つ消極的に述べられている。これは,「早ければ勝ちだ」という解答②b(同時に,解答②bを導く判断基準,すなわち,「……結果を出す時期が早いとき」(要件)→「……勝つ」(効果)(早さ優先説)という内容の判断基準②b)を採らないという立場の明示的表現でもある。解答②a,いいかえれば,判断基準②aは,決して,「……結果を出す時期が遅いとき」(要件)→「……勝つ」(効果)(遅さ優先説)という別の判断基準②cを前提とする主張ではなく,「早い」か否かは決め手にならないという意味で,判断基準②bが拠って立つ前提,つまり,「時間の経過の長短(成果を出す時期の早さ)に着目すべきである」という主張A(肯定説)の採用を前提として早いか遅いかを問うことに意味はないという主張でもある(これは,主張Aに対する異論ではなく,主張Aに対する批判に当たる)。歌詞の趣旨は,争点②に対し,解答②b(早さ優先説)のようなかたちで直接答えるのではなく,「勝ち」か否かを決める判断基準の形成基準は何かという前提的な問い掛け(争点③)をまず行うべきだという指摘にある。それは,解答②bが依拠する解答③aとして採用される形成基準,すなわち,「……勝負を決めるとき」(要件)→「時間の経過の長短(成果を出す時期の早さ)に着目すべきである」(効果)のほかにも,解答③bとして,「……勝負を決めるとき」(要件)→「成果それ自体の内容(質的側面)が問われるべきだ」(効果)という内容の別の形成基準があり得るはずだからである。ただ,この歌詞が争点③につきどのような解答を用意するのかは明示されていない。その理由は,作詞家の側に,一方で,特定の基準を採用することを通じて必然的に救済される者と救済対象から除外される者とが生まれる(このような区別を通じて,結果を異にする複数の範疇が生まれることは,基準を用いる際の必然的結果でもある)という社会的事象に配慮しつつ,他方で,多文化主義の視点から,各自がみずからの生き方においてそれぞれに評価の基準を自由に採用すればよい(絶対的敗者を作らない——ある文脈では敗者であっても,別の文脈では勝者とする)という考え方があったためかもしれない。

　この5行連では,「先に咲いたら　散るのも早い」,そして「遅い分だけ　陽差しが伸びた」という表現で,早世型も熟成型も,陽の当たる時間の長さに関

わりなく，同じ結果に帰着するという趣旨が述べられている。そこでは，早世型も熟成型もまったく同じ経過を辿って結果（成功）に至ると言えるか否かという問い（争点④）につき，肯定説（解答④ a）が採用されている。しかし，この場合でも，解答④ a の根拠付けに関する判断基準④ a は，規範の形式（「……とき」（要件）→「共通性ないし類似性がある」（効果）という判断基準）では表現されていない。また，これとは別の争点，つまり，植物の成長過程と人間の社会的成長との間に共通性ないし類似性があるか否かという争点⑤につき，上の比喩が示すように，明らかに肯定説（解答⑤ a）が採用されている。しかし，ここでも，解答⑤ a の根拠付けに関する判断基準⑤ a は，規範の形式（「……とき」（要件）→「共通性ないし類似性がある」（効果））では，まったく示されていない。むろん，こうした指摘は，能力の相違は克服できるものであり，人は誰でも努力しさえすれば，必ず成果を出すことができるという確信を前提とした主張でもある。

第三に，この歌詞では「春が苦労の　先で待つ」という表現で，苦労すれば努力が報われるか否かという争点⑥につき，全面的肯定説（解答⑥ a）が採用されている。しかし，ここでも，なぜそのように言えるのかという解答⑥ a の根拠づけに関する問い（争点⑥），つまり，判断基準の形成基準⑥ a 如何に関しても，その内容は規範（「……とき」（要件）→「苦労すれば報われる」（効果））の形式では示されていない。5 行目の「人生焦らず　明日に咲け」という主張は，上の争点⑥に対する解答⑥ a を前提としたものと思われる。このような評価は察するに作詞家自身の直接的および間接的な人生経験に根差すものであろう。

（2）　次の 5 行連には，まず，「持ちつ持たれつ　この世の中は　何も出来ない　一人では」という表現で，世の中で暮らす人々の間に持ちつ持たれつの関係（相互依存関係）がある（「一人では」「何も出来ない」）か否かという問い（争点⑦）とこれに関する肯定説（解答⑦ a）が示される。肯定説の前提には，「……とき」（要件）→「持ちつ持たれつの関係がある」（効果）という形式を伴う判断基準⑦ a があるはずであるが，この点は明示されていない。「この世の中」

では人々は互いに「持ちつ持たれつ」の関係にある（「一人では」「何も出来ない」）という認識から、必然的に、人はどのように行動すべきかという問い（争点⑧）が生まれる。ここでは、「社会では互いに助け合う（よりよく言えば、積極的に他人を助けるように行動する）べきだ」という解答⑧ａが考えられよう。むろん、解答⑧ａの前提には、「人が社会生活を送るとき」（要件）→「人は互いに助け合うべきである」（効果）という判断基準⑧ａが採用されていることであろう。しかしながら、この歌詞では、むろん、上の判断基準⑦ａや判断基準⑧ａだけでなく、各判断基準の根拠を提供する形成基準⑦ａも形成基準⑧ａも明示されていない。

　解答⑧ａに示された内容を前提として、その適用場面を考える場合、このように積極的に助けようと行動する者は、自分が困ったときにいつでも、本当に助けてもらえるのかという問い（争点⑨）が生まれよう。この争点⑨については、３、４行目で、「傘を譲れば　土砂降り雨に」出くわすかもしれないが、それでも、「他人は情けの　軒を貸す」という表現で、肯定説（解答⑨ａ）が示される。ここでは、「自分が困っている人をみて積極的に助けた場合において、かつ、自分が困っているとき」（要件）→「困っている自分も誰かに助けてもらえる」（効果）という判断基準⑨ａの存在が前提とされている（困っている人をみた者は互いに必ずそのものを助けるべきである（相互主義、相互の保証））。むろん、われわれの経験が示すように、解答⑨ａが常にあてはまる（すなわち上の判断基準⑨ａがつねに適用される）か否かという問い（争点⑩）については、その者の人物（人柄、性格、価値観等）、社会的経験、生活環境等の相違に応じて、肯定説（性善説、解答⑩ａ）も否定説（性悪説、解答⑩ｂ）もあり得る。解答⑩ａおよび解答⑩ｂに対応する判断基準⑩ａおよび判断基準⑩ｂもむろん補充されなければならない。この歌詞では、推奨されるべき行動として、肯定説（解答⑩ａ、ひいてはそうした帰結をもたらす判断基準⑩ａ）の採用が優先されている。５行目の「人生迷わず　明日に咲け」という主張は、むろん、上の争点⑦、争点⑧、争点⑨および争点⑩についてすべて肯定説（解答⑦ａ、解答⑧ａ、解答⑨ａおよび解答⑩ａ）を採用する立場を前提としたものである（この立場に立

つことは，同時に，判断基準⑦a，判断基準⑧a，判断基準⑨aおよび判断基準⑩aの採用をも意味する）。ここにもこの作詞家の人生経験等が反映されていることであろう。

　(3)　最後の5行連の初めの2行では，「長く厳しい　冬の夜だって　遅れようとも　朝は来る」という表現で，早いか遅いかの違いこそあれ，必ず夜は明けるという自然現象の確認が行われる。そこには，「地球が自転する（時が止まることなく進行する）」という自然法則，すなわち，「……とき」（要件）→「夜が明けて朝になる」（効果）という自然法則がある。行間には，そうした自然現象を人々の社会生活へ転用することができるか否かという問い（争点⑪）と肯定説（解答⑪a）が隠されている。その前提には，「……とき」（要件）→「自然現象を人々の社会生活へ転用することができる」（効果）という判断基準⑪aがあろう。3，4行目では「いまは値打ちに　気づかぬけれど　いつか世間も　目を覚ます」という表現で，転用の趣旨（世間では，遅く咲く花の「値打ちに」当初は「気づか」ないけれども，開花時期の如何を問わず，花が咲いた暁には，世間はその花がどれほど値打ちがあるかという点に気付いて，遅く咲いた花の値打ちに「目を覚ます」ものだ）が具体的に説明される。こうした比喩を通じて，時期の如何を問わず，人は必ず世間から評価されるか否かという問い（争点⑫）と肯定説（解答⑫a，すなわち，熟成型の人物であっても，時期の如何を問わず，活動の成果が世に現れた暁には，世間はその成果がどれほど値打ちがあるかという点に気付いて，その人の値打ちに「目を覚ます」ものだという考え）が示される。そこには，「人が人生において努力し続けるとき」（要件）→「その者にはしかるべき結果が訪れる」（効果）という判断基準⑫aがあろう。これに対して，解答⑪aおよび解答⑫aの当否という問い（争点⑬）につき，当事者の人物・人柄，社会的経験，生活環境等の差に応じて，肯定説（解答⑬a）も否定説（解答⑬b）もあり得ると考えられる。否定説（解答⑬b）が採用される場合には，争点⑪について否定説（解答⑪b）が採用され，こうした評価を基礎付ける根拠として，「時の経過という自然現象と努力等に依存する人の行動との間に違いがあるとき」（要件）→「自然現象を人々の社会生活へ転用することができない」（効果）と

いう判断基準⑪bが提案されよう。これと同様に，争点⑫についても否定説（解答⑫b）が，そしてそれに対応した判断基準⑫bが主張されることであろう。末尾5行目の「人生挫けず　明日に咲け」という主張も，先の2つの5行連の場合と同様，肯定説（解答⑪aおよび解答⑫a）とそれぞれに対応した判断基準（判断基準⑪aおよび判断基準⑫a）の存在を前提としたものであろう。このように同じ争点をめぐって複数の解答が存在することは当該争点に関する判断基準が複数存在することをも示しており，それら判断基準間での優先順位を決定する形成基準の探求が必要となる。

(4)　このように，この歌詞をめぐってはいくつもの争点と解答，それぞれの判断基準，さらには各判断基準の形成基準等を見出すことができる。極端に字数が限定された歌詞の性質上，各主張の論証過程までは到底期待し得ないところであり，各解答の判断基準や形成基準が明示されていない点に問題はない（むしろ，これらの解明については，そのつど，視聴者自身に検討が委ねられているようにもみえる）。

4　こうした争点と判断基準とのカタログから，われわれは何を「法文化」（社会行動文法）として導き出すことができるか。

(1)　すでに見たように，この歌詞では，人生における行動指針如何（人生における行動指針は何か，人生いかに生きるべきか）という中心的な争点①をめぐって，多様な争点が取り上げられていた。上の3で取り上げられた種々の争点は，それぞれの解答や判断基準等に着目して導き出される他の争点を含めて，中心的争点①（人生における行動指針は何か＝人生いかに生きるべきか）に答える上での派生的争点として位置付けることもできよう。歌詞の主張（解答）は，概ね，各5行連の末尾に示された3つの表現，すなわち，「人生焦らず　明日に咲け」，「人生迷わず　明日に咲け」，そして「人生挫けず　明日に咲け」，これらに集約することができよう。略言すれば，「人は『焦らず』『迷わず』『挫けず』行動する必要がある」という解答①aである。そのように努め，素晴らしい結果を出してほしいという希望の表明ともとれるこの歌詞の主張は，販

売実績という形式で把握される視聴者の存在が実証するように，またわれわれの経験に照らしても，それなりに共感できるものかもしれない。そこには，「周囲の動きに左右されることなくマイペースでじっくりと落ち着いて（「焦らず」），自分が決めた目標の当否，適否，可否，要否等につきあれこれと考えることなく一筋にその実現を目指して（「迷わず」），多少の失敗があってもくよくよ悩んだりしないで（「挫けず」），日々努力を続けて行くとき」（要件）→「人は必ず成功する」（効果）という判断基準①aが存在していることであろう。この判断基準①aは，より正確に言えば，「人は社会生活をするとき」（要件）→「焦らず，迷わず，挫けず，自分が掲げた目標を達成するように努力すべきである」（効果1）という判断基準①a^1と言い換えることができる。というのは，歌詞の第二連から，「人は社会生活をするとき」（要件）→「人は互いに助け合うべきである」（効果2）という判断基準①a^2を導くこともできるはずだからである。

　それならば，われわれの関心事である「法文化」を考える場合，何に着目すべきか。むろん，この点は，各自が行う「比較」の「目的」に左右され得ることであろう。焦点を当てようとする事象の内容に応じて，たとえば，これら2つの判断基準①a^1および判断基準①a^2から成る複合的な判断基準①aをひとつの社会的行動規範とみる（「法文化」についての第一の理解）こともできようし，上の「社会的行動規範を採用するとき」（要件）→「人は成功することができる」（効果）という基準の方を社会的行動規範として捉える（「法文化」についての第二の理解）こともできよう。あるいは，これらの基準全体を社会的行動規範と名付ける立場（「法文化」についての第三の理解）もあろう。

　(2)　こうした指針を支えているのは，人生の先達（Vorgänger）から後生（Nachfolger）へと，さまざまな場で伝承されてきた経験主義への信頼である。経験主義の成否（経験を尊重することの是非）という争点⑭をめぐり，肯定説（解答⑭a）を採るためには，「……とき」（要件）→「人は同じように行動する」（効果）という判断基準⑭a^1が成立していなければならないし，同時に，「人は失敗を恐れる（行動する）とき」（要件）→「人は他者の経験に学ぶ（われわれ

は種々の経験をしてきた先達の教訓に従うべきである)」(効果) といった判断基準⑭ a^2 も存在していなければならない。判断基準⑭ a^1 および判断基準⑭ a^2 がなぜ成立するのか (その成否の根拠如何) という争点⑮を問う場合において，肯定説 (解答⑮ a) を採るときは，「先達の教訓に従った結果，間違いがなかったとき」(要件) → 「判断基準⑭ a^1 および判断基準⑭ a^2 が成立する＝判断基準⑭ a^1 および判断基準⑭ a^2 の要件と効果とをそれぞれ結び付けることができる」(効果) というかたちで，判断基準⑭ a^1 および判断基準⑭ a^2 の形成基準を個別具体的に示すことが必要となる。それでは，なぜに経験尊重型の判断基準が当該社会で維持され得るのか。年長者層が自己の経験を後世に伝え，そうした先達の経験に後生が価値を見出し，そのような形式で代々，経験的価値が蓄積 (再生産) されてゆくところでは，経験の重要性が社会的な共通知として定着してゆくことであろう。年長者からみれば，先達としての経験を後生に伝えること (無形資産の贈与，みずからにとって従来の慣行のもとで気楽に生活できること) に意味があり，後生からすれば，そうした経験を学ぶ (人真似で足りる，新たな価値への挑戦を恐れる) ことに意味 (学修の意義) を見出すという関係が成立しているのかもしれない。ここでは，そうした経験という無形資産価値の伝承という局面だけでなく，相互信頼関係の存在にも社会的な価値があり，相互信頼関係の維持 (年長者に対する敬意，和を以って尊しとなすなど) がひとつの社会的行動規範 (「法文化」) となり得る。このような社会では，経験を尊重すべきであるという内容の判断基準の順守を強制するように働きかけることを通じて，年長者は自己の支配的地位を維持しようとするのかもしれない。また，後生の中には，そうした社会的の行動規範を受け入れ，自らも同じように行動することを通じて，当該社会の意思決定における中枢的機能を担い，年長者が得るべき恩恵を自分も後に享受しようと考える者も生まれよう (「再生産」の一局面)。このように，相互信頼関係の維持 (「……とき」→「先達と後生との間の信頼関係ないし相互依存関係を維持する」という行動様式) が社会的行動規範として成立している社会では，幸か不幸か，先達の経験が資産的価値を有するものとして認められるほど，外界との接触が薄い社会と言えるのかもしれない。これと異な

り，価値基準をまったく異にする社会やそこに属する人々との接触が頻繁に行われ，その結果，既成の価値基準が疑問視されあるいは破壊され，つねに新たな価値基準を創出することが求められるような，変動の激しい社会では，先達の経験はさほど評価の対象とならないであろう（そこでは，なぜ経験に学ばなければならないのかというかたちで，経験を尊重すべきであるとする判断基準の形成基準にそもそも基準としての資格があるか否かという新たな争点が提示されよう）。むろん，このような社会的行動規範の変化を肯定する立場では，「法文化」の変遷可能性は肯定されなければならない（このような認識は，むろん，民族，社会階級等を単位として，一世紀以上もの長期間にわたり変化しない事象を「法文化」と呼ぶような理解とは相容れない——いずれの理解を優先すべきかは，ここでも，「法文化」を「比較」する「目的」如何に左右されよう）。

(3) このような思考形式（思考の枠組み，パラダイム）のもとで，こうした争点と解答，そして各解答の前提にある判断基準，これらのカタログ（対照表，マトリックス）を手掛かりとして，「法文化」を探求しようとする場合，われわれは前述のような各種判断基準の段階的探求を通してこの主題に関する社会行動文法を探ることができるようにも思われる。

このような判断基準の形成基準の効果の内容自体も，決して論理的に結合されているものではなく，政策的判断により結び付けられるものでしかない。そこから，形成基準の成否という争点⑯が問われる場合には，さらに判断基準⑭ a^1 および判断基準⑭ a^2 の形成基準の形成基準が問われるというように，段階的な検討が必要となろう。他方で，この形成基準の要件における表現は，同一の争点に対する解答，すなわち判断基準の適用基準（「先達の教訓に従った結果，間違いがなかったとき」（要件）→「当該判断基準を用いることができる」（効果））の要件の表現としても採用することができるようにみえる。まったく同一の要件が異なる効果を導くことは論理的にあり得ない（効果の相違は争点の相違に起因するのであり，同一の争点につき複数の基準が用いられることはない）とすれば，上記の要件につきさらにその成否が問われることとなろう。

(4) このような過程を経て各判断基準の形成基準が承認される場合にのみ，

当該判断基準をいつ，どのような形式で用いるべきかという新たな争点⑰が登場する。これは，当該判断基準の適用基準を問う争点でもある。ここでも，「……とき」(要件) → 「当該判断基準を用いることができる＝当該判断基準の要件を構成する各文言，効果を構成する各文言，それぞれに当該事象を包摂することができる」(効果) というかたちで，判断基準の適用基準を具体的に示すことが必要となる。むろん適用基準の要件および効果の表現形式も表現内容もともに論者の政策的判断により結び付けられるものである。その結果，当該適用基準の成否が争われる場合には，判断基準の適用基準の形成基準を段階的に探究する必要があろう。このような過程を経て，適用基準の成立が承認されるときにのみ，適用基準のさらなる適用基準が登場する余地がある。

（2） 市川由紀乃「度胸花」(2006年)
1 まず，「度胸花（どきょうばな）」の歌詞および関連する情報[23]を掲げよう。

　　　丸い世間を　四角に生きて
　　　人に抗（さから）う　ヘソ曲がり
　　　馬鹿と言わりょと　笑わりょと
　　　胸に根を張る　心意気
　　　男根性で夢咲かす　度胸花

　　　たかが恋だろ　男じゃないか
　　　未練涙は　おかしいぜ
　　　人の値うちは　心だと
　　　わかる女が　きっといる
　　　ここは一番辛抱さ　度胸花

---

23) http://utaten.com/movie/ym15070927/ （2016年9月4日確認）（前注13)）。下地亜記子作詞，市川昭介作曲，市川由紀乃歌唱。市川由紀乃は埼玉県さいたま市（旧・浦和市）出身の演歌歌手である（http://www.primecorp.co.jp/yukino-ichikawa/ （2016年9月4日確認））。

スルメ嚙むよに　苦労を嚙んで
生きてゆくのが　男だぜ
浮世雨風　あればこそ
枝も栄える　葉も繁る
笑顔千両で明日（あす）をよぶ　度胸花

2　(1)　この歌詞[24]も，3つの5行連から成る。「男根性で」という表現から，主人公が「男」であることが分かる。前項で取り上げた歌詞（「明日に咲け」）と同様，より多くの視聴者を獲得するためであろうか，この歌詞にも季節や時間帯，そして場所等を特定できるような表現はみられない。

(2)　最初の5行連の1行目では，「丸い世間を　四角に生きて」という比喩的表現で，世間に普通にみられる生き方と普通の生き方とは相当に異なる別の生き方との二種類があること，歌詞の主人公として登場する「男」の生き方が後者であること，これらが描かれる。2行目および3行目では，「人に抗（さから）う　ヘソ曲がり」「馬鹿と言わりょと　笑わりょと」という表現で，普通の生き方とは相当に異なる別の生き方に対する世間の否定的評価が紹介される。さらに，その対極として，4行目では「胸に根を張る　心意気」という表現で，普通の生き方とは相当に異なる別の生き方が肯定的に評価される。すなわち，普通の生き方とは相当に異なる別の生き方こそ「男」の「心意気」（心根，気性など）を示す態度だとする主張である。そこには，「男」は安易に他者の影響を受けず，信念を持って生きるのがよいことだという作詞家の人生観があろう。5行目では，「男根性で夢咲かす　度胸花」といった表現で，「男」なら，自分の信念に基づくそうした生き方を貫き，自分なりの「夢」を「咲か」せられるように頑張れとエールが送られる。末尾の「度胸花」は，そのような姿勢を「度胸」をもって貫けば，やがて「花」が咲き，また実りがもたらされるという比喩を通して，そのような信念に基づく生き方をすることにより，成

---

24)　なお，「度胸花」という表題を共有しつつも，曲調をまったく異にする今井由香歌唱「咲かせるぜ！度胸花」がある。その歌詞については http://www.jtw.zaq.ne.jp/animesong/se/seibaj/sakaseruze.html （2016年9月4日確認）。

果が得られるという確信が示される。この5行を通じて，世間の一般的な評価基準（常識，良識等）とは異なる規範に基づいて行動する者に対して，わが道を行くことに問題はないと励ますことが意図されている。

(3) 次の5行連の初めの2行では，「たかが恋だろ　男じゃないか」「未練涙は　おかしいぜ」という表現で，初めの5行連の冒頭に示されたような態度（普通の生き方とは相当に異なる別の生き方）を特別の関係にある男女間でとった結果，異文化圏に属する（世間に普通にみられる生き方を良しとする）女性の共感を得られず失恋したとしても，「男」は相手に対して「未練」を持ち，「涙」に暮れるような姿勢を取るべきではない（普通の生き方とは相当に異なる別の生き方を捨てて，世間に普通にみられる生き方をしてはならない）こと，恋愛は「男」の人生にとって「たかが」といえるほど軽いものである（恋愛は，「……とき」→「普通の生き方とは相当に異なる別の生き方に代えて，世間に普通にみられる生き方をすべきである」という行動様式ないし社会規範の適用対象外である）こと，これら二点が述べられる。3，4行目では「人の値うちは　心だと」「わかる女が　きっといる」という表現で，世間には，失恋相手と異なり，このような生き方（普通の生き方とは相当に異なる別の生き方），つまり，「人の値うちは心だとわかる女」が「きっといる」はずであり，やがてそうした出会いに恵まれる（普通の生き方とは相当に異なる別の生き方がよいという価値観を共有できる相手が見つかる）はずだという予測が示される。5行目では「ここは一番辛抱さ　度胸花」という表現で，「男」なら，望みが叶えられないことがあっても，叶えられるまで辛抱し続けることが大事だという点が示される。末尾では，第一連末尾と同様，「度胸花」という共通表現でそのことが強調されている。この5行を通じて，わが道を行く者の挫折体験が治癒される可能性が示される。

(4) 最後の5行連の1，2行目では，「スルメ噛むよに　苦労を噛んで」「生きてゆくのが　男だぜ」という表現で，噛めば噛むほど味が出るスルメのように，苦労すればするほど，「男」には人間としての深みが出ること，「男」には苦労を耐え忍んで生きて行く姿勢が求められていること，これらが述べられる。3，4行目では，「浮世雨風　あればこそ」「枝も栄える　葉も繁る」とい

う表現で，世間では，雨や風になぞらえられるように，順調とはいえないできごとがしょっちゅう訪れるけれども，そうした試練に耐えて生きて行くことで，草木の成長と同様に，豊かな実りがもたらされることが示される。5行目では「笑顔千両で明日（あす）をよぶ　度胸花」という表現で，「男」なら，そうした苦労にも笑顔で耐えて，自己の信念に基づく生き方を自信をもって貫くべきであり，そうした生き方により，やがて「花」が咲き，実りがもたらされ，「千両」という比喩的表現で語られるほど，大きな成功を収められること，これらが示されている。末尾では，「度胸花」という表現が三度にわたって繰り返されている。この5行を通じて，わが道を歩むことの難しさが暗示されるとともに，成果が上がったときの喜びが倍加することが示される。

3　それならば，この歌詞に対する上述の理解から，どのような争点，解答，そして，判断基準等を見出すことができるか。
(1)　最初の5行連の1行目では，「丸い世間を　四角に生きて」という比喩的表現で，世間をどのように生きているか（人の生き方如何，特に「男」はどのように生きるべきか）という問い（争点①）につき，世間で普通にみられる生き方（「丸い世間を」その形にそって丸く生きる，他人に逆らわずに生きる生き方――解答①a）とそれとは相当に異なる別の生き方（「丸い世間を四角に生き」る，他人に逆らって生きる生き方――解答①b）とがあること，歌詞の主人公は後者を採っていること，これらが示されていた。そこには，それぞれの解答を導き出す上で，「……とき」（要件）→「丸く生きるべきである」（効果）という判断基準①aと「……とき」（要件）→「四角く生きるべきである」（効果）という判断基準①bとが併存しているはずである。これら2つの生き方が他者からどのようにみられているかという問い（争点②）につき，一方で，世間では，解答①aを肯定し，解答①bを否定する立場が採用されていること（解答②a）――この点は，解答②a^1「人に抗う」，解答②a^2「へそ曲がり」および解答②a^3「馬鹿」，これら3つの表現で説明されている――が示され，他方で，この歌詞の場合には逆に，上の解答①bに対する世間の否定的評価（2行目および3行

目）に反して解答①ｂが肯定的に評価される（4行目）（解答①ａを否定し，解答①ｂを肯定する立場——解答②ｂ）。解答②ａと解答②ｂのいずれが優先するかを決める判断基準として，前者の場合には，「……とき」（要件）→「解答①ａを優先する」（効果）という判断基準②ａが，また後者の場合には，「……とき」（要件）→「解答①ｂを優先する」（効果）という判断基準②ｂがそれぞれ存在することであろう。このようにみると，争点①と争点②とは言い換えの関係にあり，それに対応するかたちで，解答①ａと解答②ａ（解答②a^1，解答②a^2，解答②a^3をすべて含む）も，解答①ｂと解答②ｂも，さらには，判断基準①ａと判断基準②ａも，判断基準①ｂも判断基準②ｂも，それぞれ互いに言い換えの関係にあることが分かる。

　解答①ｂおよび解答②ｂのように，外部の評価を一切気にすることなく，自分のやり方に自信を持ち，胸を張って生きて行くという心意気が大切であると述べる歌詞の主張からは，解答①ａおよび解答②ａに代表される世間の見方に対し，なぜ判断基準①ａおよび判断基準②ａが成立するといえるのかという問い（争点③）が提起されよう。この問いは，逆に，解答①ｂおよび解答②ｂにとっても，判断基準①ｂおよび判断基準②ｂがなぜ判断基準①ａおよび判断基準②ａよりも優先するのかという問いに対する説明を要するというかたちで提起されるものでもある（争点③の言い換え，より一般的に言えば，判断基準①ａと判断基準①ｂのいずれが，また判断基準②ａと判断基準②ｂのいずれがそれぞれ優先するか）。

　そこから，解答①ｂと解答②ｂ，判断基準①ａと判断基準②ａ，判断基準①ｂも判断基準②ｂ，これらの間での優先順位決定基準如何という新たな問い（争点③）が生じよう。この点を，2つの判断基準の間で優先順位を問う争点とみれば，その答はひとつの「判断基準」といえようが，各判断基準の成立根拠を問う争点とみれば，これを「形成基準」と表現することができよう。この歌詞では，争点③ｂとして，第一に，そうした生き方をすることが「男」に求められること（解答③b^1），第二に，そうした姿勢を採ることで人生の夢を咲かせられること（解答③b^2），そして，第三に，そのような姿勢を「度胸」

をもって貫けば,「花」が咲き,実りがもたらされること(解答③b^3)などの解答が見出されよう。解答③b^1,解答③b^2および解答③b^3,これら三者の相互関係如何という問い(争点④)については,解答③b^1が手段であり,解答③b^2および解答③b^3は結果であること,解答③b^2と解答③b^3とは言い換えになっていること,といった解答④aの他,解答③b^2および解答③b^3が実質的な内容であり,解答③b^1はその対外的な表示形式であることという解答④bなどが考えられよう。5行目で「男根性で」と書かれているところから,前者の生き方が「根性」のある生き方と評されていることも読み取れる(その前提には,「根性があるとはどのような意味か」という問い(争点⑤)があろう)。

(2) 次の5行連では,上の争点①に対する解答①bを採用することによって生じる諸事象への対処方法如何という問い(争点⑥)が取り上げられる。ここでは,解答①bを採用する者に対して,解答①aを支持する人々からの拒否反応の例として「失恋」が挙げられている。特別の関係にある男女間で解答①bのような態度をとったことで,異文化圏(解答①a)に属する女性の共感を得られず失恋したとしても,「男」はそうした拒否の姿勢をとる相手の態度にめげてはならないという解答⑥a(「男」は,失恋の相手方に対して「未練」を持ち,「涙」に暮れるような姿勢を取ってはならない)が提示される(解答①bを捨てて,解答①aを採ってはならない)。

この歌詞には,さらに,人生の生き方(人生を貫く基本方針の決定)と恋(一時期の決断)といずれが大事かという問い(争点⑦)も示されている。そして,前者優先説(解答⑦a——人生の基本方針が恋愛に優先する)が主張されるが,後者優先説(解答⑦b——恋愛が人生の基本方針に優先する)に対して前者を優先する根拠(解答⑦aの判断基準)に関しては何も述べられていない。「たかが恋だろ 男じゃないか 未練涙は おかしいぜ」という歌詞を手掛かりに,「比較の第三項」を探すと,以下のような基準を考えることができよう。すなわち,「恋愛が『男』の人生にとって『たかが恋』といえるほど軽微なものである」とき(要件1),「失恋相手とは異なり,解答①aのような生き方,つまり『人の値うちは心だとわかる女』がきっといるはずだ」というとき(要件2),「失

恋しても，その痛みに耐える『辛抱』が必要とされている」とき（要件3），「そのような姿勢を『度胸』をもって貫けば，『花』が咲き，実りがもたらされる」とき（要件4），これら4つの要件が同時に充たされるとき」（要件）→「人生の生き方を恋に優先する（前者優先説（解答⑦a））」（効果）という判断基準⑦aがそうである。むろん上の要件1ないし4につき，それらが当該主張の結論そのものをこの判断基準の「効果」の内容として先取りしているという意味で，それらは同じ内容を言い換えたものでしかないという指摘がなされるときは，判断基準⑦aの形成基準がさらに問われることとなろう。

（3）最後の5行連では，「男」はどのように生きるべきかという争点①がふたたび取り上げられている。しかし，この問いの趣旨は最初の5行連の場合と同じではない。ここでは，「丸く生きる」（解答①a）か「四角く生きる」（解答①b）かという二者択一型の問いに代えて，「苦労を嚙んで　生きてゆく」姿勢が求められているという新たな視点（解答①c）が示される（すなわち，「丸い」とか「四角い」とかという形状ではなく，「苦労を嚙む」という行為に着目されている）。解答①cの前提には，「男には浮世で生活していると雨風になぞらえられるように，順調とはいえないできごとが繰り返し訪れるものであるが，そのような試練に耐えてゆく」とき（要件）→「枝も栄える　葉も繁る」（効果）という判断基準①c，つまり，幸せな結果がもたらされるとき（要件），言い換えれば，「そのような姿勢を『度胸』をもって貫けば『花』が咲き実りがもたらされ，『千両』という比喩で語られるほど，大きな成功を収め，『笑顔』で暮らせる」とき（要件）→「『苦労を嚙んで生きてゆく』姿勢が求められる（解答①cが優先される）」（効果）という判断基準①cがあるようにみえる。それでも，この判断基準①cの成否という前提的な問い（争点⑧）に対しては，新たな判断基準⑧，さらにはその成立根拠を示す形成基準が段階的に探究されなければならないであろう。

（4）このように，この歌詞についても複数の争点と解答，それぞれの判断基準，各判断基準の形成基準等を取り上げることができる。個々の争点に対していかなる解答を与えるかについてはむろん各自の自由な判断に委ねられるべき

であるが，歌詞の立場の成否に関する限り，しかるべき判断基準とそれを支える形成基準がまず解明されなければならない。

4 こうした争点と判断基準とのカタログから，われわれは何を「法文化」（社会行動文法）として導き出すことができるか。

この歌詞では，前述のように，「男」はどのように生きるべきかという争点①をめぐって解答①ａ，解答①ｂ，解答①ｃといった選択肢が示されていた。解答①ａについても，解答①ｂについても，また解答①ｃについても，まったく明示されていないが，それぞれ，「……とき」（要件）→「丸く生きるべきである」（効果）という判断基準①ａ，「……とき」（要件）→「四角く生きるべきである」（効果）という判断基準①ｂ，そして「……とき」（要件）→「苦労を噛んで生きてゆく」（効果）という判断基準①ｃ，これらが前提におかれていたはずである。そこから，これらの判断基準自体が社会的行動規範として捉えられる可能性（「法文化」についての第一の理解）がある。また，これらの判断基準の形成基準を社会的行動規範とみる立場（「法文化」についての第二の理解）もあり得よう。さらに，これらの形成基準の成立根拠（さらに一段階下の形成基準，すなわち，形成基準の形成基準）を社会的行動規範と捉える理解（「法文化」についての第三の理解）もあり得る。

第二の５行連に着目すれば，「男」はそうした拒否の姿勢にめげてはならないという解答⑥ａ，さらに，人生の生き方（人生を貫く基本方針の決定）と恋（一時期の決断）といずれが大事かを問う争点⑦，これらに関する判断基準⑥ａおよび判断基準⑦ａ等を社会的行動規範と捉える立場（「法文化」についての第四の理解）があろう。これに対して，それら判断基準の形成基準を「法文化」と捉える理解（「法文化」についての第五の理解）も，さらに当該形成基準の形成基準を「法文化」と呼ぶ場合（「法文化」についての第六の理解）もあろう。

このようにみると，この歌詞に明示的に表現された争点および行間に隠されている争点，それら複数の争点に対応した各解答，そして各解答をもたらすそれぞれの判断基準，当該判断基準を導く形成基準，当該判断基準の適用基準，

さらに各基準に固有の形成基準と適用基準，これらを手掛かりとして，多様な社会的行動規範を見出すことができよう。それぞれの理解に対応させて，何を「法文化」と呼ぶべきかという点についても複数の異なる理解があり得る。ここでも，どのような理解を優先すべきかは，論者が当該事象を素材として何を人生の指針として主張しようとするかという，「比較」の「目的」如何に還元されることであろう。

（3）　石原詢子「淡墨桜」(2007 年)

1　まず，「淡墨桜（うすずみざくら）」の歌詞および関連する情報[25]を掲げよう。

　　下へ　下へと　根を伸ばし
　　雨風　嵐に　耐えて立つ
　　優しく清く　しなやかな
　　母によく似た　その姿
　　あの故郷（ふるさと）の　山里で
　　凛と咲いてる　淡墨桜

　　夢は枯れない　散らさない
　　待つほど大きく　育てます
　　哀しいときも　ほほえみを
　　胸に咲かせて　生きてゆく
　　無口な母の　面影が
　　花に重なる　淡墨桜

　　泣いた分だけ　倖せが
　　必ず来るよと　母の声

---

25)　https://www.youtube.com/watch?v=xwzlWJr7hRk（2016 年 9 月 4 日確認）（前注 14))。下地亜記子作詞，徳久広司作曲，石原詢子歌唱。石原詢子は日本岐阜県揖斐郡池田町出身の演歌歌手（http://www.junko-ishihara.com/（2016 年 9 月 4 日確認))。

根雪は溶けて　川になる
　　蕾開いて　夜は明ける
　　私の春も　きっと来る
　　咲けよ匂えよ　淡墨桜

　2　(1)　この歌詞は，3つの6行連から成る。歌詞の題材は，岐阜県本巣市（旧・本巣郡根尾村）の墨公園にある樹齢1500年以上のエドヒガンザクラ（日本五大桜または三大巨桜のひとつで，国の天然記念物）に求められている。最初の6行連の「故郷の山里」という表現等をも併せ考えると，主題および題材としてこの歌手の出身地[26]が取り上げられたことが分かる。詠まれた季節が春であることは，「淡墨桜」という表題のみならず，最初の6行連中の桜が「凛と咲いてる」という言い回し，最後の6行連における「私の春」という表現等から判明する。「私の春」という表現，そして繰り返される「母」への言及等から，さらには，「壮大な美しさ・心の美しさ・……純潔・高尚」といった桜の花ことば[27]によっても，主人公が女性であることがすぐに推測されよう。

　(2)　最初の6行連では淡墨桜の咲く様子が二通りの表現で描かれる。一方で，5，6行目では，「あの故郷の　山里で」「凛と咲いてる　淡墨桜」という表現で，「故郷の山里」で「淡墨桜」が「凛と咲いてる」様子が説明される。「凛と咲いてる」とみなされた根拠は，1，2行目に描かれているように，「淡墨桜」が「下へ　下へと　根を伸ばし」「雨風　嵐に　耐えて立つ」様子にあろう。むろん植物の根は地中深く下へ下へと張るのが通例である。地中に張り巡らされた根が深ければ深いほど，また根の広がり具合が広ければ広いほど，地上に出た部分を支える力も一層強い。他方で，3行目では，「淡墨桜」が咲いている様子が「優しく清く　しなやかな」と表現されている。さらに4行目では「母によく似た　その姿」という表現で，「雨風　嵐に　耐えて立つ」「淡墨桜」が「凛と咲いてる」その姿の中に，歌手自身が心に抱いた「母」の姿が

---

　26)　https://www.city.motosu.lg.jp/sight/（2016年9月4日確認）。
　27)　伊宮編著・前掲書（前注19））97頁，瀧井著・前掲書（前注19））114頁他参照。

重ね合わされている。歌詞の趣旨は,「故郷の山里」にしっかりと根を下ろし,自然地理的にも社会経済的にも相当に厳しい環境（外部的制約）のもとで花を咲かせる自然現象を手掛かりとして,種々の制約に挫けることなく（所与の環境を甘んじて受け入れつつも信念を失うことなく），一筋に生きている母の姿のたくましさを賛美している点にあろう。むろん,そこにいう「母」は,この歌手自身の母を含め,同様の環境にある多くの「母」を描いたものと思われる（「母」を例示とみる理解もあり得る）。このような一般化は,視聴者を広範囲に獲得する上で,避け難い選択といえよう。この 6 行を通じて,たくましく生きる姿をイメージするよう視聴者に呼び掛ける作詞家の意図が読み取れる。

　(3)　次の 6 行連でも,生き方のモデルという視点に立って,「淡墨桜」の姿と「母」の姿との類似性が指摘される。最初の 6 行連では淡墨桜の様子を手掛かりに母の姿が連想されていたのに対し,ここでは逆にまず「母」の生きる姿が紹介され,そこから「淡墨桜」の様子との共通性が引き出される。1 行目から 4 行目までの各表現,すなわち,「夢は枯れない　散らさない」,「待つほど大きく　育てます」,「哀しいときも　ほほえみを」,「胸に咲かせて　生きてゆく」,これらの言い回しをみると,第一に,母が最初に抱いた夢を今でも大切に持ち続け,その実現に向けて日々努力を続けていること,第二に,生活ぶりや仕事ぶりをみると,母にはじっくりと時間をかけて大きく育つまで待つ根気強さがあること,第三に,母には,悲しみを表情に表わすことなく,むしろ周囲の者に心配を掛けまいとしてほほえみを絶やさない優しさがあること,第四に,母には,夢を心に抱き,それを実現できるよう,我慢強くじっと耐えて生きる芯の強さがあること,これらが「母」の長所として語られる。5 行目では「無口な母の　面影が」という表現で,寡黙な母の姿が述べられる。6 行目で「花に重なる　淡墨桜」という表現で,そうした母の生き方のうちに,長い時代を経てなお咲き続ける「淡墨桜」の芯の強さが重ねられている。この 6 行を通じて,清冽な生き方を貫く「母」の姿に対する作者の好意的かつ肯定的な評価が読み取れる。

　(4)　最後の 6 行連 1, 2 行目では,「泣いた分だけ　倖せが」「必ず来るよと

母の声」と記されている。そこには，苦労に耐え切れず泣いた経験を持つ者には，辛い苦労に対する見返りとして，必ず倖せが訪れること，苦労の質と量に応じて訪れる倖せにも違いがあり得ること，母はこうした事実を自らの経験を通して熟知していること，母がみずからの経験を娘に伝えようとしていること，これらが含意されている。苦労を重ねた者には，苦労の価値が分かる分だけ，幸せも実感できるという指摘は母の生活実感の吐露であろう。それは，同時に，そうした経験に基づいて娘の行動を見守り，励まそうとする母の声でもある。3，4行目の「根雪は溶けて　川になる」「蕾開いて　夜は明ける」という表現は，寒気が去った後の春の訪れを述べているが，それは，自然現象に化体させて，人々の生活においても苦労の後に倖せが訪れるという予言でもある。5行目の「私の春も　きっと来る」という表現も，自然現象の変化になぞらえつつ，歌詞の主人公にも「春」が訪れるようにという期待を表している。6行目では「咲けよ匂えよ　淡墨桜」という表現で，「淡墨桜」が春に咲き誇る様子を称えると同時に，「淡墨桜」の姿を借りた，歌詞の主人公自身に対しても，成果を挙げて社会にはばたくその姿を称賛する喜びが表明されている。これら6行を通じて，将来の飛躍を求めて，日頃から苦労を厭わずに努力し続ける姿勢の大切さが強調されている。

3　それならば，この歌詞に対する上述の理解から，どのような争点，解答，そして，判断基準等を見出すことができるか。

(1)　最初の6行連の，「下へ　下へと　根を伸ばし」「雨風　嵐に　耐えて立」ち，「凛と咲いてる」「淡墨桜」という記述を自然現象の描写とみる限り，格別に論じる点はない。それでも，自然現象に託して人のあるべき姿が述べられているとみれば，それが主観的解釈にすぎないところから，そのような比喩の成否という問い（争点①）が生じよう。この歌詞では確かに，淡墨桜が「凛と咲いてる」か否かという問い（争点②）については肯定説（解答②ａ）が採用されている。しかしながら，花が咲いている状態を「凛と咲いている」と表現すべきか否かという主観的印象に関わる問い（争点③）に答えるための前提

的争点，すなわち，「凛と咲いてる」という語句の定義如何という問い（争点④）に対する解答（結果），それゆえ，そうした解答を導き出す（「凛と咲いて」いるか否かを決定する）判断基準（過程）(「……とき」（要件）→「凛と咲いてる」（効果））はまったく示されていない。3，4行目において，その姿を「母によく似た　その」姿として捉えようとする場合も同様に，人の生き方をめぐる複数の争点が見出されよう。たとえば，「雨風　嵐」にたとえられる苦労に遭遇するとき，人はいかに対処すべきかという問い（争点⑤）がその一例となろう。この歌詞では，「優しく清く　しなやかな」生き方（解答⑤ａ），「雨風　嵐に耐えて立つ」ような生き方（解答⑤ｂ），「凛と咲いてる」ような生き方（解答⑤ｃ）など，複数の解答が提示されている。これらの表現はいずれも肯定的な意味で用いられている。上の解答（解答⑤ａ，解答⑤ｂおよび解答⑤ｃ）は互いに選択的な関係に立つものではなく，それぞれに異なる局面を取り上げたものである（局面に応じて取り上げられる争点は異なる）。解答⑤ａをもたらす問い（争点⑥）は「優しく清く　しなやかな」生き方をすべきか否かである。争点⑥に対する肯定説（解答⑥ａ）を導く判断基準は，「……とき」（要件）→「人は『優しく清く　しなやかな』生き方をすべきである」（効果）となる。また解答⑤ｂをもたらす問い（争点⑦）は「雨風　嵐に　耐えて立つ」ような生き方をすべきか否かであり，争点⑦に対する肯定説（解答⑦ａ）を導く判断基準は，「……とき」（要件）→「人は『雨風　嵐に　耐えて立つ』ような生き方をすべきである」（効果）となろう。さらに，解答⑤ｃをもたらす問い（争点⑧）は「凛と咲いてる」ような生き方をすべきか否かであり，争点⑧に対する肯定説（解答⑧ａ）を導く判断基準は，「……とき」（要件）→「人は『凛と咲いてる』ような生き方をすべきである」（効果）と言い表すことができる。いずれの解答（解答⑤ａ，解答⑤ｂおよび解答⑤ｃ）についても，「淡墨桜」のそうした概観や様子が好ましいものだという好意的評価がその前提にあろう。このような評価を受け入れるためには，そうした評価の根拠をなす判断基準（各判断基準の形成基準）が段階的に探求されなければならない。

　(2)　次の6行連でも，「花に重なる」という表現を用いて，「淡墨桜」（植物）

の咲き方と「母」(植物ではない) の生き方との類似性が，確認されている。冒頭の２行は，夢を持ち続ける母の姿勢を取り上げていた。ここでは，「母」の生き方をそのように表現できるか否かという別の問い (争点⑨) があり得る。最初の５行連では「優しく清くしなやかな」と述べられていた「母」の姿が，３，４行目では，「哀しいときも ほほえみを」，「胸に咲かせて 生きてゆく」と言い表されている。そのような「母」の生き方を模範とすべきか否かという問い (争点⑩) につき，この歌詞では肯定説 (解答⑨ a) が採用されている。しかし，肯定説を導く直接の判断基準⑩ a は，ここでも，「……とき」(要件) →「人は『母』の生き方を自分も模範とすべきである」(効果) という形式では述べられていない。このほか，６行目の「花に重なる」という言い方の可否という問い (争点⑪) も生じよう。

(3) 最後の６行連１，２行目の表現からは，母の教えはどのようなものかという問い (争点⑫) を読み取ることができる。この点に対しては，「泣いた分だけ倖せが必ず来る」という解答⑫ a が示される。そうした教えに従うべきか否かという問い (争点⑬) に対しても肯定説 (解答⑬ a) が見出される。これら２つの争点 (⑫および⑬) についても肯定説を導くそれぞれの判断基準が明らかにされなければならない。３，４行目ではふたたび自然現象についての説明が行われる。５行目では，「私の春も きっと来る」という表現で，自然現象としての春の到来と社会的活動における成果の現れとが対置されている。ここでも，そうした類似性の有無という問い (争点⑭) とこれに対する解答⑭ (肯定説) が見出される。

4　こうした争点と判断基準とのカタログから，われわれは何を「法文化」(社会行動文法) として導き出すことができるか。

　この歌詞には，春のひととき，見事に花を咲かせている「淡墨桜」の姿に対する賛美がみられた (自然現象に対する感嘆ないし感慨)。それと同時に，「淡墨桜」の姿に示唆を得て，花を咲かせるまでの準備期間の長さと開花期間の短さとの対比が女性の生き方における努力の過程と努力に応じた成果との対比へと

意識的に転換され，女性の生き方如何という争点⑮と淡墨桜のような生き方をすべきであるという解答⑮が示されていた。争点⑮は，さまざまな苦労に遭遇するとき，人はいかに対処すべきかという争点⑤の言い換えとみる（2つの争点の解答は一致する）こともできよう。この場合，解答⑮はさらに以下の3つに区分される。第一は，「優しく清く　しなやかな」生き方（解答⑮ a ＝解答⑤ a）であり，第二は，「雨風　嵐に　耐えて立つ」ような生き方（解答⑫ b ＝解答⑤ b）であり，そして第三のそれは「凛と咲いてる」ような生き方（解答⑮ c ＝解答⑤ c）である。このように各争点に対する解答が用意されるのは，個々の解答をもたらす判断基準が別個に存在するからにほかならない。それゆえ，行間に隠されていても，「……とき」（要件）→「……すべきである」（効果）等の形式を伴う判断基準がそれぞれに探求されなければならない。それらひとつひとつの不文の判断基準を社会的行動規範と捉える理解（「法文化」についての第一の理解）もあれば，また，各判断基準の形成基準を社会的行動規範とみる立場（「法文化」についての第二の理解）もあるし，それぞれの形成基準の成立根拠を示すさらに一段階下の形成基準を社会的行動規範と捉える理解（「法文化」についての第三の理解）もあり得よう。

　むろん，どの判断基準についても，実際にそれを適用するにあたっては，当該判断基準の効果を承認するか否か（判断基準の適用範囲如何）という争点⑯をめぐる政策的判断の対立を避けることができない。この歌詞の解釈をめぐって，一方で，読み込まれた「母」の生き方を「女性」の生き方に限定しようとする見方（解答⑯ a）があれば，他方で，性別を問わず，人の生き方一般に拡大しようとする理解（解答⑯ b）もあり得よう。このような適用範囲の違いは，それぞれが前提とする適用基準の相違に起因する。すなわち，「……とき」（要件）→「女性は『淡墨桜』に象徴されるような『優しく清く　しなやかな』生き方，『雨風　嵐に　耐えて立つ』ような生き方，『凛と咲いてる』ような生き方，これらを採用すべきである」（効果）という適用基準⑯ a がある一方で，「……とき」（要件）→「女性は『淡墨桜』に象徴されるような『優しく清く　しなやかな』生き方，『雨風　嵐に　耐えて立つ』ような生き方，『凛と咲いて

る』ような生き方，これらを採用すべきである」(効果)という適用基準 ⑯ b に依拠する立場もあろう。このような違いに着目すれば，上に述べた判断基準，形成基準のほかに，これらの適用基準自体を社会的行動規範と捉える理解(「法文化」についての第四の理解)も，さらにそれら適用基準の形成基準を社会的行動規範と捉える見方(「法文化」についての第五の理解)も生まれることであろう。

さらに付言すれば，これら各基準に着目することに代えて，それら諸基準の総体を社会的行動規範と捉える理解(「法文化」についての第五の理解)も考えることができる。このようにみると，この歌詞から取り出すことのできる社会的行動規範(「法文化」)についても多様な理解があることが分かる。なお，この歌手には，類似の歌として「風よ吹け」[28]がある。

（4） 坂本冬美「大志」(1997 年)

1　まず，「大志（こころざし）」の歌詞および関連する情報[29]を掲げよう。

　　男ふりだし　ないないづくし
　　汗水ながして　道はつく
　　人に頼るな　ぐちるな泣くな
　　今日の苦労を　積み上げて
　　明日はでっかい
　　山になれ　あぁ　山になれ

---

28)　http://www.uta-net.com/movie/80228/（2016 年 9 月 4 日確認）。仁井谷俊也作詞，弦哲也作曲，石原詢子歌唱「夢という名の　女の人生（みち）に，ありはしないわ近道は，風よ吹け　雨よ降れ，耐えて待ったら　晴れ間ものぞく，夜が明ければ明日（あす）も来る……」(https://mojim.com/twy114417x8x1.htm（2016 年 9 月 4 日確認))。

29)　http://www.uta-net.com/movie/9612/（2016 年 9 月 4 日確認）（前注 15))。たかたかし作詞，市川昭介作曲，坂本冬美歌唱。坂本冬美は和歌山県西牟婁郡上富田町出身の演歌歌手である（http://fuyumi-fc.com/（2016 年 9 月 4 日確認))。

ほれた女に　一度でいいさ
抱かせてやりたい　しあわせを
決めた道なら　迷いは捨てろ
悔し涙を　胸に溜め
明日は大きな
川になれ　あぁ　川になれ

桜吹雪の　舞う坂道を
行くも男の　心意気
人生（みち）はひとすじ　希望（のぞみ）は一つ
はるか大地に　根を張って
明日は実のなる
華になれ　あぁ　華になれ

2　(1)　この歌詞[30]も3つの6行連から成る。冒頭部および第3連2行目

---

[30]　この歌詞には以下の英語訳が見出される。

The Starting part of a man's life is exhausting
You have to work hard to create your own path
Don't despend on other's, and do not complain
Today's hardships will disappear
And surely tomorrow you will become as strong as a mountain

Wanting to know what it feels like to be in love
Also wanting to hold her and feel happiness
Choose which way you want to go don't be confused
And do not envy others
Because tomorrow you will become as powerful as a river

Sometimes a boy becomes confused like the swirling sakura
It is his desires, not anyone else.
Rooting himself deeply nto the ground proudly
Because tomorrow he will blossom into manhood

（上記の英文は http://www.youtube.com/watch?v=MTui7gBUNzI&feature=related に掲載されていたが，2016年9月4日には削除されている。）

で，「男」という表現が用いられているところから，「男」の生き方が主題とされていることが分かる。「桜吹雪」という表現が示すように，季節は人生の花開く「春」である。「大志」というタイトルは，「壮大な美しさ」という桜の花ことば[31]から連想されたのかもしれない。これに対して，舞台や時間帯は特定されていない。その理由は，ここでも，視聴者をより多く確保しようとする意図に求められよう。

　(2) 最初の6行連1, 2行目では，「男ふりだし　ないないづくし」「汗水ながして　道はつく」という表現で，人生の出発点において「男」はみずからの才覚も含め，頼れる手段，あてにすることのできる手掛かり等をまったく持っていないこと，「男」は周囲から与えられる課題を「汗水ながして」着実にこなす作業に専念すべきこと，またそうした作業に従事する場合にはみずから人生の目標を掲げかつその達成に向けて日々たゆまず努力を続けること，そうした経験の積み重ね（ひいてはその軌跡）が自分の歩むべき「道」となる（「道」を作り出す）こと，このように他人から与えられた機会に全力を尽くす経験を通じて自律的に作られた「道」が「男」の将来を明るくすること（将来の大成に通じる），これらが示される[32]。3, 4行目では，「人に頼るな　ぐちるな泣くな」「今日の苦労を積み上げて」という表現で，たとえ苦労が重なるにしても，自力で挑戦し続ける（安易に「人に頼」れば，自らに与えられた貴重な経験の機会を自分自身で放棄する結果につながりかねない）こと，また自らの不遇を嘆いて「ぐち」をいったりしてはならない（愚痴を言う暇があるならば，そうした貴重な時間を課題への挑戦に振り向ける）こと，そうした日々の地道な経験を糧にして「今日の苦労を　積み上げて」ゆけば，やがて「道はつく」られてゆくものであること，これらが述べられる[33]。5, 6行目では，「明日はでっかい」「山になれ　あぁ

---

31) 伊宮編著・前掲書（前注19））97頁，瀧井著・前掲書（前注19））114頁他参照。

32) 前注30) に示した英訳では，「男」の人生の初期には苦労が多いこと，自分なりの生き方を見出すためにも辛い仕事に取り組まなければならないこと，これらが述べられている。

33) 前注30) に示した英訳では，「他人に頼るな，不平を言うな」「今日の苦労もやがて消える」と表現されている。

山になれ」という表現で，そうした努力を続けてゆけば，将来は「山」にもたとえられるほど大きな成果を上げられるようになること，そして，そうした未来の訪れを信じて努力を続ける必要があること，そしてそのような結果の到来を期待すること，これらが強調されている[34]。この6行を通じて，将来の大成を願って地道に努力する姿勢を持つことの大切さが強調されている。

（3）次の6行連の2行目では，「ほれた女に 一度でいいさ」「抱かせてやりたい しあわせを」という明示的表現で，「男」は人生のパートナーに幸福感を味わわせられるようにという夢や希望を持つこと（この指摘は，そうした夢や希望を実現することができるよう，成功を目指して日々努力し続けることを黙示的に意味しよう）の重要性が指摘される[35]。3，4行目では，「決めた道なら 迷いは捨てろ」「悔し涙を 胸に溜め」という表現で，一度「決めた道なら迷いは捨て」て（ほかにも選択肢があるのではないかとあれこれ考えて悩まず）一筋に努力し続けること，人生にはうまくゆかず，失敗する場合も多々あるが，そのようなときでも「悔し涙を胸に溜め」て（じっと我慢して）努力を続けることの必要性が述べられる[36]。5，6行目では「明日は大きな」「川になれ あぁ 川になれ」という表現で，明示的に，「男」は，将来，「川」にもたとえられるような大きな成果を上げられるように努力を続けること，そして，黙示的ではあるが，そうした成果をもって「ほれた女に一度でいい」から「しあわせを」「抱かせら」れるように努めること，そしてそのような結果の到来を希望すること，これらが示されている[37]。この6行を通じて，一方で，人生のパートナーに幸福感を

---

[34] 前注30）に示した英訳では，「将来，山のように強くなれることは確実だ」と表現されている。

[35] 前注30）に示した英訳では，「恋愛で感じるような，知りたいという強い欲求を持つこと」，「そして恋人を得て，幸せに感じるようになりたいという欲求を持つこと」と述べられている。

[36] 前注30）に示した英訳では，迷うことの内容な道を選んで進め，他人を羨むな，と表現されている。

[37] 前注30）に示した英訳では，そうした努力を重ねれば，将来，川のように力強い人間になれるだろうと表現されている。

味わわせられるように行動すること,他方で,明日の成功を夢見て苦労を厭わずに自分が選んだ道をひたすらに歩むこと,これらの重要性が謳われている。

(4) 最後の6行連1,2行目では,「桜吹雪の 舞う坂道を」「行くも男の 心意気」という表現で,坂道を上り続けるがごとく,人生には苦しいことが次から次へといつでも続いて起こる(そのことは「吹雪」という表現で示されている)が,諦めることなく努力し続けていれば,必ず成功する(成功するまで日々努力し続ける)こと,努力し続ければ最後には努力の跡が称えられるような幸せな日々が訪れる(成功を祝福するかのごとく,桜の花びらが吹雪のように舞い散る道を意気揚々と歩めるようになる)こと,そのような人生を送ることが「男の心意気」として称賛される生き方であること,これらが述べられている[38]。3,4行目では,「人生(みち)はひとすじ 希望(のぞみ)は一つ」「はるか大地に 根を張って」という表現で,一度限りの人生を成功させるには,進路についても方法についても,あれこれと迷ってはならない(迷っている時間を日々の努力に置き換えて,一度決めた道を真っ直ぐに進めば,その分だけ,目標を早く達成できる)こと,達成しようとする夢や「希望」をあれこれと掲げず,明確に「一つ」に絞り込むこと,「希望」を持って,それを実現できるよう「ひとすじ」(まっしぐら)に進めば,大地に大きく根を張って長い時代を生き抜いてきた桜の大木のように,実を付け,満開の花を咲かせられるようになること,これらが述べられている[39]。5,6行目では,「明日は実のなる」「華になれ あぁ 華になれ」という表現で,見事な花を咲かせる「桜の大木」のように,日々努力し続けることで成功という結果が約束されていること(逆にいえば,成功するように努力し続けること)の大切さが述べられている[40]。この6行を通じて,人生の成功には意味があること,そうした人生の成功を目指して地道な努力を続けること,

---

[38] 前注30)に示した英訳では,少年は,時として,渦を巻いて飛んでゆく桜の花びらのように,我を忘れることがある,と表現されている。

[39] 前注30)に示した英訳では,それこそが,他の誰にもない,彼の望みだと表現されている。

[40] 前注30)に示した英訳では,そのように努力すれば,彼は,花開くように,一人前になれるから,という理由が述べられている。

これらの大切が示されている。

　3　それならば，この歌詞に対する上のような理解から，どのような争点，解答，そして，判断基準等を見出すことができるか。

　(1)　最初の6行連では，「男」の生き方如何（「男」はどのように生きるべきか）という問い（争点①）につき，4つの解答が与えられていた。すなわち，「汗水ながして」「今日の苦労を積み上げて」行くべきである（解答①a，当為），「人に頼」ってはならない（解答①b，禁止），「ぐち」ってはならない（解答①c，禁止），「泣」いてはならない（解答①d，禁止），これらがそうである。むろん，これらの行為（作為および不作為）の内容が示す通り，上の解答①aないし解答①dは視点を異にしており，互いに排他的な関係にはない。よりよく言えば，この争点①は，「汗水ながして」「今日の苦労を積み上げて」行くべきか否かという争点①a，人に頼ってもよいか否かという争点①b，愚痴ってもよいか否かという争点①c，泣いてもよいか否かという争点①d，これら4つの争点を含む包括的な争点とみることができる（このことは，逆にいえば，争点①は，争点①a，争点①b，争点①cおよび争点①dに細分化されるとも言い得るが，しかし，細分化の可能性はこれら4つに尽きるわけではない）。

　解答①aないし解答①dについては，それぞれ，なぜそのように生きるべきかという複数の問い（争点②a，争点②b，争点②cおよび争点②d）を考えることができる。これら4つの疑問詞型争点に対する解答②aないし解答②dは，それぞれ，「〜という理由で（〜だから）」という形式で表現されよう。そこから，さらに，解答②aないし解答②dを導き出す判断基準が何かを求める複数の問い（争点③a，争点③b，争点③cおよび争点③d）が導かれる。解答③aないし解答③dはいずれも，「……とき」（要件）→「……すべきである（……してはならない）」（効果）という形式で表現される。これら4つの判断基準の要件部分には共通の表現がみられるが，それぞれの効果部分には相異なる解答の内容がそのまま反映される。すなわち，「『男』が生きるとき」（要件）→「『汗水ながして』『今日の苦労を　積み上げて』行くべきである」（効

果)(判断基準③a)，「『男』が生きるとき」(要件)→「『人に頼』ってはならない」(効果)(判断基準③b)，「『男』が生きるとき」(要件)→「『ぐち』ってはならない」(効果)(判断基準③c)，「『男』が生きるとき」(要件)→「『泣』いてはならない」(効果)(判断基準③d)，これらがそうである。これらの判断基準の成立が承認される(「比較の第三項」が存在する)ときは，すぐに，上の解答が採用されるが，各判断基準の成否に疑義が生じるときは，判断基準③aないし判断基準③dがそれぞれ成り立つといえる根拠(それぞれの判断基準の形成基準)は何かという複数の問い(争点④aないし争点④d，つまり，判断基準③aないし判断基準③dの形成基準を問う争点)が新たに登場する。争点④aないし争点④dに答えようとすれば，「……とき」(要件)→「判断基準③aが成り立つ」(効果)という形成基準④a，「……とき」(要件)→「判断基準③bが成り立つ」(効果)という形成基準④b，「……とき」(要件)→「判断基準③cが成り立つ」(効果)という形成基準④c，そして「……とき」(要件)→「判断基準③dが成り立つ」(効果)という形成基準④d，これらが探求されなければならない。これらの基準に満足できない場合には，さらに，形成基準④aないし形成基準④dの成否(形成基準④aないし形成基準④dの成否)を問う争点⑤aないし争点⑤d等も検討される余地がある。

　他方で，上の争点①に対するいまひとつの解答として，「ふりだし」(スタートの時点)では当てにできるものを何も持っていない(「ないないづくし」の)「男」は「汗水流して」「今日の苦労を　積み上げて」いくことにより「道はつく」と言えるような生き方を採るべきである(「男」は日々の努力により課題をこなす経験を通じて次第にしかるべき成果(当てにできるもの)を獲得してゆくべきである)という解答①eを見出すこともできよう。解答①eについても，これをもたらす判断基準①e(「……とき」(要件)→「『男』は『汗水流して』『今日の苦労を積み上げて』いくことにより『道はつく』と言えるような生き方を採るべきである」(効果))が探求されなければならない。必要に応じて，判断基準①eの成否という問い(争点②e)，さらには争点②eに答える上で不可欠の判断基準②eは何かという別の問い(争点③e)というように，段階を異にして新たな争点

と各種の基準が探求される余地がある。

　この連の末尾では，上の複数の基準に従って行動すれば，「男」の生き方として成功するであろうという考え方が推奨され，そうした行動をとった結果につき，「明日はでっかい　山になれ」という期待が表明されている。

　(2)　次の6行連でも，「男」の生き方如何という問い（争点①）が維持されている。第2連では，最初の連とは別の視点から，2つの解答が用意されている。そのひとつは，「決めた道なら　迷いは捨て」るべきであるという解答①fであり，他のひとつは，たとえうまくゆかないことがあっても，失敗するたびに「悔し涙を　胸に溜め」て，今度こそ成功させようという強い気持ちで挑戦を続けるべきであるという解答①gである。解答①fを導くためには，「……とき」（要件）→「『迷いは捨て』るべきである」（効果）という判断基準①fが，また解答①gを導く上では，「……とき」（要件）→「『悔し涙を胸に溜め』て，今度こそ成功させようという強い気持ちで挑戦を続けるべきである」（効果）という判断基準①gが，それぞれ前提とされていることであろう。これら2つの判断基準自体の成否（争点②f，争点②g）が問われるときは，その解答として，「……とき」（要件）→「判断基準①fが成り立つ」（効果）という新たな判断基準②f（判断基準①fの形成基準），すなわち，解答②f，「……とき」（要件）→「判断基準①gが成り立つ」（効果）という新たな判断基準②g（判断基準①gの形成基準），すなわち，解答②g，これらが探求されなければならない。これら判断基準①fおよび判断基準①gの要件としては，「『ほれた女に　一度でいい』から『しあわせを』『抱かせら』れるようにする」（とき）という表現も候補となり得よう。いずれの表現が採用される場合でも，同語反復に陥らないようにするためには，要件部分の表現と効果部分のそれとの間に重複が生じないように工夫する必要がある。「『決めた道なら迷いは捨て』挑戦を続けた結果，『道』はつく」とき（要件）→「男はこのような生き方を採るべきである」（効果）といった基準が成り立つか否かは，この基準の要件部分の表現と効果部分のそれとの間に重複があるか否かの判断に依存する。それゆえ，ここでも，重複の有無という新たな問い（争点④）が生じ，そ

の解決に必要な判断基準④が探求されなければならない。

　この連の末尾でも、上の諸基準に従って行動すれば、「男」の生き方として成功するであろうという考え方のもとに、そうした行動をとった結果につき、「明日は大きな　川になれ」という期待が述べられている。

　(3)　最後の6行連でも、「男」の生き方如何という問い（争点①）が繰り返されている。先の2つの連と異なる観点から、「人生はひとすじ」であり、抱く「希望は一つ」だけであるが、希望が大きければ大きいほど（登山の目標とされた山が高いものであればあるほど）、それを達成するために、より広く「はるか大地に根を張って」「行く」べきであるという解答①hが提示される。この解答①hの根拠は何かという争点②hを説明しようとすれば、「……とき」（要件）→「『はるか大地に　根を張って』『行く』ような生き方をすべきである」（効果）という判断基準②hが必要となる。判断基準②hの成否という問い（争点③h）についても、肯定説（解答③h）をもたらすための判断基準③h（判断基準②hの形成基準）が探求されなければならない。

　この連の末尾でも、判断基準①hに従って行動すれば、長く続く坂道のように、苦労の絶えることがなくても、一方では着実に実を付け、他方では、満開の花を咲かせる桜の大木のように、「男」の生き方として成功を収めることができる（「桜吹雪の舞う坂道を行く」が如く、「男の心意気」を示すことができる）という考え方のもとに、この判断基準①hに従って行動し、「明日はでっかい華になれ」という期待が表明されている。

　(4)　このように、この歌詞についても複数の争点と解答、それぞれの判断基準、さらには各判断基準の形成基準等を見出すことができる。どのような争点を見出すか、また基準の探求がどの程度必要となるかはすべて、論者がそれぞれの解答に心理的に納得するか否かにかかっている。この意味で、争点関連性の整理の仕方には多様性がみられ得る。

　4　こうした争点と判断基準とのカタログから、われわれは何を「法文化」（社会行動文法）として導き出すことができるか。

この歌詞では，総じて，「男」の生き方如何という争点①をめぐって，異なる視点のもとに，8つの解答（解答①aないし解答①h）が用意されていた。社会的行動規範を手掛かりに「法文化」を探求する場合，ここでも，複数の選択肢が見出される。まず，上の解答①aないし解答①hをもたらす各判断基準を社会的行動規範とみる立場があり得る（「法文化」についての第一の理解）。他方で，各判断基準の形成基準に着目し，後者（判断基準の形成基準）を社会的行動規範として位置付ける理解（「法文化」についての第二の理解）もあり得よう。さらに，そうした形成基準の成否それ自体に疑問を抱く立場から，最終的な形成基準（形成基準を段階的に支える根底的な形成基準）を社会的行動規範として位置付ける理解（「法文化」についての第三の理解）を考えることができよう。そして，これら各種の基準の重層的体系（右の諸基準をすべて含む総体）に着目される場合もあろう（「法文化」についての第四の理解）。「法文化」という言葉でいかなる事象を取り上げるべきかは，「法文化」という表現を用いて論者が何を主張しようとするか（論者が試みる「比較」の目的如何）という政策的な判断に全面的にかかっている。この点を考慮すれば，論述の目的（執筆の趣旨）に応じて，「比較」の素材たる「法文化」として取り上げられる局面にも違いがあることが分かる。

　なお，この歌手には，類似の歌として「凛として」[41]，「風に立つ」[42]および「桜の如く」[43]がある。

---

41) http://www.uta-net.com/movie/13019/（2016年9月4日確認）。たかたかし作詞，徳久広司作曲，坂本冬美歌唱「日が昇り　日が沈む，春が来て　夏が行く，生きとし生ける　ものすべて，命にかぎりはあるけれど，花のように　心を開き，私は咲きたい　凛として……」（http://j-lyric.net/artist/a000070/l000ca5.html（2016年9月4日確認））

42) https://www.youtube.com/watch?v=2CqR9VoT7XY（2016年9月4日確認）。たかたかし作詞，弦哲也作曲，坂元冬実歌唱「青嵐（せいらん）に吹かれて，胸をはる日もあれば，雨風にたたかれて，頭（こうべ）をたれる　ときもある，人はこの世に　生きてあるかぎり，山坂千里の　九十九（つづら）折り，そうさ，人生やるっきゃないさ……」（http://www.uta-net.com/song/10873/（2016年9月4日確認））

（5） 伍代夏子「雪中花」（1992 年）

1　まず,「雪中花（せっちゅうか）」の歌詞および関連する情報[44]を掲げよう。

　　風に風に　群れとぶ鴎
　　波が牙むく　越前岬
　　ここが故郷（ふるさと）　がんばりますと
　　花はりりしい　雪中花
　　小さな母の面影　揺れてます

　　紅（べに）を紅を　さすこともなく
　　趣味は楽しく　働くことと
　　母の言葉が　いまでも残る
　　雪をかぶった　雪中花
　　しあわせ薄い　背中を知ってます

　　いつかいつか　薄日がさして
　　波もうららな　越前岬
　　見てください　出直しますと
　　花はけなげな　雪中花
　　やさしい母の　笑顔が咲いてます

2　(1)　この歌詞も，3つの5行連から成る。「母」の生き方が取り上げられているところから，ここでは，女性の生き方が主題とされていることが分かる（むろん，前述の「淡墨桜」((3))の場合と同様，「母」という語句を例示とみる立場では，名宛人は女性に限られない）。また，「母」という語の反復から，水仙の花

---

43)　http://www.uta-net.com/movie/112970/（2016 年 9 月 4 日確認）。たかたかし作詞，徳久広司作曲，坂本冬美歌唱「どんな試練が　待ちうけようと，夢はつらぬくさいごまで，楽に生きてく　近道なんて，あると思うな　人生に，だから自分と勝負する……」(http://www.uta-net.com/song/112970/（2016 年 9 月 4 日確認))

44)　https://www.youtube.com/watch?v=r1KokG0zQBA（2016 年 9 月 4 日確認）（前注 16))。吉岡治作詞，市川昭介作曲，伍代夏子歌唱。伍代夏子は東京都渋谷区出身の演歌歌手である（http://www.voicemusic.co.jp/（2016 年 9 月 4 日確認))。

ことば，（母に対する）「尊敬」，（母の）「気高さ」等[45]が連想されよう。歌詞の舞台は越前岬[46]（福井県丹生郡越前町血ヶ平に位置し，若狭湾東端部，越前加賀海岸国定公園に属する日本海に面する岬）に設定されている。また「雪中花（または雪中華）」（福井県の県花，水仙の別名）が咲いていることや「薄日がさして」いることから推測すれば，季節は冬，時間帯は日中であろう。

(2) 最初の5行連の1，2行目では「風に風に 群れとぶ鴎」という表現で，歌詞の舞台となった地域の厳しい自然環境が説明される。2行目では「波が牙むく 越前岬」という表現で，そうした厳しい環境でも「鴎」が「群れとぶ」様子が描かれる。3行目では「ここが故郷 がんばりますと」という表現で，そうした鴎の生態に範を取り，今ある環境のもとで自らもさらなる努力を続けようとする意欲が改めて喚起されている。4行目の「花はりりしい 雪中花」という表現はこのような意欲を喚起する契機として描かれている。そこには，厳しい環境の下でも，季節が巡れば，馥郁とした香りを漂わせながら花を咲かせる水仙に対するこの作詞家の思い入れがあろう。水仙に母の生き方を重ね合わせる視点から，小さな花に励まされて，人生の花を咲かせられるようにみずからも努力を重ねたいという決意が表明されている。5行目では「小さな母の面影 揺れてます」という表現で，一方では，おそらくはそうした姿勢を貫いて生きた（年老いて背中や腰が曲がった）「小さな母」の姿を想像しつつ，「母」の生き方にみずからのそれを重ねようと努める姿勢が，そして他方では，そのような自分の行動を「母」も見守ってくれているであろうという期待（ないし推測）が述べられている。この5行を通じて，おそらくは挫折の経験を有する視聴者に対し挑戦の意欲を掻き立てさせるべく，水仙の花にりりしさを見出すという感覚が優先されていることであろう。

(3) 次の5行連の1行目では，「紅を紅を さすこともなく」という表現を介して，贅沢さをも推測させる「晴れ」の場から遠く距離を置いた環境のもとで地道に暮らす母の様子が描かれる。2行目では，「趣味は楽しく 働くこと

---

45) 伊宮編著・前掲書（前注19)) 123頁，瀧井著・前掲書（前注19)) 24頁他参照。
46) http://www.fuku-e.com/010_spot/index.php?id=467（2016年9月4日確認）。

と」という表現で，一生懸命「働くこと」に生きる上での楽しさを見出していた（ありふれた日々の生活の中でも心の持ち方次第で自分なりの楽しみをいくらでも見出すことができるという）母の生き方が紹介されるとともに，そうした生き方に対する好意的評価が示される。3行目では，「母の言葉が　いまでも残る」と述べて，折りに触れて受けた母の教えの意味を自らの日々の生活の過程で改めて実感している様子が語られる。4行目では，「雪をかぶった　雪中花」という表現で，冬の厳しい自然環境の下で花を咲かせる水仙の姿が描写される。5行目では，「しあわせ薄い　背中を知ってます」という表現で，「雪をかぶった雪中花」をみて，世間的な意味でさほど報われることもない生活を続けて老いた母を思い出している姿が述べられている。この5行を通じて，人々の生き方に対する評価の主体が自分自身であり，他者ではないこと，日々どのように過ごすかは当人の心の持ちよう次第でどのようにも変わり得ること，これらが示唆されている。

(4) 最後の5行連の1, 2行目では，「いつかいつか　薄日がさして」「波もうららな　越前岬」という表現で，環境の好転が述べられる。そこには，厳しい冬もずっと続くわけではなく，いつの日か春が訪れ，「波もうららな」季節となるという自然環境の変化と同様，人生においても社会的環境が好転するという理解がある。3行目では，「見ててください　出直しますと」という表現で，挫折にめげず，再出発しようとする主人公の決意が示される。出直しの前提をなす挫折体験の内容が明らかにされていないのは，視聴者を拡大しようとする配慮からであろう。4行目の「花はけなげな　雪中花」，そして5行目の「やさしい母の　笑顔が咲いてます」という表現は，小さな自分の決意を「けなげな」という言葉で控えめに述べるとともに，再出発の決意をした自分の様子を陰ながら母も温かく見守ってくれているのではないかという期待を描いたものであろう。この5行を通じて，人々の生活においてたとえ厳しい試練に見舞われることがあっても，そうした試練には必ず終わりがあること，誰でも心の持ち方次第でいつでも出直しの機会を得られること，これら前向きに生きる視点が暗示されている。

3 それならば，この歌詞に対する上述の理解から，どのような争点，解答，そして，判断基準等を見出すことができるか。

(1) 最初の5行連では，挫折から立ち直る主人公の決意とそうした決意に至る動機が示されていた。この5行の文章表現からも，種々の争点が見出されよう。

たとえば，女の生き方如何（女はその人生をいかに生きるべきか）という一般的な問い（争点①）が考えられる。この点に関しては，「ここが故郷　頑張ります」という表現からみて，それぞれの生活の場において努力すべきであるという解答①aが見出されよう。その前提には，「……とき」（要件）→「……自分のふるさと（自分の持ち場ないし自分が置かれた環境）において頑張るべきである」（効果）という判断基準①aがあろう。解答①aはそのまま「母」の姿でもあった。そこから，「母」の姿をみずからも真似（積極的に考慮して採用）するべきか否かという新たな問い（争点②）が生じる。争点②に関してこの歌詞では肯定説（解答②a）が採用されていた。解答②aを導く場合，「……とき」（要件）→「……母の生き方をみずからも真似するべきである」（効果）という判断基準②aが存在するはずである。他方で，当面の悩みである，どのようにして挫折から立ち直るべきかという問い（争点③）に対しては，母の生き方を真似するべきであるという解答③aがすぐに連想されよう（解答③aは解答②aと同一の表現を取るが，両者の問いの形式は異なる——解答③aが疑問詞型の問いに対する解答であるのに対し，解答②aは二者択一型の問いに対する解答である）。解答③aを導くにあたって用いられる判断基準③aは，上の争点②に対する解答②aの場合と同じもの（判断基準②a）であることが分かる。

さらに，どのようにして挫折から立ち直るべきかといった問い（争点④）もある。母の生き方を真似することにより立ち直るべきであるという解答④aの前提には，むろん，上の解答②aや解答③aがなければならない。ここには，生き方のモデルとされた母はどのような特徴を有する人物かという問い（争点⑤）が登場する。この点については「小さな母」（解答⑤a）としか述べられていないため，複数の理解（ないし解答）があり得る。その一例は，「小さ

な」という表現を身体的な意味に解し，小さな体に鞭打って，人並みの活動ができるように努める人物とする理解（解答⑤a^1）である．また，身体的な外観に限定せず，市井に生きる普通の人物であるとする理解（解答⑤a^2）もあり得よう．解答⑤a^1についても解答⑤a^2についても，それぞれを優先しようとすれば，固有の判断基準が説明されなければならない．

（2）次の5行連では，最初の5行連で示唆された「母」の生き方が述べられていた．どのように「母」は生きてきたかという問い（争点⑥）については，第一に，「紅をさす」というような贅沢さとは縁遠い環境のもとに地道に暮らすという解答⑥aが，第二に，「働くこと」それ自体を「趣味」として，一生懸命に「働くこと」に生きる上での楽しさを見出していたという解答⑥bがそれぞれ考えられる．両者は視点を異にするものであって，互いに排他的な関係にはない．どの解答についても，それぞれの解答自体を効果とする判断基準⑥aおよび判断基準が⑥bがそれぞれ念頭に置かれていたはずである．このような二通りの生き方が「母」にとって幸せなものであったか否かという問い（争点⑦）については，「しあわせ薄い」という表現からみて，否定説（解答⑦a）が採用されていることが分かる．ここでも，解答⑦aを導く判断基準⑦aが説明されるべきであろう．

「今でも残る」「母の言葉」としてどのような内容が示されていたかという問い（争点⑧）についてすぐに思いつくのは，「趣味は楽しく　働くこと」という表現である（解答⑧a）．これに対して，どのようにすれば，「働くこと」を「趣味」とすることができるかという問い（争点⑨），「働く」という言葉の定義如何という問い（争点⑩）を含め，これらの多様な問いに対する解答はすべて，行間にどのような内容を読み込むかという問い（争点⑪）に関する視聴者の判断に委ねられているようにみえる．それは，この歌詞からいかなる示唆を読み取るかという問い（争点⑫）に対する解答が，視聴者が置かれたそれぞれの環境に応じて十分に異なり得ることだからである．「母」の言葉を日常生活に活かす場面では，常にこれら争点⑧ないし争点⑫に対するそれぞれの解答とそうした解答をもたらす各判断基準の解明が不可避のこととなろう．

(3) 最後の5行連では,「出直します」という言葉が示すように,再出発の決意が述べられていた。出直すという決意に至る前の破綻した状況がどのようなものであったかという問い（争点⑬），どのように出直すのかという問い（争点⑭），「母」の言葉をどのように活かすことができるかという問い（争点⑮），これら複数の視点を示唆する言葉は歌詞中に明示されていない。争点⑬ないし争点⑮に対する解答⑬ないし解答⑮（各争点に対する解答は,「争点」という言葉が意味するように,つねに複数存在する）とそれを導く判断基準⑬ないし判断基準⑮（これら判断基準も複数存在する）も視聴者ごとに解明される必要がある。そこから,いずれの判断基準を優先すべきかという争点が生まれ,これに答えるべく,各判断基準を成立させる形成基準の探求も必要となろう（形成基準相互間でも一段階下のさらなる形成基準（形成基準の形成基準）が段階的に確認されなければならない）。

再出発の決意を固めた主人公の心情の穏やかさは,「薄日がさして」「波もうららな」という表現で表されている。この決意が「母」からどのように受け止められるかという問い（争点⑯）に対しては,みずからが人生のモデルとして選んだ「母」からも「笑顔」をもって迎えられるであろうという解答⑯aが期待を込めて示されている。解答⑯aをもたらす判断基準⑯aはここでも規範のかたちでは述べられていない。「母」の愛情に背かず,「薄日がさして波もうららな」と表現されるほど,穏やかな人生を送ることができるかどうかという争点⑰に対する解答はこの歌詞の対象外に置かれ,全面的に視聴者の判断に委ねられている。

(4) このように,この歌詞についても複数の争点と解答,それぞれの判断基準,さらには各判断基準の形成基準等が見出されよう。見出される争点の内容も数量も,各争点に対応する各基準のそれも,すべて視聴者がそれぞれの解答に心情的に納得するか否かに左右される。

4 こうした争点と判断基準とのカタログから,われわれは何を「法文化」（社会行動文法）として導き出すことができるか。

(1) 歌詞の文言をみると，総じて挫折体験を有する女性の再出発の決意とそれに至る過程が，越前岬に咲く水仙の花の可憐な姿と故郷で生きた母の姿とに重ね合わせて述べられていた。女の生き方如何（女はその人生をいかに生きるべきか）とか，女はどのようにして挫折から立ち直るべきかとかといった争点を含め，ここではさしあたり17の争点が例示された。むろん，読者の関心に応じて，個々の単語を手掛かりとして，さらにいくつもの争点を見出すことができる。

(2) 前述の4つの歌詞に関して述べた通り，「法文化」を探求する場合，ここでも社会的行動規範を手掛かりに複数の選択肢を見出すことができる。第一は，個々の判断基準自体を社会的行動規範とみる立場である（「法文化」についての第一の理解）。次に，各判断基準の形成基準に着目し，これを社会的行動規範として位置付ける理解（「法文化」についての第二の理解）がある。さらに，そうした形成基準の成否それ自体に疑問を抱く立場から，最終的な形成基準（形成基準を支える根底的な形成基準）を社会的行動規範として位置付ける理解（「法文化」についての第三の理解）も考えられる。そして，これら各種の基準の重層的体系を考慮する構成があろう（「法文化」についての第四の理解）。いずれの説明を優先するかは，論者が「法文化」という表現を用いて誰に対し何を主張しようとするかという「法文化」探求の目的如何に左右され得る。この意味では，いかなる立場に依拠するかに応じて，「比較」の素材たる「法文化」として取り上げられる局面にも違いがあり得る。その決め手は論者が試みる「比較」の目的如何に帰着することとなろう。

(6) ま と め

以上5編の歌詞を通覧して，社会的行動規範（「……とき」（要件）→「……すべきである」（効果）（当為規定），「……とき」（要件）→「……することができる」（効果）（権限規定（可能）），「……とき」（要件）→「……してはならない」（効果）（禁止規定）等）という視点から，どのような「法文化」をわれわれは見出すことができるか。以下，若干の特徴を整理することとしよう。

(1) 第一に，5編の歌詞の間に共通点と相違点を見出すことができる。

一方で，社会的行動規範の適用対象となる事項（主題，中心的争点）について5編の歌詞に共通性がみられる。たとえば，どの歌詞でも，人生における行動指針如何（人生における行動指針は何か，人はその人生をいかに生きるべきか）という争点が取り上げられていた（むろん，問いの表現形式に応じて解答の表現形式にも違いがある）。このことはそれぞれの歌詞の表現から判明する。「明日に咲け」では，「人生焦らず」，「人生迷わず」，そして「人生挫けず」と述べられていた。「度胸花」では，「根性で　夢咲かす」，「辛抱」，そして「苦労を噛んで生きてゆく」と謳われていた。「淡墨桜」では，「雨風　嵐に　耐えて立つ」，そして「夢は枯れない　散らさない」と指摘されていた。「大志」では，「汗水ながして」，「迷いは捨てろ」，そして「大地に根を張って」と記されていた。「雪中花」では，「がんばります」，そして「出直します」と書かれていた。また，人の生き方が花にたとえられていた。「明日に咲け」では，「先に咲いたら散るのも早い」，「明日に咲け」と述べられていた。「度胸花」では，「枝も栄える　葉も茂る」と謳われていた。「淡墨桜」では，「凛と咲いてる」，そして「花に重なる」と指摘されていた。「大志」では，「桜吹雪の　舞う坂道を」，「はるか大地に　根を張って」と記されていた。「雪中花」では，「花はりりしい」，そして「花はけなげな」と書かれていた。

他方で，これら5編の歌詞の間には，いくつもの相違点がある。たとえば，性別に言及するものとそうでないもの，「男」について述べているものとそうでないものといった点に着眼することができる。「明日に咲け」では，性別がまったく考慮されていないが，他の4編は性別に言及されていた。「度胸花」および「大志」で「男」と明言されていたのと異なり，「淡墨桜」および「雪中花」では，「女」と表現されていないものの，ともに「母」の生き方が人生のモデルに据えられていたところから，「女」の生き方が主題となっていたようにも読める。「淡墨桜」の「私の春」という表現や「雪中花」における「ですます調」の言い回しも，名宛人が女であることを推測させる根拠となっていることであろう。また，個々人の考え方を取り上げたものと対人関係に触れた

ものという区分もあり得よう。「明日に咲け」では、「何も出来ない　一人では」、「他人は情けの　軒を貸す」、そして「いつか世間も　目を覚ます」と述べられていた。「度胸花」では、「人に抗う」、「馬鹿と言わりょと　笑わりょと」、そして「わかる女が　きっといる」と謳われていた。「淡墨桜」では、「雨風　嵐に　耐えて」、そして「夢は枯れない　散らさない」と指摘されていた。「大志」では、「人に頼るな」、「ほれた女に……抱かせてやりたい」と記されていた。「雪中花」では、「がんばります」、「趣味は楽しく　働くこと」、そして「見てて下さい　出直します」と書かれていた。

　(2)　第二に、上に触れた点と部分的に重なるが、社会的行動規範の効果（中心的争点に対する解答）という視点から、個人の心の持ち様を取り上げたものと人づきあいの仕方（人間関係のあり方）に触れたものとを区別することができる。

　(a)　前者（個人の心の持ち様に関する歌詞——「明日に咲け」、「度胸花」、「淡墨桜」、「大志」および「雪中花」）については、心の持ち様の内容に応じて、さらなる細分化が可能となろう。ひとつの類型は、苦労を厭わず、弱音を吐かず、地道に努力する姿勢の大切さを訴えるものである。「明日に咲け」では、心の持ち様に関して、「早いばかりが　勝ちじゃない」、「春が苦労の　先で待つ」、「人生焦らず」、「遅れようとも　朝は来る」、「いつか世間も　目を覚ます」と述べられていた。「度胸花」では、「馬鹿と言わりょと　笑わりょと」「胸に根を張る　心意気」、「未練涙は　おかしいぜ」「ここは一番　辛抱さ」、「苦労を噛んで」、「生きてゆくのが　男だぜ」、「浮世雨風　あればこそ」と記されていた。「淡墨桜」では、「哀しいときも　ほほえみを」、「胸に咲かせて　生きてゆく」、「泣いた分だけ　倖せが」「必ず来るよ」と説明されていた。「大志」では、「人に頼るな　ぐちるな　泣くな」、「今日の苦労を　積み上げて」、「悔し涙を　胸に溜め」と指摘されていた。「雪中花」では、「母の言葉が　今でも残る」と説明されていた。

　第二の類型は、「このような生き方でよいのだろうか」という人生に付き物の迷いを捨て、ひたすらに一筋の道をまい進することの重要性を指摘するもの

である。「明日に咲け」では，「人生迷わず」，「人生挫けず」と記されていた。「大志」では，「決めた道なら　迷いは捨てろ」，「人生はひとすじ　希望は一つ」と書かれていた。第三の類型は，逆境にあっても胸を張り，正々堂々と歩む姿勢の価値を指摘するものである。「淡墨桜」では，「下へ下へと　根を伸ばし」，「雨風　嵐に　耐えて立つ」，「優しく清く　しなやかな」，「哀しいときもほほえみを」，「胸に咲かせて　生きてゆく」と説明されていた。「大志」では，「汗水ながして　道はつく」，「はるか大地に　根を張って」と記されていた。「雪中花」では，「りりしい」，「紅を紅を　さすこともなく」と述べられていた。第四のそれは，たんに努力を求めるだけでなく，仕事そのものに楽しみを見出そうとするものである。「雪中花」では，「楽しく　働く」と記されていた。第五の類型として，世間の常識に阿ることなく，個性を発揮することの重要性に触れたものも挙げられる。「度胸花」では，「丸い世間を四角に生きて」，「人に抗う」と主張されていた。

　(b)　後者（人づきあいの仕方に関する歌詞――「明日に咲け」，「度胸花」および「大志」）に関しても，細分化の余地がある。一方では，他人の評価に左右されることの愚かさ（あるいは自立することの必要性）が強調されていた。「度胸花」では，「男　根性で　夢咲かす」，「未練涙は　おかしいぜ」と，また「人の値打ちは　心だと」，「わかる女が　きっといる」と記されていた。「淡墨桜」では，「雨風　嵐に　耐えて立つ」と説明されていた。「大志」では，「人に頼るなぐちるな　泣くな」と指摘されていた。他方で，相互扶助の必要性を説くものがある。「明日に咲け」では，「何も出来ない　一人では」，「他人は　情けの軒を貸す」と述べられていた。むろん，この種の類型化には読者の関心事が反映されることであろう。

　(3)　第三に，「……とき」（要件）→「……すべきである（することができる，しなければならない）」（効果）という規範（社会的行動規範，規範化された社会的行動様式）の形式にあてはめることのできる素材に着目することができる。判断基準を見出す契機には自然現象それ自体もあれば，人々の社会生活に関するものもある。

(a) 前者の素材としては，降る雨，夜明け，雨，風，嵐という厳しい自然環境，春の訪れといった季節，開花現象等が挙げられよう（「明日に咲け」，「淡墨桜」，「大志」および「雪中花」）である（「淡墨桜」および「大志」では桜が，また「雪中花」では水仙がそれぞれ取り上げられている）。

「明日に咲け」では，「先に咲いたら　散るのも早い」という表現で，開花時期に関して，「花が先に咲いたとき」（原因，要件）→「先に咲いた花は散るのも早い」（結果，効果）という自然法則に触れられていた（むろん，それは一面的な説明でしかない）。花の寿命は変わらないという認識に基づく場合，この自然法則のもとで，「遅く咲いたとき」→「遅く散る」という命題が必然的に導かれていた。他方で，早く咲いた花と遅く咲いた花との間に価値の優劣があるか否かという争点につき，否定説（価値の優劣はないという主張）が採用されていた。この否定説が，花に対する世間の評価から人間に対する世間の評価へと転用されていた。才能を発揮できる時期が早いか遅いかという視点は才能に対する世間の評価とは直結しないという主張がそうである。そこには，才能を発揮する時期が早いとはいえない者に対する共感の念があろう。

「淡墨桜」では，「下へ　根を伸ばし」，「雨風　嵐に　耐えて立つ」「淡墨桜」の咲く様子と，「優しく清く　しなやかな」「母」の姿との類似性が意識的に強調されていた。こうした類似性は，言葉を発することのない「淡墨桜」と「哀しいときも　ほほえみを」，「胸に咲かせて　生きてゆく」，「無口な」「母」の面影との対比においても，長い冬を過ごした後「根雪は溶けて」「蕾開いて」咲く時期を迎える「淡墨桜」の物言わぬ姿と「泣いた分だけ　倖せが」「必ず来るよ」と語った「母」の声との対比においても，繰り返し肯定されていた。そこには，「下へ　根を伸ばし」，「雨風　嵐に　耐えて立つ」とき（原因，要件）→「淡墨桜が開花する」（結果，効果）という自然法則が主人公の人生における努力の過程へ転用され，「開花」が人生の成功を暗示する役割を果たしていた。

「大志」では，「はるか大地に　根を張って」「明日は実のなる」桜と「でっかい」「山」，「大きな」「川」，「実のなる」「華」というように，存在感の大きさに関する比喩的表現との対比において，人生の成功という価値が示されてい

た。ここでも，はるか大地に　根を張」るとき→「実のなる」という自然法則が主人公の人生へと転用されていた。

「雪中花」では，「りりしい」「花」という自然現象と「ここが故郷」だからここに根をおろして「がんばります」という主人公の決意の潔さとの類似性が，「雪をかぶった」「雪中花」の物悲しい姿と「しあわせ薄い」「母」の「背中」の侘しさとの類似性が，「けなげな」「雪中花」がみる者に対して何かしらの支援を呼び掛ける様子と「出直します」という主人公の決意が周囲の者に対して支援の気持ちを喚起する様子との類似性がそれぞれ挙げられていた。ここでは，主人公が採るべき行動様式が直接的に規範の形式で述べられているわけではないが，「……とき」（要件）→「『雪中花』のように『りりしい』『「母」の姿を主人公も真似するべきである』」（効果）という社会的行動規範を見出すことができよう。

このように，広義の自然現象が人間の行動にもそのまま転用できるか否か（比喩の適否）という点に関して肯定説が採用されているが，その前提にあるのは，両者の間に共通性がみられたという部分的経験なのであろう（そこでは，共通性がみられない部分的経験は一方的に捨象されている）。

(b)　他方，人々の社会生活に関する素材としては，世間の評判，失恋，浮世の苦労等といった経験，また母の面影，母の言葉，母の笑顔等への言及がある。これらへの言及を伴った行動様式（「明日に咲け」，「度胸花」，「淡墨桜」，「大志」および「雪中花」）としては以下のものがある。

「明日に咲け」では，「苦労」するとき（要件）→「春が」「先で待つ」（効果），「傘を譲」った後で「土砂降り雨に」あったとき（要件）→「他人は情けの軒を貸す」（効果），「……とき」（要件）→「世間も　目を覚ます」（効果）といった社会行動規範が提案されていた。

「度胸花」では，「馬鹿と言わ」れたり「笑わ」れたりするとき（であっても）（要件）→「丸い世間を　四角に生き」る（「人に抗う」）（効果）という社会行動規範が提案されていた。

「淡墨桜」では，「……」とき（要件）→「ほほえみを」「胸に咲かせて　生

きてゆく」(効果) という社会的行動規範が見出される。

「大志」では,「汗水ながして」努力するとき (要件) → 「道はつく」(効果),「……」とき (要件) → 「人に頼るな　ぐちるな　泣くな」(効果),「……」とき (要件) → 「はるか大地に　根を張って」生きるべきである (効果) という社会的行動規範が提案されていた。

(4) 何を「法文化」と定義するかに関しては,周知のように,多様な理解があり得る。著者は,これまでの検討を通じて,社会的行動規範に比較対象たる「法文化」を探求する手掛かりとしての意義を見出してきた。5編の歌詞を素材としたここでの検討がひとつの試論として受け止められるならば,論者の関心に応じて「法文化」を多様に理解することができるという仮説が承認されることとなろう。著者の関心はもっぱら何を「法文化」として捉えることができるかという点にある (それゆえ,個々の歌詞をめぐる社会的行動規範を漏れなく挙げることは意識されていない)。

(a) 上の検討では,「法文化」の捉え方に複数の理解が可能であることが示された。第一に,「……とき」(要件) → 「……すべきである (当為)」(効果) といった社会的行動規範 (判断基準) それ自体を「法文化」として捉える立場 (第一の理解) のほか,社会的行動規範 (判断基準) が成立する根拠を決定する基準,すなわちその (直接的および／または間接的) 形成基準を「法文化」として捉える主張 (第二の理解),社会的行動規範 (判断基準) が用いられる範囲を決定する基準,すなわちその (直接的および／または間接的) 適用基準を「法文化」として捉える構成 (第三の理解),さらに,社会的行動規範 (判断基準) それ自体に加えて,その形成基準および適用基準,これら三者の組合せを「法文化」として捉える認識 (第四の理解),そして第五に,社会的行動規範 (判断基準) それ自体に加えて,その形成基準および適用基準,これら三者の組合せだけでなく,形成基準の (直接的および／または間接的) 形成基準および (直接的および／または間接的) 適用基準,ならびに,適用基準の (直接的および／または間接的) 形成基準および (直接的および／または間接的) 適用基準,これら各基準から構成される重層的諸基準の総体を「法文化」として捉える考え (第五の理解),こ

れら5つの可能性が提示された。これら5つの可能性のうちいずれを「法文化」という言葉で捉えるかの基準が「法文化」という語句を用いて達成しようとする論者の作業目的に還元されることについてはすでに言及した。

(b) このように規範の重層的構成に着目する立場では，上の5つの可能性はあくまでも概括的な整理にとどまる。個別具体的な素材に応じて，何を「法文化」として把握すべきかについてはさらに多くの可能性が残されている。それは，個々の規範の文言の定義の仕方に応じて，社会的行動規範の形成過程の正当性，規範の適用範囲（人的適用範囲＝名宛人＝主観的範囲，空間的適用範囲等），規範の実効性を確保する制度的仕組み等の説明の仕方も大きく異なり得るからである。

たとえば，一方で，社会的行動規範の形成過程をみると，「母」をモデルとして女が行動する場合を含め，先人の行動様式を後輩が真似する場合には，前者に対する憧憬や尊崇の観念の存在をみてとることができる。そこには，「……とき」（要件）→「先人の行動様式に従うべきである」（効果）という社会的行動規範があろう。当面の論点がこの規範の要件部分の当該文言に包摂される場合でなければ，上の効果は生ぜず，先人の行動様式を後生が真似することはない。これら憧憬や尊崇の観念をもたらすものは，先人との自己一体化という意識に求められよう。自らを先人というモデルに同化させたいという意欲がなければこうした模倣行動はみられないはずだからである。このようにして，上の社会的行動規範の形成基準が探求されなければならない。他方で，社会的行動規範の適用範囲についても留意されなければならない点がある。それは，個々の素材に応じて，当該社会的行動規範適用の是非という争点が別に生じ得るはずだからである。

(c) 上の検討からは，さら派生的争点も生まれよう。たとえば，「法文化」の単位如何という争点がある。それは，往々にして，「……の法文化」という表現を通して，「法文化」の空間的単位が国民国家等に求められたことがあった[47]からである。ここでの素材はわが国の一部で受け入れられたものでしかなく，わが国の国土全体にも，わが国の国民全体にも関わりがあるとは言い得

ない。この点を考慮すれば,「法文化」は,空間的要素のみによって形成されるものではなく,空間的適用範囲,時間的適用範囲,人的適用範囲等の組合せ(パッケージ)によって形成され,時代により変わり得るものであるという仮説が生じよう。

また,社会的行動規範の実効性を確保する制度的仕組みについてはどうか。国民国家が国民から自力救済の機会をはく奪し,代案として国民に裁判を受ける権利を付与した実定法の場合とは異なり,「法文化」にはそうした制度的仕組みが欠けているのかもしれない。「法文化」は国家実定法を支える根拠として位置付けられるのかもしれないが,それでも,「法文化」という名の社会的行動規範の実効性を担保する保障がなければ,「法文化」は機能しないことであろう。個々人の倫理感等,主観的要因によって,また志を同じくする人々により構成される同質社会の排他的意識の存在(疎外)によって,そうした社会的行動の可能性が弱い形式で担保されているとする説明は,実効性のない実定法の存在との関係という点でもさらなる検討課題を生み出すことであろう。

ここでは,さしあたり,上の諸点への言及にとどめたい。これらの留意点に着目して5編の歌詞を改めて読み直すことにより,また,以下(2および3)で取り上げる2つのカテゴリーに属する素材の検討にあたっても,われわれは「法文化」のありようについて考える契機が得られることと思われる。

2. 二人の社会の築き方
―― 内縁関係と婚姻関係における心配り――

この項では,社会生活における最小単位の例として,恋愛関係および婚姻関係

---

47) ラインハルト・ノイマン「日本・EC間貿易における法文化摩擦」(藤倉皓一郎・長尾龍一編著『国際摩擦――その法文化的背景――』(日本評論社,1989年)59頁以下),小原喜雄「半導体貿易摩擦を通じて見た日米法文化の相違」(藤倉・長尾編著・前掲書(前注47)146頁以下),千葉正士著『アジアの法文化』(成文堂,1991年)13頁以下(そこでは「日本の法文化」という表現が用いられている)他参照。

にある男女間の行動様式に関わる5編の歌詞，すなわち，小桜舞子「こころ川」[48]，大石まどか「春待ち花」[49]，多岐川舞子「愛一葉」[50]，石原詢子「ふたり川」[51]，そして藤あや子「ふたり花」[52]，これらが取り上げられる。どの歌詞にも，社会的環境等（生活状況や人間関係を含む）を異にしながらも，特に女性側での心の持ちよう（感情の機微等）とその具体的な表し方（相互間でのスタンスの取り方等）に関する特徴的視点が見出されよう。ここに「二人の社会の築き方」という表現を用いたのは，法律上の婚姻関係に入る前の蜜月時代においてさえ，地域や世代の相違を超えて（むろん，ある種の例外は除かれるが）ほぼ一様にあてはまる社会行動基準を見出すことができるのではないかと考えたことによる。

（1）　小桜舞子「こころ川」（2010年）

1　まず，「こころ川」の歌詞および関連する情報[53]を掲げよう。

　　なみだ雨降る　世間の川は
　　好きなだけでは　渡れない
　　人眼気にして　うしろを歩く

---

48) http://www.uta-net.com/movie/98312/（2016年9月4日確認）。2010年7月21日発売9枚目シングル盤『こころ川』。

49) http://v.youku.com/v_show/id_XMjg5OTcxMDI4.html?beta&from=s1.8-1-1.2&spm=0.0.0.0.oie9HH（2016年9月4日確認）。2007年1月24日発売20枚目シングル盤『春待ち花』。

50) http://v.youku.com/v_show/id_XNDUwMzA4NzY0.html?beta&f=18213254&o=1&spm=0.0.playList.5!20~5~A.nnQPs9（2016年9月4日確認）。2007年3月7日発売シングル盤『秋冬カモメ』2曲目に収録。

51) http://www.uta-net.com/movie/40414/（2016年9月4日確認）。2006年4月26日発売22枚目シングル盤『ふたり川』。

52) http://www.uta-net.com/movie/37896/（2016年9月4日確認）。2000年8月30日発売15枚目シングル盤『ふたり花』。

53) http://www.uta-net.com/movie/98312/（2016年9月4日確認）（前注47））。仁井谷俊也作詞，中村典正作曲，小桜舞子歌唱。小桜舞子は神奈川県茅ヶ崎市出身の演歌歌手である（http://www.kozakuramaiko.com/（2016年9月4日確認））。

わたしを叱って　抱き寄せた
あなたと生きて　いいですか…
こころ川

酒に浮かべた　おんなの夢を
そっと両手で　温める
負けちゃ駄目だと　やさしく庇（かば）う
あなたの情けが　嬉しいの
も少し飲んで　いいですか…
こころ川

きっといつかは　許してくれる
人の噂も　世の中も
酔ってもたれた　あなたの背中
故郷（ふるさと）みたいに　あたたかい
あなたと生きて　いいですか…
こころ川

　2　⑴　この歌詞は，3つの6行連から成る。第二連1行目の「おんな」という表現から，主人公が女性であることが分かる。「こころ川」という地名がわが国に実在するか否かを知る手掛かりはない。「酒」という言葉からまずは夜が連想される。とはいえ，飲酒の時間帯が夜に限られていないとみれば，時間帯も特定されていないこととなる（夜間特有の行動様式ではない）。このように，舞台，季節，時間帯等が固定されていないのは，より多くの視聴者に訴え掛けることが意図されていたためと考えられる。「人眼気にして」という表現からは，世間で認められるという意味で「まっとうな関係」（法律上の婚姻）が二人の間にないことが看取される。
　⑵　最初の6行連冒頭の2行では，「世間の川は　好きなだけでは　渡れない」と述べて，互いに好意を抱く男女の間柄を世間が承認するためには，複数の要素が必要とされる旨，示される。すなわち，互いに「好きだ」という双方向の感情（「相思相愛」）だけでは足りず，さらに別の要素が必要とされるとい

う点である。民法第739条第1項および戸籍法第74条に基づく婚姻の届け出（法律婚主義）のほか，双方の家族等，関係者全員による同意が追加的要素とされるのかもしれないが，何が必須不可欠の要素かは明示されていない。一方の当事者に婚姻関係がある場合（「不倫」），一夫一婦制を採用する社会では，世間による承認の可能性は一層少なくなろう（むろん，破綻主義をどのように評価するかに応じて，結論は変わり得る）。「なみだ雨降る」という言い回しは世間から交際を認められないという状況が当事者にとって涙を流すほど大きな悲しみであることを意味しよう。実社会で生きて行くことが「川を渡る」という比喩で表されるのはなぜか。ひとつの説明は，わが国の地形への配慮である。水源地におけるわずかな湧水が，地形の影響を受けながら，他の谷あいの水と合流して少しずつ流れを作り出し，時に急流や濁流となって，川下へ流れ落ちる様子が，しばしば「山あり谷ありの人生」に譬えられてきたという説明である。この歌詞に詠われた「川」はむろん容易に渡河することのできない，一定の水深を有する大きな河川でなければならない。3行目では，「人眼気にして　うしろを歩く」と述べて，世間と交わる場面のひとつ，すなわち，表の通りを歩く場合に，世間から「交際」を認められない二人が肩を並べて歩くことは許されないという社会的評価が示される。4行目では，「わたしを叱って　抱き寄せた」と述べて，世間の目よりも，世間の目を気にする女性の態度を気遣う男性の心配りが記される。5行目では「あなたと生きて　いいですか」と述べて，男性の気配りを受け止めた女性が，信頼する男性とともに生きようと改めて決意し，そうした決意を受け止める覚悟の有無を男性に問い掛ける様子が示される。6行目では，「こころ川」という表現を用いて，両者の心が細やかに通い合う状況が述べられる。「世間」という不特定多数の集団を「世間の川」となぞらえたことに対応させて，男性を頼りに二人のこころを合わせて，長い旅路を一歩一歩進んでゆこうとする女性の心情が「川」の流れに譬えられている。

（3）次の6行連初めの2行では「酒に浮かべた　おんなの夢を」「そっと両手で　温める」という表現で，信頼する男性と共に生きたいという望み（「夢」）を抱く女性の日常が紹介される。燗を付けた酒を注いだ杯が冷めないように両

手で温める という表現はむろん具体的な仕種の説明であるが、「温める」という言葉には、「夢を温める」という趣旨（人生の目標）も掛けられている。3行目では、「負けちゃ駄目だと　やさしく庇う」と述べて、女性の希望を受け入れて共に生きるというみずからの意思を示すだけでなく、世間の非難に負けて、共に生きようとする自分の夢を簡単に諦めてはならないと女性を励ます男性の具体的かつ積極的な行動が紹介される。4行目では、「あなたの情けが嬉しいの」と述べて、男性の思い遣りの姿勢に、みずからへの愛情を感じ取り、嬉しさを隠せない女性の姿が描かれる。5行目では、「も少し飲んで　いいですか…」と述べて、心穏やかに、夢を追い求める状況が今後もなお続いてほしいと望む女性の様子が描かれる。

(4)　最後の6行連の最初の2行では「きっといつかは　許してくれる」「人の噂も　世の中も」と述べて、今、世間は二人に対して冷たい視線を浴びせているが、時が経てば「きっといつかは」二人の愛を理解し、二人の仲を認めてくれるであろうという世間への期待が述べられる。「人の噂」と「世の中」が並置されているのは、二人の仲を直接に認めてくれる主体としての「世の中」（その実体としては家族、親類縁者、知人等が想定される）と、「世間」の評価が無責任なかたちで伝播された結果としての「人の噂」とが意識的に区別されているためかもしれない。3、4行目では「酔ってもたれた　あなたの背中」「故郷（ふるさと）みたいに　あたたかい」と述べて、酔いが回った女性をそのまま全面的に受け止めてくれる男性の愛情を居心地の良いものと感じる女性の様子が語られる。5行目の「あなたと生きて　いいですか…」という表現、そして6行目の「こころ川」という表現、これらの趣旨は、最初の6行連のそれと重なる。

3　それならば、この歌詞に対する上述の理解から、どのような争点、解答、そして、判断基準等を見出すことができるか。

(1)　この歌詞の中心的争点は、文言からみると、最初の6行連5行目（この表現は最後の6行連5行目でも繰り返されている）に記された「あなたと生きてい

いですか」という問い掛け（争点①）であるようにみえる。しかし，実際の論点は，二人の間での合意形成（内部関係の安定性）にあるというよりも，二人の間柄をなぜ認めてくれないのかというかたちでの世間への問い掛け，つまり，二人対世間という対外的側面（外部関係の安定性）にあるのかもしれない。

(a) 「あなたと生きて　いいですか」という表現は反語的言回しとみることができよう。当事者たる女性みずからが見出した答えは肯定説（解答①a）以外にはないはずだからである（この答えは相手方たる男性にも共有されている）。その対極にあるのが，世間の評価，つまり，否定説（解答①b）である。解答①aを解答①bに優先する女性の主張を支える根拠は明示されていない。肯定説を支持する判断基準①aは，「当事者同士が互いに好きだという感情を抱くとき」（要件）→「両者の交際は世間で認められてよい」（効果）という形式で表されよう。否定説の側では，「当事者同士が互いに好きだという感情を抱くとき」（要件(1)），「家族，親類縁者等の関係者全員が二人の交際を認め，かつ，二人が適法な婚姻の届け出を行うとき」（要件(2)），これら2つの要件が同時に具備されるときに初めて，「両者は交際することができる」（効果）という形式の判断基準①bが想定されていることであろう。肯定説，否定説のいずれを支持する場合でも，判断基準①aまたは判断基準①bの成立可能性が実証されなければならず，そのために，判断基準①aの形成基準①aまたは判断基準①bの形成基準①bのいずれかが具体的に明示されなければならない。ここでは，先例尊重の原理が挙げられる余地がある。しかし，先例の内容をどのように理解するかに応じて，先例尊重の原理は判断基準①aの形成基準①aにもなり得るし，また判断基準①bの形成基準①bともなり得よう。真の形成基準が示されていない点は，判断基準①aについても判断基準①bについても，ともに当てはまる。

(b) 上の争点①が二人の間での内部的評価と世間から二人に向けられた外部的評価との対立点であったのに対し，次の争点②は，二人が互いにどのような行動をとるべきかという疑問詞型争点のかたちをとる。この問いに対する解答として，男性が世間から後ろ指を指されない（二人の間柄が世間に知られな

い）ようにするために，女性は，「人眼気にして　うしろを歩く」べきであるという考え（解答②ａ）を持っていた。これに対し，男性は，そのように行動した女性「を叱って」当の女性を「抱き寄せ」（解答②ｂ）たうえ，「負けちゃ駄目だ」と言って男性が女性を「やさしく庇」い（解答②ｃ），さらに，酔った女性が背中にもたれかかるのを男性が黙って受け止め（解答②ｄ）ていた。これらの行為の前提には，世間で認められるような関係にない場合でも，二人は堂々と並んで歩くべきだという趣旨の男性側の行動準則があろう。このような男性の心遣いに対して，女性には，そうした「情けが嬉しい」と感じる心情（解答②ｅ），「あなたと生きて　いいですか」，また「も少し飲んで　いいですか」というように男性に確認する気配り，これらが求められる（解答②ｆ）という考え方もある。女性の見方と男性のそれとの対立が示されているが，いずれの見方が優先されるべきかという問いに対する解答（成立根拠）は，男女どちらの側でも示されていない。いつの時代でも，第三者が個々の男女関係を認めるか否かをめぐって，当事者同士の見方と外部（それぞれの家族，親類縁者等）のそれとが相違する例は少なくない。日本国憲法第24条第1項では「婚姻は，両性の合意のみに基いて成立」すると規定される。この文言によれば，解答①ａが解答①ｂに優先する。とはいえ，現実の社会では，家柄（家格，爵位，士族の出等）が釣り合わないとか，経済的状況（年収や居住環境），時として，学歴等に大きな開きがあるとかという事情から，家族や親類縁者が，本人同士の気持ちを無視して，二人の法的または事実的な婚姻関係に反対する例は日常的に見出されている。このことは，この種の内容が小説や演劇の題材として頻りに用いられているという事実からも判明する。

　（2）　次の6行連では，最初の6行連における「わたしを叱って　抱き寄せた」男性の行為，この6行連における「負けちゃ駄目だと　やさしく庇う」男性の言葉，これらに接して穏やかな心を取り戻した女性の側の心情，これらが示される。「も少し飲んで　いいですか」という問い掛けも，前の6行連と同様，争点のかたちをとるものの，実際には，肯定説への同意を求める確認行為（形式的争点）とみられよう。そこには，そうした望みが拒否されるはずはない

という推測を含め，男性に対する甘えもみてとれる。

(3) 最後の 6 行連では，「きっといつかは　許してくれる」「人の噂も　世の中も」という表現が示すように，世間による評価が変わり得るか否かという問い（争点③）が取り上げられている。女性の答えは肯定説（解答③ a）である。それがたんなる希望の表明にとどまるのか，それとも実際にそうした結果が得られるかは，当事者と世間との関わり方の実相に応じて十分に変わり得る。ここでも，上の問いに対する結論は述べられていない。この歌詞では，視聴者に未来への期待を抱かせ，夢を追い求めることの大切さを訴えるにとどめ，その余の展開を含め，ハッピーエンドを求めるか否かの決定を視聴者の自由な解釈に委ねているといえるのかもしれない。

4 こうした争点と判断基準とのカタログから，われわれは何を「法文化」（社会行動文法）として導き出すことができるか。

取り上げられた争点は，男女のいずれについても，主として，内面的な心理状態に関するものであった。女性の側では，世間的評価に従うことを前提として，男性の体面を壊さないような行動をとることが自ら為すべきことと考えられていたのに対し，男性の側では，世間的評価に重きを置かず，むしろ世間的評価を尊重する女性の行動様式を否定する考えがみられた。両者の社会行動文法にはこの点で対立がみられる。このようにみると，この歌詞では，日陰に生きる女とその相手方たる男性の生き方，すなわち，対内的には互いに相手を思いやる心配り，対外的には特に女性の側での世間との距離の取り方，これらをめぐる行動指針が示されていた。歌詞の文言をみると，確かに，二人の間の内部的関係のあり方に焦点が当てられていたようにもみえる。それは，当事者にとっては，二人の間で相互信頼関係を維持することが何よりの関心事であって，二人の間柄を世間がどのように評価するかという外部的視点は，内部関係の維持という点からみると，二次的な論点とされていたように見受けられるためである。

他方で，二人の関係を肯定する立場では，行間の読み方を意識的に変更し，

世間の二人に対する否定的評価に対抗して、二人の団結力が強化される場面が謳い上げられているとみることであろう。実定法上、法律婚主義のもとで一夫一婦制が採用されているとはいえ、法律を遵守するか否かの実質的な判断基準は実定法の中にはなく、むしろ、人々の社会行動文法の中にある。このようにみると、それぞれの社会行動文法を成立させる背景としての、法文化の形成過程をさらに細かく辿る作業が必要となろう。

なお、この歌手には、他に類似の曲として「恋する城下町」[54]などがある。

（2） 大石まどか「春待ち花」(2007 年)
1　まず、「春待ち花（はるまちばな）」の歌詞および関連する情報[55]を掲げよう。

　　冬が過ぎれば　春は来る
　　早く来い来い　春よ来い
　　苦労の涙よ　春待ち花と咲け
　　喧嘩するのも　好きだから　許されゆるし
　　あなただけお前だけ　二人信じて春を待つ
　　花よ咲け化よ咲け　明日はきっと咲け

　　雪の重さも　冷たさも
　　あなた居たから　耐えられた
　　かわいた都会（まち）にも　春待ち花は咲く

---

54) http://www.uta-net.com/movie/14891/（2016 年 9 月 4 日確認）。石本美由紀作詞、水森英夫作曲、小桜舞子歌唱「春の陽差しに　化粧が似合う、しだれ櫻の　恋ごころ、そうよ　私の　大事な　あなた、どこの　誰より　好きだから、いいでしょうそうでしょう、こころ　預ける　角館（かくのだて）……」(http://www.uta-net.com/song/14891/（2016 年 9 月 4 日確認))

55) http://v.youku.com/v_show/id_XMjg5OTcxMDI4.html?beta&from=s1.8-1-1.2&spm=0.0.0.0.oie9HH（2016 年 9 月 4 日確認）（前注 48）。麻こよみ作詞、徳久広司作曲、大石まどか歌唱。大石まどかは北海道函館市出身の演歌歌手である(http://www.sunmusic.org/profile/oishi_madoka.html（2016 年 9 月 4 日確認))。

スミレタンポポ　踏まれても　頑張る命
あなただけお前だけ　二人信じて春を待つ
花よ咲け花よ咲け　明日はきっと咲け

支えあうのが　人ならば
かばい合うのが　夫婦です
つらさを越えれば　春待ち花の夢
照る日曇る日いつまでも　離しはしない
あなただけお前だけ　二人信じて春を待つ
花よ咲け花よ咲け　明日はきっと咲け

2　(1)　この歌詞も，3つの6行連から成る。「夫婦」という表現から，二人の登場人物が適法な婚姻関係にあることが分かる。舞台や時間帯は特定されていない。「冬が過ぎれば　春は来る」「春よ来い」といった言回しから推測すると，冬まだあけやらぬ時期の歌といえよう。「春待ち花」がどの植物を指すかは明らかではない。ここでも，視聴者の理解に応じて，多様な選択の可能性が生まれよう。冬に咲く花としては梅のほか，寒椿，水仙，福寿草などが知られる。梅の花ことばは色彩に応じて異なり，白色は気品，忍耐を，紅赤色は忠実，優美を，黄色は控え目な美を表す[56]。洋花でもアネモネ，カトレア，シクラメンなどが挙げられる。アネモネは堅忍を表すが，赤色のアネモネは自分の愛を信じて相手を愛することを示し，紫色のアネモネは相手を信じてその意に従うことを表す[57]。白色のシクラメンは思いやりを意味する[58]。この歌詞から何を読み取ろうとするか，視聴者の関心事に応じて，想像される「春待ち花」が何かは異なろう。

(2)　最初の6行連1行目では，「冬が過ぎれば　春は来る」と述べて，寒く暗い冬から暖かい春への季節の移り変わりになぞらえ，人生には悪いことばか

---

56)　伊宮編著・前掲書（前注19)）28頁以下。
57)　伊宮編著・前掲書（前注19)）16頁。
58)　伊宮編著・前掲書（前注19)）112頁。

り続くわけではなく，良いことが必ず訪れるというひとつの経験則が示されている。そこには，辛い時期に堪える忍耐力の大切さが読み込まれているのかもしれない。もとより，自然現象の変化と人生における種々の出来事とは必ずしも文字通りの対応関係にはない。それでも，この種の比喩が用いられるのは，悪いことが起きた後には良いことがあってほしいという（作者の側での）希望の現れとみることもできよう。2行目では，「早く来い来い　春よ来い」と述べて，暖かい季節，希望に満ちた春の一日も早い到来を待ち望む様子が示される。3行目では，「苦労の涙よ　春待ち花と咲け」と述べて，度重なる苦労がやがて実を結び，また「花と咲」くようにという願望が語られる。4行目では，「喧嘩するのも　好きだから　許されゆるし」と述べて，愛し合い信じ合う二人の間には，時に意見の違いがあっても，お互いにそれを許容する寛大な心とそうした違いを容易に乗り越える互譲の精神がともに備わっている様子が示される。ここにいう「喧嘩」はむろん口喧嘩にとどまるものであろう。5行目では，「あなただけお前だけ　二人信じて春を待つ」と述べて，二人が互いを信じ合い，ともに良いことが起きるよう待ち望む状況が述べられる。6行目の「花よ咲け花よ咲け　明日はきっと咲け」という言い回しには，上に示した望みが叶うようにと祈る二人の願望が強く現れている。開花という自然現象に化体されていることを考慮すると，待ち望まれている事象は，二人の運命に委ねられており，努力では克服することのできないものなのかもしれない。

(3) 次の6行連1行目では，「雪の重さも　冷たさも」と述べて，二人が味わう苦労の大きさが「重さ」と「冷たさ」という言葉で比喩的に表現されている。2行目では，「あなた居たから　耐えられた」と述べて，男性の存在が女性にとって苦労を耐え忍ぶ際に大きな心の支えになったことが述べられる。3行目では，「かわいた都会にも　春待ち花は咲く」と述べて，自然環境に恵まれていない都市部でも「花は咲く」こと，ひいては望みが叶うことが示される。4行目では，「スミレタンポポ　踏まれても　頑張る命」と述べて，スミレやタンポポのように「踏まれても」「頑張る」強い生命力を持った野の花が実在することが，ひいては，種々の困難に耐えられるほどの強い精神力を持つ

ことの大切さが示される。スミレの花言葉は謙虚，誠実であり[59]，タンポポの花言葉は神のお告げ，真心の愛といわれる[60]。5行目と6行目は最初の6行連末尾のそれと同旨であろう。

(4) 最後の6行連最初の2行では，「支えあうのが　人ならば」「かばい合うのが　夫婦です」と述べて，人間関係の保ち方に言及される。ここにいう人間関係には，一般社会という意味での世間的交際の場面（対外的局面）と夫婦間での気配りの場面（対内的局面）の両者が含まれている。一方で，不特定多数の人々と交わる社会生活を円滑に送ろうとすれば，家族関係の有無に関わりなく，足らざるを互いに補い合う人情の大切さが必要となろう。夫婦を一組の集団とみると，夫婦は連帯して世間に対抗するという側面もある。テニスやバドミントン，卓球のダブルスの試合のように，一方に足りない点があれば，他方がそれをカヴァーするという心掛けはこのように対外関係でも必要であろう。他方で，このような相互補完の必要性（相互支援関係）は家族内部の生活を円滑に営む場合にも不可欠の要素である。3行目では，「つらさを越えれば　春待ち花の夢」と述べて，苦労の山場が過ぎれば，遠からず楽になる時期が訪れること（望みが叶う事態が到来すること）が示される。自然現象について当てはまることが対人関係にもそのまま転用されているが，その当否は個別的事案に即してさらに検証されなければならない。4行目では，「照る日曇る日いつまでも　離しはしない」と述べて，良いことがあっても悪いことがあっても，夫婦が互いに手を取り合い，支え合い，かばい合いながら，ともに歩み続けることの大切さが語られる。5行目と6行目は最初の6行連末尾のそれと同様である。

3 それならば，この歌詞に対する上の理解から，どのような争点，解答，そして，判断基準等を見出すことができるか。

(1) この歌詞では，夫婦の行動様式が取り上げられていた。行動の現れ方に対外的局面と対内的局面との違いがあるにせよ，互いに相手の立場を考慮して

---

59) 伊宮編著・前掲書（前注19））136頁以下。
60) 伊宮編著・前掲書（前注19））149頁。

積極的に支援することの重要性は両局面に共通していた。最初の6行連では，まず，夫婦喧嘩のあと，互いにどのように行動すべきかという問い（争点①）につき，互いに許し合うべきである（「……しなければならない」）という答え（解答①）が用意されていた。解答①を主張する根拠は述べられていないが，ここでは，「……とき」（要件）→「二人は互いに許し合うべきである（許し合わなければならない）」（効果）という判断基準が見出されよう。次に，夫婦は苦労の続く人生を過ごすにあたりどのような態度を採るべきかという問い（争点②）に対し，互いに信じ合って，春が来るのを待つという答え（解答②）が示されていた。後者の問いは次の6行連および最後の6行連でも繰り返されている。解答②の正当性を導く根拠（判断基準）は明示されていないが，「……とき」（要件）→「二人は互いに相手を信じ合って春が来るのを待つべきである」（効果）といった判断基準を考えることができよう。これら2つの問いがどのような場面を想定して提起されているかに関する特段の説明はない。このため，上記の判断基準が成立するとしても，それらの適用基準，すなわち，こうした態度（解答①および解答②）がどのような場合にあてはまり，またどのような場面ではあてはまらないのかという点についての新たな判断基準がさらに探求されなければならない。

(2) 第二の6行連では，女性からみて，何があれば苦労に堪えられるかという問い（争点③）につき，夫の存在という答え（解答③）が示されていた。むろん，婚姻という特別の関係を形成する当初の段階では，誰でも，相手をかけがえのない存在とみなしていたことであろう。その存在が自分にとって不可欠の要素だという感覚こそが同居を求める強い誘因となっていたはずだからである。この歌詞では，婚姻後の経過期間に触れられていないが，女性の男性に対する思いの深さを考慮すると，婚姻時からさほど経過していない新婚夫婦（倦怠期に陥っていない夫婦）の様子とも考えられよう。

(3) 最後の6行連では，苦労していると感じたとき，人は互いにどのような行動をとるべきかという問い（争点④）と苦労していると感じる夫婦は互いにどのような行動をとるべきかという問い（争点⑤）が提示されていた。前者に

対する答えは，人は互いに支え合うべきだという主張（解答④）であり，後者に対するそれは，夫婦は互いにかばい合うべきだというもの（解答⑤）である。前者については，「……とき」（要件）→「二人は互いに支え合わなければならない」（効果）という判断基準が，後者については，「……とき」（要件）→「夫婦は互いにかばい合わなければならない」（効果）という判断基準がそれぞれ考えられよう。この歌詞では，「人」と「夫婦」というように，異なる主体表現が用いられていた。この違いをどのように受け止めるべきかについては，世間一般に対する関係（外部的局面）では「人」と書き，「夫婦」を婚姻中の相手方との関係（内部的局面）に限定して用いるという解釈も可能であろう。こうした解釈は，外部的局面で行われる行為と内部的局面でみられる行為との間に明確な違いがあるという主張に繋がり得る。それは，「支える」という他動詞の使い方（「……を支える」）と「かばう」という他動詞の使い方（「……に対して……をかばう」）との違い（間接目的語の要否）を考慮する立場でもある。今ひとつの理解は，「支える」という他動詞が，直接目的語で表される客体が倒れないように消極的に支援するにとどまるのに対し，「かばう」という他動詞は，当該客体が倒れないように支援するという以上に，自立できるよう積極的に援助することまでも含意されているという解釈である。個々の語句の意味内容をどのように理解すべきかという点は，夫婦間のあり方に関する論者の価値観に大きく左右されよう。夫婦それぞれが相手方に対して積極的に支援したうえで，大抵は一体として行動することを理想の夫婦像（共同行動中心型）とみる者と，自らに支援を求められたときを除いて，夫婦はそれぞれ自立して行動することを理想の夫婦像（単独行動中心型）と考える者との間には，現実の夫婦生活の現れ方において，大きな開きがある。ここでも，どのような内容を読み取るかは視聴者の解釈に委ねられている。

　このほか，当面の難題に協力して取り組み，それを克服したときの喜び（満足感）を夫婦共通の楽しみとするという人生の生き方に対する評価の仕方も検討の対象となろう。夫婦間での心構えに尽きるのか，夫婦間の行動指針に加え，人生一般に共通する生き方も示されているとみるべきかという点も，評価

を異にする点である。

　4　こうした争点と判断基準とのカタログから，われわれは何を「法文化」（社会行動文法）として導き出すことができるか。

　二人の社会の築き方というこの項の主題を考慮すると，ここでは，夫婦間における相互協力の在り方に関わる「法文化」に限定してもよいであろう。まず考えられるのが，夫婦が互いに積極的に支援行為を為すべきだという行動準則である。これに関連してすぐに想起されるのが日本国憲法第24条第1項（「婚姻は……夫婦が同等の権利を有することを基本として，相互の協力により，維持されなければならない」）であり，また民法第752条（「夫婦は同居し，互いに協力し扶助しなければならない」）であろう。これら2つの規定をみると，協力することは実定法の内容を決定する上位基準としての法文化ではなく，実定法上の義務そのものと位置付けられていることが分かる。民法第760条（「夫婦は，その資産，収入その他一切の事情を考慮して，婚姻から生ずる費用を分担する」）と同第761条（「夫婦の一方が日常の家事に関して第三者と法律行為をしたときは，他の一方は，これによって生じた債務について，連帯してその責任を負う」）も同種の例としてここに追加することができよう。

　ここでは，二通りの理解が可能である。そのひとつは，あるべき社会行動様式としての「法文化」がそのまま実定法として採用されているという説明である。ここでは，両者が常に一致すると考えるのか，それとも，この場合にのみ一致すると説明するのかという点がさらに検討されなければならない。これと対立するのが，立法規定として成文化された内容それ自体ではなく，立法理由に着目する立場である。実定法上の規定と社会行動文法（法文化）とを明確に区別し，後者を前者の形成基準とみるこの立場では，上記の行動準則を生み出す根拠それ自体がさらに探求されなければならないこととなる。むろん，当該共同体を維持するために，共同体を破壊する行為をしてはならないといった説明は，その根拠とはなり得ない。それは，この説明が先の行動準則の言い換えにとどまるためである。

なお，この歌手には，他に類似の曲として「うちのひと」[61]などがある。

（3）　多岐川舞子「愛一葉」（2007年）
1　まず，「愛一葉（あいひとは）」の歌詞および関連する情報[62]を掲げよう。

　　惚れて一緒に　なれたもの
　　涙を見せたら　笑われる
　　分けて下さい　心の荷物
　　おなじ痛みに　私も泣いて
　　夢をふたりで　夢をふたりで
　　探したい

　　むりに　笑顔を　うかべても
　　あなたの苦労は　分かります
　　浮くも　沈むも　運命（さだめ）はひとつ
　　一歩さがって　影ふまないで
　　あなたひとりに　あなたひとりに
　　ついて行く

　　雨になりそうな　夜の空
　　見上げてあなたに　肩寄せる
　　はなさないでね　つないだ指を
　　泣いて生きるも　笑って死ぬも
　　あなたあっての　あなたあっての
　　女です

61)　http://v.youku.com/v_show/id_XMjk5MDI3Mjgw.html?beta&from=s1.8-1-1.2&spm=0.0.0.0.oie9HH（2016年9月4日確認）。仁井谷俊也作詞，弦哲也作曲，大石まどか歌唱「極楽とんぼ」(http://www.uta-net.com/song/19419/（2016年9月4日確認))

62)　http://v.youku.com/v_show/id_XNDUwMzA4NzY0.html?beta&f=18213254&o=1&spm=0.0.playList.5!20~5~A.nnQPs9（前注50））。里村龍一作詞，伊藤雪彦作曲，多岐川舞子歌唱。多岐川舞子は京都府出身の演歌歌手である（http://www.mitsui-ag.com/maiko/discography/（2016年9月4日確認））。

2 (1) この歌詞も，3つの6行連から成る。「……もの」，「……下さい」，「……ます」，「あなた」等の言い方から推測すると，主人公は女性であることが分かる。この歌詞でも，舞台や季節を特定する言葉は使われていない。「影」および「雨になりそうな 夜の空」という言葉から，夜間，それも朧月夜が連想される。

(2) 最初の6行連1行目では，「惚れて一緒に なれたもの」と述べて，女性が望む相手との共同生活が始まった様子が示される。「一緒になる」という表現が法律上の婚姻に限定されるならば，婚姻関係の成立が確認されるが，事実婚をも含むとみれば，法的な婚姻の有無には触れられていないと考えられよう。「惚れて」という言葉で女性の望みが叶ったことは示されているが，男性（夫）側の意思は明示されていない。2行目では，「涙を見せたら 笑われる」と述べて，望みが叶えられた女性は悲嘆に暮れて涙を流してはならないという自覚が読み取れる。3行目では，「分けて下さい 心の荷物」と述べて，男性が抱える悩み（「心の荷物」）を自分にも打ち明け，心の負担を少しでも軽減するようにと望む女性の気持ちが語られる。4行目では，「おなじ痛みに 私も泣いて」と述べて，男性の悩みを共有したいという女性の心情が示される。5，6行目では，「夢をふたりで 夢をふたりで」「探したい」と述べて，男性（夫）が抱く夢の実現に向けて自分も積極的に協力しようとす女性側の姿勢が示される。

(3) 次の6行連初めの2行では，「むりに 笑顔を うかべても」「あなたの苦労は 分かります」と述べて，仕事上なのか，それ以外なのか，何か思い通りに進まない悩みを抱えた男性が，女性に心配をかけまいと作り笑顔でごまかそうとしても，親密な共同生活の経験から，笑顔の裏にある男性の悩みを見通すことができてしまうという女性の感覚が紹介される。3行目では，「浮くも沈むも 運命（さだめ）はひとつ」と述べて，良いこと（成功，「浮く」）も悪いこと（失敗，「沈む」）も男性（夫）と行動を共にしようとする女性の決意が述べられる。4行目では，「一歩さがって 影ふまないで」と述べて，二人で行動する場合，行動の主導権を男性に委ね，みずからは男性について行こうとする

女性の考えが示される。5,6行目では「あなたひとりに あなたひとりに」「ついて行く」と述べて，夫の行動に全幅の信頼を置いて，夫の判断に従うという心構えが見て取れる。

(4) 最後の6行連の1行目では，「雨になりそうな 夜の空」と述べて，今後の見通しが芳しいものではない状況が示される。このようにみるのは，明るいイメージを与える「晴れ」および「昼」という言葉ではなく，否定的な印象を与える「雨」および「夜」という言葉が用いられている点に着目するからである。2行目では，「見上げてあなたに 肩寄せる」と述べて，将来の人生を男性に委ねる女性の姿が描かれる。「肩寄せる」という表現は，先の6行連4行目の「一歩さがって」と同様，女性が男性に依存している状況を説明したものとみることができよう。3行目では，「はなさないでね つないだ指を」と述べて，女性が男性との共同生活の維持継続を強く望んでいる様子が示される。4,5,6行目では，「泣いて生きるも 笑って死ぬも」「あなたあってのあなたあっての」「女です」と述べて，苦労の多い人生を過ごしていても，末期には男性に看取られ，安心して死出の旅へと出立することができるという意味で，男性に捧げた人生を満足感をもって終えることができるように望む女性の心情が語られる。ここでは，女性にとって，男性の存在が掛け替えのないものであるという趣旨が強調されている。

3 それならば，この歌詞に対する上のような理解から，どのような争点と解答，そして判断基準等を見出すことができるか（以下，法律婚成立の場合を例にとろう）。

(1) この歌詞では，女性からみた男性への寄り添い方が取り上げられていた。最初の6行連では，妻は夫に対してどのような態度で接するべきか（妻は夫に対してどのように行動すべきか）という問い（争点①）に関して，夫の苦労を妻も共に担おうとする決意（「心の荷物」を「分けて下さい」，解答①ａ）が述べられていた。そうした決意を支える根拠（判断基準①ａ）は「惚れて一緒に なれた」という婚姻成立に至る事情（経緯）に求められよう。この表現に留意す

ると，この女性は，「惚れて一緒になれたとき」（要件）→「涙を流してはならない」（効果）という判断基準に基づいて行動していたことにあろう。しかし，この判断基準の要件と効果との間に因果関係が成立するか否かという前提的争点については，別個の検討を要する。「惚れて一緒になれた」者は皆，例外なく「涙を流してはならない」と考える（例外否定説）か，どのような理由で涙を流すのか，その理由次第で涙を流してもよい場合があると考える（例外肯定説）かに応じて，上記因果関係の成否に関する結論も異なろう。3行目の「分けて下さい　心の荷物」という箇所については，「望む相手と婚姻できたとき」（要件）→「妻は夫に協力しようという気持ちを抱くべきである（夫の苦労を妻も分かち合うべきである）」（効果）という判断基準が考えられるのかもしれない。婚姻当事者の一方が背負う苦労を他方も分かち合うべきか否か（争点②）という問いに対して，この歌詞は肯定説（解答②）を主張する。望む相手と結婚できたとき，涙を見せるべきではないという主張（解答③）の前提には，涙を見せてはならないか否かという問い掛け（争点③）がある。解答③の根拠として，「涙を見せたら」（要件）→「笑われる」（効果）という判断基準③がある。

(2)　次の6行連では，苦労の有無をどのように認識するか（争点④）につき，「むりに　笑顔を　うかべても」「あなたの苦労は　分かります」と述べて，女性の側で，笑顔の裏に苦労を読み取る可能性のあること（解答④）が示される。ここでも，上の争点①が維持されている。ここでは，さらに，「運命（さだめ）はひとつ」という表現で夫婦は一心同体か否か（争点⑤）が問われ，肯定説（解答⑤）が主張される。この女性の場合，「ある種の条件が充足されるとき」（要件）→「二人はひとつの運命共同体として一緒に行動すべきである」（効果）という判断基準が念頭にあろう。夫婦の共同行動の仕方如何（争点⑥）に関しては，「一歩さがって　影踏まないで」「あなたひとりに」「ついて行く」という表現で，夫婦間の序列（夫が妻に先行する，解答⑥a）と夫婦間の距離（夫との間に，夫の影を踏まない程度の距離を採ることが妻に求められる，解答⑥b）が提示される。ここにも，「ふたりが一緒に歩こうとするとき」（要件）→「女性は男性の一歩後を，男性の影を踏まないように，歩かなければならない」（効果）

80　第Ⅰ部　歌謡に化体された法文化

という判断基準が見出されよう。当該行為を正当化する根拠としては,「同じ痛みに私も泣いて」という表現と「夢をふたりで探したい」という表現が参考になろう。ただ,これら２つの表現が上の解答⑥aおよび解答⑥bを直接に支える根拠(判断基準⑥a,判断基準⑥b)となり得るかといえば,両者の対比において,同一の表現が用いられていないところから,それが直接的な根拠とはなり得ないとする評価も可能となろう。

　(3)　最後の６行連でも,二人の間で互いにどのように行動すべきかという争点①が維持され,「雨になりそうな　夜の空　見上げてあなたに　肩寄せる」という解答①bおよび「つないだ指を」「はなさない」という解答①cが示される。前者については,「……とき」(要件)→「女性は男性に肩を寄せるべきである」(効果)という判断基準が,また後者については,「……とき」(要件)→「男性は女性とつないだ指を離してはならない」(効果)という判断基準がそれぞれ思い浮かぶ。なぜそのように行動するのかという争点⑦については,「泣いて生きるも　笑って死ぬも　あなたあっての　女です」という解答⑦が提示される。上記の判断基準のいずれについても,人はなぜそうした判断基準に従わなければならないと考えるのかという疑問に答えるような形成基準(理由付け)は何も説明されていない。

　4　こうした争点と判断基準とのカタログから,われわれは何を「法文化」(社会行動文法)として導き出すことができるか。

　第一に,「夢をふたりで」「探したい」という表現が示すように,この二人は共通の達成目標を掲げていた。第二に,それでも,男性が苦労しているか否かをその表情(「笑顔」)から読み取るのは女性であり,男性が抱える苦労の半分(「おなじ痛み」)を担うのも女性であった。このように,女性の側に積極的な行動をとることが求められているのは,この歌詞が女性歌手により女性の行動指針として歌われているという点に求められよう。第三に,女性には,男性の後を「一歩さがって」「影ふまないで」「ついて行く」ことが求められていた。この意味で,主導権は男性の側に置かれている。この歌詞の主題(題名「愛一葉」)

は，女性は男性につき従うものであり，男性が二人の行動について主導すべきであるという価値観の正当性を強調することにあるようにもみえる。

　女性からみた男性への愛情の発露をどのように表すかという一般的な問題提起とここに示された具体的な行動様式との間に必然的な因果関係があるとみるか否かは，もとより各自の価値観に左右される点である。このような行動様式が婚姻直後の蜜月時代（「甘い生活」）にみられる特徴的現象であると考えると，時間的適用範囲において制限付きの社会行動文法が成立するといえよう。しかしながら，この趣旨は，「夫婦は……互いに協力し扶助しなければならない」と定める民法第752条とは根本的に異なる。というのは，民法では夫婦が対等の地位にあるされているからである。それでは，法文において対等な関係が定められていることと現実の共同生活において依存従属関係に立っていることとの落差をどのように説明することができるか。ひとつの説明は，適用対象を異にした2つの法文化が併存するというものである。もうひとつのそれは，前者の立法理由とされた法文化（法制度を創設する客観的基準）と現実の法文化（法意識を導く主観的基準）との間にずれがあるという説明である。「法文化」をいかに定義するかという政策的論点への解答内容とも関連して，ここにも多くの課題が残されている。

　以上が，「二人の社会の築き方」からみた社会行動文法の整理である。なお，この歌手には，類似の曲として，「あなたの女」[63]，「ひとめぼれ」[64]「おぼろ

---

63) http://www.uta-net.com/movie/302/（2016年9月4日確認）。吉岡治作詞，伊藤雪彦作曲，多岐川舞子歌唱「おまえと一から　出直すと，ちいさなわたしの　肩を抱く，指でかくした　男の涙，忘れない，夢でもいいわ　夢でもいいわ，きょうからわたしは　あなたの女……」（https://mojim.com/twy110803x2x12.htm（2016年9月4日確認））

64) http://www.uta-net.com/movie/8642/（2016年9月4日確認）。水木れいじ作詞，岡千秋作曲，多岐川舞子歌唱「他人が泣いてりゃ　ほっとけず，買った苦労で　泣かされる，あんな野暮天　もう知らないよと，愛想つかして　飲むお酒，けどねけどね　憎たらしいけどね，ひと目惚れしてね　あんたの世話をやく……」（http://www.uta-net.com/song/8642/（2016年9月4日確認））

月」[65]がある。

（4）　石原詢子「ふたり川」（2006 年）
1　まず，「ふたり川（ふたりがわ）」の歌詞および関連する情報[66]を掲げよう。

　　　身を切る冷たさ　世間のつらさ
　　　耐えて流れる　ふたり川
　　　隠し事など　しないと決めて
　　　こころひとつに　どこまでも
　　　いい日が来るでしょ　いつの日か
　　　うしろ向かずに　生きて行く　生きて行く

　　　無理などするなと　叱ってくれる
　　　あなたの優しさ　あたたかさ
　　　通うぬくもり　あなたの肩に
　　　そっと隠れて　甘え泣き
　　　いい日が来るでしょ　いつの日か
　　　この手離さず　ついて行く　ついて行く

　　　涙を集めた　この世の川を
　　　渡って行きます　ふたり川
　　　ひとが羨む　幸せよりも
　　　そばにあなたが　いればいい
　　　いい日が来るでしょ　いつの日か
　　　明日を信じて　生きて行く　生きて行く

---

65)　http://v.youku.com/v_show/id_XMjkyMzM4NjY0.html?beta&（2016 年 9 月 4 日確認）。「俺の故郷で　苦労をするか，酔ったふりして　肩抱くあなた，ふたり暮らせりゃ　どこでもいいわ，一から出直す　女の春に，おぼろ月夜の　おぼろ月夜の　うれし泣き……」（http://blog.daum.net/_blog/BlogTypeView.do?blogid=0Zd9h&articleno=905（2016 年 9 月 4 日確認））。

66)　http://www.uta-net.com/movie/40414/（2016 年 9 月 4 日確認）（前注51))。麻こよみ作詞，岡千秋作曲，石原詢子歌唱（http://www.junko-ishihara.com/（2016 年 9 月 4 日確認））。

2　(1)　この歌詞は，3つの6行連から成る。第二連および第三連の「あなた」という言葉遣いから，主人公は女性であることが分かる。「世間のつらさ」という言い方からは，男女の間に適法な婚姻関係がまだ成立していないことが推測される。「ふたり川」という言葉はどこか特定の地域を示す固有名詞ではない。季節，時間帯等を示す表現も使われていない。

(2)　最初の6行連では，二人の男女と世間との関わりが詠われる。1行目では，「身を切る冷たさ　世間のつらさ」と述べて，二人に対する世間の見方が温かいものではないことが示される。2行目では「耐えて流れる　ふたり川」と述べて，二人が協力し合い，世間の冷たい態度に堪えて暮らす様子が記される。3行目では，「隠し事など　しないと決めて」と述べて二人が互いにすべてを打ち明け合う姿勢が示される。二人とも，相手が置かれた状況を互いに理解できれば，相互の協力関係をさらに深めることができよう。4行目では，「こころひとつに　どこまでも」と述べて，これからも二人が共同して世間の荒波に立ち向かおうとする固い決意が表明される。5行目では，「いい日が来るでしょ　いつの日か」と述べて，二人がこのような態度を今後も採り続けることができれば，二人の苦労が報われる日がいつかきっと訪れるであろうという期待が示される。6行目では，「うしろ向かずに　生きて行く　生きて行く」と述べて，上述の姿勢を貫いて前向きに進もうとする，女性の決意が語られる。

(3)　次の6行連では二人の共同生活が取り上げられる。1行目では，「無理などするなと　叱ってくれる」と述べて，世間との関わりでも，二人の間でも，無理をすることなくともに生きるようにと女性を励ます男性の細やかな配慮が説明される。2行目では，「あなたの優しさ　あたたかさ」と述べて，そうした気配りを好意的に受け止める女性の嬉しい気持ちが語られる。男性が女性に対して「無理などするなと　叱」ることが，この女性にとっては，男性の「優しさ　あたたかさ」として理解されている。3行目では，「通うぬくもりあなたの肩に」と述べて，男性の行為に甘え，その肩にもたれかかる女性の甘えたポーズが暗示される。4行目では，「そっと隠れて　甘え泣き」と述べて，

男性の配慮に嬉し泣きする女性の姿が描かれる。5行目では,「いい日が来るでしょ　いつの日か」と述べて,最初の6行連5行目と同様,二人が心を合わせて世間に立ち向かうならば,いつかきっと二人が世間に受け入れられる日が来るはずだという世間への期待が示される。6行目では「この手離さず　ついて行く　ついて行く」と述べて,男性と手に手を取ってともに歩んで行こうとする,女性の強い意志が表明される。

(4)　最後の6行連では,再度,世間との関わりに触れられる。1行目では,「涙を集めた　この世の川を」と述べて,世間の冷たい視線を浴びて,辛い経験を積み重ねてきた記憶が示される。流した涙を集めれば川ができるほどという比喩は,女性の辛さが相当のものであったことを推測させよう。2行目では,「渡って行きます　ふたり川」と述べて,今後も男性を頼って辛さを乗り越えて行こうとする女性の決意が語られる。3,4行目では,「ひとが羨む　幸せよりも」「そばにあなたが　いればいい」と述べて,「幸せ」の感じ方には個人差があること,世間的な成功と考えられがちな社会的地位の高さや財力の豊かさには目もくれず,一緒に過ごしたいと望む相手と暮らし続けるこれ自体に幸せを感じる女性の生き方があること,これらが紹介される。5行目では,「いい日が来るでしょ　いつの日か」と述べて,最初の6行連5行目と同様,二人が心を合わせて世間に立ち向かえば,二人が心穏やかに過ごせる日がいつかきっとやってくるはずだとの期待が示される。6行目では,「明日を信じて生きて行く　生きて行く」と述べて,女性自身の生き方を全面的に肯定する主張が展開される。

3　それならば,この歌詞に対する上述の理解から,どのような争点,解答,そして,判断基準等を見出すことができるか。

(1)　上述のように,「世間のつらさ」という表現から推測すると,この歌詞は事実婚の状況にある女性のモノローグに終始しているようにみえる。この歌詞では,女性がどのような心掛けで生きるべきかというみずからに向けた問い(争点①)とそれに対する自身の考え方(解答①)が述べられていた。最初の6

行連にみられた主張は「隠し事など　しないと決め」たこと（解答①ａ）であり、「うしろ向かずに　生きて行く」（解答①ｂ）ことであった。前者については、「……とき」（要件）→「女性は男性に対して隠し事をしてはならない」（効果）という判断基準が、また後者については、「……とき」（要件）→「女性は後ろを向かずに生きて行かなければならない」（効果）という判断基準がそれぞれ考えられよう。次の6行連における女性の見方は、「この手離さず　生きて行く」（解答①ｃ）であった。最後の6行連に示された意見は、「ひとが羨む幸せよりも　そばにあなたが　いればいい」（解答①ｄ）という感情であり、「明日を信じて　生きて行く」（解答①ｅ）という決意であった。これら複数の解答は、それらを構成する文章において別々の単語が用いられていたところから、いずれの主張も互いに排斥し合う関係にはなく、まったく別の争点に対する解答とみることもできる。ただ、それぞれの解答を正当化する根拠（判断基準①ａ〜ｅ）が何かという点については、いかなる説明も行われていないという点に留意されなければならない。

　(2)　これら5つの決意が具体化される場面は、2つに分けられよう。そのひとつは、みずからの心の持ち方（解答①ｄ）（内心の意思）に関するものであり、他のそれは、他者との接し方（外部的行為）に関わる。後者については、同居相手の男性に対する態度（解答①ａおよび解答①ｃ）と世間一般に対する態度（解答①ｂおよび解答①ｅ）とが区別されなければならない。

　上では、決意という心理的局面が挙げられていた。この歌詞には、同時に、男性の具体的行動様式如何という問い（争点②）および女性の具体的行動様式如何という問い（争点③）、これらに関する指針（行動準則）如何という問い（争点④）も提示されている。第二連の「無理などするなと　叱ってくれる」（解答②）は前者の例（「叱る」という他動詞の主語は男性）であり、これに続く「あなたの肩に　そっと隠れて　甘え泣き」（解答③）は後者の例（「泣く」という自動詞の主語は女性）である。これらの解答についても、根拠を示す判断基準は明示されていない。

　(3)　以上の認識は、男女がそれぞれに相手方に対してとるべき個別的行動様

式（対内的関係）に関わる。他方で，世間の消極的評価に対する，共同行動様式如何（争点⑤）に対する解答（対外的関係）も例示されていた。「身を切る冷たさ　世間のつらさ」に「耐え」ること（解答⑤ a），そして「こころひとつに　どこまでも」生きて行くこと（解答⑤ b），これら2つである。これらの解答を正当化する根拠（判断基準）も，この短い歌詞では，明らかにされていない。世間を相手にして二人が「負ける戦いはしない」と考え，不戦の態度を貫いたと推測することも可能ではある。ただ，このような説明は，個々の局面において具体化された，辛さを耐え忍ぶ行為の言い換えにとどまる。検討されるべきは，これとは次元を異にすべき，我慢という行為を正当化（優先）する積極的な理由如何であるが，この点に関する言及はない。

4　こうした争点と判断基準とのカタログから，われわれは何を「法文化」（社会的行動文法）として導き出すことができるか。

この歌詞でも，男女の生き方，心の持ち方，具体的な行動のあり方等に関わる争点とそれらへの解答が紹介されていた。「世間のつらさ」という表現が内縁関係にある男女に関わるとみる場合，社会行動文法という視点からは次の諸点が挙げられよう。

(1)　第一に，世間と法律婚との関わりをどのようにみるかという点がある。実定法上，法律婚が二人の関係を正常化する唯一の制度だと考えることと，意図して法律婚を回避した者（現行制度部分否認論（夫婦別姓支持者，複合婚支持者等）から婚姻法制化否認論まで多岐に亘る）に対して誰が制裁権限を有するか（制裁権限の帰属主体如何）ということとは別個の問題とされなければならない。それは，実定法上の法的制裁は，刑事責任（刑法第184条（重婚罪）），民事責任（民法第709条（婚姻関係侵害者に対する損害賠償請求権））等，法定の範囲に限られているからである。この歌詞にも表現されている，内縁関係にある者に対して「世間」が向けた「冷たさ」は，法的制裁とは異なる社会的制裁の文脈に属する（むろん，社会的制裁が行き過ぎた場合には，当該制裁行為自体が民法第709条による評価に服する余地がある）。そうすると，法的根拠を持たない社会的制裁の正

当性をいかなる論理で説明できるか（社会的制裁をなし得る根拠如何）という点が改めて問われなければならないであろう（その根拠を「法文化」に求めることも一案ではある）。

　(2)　第二に，上述のように，社会的制裁，つまり，「ある種の要件が充足されるとき」（要件）→「世間は内縁関係にある二人に対して社会的制裁を科すことができる」（効果）という判断基準を社会行動文法（法文化）と呼ぶことができるか否かという論点がある。この点は，論者が「社会行動文法」ないし「法文化」という用語をどのように定義するかという点の政策的判断の内容如何によるのであって，一般化することはできないようにもみえる。それでも，2つの視点が検討されなければならない。そのひとつは，この社会的制裁そのものを「法文化」と名付け，実定法制度とは異なる制裁体系を考える立場である。ここでは，社会的制裁に規範力（強制力）を付与する根拠が探求されなければならない。それとして挙げられるのは，「道徳」，「倫理」，「慣習」等であろう。それぞれの語句の定義の仕方に応じて，ここでも異なる説明が行われる余地がある。今ひとつは，実定法制度を基礎付ける立法理由（制定法を生み出す動力，実定法からみると前提を成す社会秩序）を「法文化」（実定法を判断基準と呼ぶ場合，判断基準の形成基準に当たる）と名付ける立場である。こうした理解に立てば，社会的制裁の正当性の根拠如何についての説明が欠落することになろう。この理解では，実定法制度を支える，つまり，法律婚を重視する考え方の成立根拠自体が「法文化」と呼ばれなければならない。社会的制裁体系と実定法とが対立関係にある以上，社会的制裁体系と実定法の成立基盤たる「法文化」も対立関係に立たざるを得ないからである。

　(3)　第三に，「二人の社会の築き方」という視点からみると，この歌詞には男性を信頼して共に生きようと考えた女性の行動準則が明確に示されていた。もとより，このような行動準則をそのまま受け入れるか否か，また受け入れる場合でも，何らかの変更を加えるかといった諸点は，すべて論者の価値観に左右される事柄である。ここでは，ただ，この歌詞に示された内容の行動様式が実社会に存在し得るという事実の確認が行われれば足りよう。

なお，この歌手には，他に類似の曲として「ふたり傘」[67]，「あなたと生きる」[68]，「きずな酒」[69] などがある。

（5） 藤あや子「ふたり花」(2000 年)

1　まず，「ふたり花（ふたりばな）」の歌詞および関連する情報[70]を掲げよう。

あなたのために　生まれて来たの
かくれて泣いても　笑顔でいたい
辛いこの世の　雨や風
愛の陽ざしに　包まれながら
あなたの胸の　小枝でそっと
手を取り合うのよ　ふたり花

疲れて帰る　あなたをいつも
私の心で　慰めたいの

---

[67]　http://www.uta-net.com/movie/17414/ （2016 年 9 月 4 日確認）。里村龍一作詞，叶弦大作曲，石原詢子歌唱「傘に寄りそう　温もりが，雨の夜道に　灯をともす，倖せになるんだよ　風が言う，側にあなたが　いればいい，雨がうれしい　うれしい　ふたり傘……」((2016 年 9 月 4 日確認))

[68]　http://www.uta-net.com/movie/15323/ （2016 年 9 月 4 日確認）。麻こよみ作詞，水森英夫作曲，石原詢子歌唱「逢うも別れも　人の縁，まして男と　女なら，夢だけ追ってる　ひとだけど，なぜだかあなたを　ほっとけないの，わかって欲しい　私の気持　これからも，一途に惚れて　あなたと生きる……」(https://mojim.com/twy114417x8x6.htm （2016 年 9 月 4 日確認))

[69]　http://www.uta-net.com/movie/16110/ （2016 年 9 月 4 日確認）。里村龍一作詞，叶弦大作曲，石原詢子歌唱「夢のようです　あなたと二人，さしで飲むのは　久しぶり，愚痴を畳に　こぼしたら，窓の下には　すみだ川，惚れて注ぎ合う　きずな酒……」((2016 年 9 月 4 日確認))

[70]　http://www.uta-net.com/movie/37896/ （2016 年 9 月 4 日確認）（前注52)）。三浦康照作詞，水森英夫作曲，藤あや子歌唱。藤あや子は秋田県仙北市（旧・仙北郡角館町）出身の演歌歌手である (http://www.sonymusic.co.jp/artist/AyakoFuji/ （2016 年 9 月 4 日確認)）。

かわす眼と眼の　暖かさ
今の暮らしで　幸せなのよ
あしたのゆめが　花咲く街を
探して生きたい　ふたり花

あなたの愛に甘えてばかり
たまには私を　叱ってほしい
涙なんかは　捨てました
どんな苦労も　分け合う人生（みち）に
かならず咲くわ　希望の花が
あなたと私の　ふたり花

　2　(1)　この歌詞も，3つの6行連から成る。各連に共通するが，最初の行に記された「あなた」という表現から，主人公は女性であることが分かる。二人の関係が法律上の婚姻か内縁かは明らかではない。最初の6行連2行目の「かくれて泣いて」，また3行目の「辛いこの世の　雨や風」という表現を手掛かりに，この歌詞でも，婚姻関係にない男女の間柄が取り上げられているとみることもできよう。表題および各連の最終行に記された「ふたり花」がどの植物を指しているかを推測させる表現はない。「ふたり花」という表現は，二人の望みが叶う状況を開花（「花が咲く」）という自然現象に譬えたものとみることもできる。舞台，季節，時間帯等を推測させる表現はここでも見出されない。多くの視聴者に共感を求めるための工夫であろう。

　(2)　最初の6行連1行目では，「あなたのために　生まれて来たの」と述べて，女性がみずからのためでなく，愛する男性のために生きたいと考えている心情が吐露される。2行目では，「かくれて泣いても　笑顔でいたい」と述べて，世間との関わりや男性との間で悲しい思いをしても，当の男性に対しては，そうした状況を悟られないよう，「笑顔」で過ごしたいと考える女性の心情（男性との共同生活に十分満足しており，悩みはないという状況を男性に示そうとする姿）が描かれる。3行目では，「辛いこの世の　雨や風」と述べて，実際の

社会生活では辛い経験をしている様子が示される。4行目では,「愛の陽ざしに　包まれながら」と述べて,男性の温かい配慮のもとで充実した生活をしている姿が記される。5,6行目では,「あなたの胸の　小枝でそっと」,「手を取り合うのよ　ふたり花」と述べて,二人の安らぎが示される。

(3) 次の6行連1,2行目では,「疲れて帰る　あなたをいつも」「私の心で慰めたいの」と述べて,仕事に疲れて帰宅する男性を,日々,家庭で優しく労わる女性の姿が示される。3行目では,「かわす眼と眼の　暖かさ」と述べて,逐一言葉を交わさなくても,思いやりを示し合い,理解し合い,信頼し合う二人の充実した日常が描かれる。4行目では,「今の暮らしで　幸せなのよ」と述べて,二人が精神的に満ち足りた生活を送っている様子が紹介される。5,6行目では,「あしたのゆめが　花咲く街を」,「探して生きたい　ふたり花」と述べて,二人の幸せな人生の過ごし方がやがて世間から受け入れられる日がくるであろうという要望が語られる。

(4) 最後の6行連1行目では,「あなたの愛に　甘えてばかり」と述べて,女性が男性の愛情に包まれて心豊かに暮らす様子が示される。2行目では,「たまには私を　叱ってほしい」と述べて,男性に「甘えてばかり」いる自分の行動を反省するとともに,甘えを捨てるきっかけを男性に求めようとする気持ち(このような欲求自体,甘えの一類型ともみられ得る)が説明される。3行目では,「涙なんかは　捨てました」と述べて,どんな苦労でも,男性の愛があれば耐えてゆけるという女性の心情が示される。4行目では,「どんな苦労も分け合う人生(みち)に」と述べて,世間が否定的な評価を下す場合でも,それに惑わされることなく,二人で支え合い,苦労を分かち合って幸せな生活を続けようとする女性の生き方が語られる。5,6行目では,「かならず咲くわ　希望の花が」,「あなたと私の　ふたり花」と述べて,耐え忍ぶ二人の生き方が世間から好意的に受け止められる日がやがて訪れるであろうと二人が信じている様子が紹介される。

3　それならば,この歌詞に対する上述の理解から,どのような争点,解

答，そして，判断基準等を見出すことができるか。

(1) この歌詞でも，愛する男性との共同生活における女性の生き方が主題とされていた。取り上げられた争点は，心の持ちよう如何（内心的意思の局面）と個別具体的な行動の仕方如何（外部的行為の局面）とに大別される。

前者（内心的意思の局面）については，感情を表す形容詞と名詞に注目することが有益である。最初の6行連では，女性が世間の目をどのように受け止めていたかという問い（争点①）につき，「辛い」という感情（解答①）が述べられていた。次の6行連では，敢えて言葉にしなくても互いの目を見ただけで相手が何を考えているかが分かり合える状況で男性の態度を女性がどのように受け止めかという問い（争点②）に対し，「暖かさ」（解答②）を感じていることが説明されていた。さらに，女性が日々男性との暮らしをどのように感じていたかという問い（争点③）については，「幸せ」（解答③）と感じている様子が記されていた。

(2) 他方，後者（外部的行為の局面）については，個別具体的な行為を表象する動詞に着目することができる。最初の6行連において，自分が誰のために生まれてきたかという問い（争点④）に対し，女性は「あなた（男性）のために生まれて来た」（解答④）と答え，辛い経験をした後にどのように行動したかという問い（争点⑤）に対して，女性は「かくれて泣いて」いた（解答⑤）と答えていた。ここでは，「……とき」（要件）→「女性は男性に隠れて泣くべきである」（効果）という判断基準を考えることができる。男性に対してどのように行動しようと考えていたかという問い（争点⑥）に対し，女性は「笑顔でいたい」と考えていた（解答⑥）と答え，自分が男性に対してどのような行動を求めているかという問い（争点⑥）に対し，女性は「あなたの愛に　包まれ」ること（解答⑥a），そして二人で「手を取り合う」こと（解答⑥b），と答えていた。次の6行連では，みずからが男性をどのように受け止めようとしているかという問い（争点⑦）に対して，女性は，「私の心で　慰めたい」（解答⑦）と答え，また，どのような方法で二人が互いの愛を確かめていたかという問い（争点⑧）に対し，女性は「眼と眼を」「かわす」（解答⑧），と答えていた。こ

こでは，「……とき」（要件）→「二人は目と目を交わすべきである」（効果）という判断基準を見出すことができる。二人は何を求めているかという問い（争点⑨）に対して，女性は「あしたのゆめが　花咲く街を　探して生きたい」（解答⑨）という希望を示していた。最後の6行連で，男性の好意にどのように応えているかという問い（争点⑩）に対し，女性は「あなたの愛に　甘えてばかり」（解答⑩）と答え，男性に対してどのような行為を期待しているかという問い（争点⑪）に対して，女性は「叱ってほしい」という要望（解答⑪）を述べていた。女性がそこで想定していたのは，「……とき」（要件）→「男性は女性を叱らなければならない」（効果）という判断基準であろう。世間の冷たい目に晒されて流す涙をどうしたかという問い（争点⑫）に対し，女性は涙を「捨て」た（解答⑫）と答えていた。二人は苦労をどのように処理したかという問い（争点⑬）に対して，女性は男性と二人で「分け合う」（解答⑬）と答えていた。

　以上のどの解答についても，それらを正当化する根拠付け（判断基準）は明示されていない。

4　こうした争点と判断基準とのカタログから，われわれは何を「法文化」（社会行動文法）として導き出すことができるか。

(1)　まず，世間に対する関わり方を確認しよう。世間の冷たい目に晒されて，女性は耐え切れずに，涙を流していた。女性が世間の目を「辛い」と受け止めた前提には，「男女間の関係が適法な婚姻関係に当たらないとき」に，女性は辛さを感じるはずだという考え（社会行動文法）があろう。それでも，女性は，そうした辛さを振り払い，涙を「捨て」ていた。むしろ，世間の否定的評価に対抗して，この女性と男性は，いずれ世間が二人の関係を認めてくれるものと期待し，その日が来るまで辛さを耐え忍ぼうと決意を新たにしていた。「あしたのゆめが　花咲く街を　探して生きたい」という希望の表明はこのような趣旨に理解することができよう。そこには，既存の社会的常識も絶対的な効力を有するものではないという認識のもとに，「当事者の見方と世間の見方

との間に共有可能な優劣判定基準（比較の第三項）が提示されていないとき」（要件）→「みずからの価値基準の正当性を主張し続ける」（効果）という判断基準が形成されていたのかもしれない。「法文化」をどのように定義するかという論点はあるものの，これら2つの判断基準を「法文化」とみる可能性は残されている。

(2) 次に「二人の社会の築き方」という視点からみると，女性の単独行為と男性との共同行為とを区別することができる。そのうち，女性の単独行為に関しては，さらに，女性の感情・行動と男性の行動の受け止め方・男性への要望・男性に対する積極的行動，これらが区別されよう。

(a) 女性の感情については，敢えて言葉で言われなくても相手の目を見ただけで相手がどのような感情を自分に抱いているかを理解できる状況に女性が「暖かさ」を感じていたこと，女性が日々の暮らしを「幸せ」と感じていたことが認められる。次に，女性の具体的な行動として，女性は，世間で辛い経験をしていても，そうした辛さを男性に見せることを避け，「かくれて泣いて」いた。このように，辛さを一人で引き受けて克服しようとする姿勢もこの女性に体現されたひとつの行動文法とみることができよう。

男性の行動を女性がどのように受け止めていたかという点については，以下の局面が挙げられる。まず，女性は男性の好意を好ましく受け止め，「あなたの愛に　甘えてばかり」いた。そうした状況を女性は男性「の愛に　包まれ」ていると感じていた。また，男性への要望として，女性は男性に「叱ってほしい」と望んでいた。男性に対する積極的行動として，一方で，女性は「笑顔でいたい」と考え，他方で，女性は男性を「私の心で　慰めたい」と考えていた。女性がこのように考え，行動していた背景には，「あなたのために　生まれて来た」という女性の思いがあった。

(b) 両者の共同行為に関しては，二人で「手を取り合う」こと，互いの気持ちを知ろうとして「眼と眼」を「かわす」こと，二人で苦労を「分け合う」こと，これらの行為が挙げられていた。これら3つの行為の順序は明確に定まっておらず，それぞれの局面に応じて，適宜，使い分けられていたことであろう。

なお，この歌手には，類似の曲として，「むらさき雨情」[71]「ふたりの絆」[72]がある。

（6）ま と め

1　最後に，これら5編の歌詞を通覧して，密接な関係にある男女間にどのような社会行動文法（法文化）を発見できるかという点について改めて考えてみたい。本章の出発点は，実定法を形成する前提的基準（前実定的社会規範，立法理由，実定法規を判断基準とみると，判断基準の形成基準）を考慮し，当該基準が規範の形式[73]（「……とき」（要件）→「……すべきである」（効果）（当為規定），「……とき」（要件）→「……することができる」（効果）（権限規定（可能）），「……とき」（要件）→「……してはならない」（効果）（禁止規定）等）を有する点に着目するものであった。個々の判断基準，その形成基準および適用基準において，それぞれの要件と効果がどのように表現されているかに留意することにより，この種の社会規範は容易に見出すことができると考えられたためである。この項の特徴を整理すると以下のようになる。

2　第一に，5編の歌詞の共通点と相違点が確認されなければならない。
この項で取り上げられていたのは，たんに親しい間柄（特別の友人関係としての恋愛関係）にあるという以上に，さらに緊密性の度合いを高めた，事実上お

---

71) https://www.youtube.com/watch?v=-qFawQGU2Ug （2016年9月4日確認）。三浦康照作詞，山口ひろし作曲，藤あや子歌唱「いのちを惜しむ　私なら，あなたについて　行かないわ，ふたりの傘に　ふりかかる，ふたりの愛の　恋しぐれ，むらさきの雨，雨に　にじむ想い出は，愛した女の　涙でしょうか……」(http://www.uta-net.com/song/4436/ （2016年9月4日確認))

72) http://www.uta-net.com/movie/14684/ （2016年9月4日確認）。小野彩作詞，小野彩作曲，藤あや子歌唱「夢じゃなにのね　このままずっと，あなたと道連れ　離れはしない，やっとめぐり逢えた　この恋だから，一生一度の　思いを込めて，夜空の星に　そっと祈るの　ふたりの絆……」(https://mojim.com/twy110717x13x16.htm （2016年9月4日確認))

73) 本書53頁（6）参照。

よび法律上の夫婦関係（婚姻およびこれに準じる内縁関係）にある男女二人の行動様式がどのようなものかという視点であった（LGBTと略称される性的少数者は除外されている）。必ずしも正確な分類とはなり得ていないが，二人の関係が明確に示されていない１編（「ふたり花」）を除くと，内縁関係に触れた２編（「こころ川」および「ふたり川」）と婚姻関係に関わる２編（「春待ち花」および「愛一葉」）とに分けることができよう。内縁関係についても婚姻関係についても，当事者二人の世間に対する行動の仕方（外部的関係）と二人の間での行動の仕方（内部的関係）とが区別される。

(1) 初めに，内縁関係を取り上げよう。

(a) 当事者二人の世間に対する行動の仕方にどのような規範性（行動準則）が見出されるか。「こころ川」では，「なみだ雨降る　世間の川」，「好きなだけでは　わたれない」と述べられていた。「ふたり川」では，「身を切る冷たさ　世間のつらさ」「耐えて」，「涙を集めた　この世の川を」「渡って行きます」と記されていた。こうした表現をみると，婚姻関係にない二人に対して，世間が否定的な見方をしているだけでなく，それ以上に，二人に対して，涙を流すほどつらい思いをさせるような積極的（加虐的）な言葉遣いや振る舞いがみられることが十分に推測される。そうした状況に対する二人の態度は，「ふたり川」では，「耐えて」と書かれていたが，「こころ川」では格別に触れられていない。もうひとつの共通点として，二人の世間に対する期待が挙げられる。「こころ川」では，「きっといつかは　許してくれる」「人の噂も　世の中も」と書かれていた。「ふたり川」では，「いい日が来るでしょ　いつの日か」というフレーズが三度繰り返されるほか，「明日を信じて　生きて行く」と詠われていた。このような表現をみると，今は，認められていないが，いつの日か，二人の仲が世間に受け入れられる時が来るという希望をもって二人が生活していることが分かる。尤も，そのような楽観が成り立つ根拠は何も示されていない。

これら２つの歌詞を通じて，内縁関係にある二人の世間に対する行動様式には共通点が見出される。二人はともに，第一に，世間の冷たい視線，辛いできごとなどを耐え忍び，第二に，それでも，「きっといつかは　許してくれる」

と考え,「明日を信じて 生きて行」かなければならないと考えていた。世間に認められるまで,二人はどのくらいの期間を耐え忍ばなければならないかという点については明示されていない。二人は受動的な立場にあり,時期についての決定権は当事者には付与されていない。

　(b) 今ひとつ,考慮されなければならないのが,男女間での行動様式の違いである。「こころ川」では,男性の立場を気遣い,女性が「人眼気にして 後ろを歩」いていた。このような遠慮がちな態度に対し,男性は,女性を「叱って 抱き寄せ」たうえで,「負けちゃ駄目だと やさしく庇」っていた。男性による心遣いを女性は「あなたの情けが 嬉しい」と感じていた。このほか,二人で酒を飲む場面でも,両者の関わりが具体的に述べられていた。女性は「も少し飲んで いいですか…」と男性に了承を求めていた。また「酔って」「あたたかい」男性の背中に「もたれ」てもいた。こうした行動を通して,女性は「あなたと生きて いいですか…」と述べて,男性の同意を確認していた。内縁関係の維持について女性の積極的な関与がみられる局面である。「ふたり川」では,女性が男性に対して「隠し事など しないと決めて」「こころひとつに どこまでも」「うしろ向かずに 生きて行く」と述べていた。また,女性は「ひとが羨む 幸せよりも」「そばにあなたが いればいい」と考えていた。これに対し,男性は「無理などするなと」女性を「叱って」いた。女性はそうした態度に男性の「優しさ あたたかさ」を,そして男性の「ぬくもり」を感じ取り,男性の「肩に」「そっと隠れて 甘え泣き」していた。こうした行動を通して,女性は「明日を信じて 生きて行く」と決意していた。

　これら2つの歌詞を通じて,内縁関係にある二人の間には,共通の行動様式をみてとることができる。一方で,女性は,第一に,世間から認められる婚姻関係にないことを自覚し,世間に対して堂々と生きる道を放棄していた。第二に,そのことが男性の負担(引け目,恥)にならないよう意識して,敢えて目立たぬよう,女性は控え目な行動をとっていた。第三に,女性は,男性を信頼してみずからの進退を男性に委ねるという,男性中心の生活の仕方を優先する生き方をしていた。他方で,男性は,第一に,女性の行動が女性自身にとって

負担にならないように，言葉と態度で女性への配慮を示していた。第二に，男性は，女性に寄り添い，みずからに対する女性の心配りを尊重しつつも，女性への気遣いを欠くことがなかった。第三に，男性は，女性を受け止めて女性の生活を精神的に支えるという生き方を貫いていた。こうした行動様式をどのように評価するかという点についても複数の見方があり得よう。すでに広範に定着していると考えられる男女平等原則に照らして容易に受け入れがたいと感じ取る者は，男性に従属しようとする女性の姿勢を，依頼心が強く自立精神に欠けると非難することであろう。他方で，これらの歌詞で紹介されている生き方を，男女平等とは異なる次元で展開されるべき，家庭生活において必要不可欠の心配り（気配り，おもてなしの精神）について述べたものと受け取る者は，社会生活上の一般的常識に属する警句として好意的にとらえることであろう。

(2)　次に，婚姻関係を取り上げる。

(a)　当事者二人の世間に対する行動の仕方ははたしてどのように理解されるか。「春待ち花」では，「支えあうのが　人ならば」「かばい合うのが　夫婦です」と述べて，二人が互いに支え合い，かばい合って，世間と対峙する姿が示されていた。その前提には，世間との関係で二人には「苦労の涙」が絶えないさまざまな辛い経験があったことが述べられていた。このことは，「雪の重さも　冷たさも」「あなた居たから　耐えられた」，「踏まれても　頑張る」，「つらさを越えれば」，そして「照る日曇る日いつまでも」という言回しから十分に読み取ることができる。「愛一葉」の場合，このことは，「分けて下さい　心の荷物」，「おなじ痛みに　私も泣いて」という表現に置き換えられていた。ここで挙げられている婚姻生活上の一般的な苦労は，男女間の行動様式に関する限り，内縁生活におけるそれと共通するようにもみえる。この種の苦労は，内縁関係者が世間との関係で感じる特有の苦労（婚姻当事者に体験不能な，ある種の道徳的非難を伴った言葉と態度，その結果生じる精神的苦痛等）とはまったく異なるものである。

今ひとつ検討を要するのは，夫婦が世間に対する関係において達成目標を共有しているか否かという点である。「春待ち花」では，「つらさを越えれば　春

待ち花の夢」という言い方で明るい未来の到来を想い，三度にわたって「二人信じて春を待つ」というフレーズが繰り返されていた。「愛一葉」では，「浮くも　沈むも　運命はひとつ」，「夢をふたりで」「探したい」と述べられていた。ただ，「あなたひとりに」「ついて行く」という表現が示すように，二人の間には明確な序列があった。

　これら2つの歌詞を通じて，夫婦が世間に対してともに協調行動をとるという点に共通性があることが分かる。世間（大きな社会）と夫婦（小さな社会）とを対置させると，世間と当該夫婦との間に対立がある場合（要件），内部的には協調行動をとることが求められる（効果）という点に，社会行動文法を見出すことができよう。

　(b)　次に，夫婦間での行動様式をみよう。「春待ち花」では，「あなた居たから　耐えられた」と述べて，男性に対する女性の依存心が具体化されている。この点を除けば，「春待ち花」では，夫婦の一方というよりも，夫婦二人が同一の行動をとることが強調されている。このことは，「喧嘩するのも　好きだから　許されゆるし」，「あなただけお前だけ　二人信じて春を待つ」，「かばい合うのが　夫婦です」といった言い方から明らかになる。

　これに対し，「愛一葉」では，確かに，二人の行動の一体性も示されてはいた（「夢をふたりで」「探したい」，「浮くも　沈むも　運命（さだめ）はひとつ」）が，どちらかといえば，重点は，妻の行動様式に置かれていたようにみえる。「惚れて一緒に　なれた」妻が「涙を見せたら　笑われる」という考え，妻が夫に「分けて下さい　心の荷物」と求める言葉，「おなじ痛みに　私も泣いて」という同情，妻に心配をかけまいとして夫が「むりに　笑顔を　うかべても」「あなたの苦労は　分かります」という妻の心情，外出時に夫の後を「一歩さがって　影ふまないで」歩こうとする態度，「雨になりそうな　夜の空」を「見上げてあなたに　肩寄せる」振舞い，「つないだ指を」「はなさないでね」と求める信頼感，「泣いて生きるも　笑って死ぬも」「あなたあっての」「女です」と言い切る強さ，これらをみると，夫に「惚れて一緒に」なった妻の側に，当初から，生涯を通じて夫に従うという依存関係（従属関係）をみずから認めよう

とする肯定的な姿勢があったことが分かる。

　これら2つの歌詞を通じて，婚姻関係にある二人の間の行動様式（社会行動文法）には複数の類型のあることが分かる。そのひとつは，夫に従属する妻の姿（依存・従属）であり，他のそれは，互いに対等の関係に立つ姿（独立かつ協力）である。もとより，これら2つの類型のうちいずれを採用するかは，当事者たる夫婦二人一組の主体的判断に委ねられなければならない（思想と行動の自由の尊重）。法文化の探求を試みるこの場では，社会行動文法には複数の類型が存在するという事実を確認すれば足りよう。

　(3)　最後に，当事者が内縁関係にあるか婚姻しているかに触れていない「ふたり花」を取り上げよう。

　この歌詞でも，確かに，「辛いこの世の　雨や風」，「疲れて帰る　あなた」，「どんな苦労も　分け合う人生に」といった表現で，世間との関わりに触れられていた。それでも，「辛いこの世の　雨や風」にいう辛さの内容が上述の内縁関係者に対する道徳的非難を含むか否かを示す言葉が用いられていないため，この点について判断することはできない。二人の間に法律上の婚姻関係があるか否かが明言されていないのは，むしろ，もっぱら二人の間での行動様式如何がこの歌詞の主題とされたためかもしれない。

　まず，女性の意識についてである。「あなたのために　生まれて来た」という表現には，二人の生活の中心があくまでも男性側にあることが読み取れる。「あなたと私の　ふたり花」という言い方をみると，男性の生活がそのまま女性の生活と同視されており，女性側に主体的な当事者意識はみられない。「愛の陽ざしに　包まれながら」，「あなたの胸の　小枝でそっと」，「手を取り合う」，「あなたの愛に甘えてばかり」といった文言からは，女性が男性に保護される様子が垣間見られる。二人の間に「かわす眼と眼の　暖かさ」があることから，男性が女性に十分に配慮している様子もうかがえる。このような依存関係が女性にとって満足できるものである点は「今の暮らしで　幸せ」という見方に集約されよう。女性の男性に対する要望は，ただひとつ，このような一方的依存状態にある自分を「たまには私を　叱ってほしい」という点のみであ

る。この歌詞には，ある意味で充たされた関係が凝縮しているとみることもできる。

3 最後に，以上の個別的検討に基づき，「内縁関係と婚姻関係における心配り」という観点から「二人の社会の築き方」に関わる社会行動文法（法文化）をまとめておこう。

第一に，上記5編はいずれも二人の間に「しあわせな関係」が築かれていた事例であった。お互いに相手に対する気遣いを心の中で思いやるだけでなく，その意思を具体的行動として互いに示してもいた。そして，両者は，自分のことに配慮して相手が行動しているということを双方がともに理解し，そうした状況に満足していた。ここには，「ふたりの間に幸せな関係を築こうと考えるとき」（要件）→「お互いに相手に対する気遣いを心の中で思いやるだけでなく，その意思を具体的行動として互いに示さなければならない」（効果）という明確な判断基準（社会行動文法）を見出すことができる。上の判断基準が成立する前提には，「……とき」（要件）→「上の判断基準を遵守しなければならない」（効果）という形成基準が存在していなければならない（この形成基準の要件部分の内容は，論理的にいえば，上の判断基準の要件部分のそれと一致してはならない）。

第二に，このような行き届いた配慮を示し合い，確かめ合っている以上，二人の間に問題は生じない。上の5曲が女性歌手の作品であるという点を考慮すると，もっぱら女性の心情が明言されていたという事情も了解されよう（男性の心情は，概して，女性の言葉を介して推測し，あるいは行間から読み取るしかないが，女性の男性に対する大きな不満は示されていない）。このような良好な関係が成立していたのは，両者の間に，「好き」（『こころ川』，『春待ち花』）とい双方向の感情があり，「あなたのために　生まれて来た」（『ふたり花』），「あなただけお前だけ」（『春待ち花』），「惚れて一緒に　なれた」（『愛一葉』）と，また「そばにあなたが　いればいい」（『ふたり川』）とそれぞれ考えられていたからであろう。この趣旨を反対解釈すると，上の判断基準の要件が充足されない限り，所定の効

果は生じないという当然の帰結が導かれる。婚姻であれ，内縁関係であれ，親密な関係に入る二人には，マンネリズムに陥りがちな日常を過ごしてはいても，日々，この点の意思確認が求められているということも，ひとつの社会行動文法としてこれらの歌詞に含まれているのかもしれない。

　第三に，上の判断基準の採否に関しては，「……とき」（要件）→「上の判断基準を採用（適用）する」（効果）という形式の，これらとはまったく異なる次元の適用基準が存在するはずである。これら5編の歌詞を読んでどのような反応を示すかは，視聴者ひとりひとりがどのような家庭環境のもとで育ち，どのような相手とどのような恋愛感情を分かち合ってきたかという個別具体的な事情に還元されよう。女性が男性に依存する生活を採用するよう強要された時代に育った者（古い世代，大家族社会など）が抱く印象と，第二次世界大戦終了後の民主的教育（男女平等）を受けた世代，後者にあっても，「ガラスの天井」（事実上の差別，制度上は開放されていても，現実には封鎖されている状態）を経験した世代と男女雇用機会均等法の適用下で男女共同参画を体験中の世代とでは，受け取り方がまったく異なるはずである。それでも，内容を異にする社会行動文法がわれわれの社会に複数併存するという状況が確認されたことに意味があろう。

3．個人としての身の処し方
――自立へ向けた内省的視点――

　この項では，男女二人の愛が最終的に実らなかったという意味で，上の2に示した社会行動文法がうまく機能しなかった失敗例が取り上げられる。人生において物事が順調に進まない場面は枚挙に暇がないが，そうした挫折の経験を如何に克服するかという点にはある種の共通項が見出されよう。挫折を乗り越えるためには，何よりもまず，みずからの生き方を見直し，価値観を転換させる必要がある。限られた場での挫折克服体験であっても，それを人生に活かすことができれば，世代や価値観を異にする多数の人々との間での同時多元的な交流を成功させることができよう。それが，所属する社会（組織）の性質，規

模等に関わりなく，誰にも広く当てはまる生き方となるか否かは，各自の考え方によるほかはない。

以下では，永井裕子「旅路の女」[74]，水森かおり「秋吉台」[75]，多岐川舞子「柳川しぐれ」[76]，石原詢子「おもいでの雨」[77]，伍代夏子「おんな夜景」[78]，これらの歌詞が取り上げられる。どのような時代のどのような社会にあっても，自らを律するという意味で自立した人間でなければ，それぞれの社会でまともに受け入れられることはないであろう。挫折感を克服し，自立へ向けて自らの精神を高めてゆく過程は，社会生活の経験の長さや質に拘らず，多くの人々に共通する関心事といえよう。ここに「個人としての身の処し方」という表現を用いたのは，種々の苦難に直面してどのような悩みをどのように解決しているかという点で若干の典型例が見出されるのではないかと考えたことによる。

（1） 永井裕子「旅路の女」（2004 年）

1 まず，「旅路の女（たびじのおんな）」の歌詞および関連する情報[79]を掲げよう。

---

74) http://www.uta-net.com/movie/20711/（2016 年 9 月 4 日確認）。2004 年 9 月 23 日発売。

75) http://www.uta-net.com/movie/19013/（2016 年 9 月 4 日確認）。2004 年 4 月 14 日発売の「釧路湿原」B 面に収録。

76) 歌詞については http://www.uta-net.com/movie/109153/（2016 年 9 月 4 日確認），曲調については http://v.youku.com/v_show/id_XNDUwMzExMzcy.html?beta&f=18213254&o=1&spm=0.0.playList.5!25~1!2~3~A.nnQPs9（2016 年 9 月 4 日確認）。2011 年 2 月 23 日発売の CD「雨のたずね人」に第 2 曲として収録。

77) http://www.uta-net.com/movie/25364/（2016 年 9 月 4 日確認），曲調については https://www.youtube.com/watch?v=fUXPZTwrLAk（2016 年 9 月 4 日確認）。

78) http://www.uta-net.com/movie/141514/（2016 年 9 月 4 日確認）。2011 年 2 月 2 日発売「霧笛橋」の B 面に収録。

79) http://www.uta-net.com/movie/20711/（2016 年 9 月 4 日確認）（前注 74）。たかたかし作詞，四方章人作曲，永井裕子歌唱。

雨が降るから　泣けるのか
窓うつ汽笛が　泣かすのか
港　みなとを
あなたたずねて　汽車から船に
春は瀬戸内　日が暮れて
汐鳴りきいてる　かもめ宿

いつか逢えると　信じても
旅路の灯りに　瞳（め）がぬれる
港　みなとを
あなたたずねて　女がひとり
浜のさびれた　居酒屋で
お銚子ころがし　酒に泣く

西へ行っても　だめだから
連絡船で　北へ行く
港　みなとを
あなたたずねて　秋から冬へ
星が流れる　岬町
明日はしあわせ　見えますか

2　(1)　この歌詞も，3つの6行連から成る。第二の6行連4行目の「女がひとり」という表現が示す通り，主人公は女性である。年齢は記されていないが，歌詞の内容から推測すると，20歳代から50歳代までであろうか。「瀬戸内」と地域名が表示されているところから，舞台としては，瀬戸内海沿岸地域がすぐに連想される（尤も，「瀬戸」を幅の狭い海峡を意味する普通名詞とみれば，必ずしもこの地域に限定する必要はないであろう）。「かもめ宿」，「居酒屋で」，「岬町」等の表現からは海上交通路にそって発達したであろう古い港町の佇まいが読み取れる。第二の6行連5行目の「浜のさびれた」という言い回しは，繁栄から取り残された古い街並みを連想させることであろう。「日が暮れて」，「旅路の灯り」，「星が流れる」といった表現からは，夜の情景であることが分か

る。「春」、「秋から冬へ」という言葉で，この歌詞が長い期間をカヴァーしていることも読み取れる。

(2) 最初の6行連冒頭の2行では，「雨が降るから　泣けるのか」「窓うつ汽笛が　泣かすのか」と述べて，主人公が涙を流した直接の原因が示される。1行目では，降雨（自然現象，外部的事象）が恵まれない境遇に準えられているが，その対極には，恵まれた環境を晴天に譬える慣行があろう。ここでは，降雨という自然現象をもとにして自身の寂しい生活環境を連想し，ひとりでに悲しみが込み上げて「泣く」行為（能動的行為）が説明される。2行目では，寂しげな音色の汽笛（物理的反応，外部的事象）に触発されて，みずからの恵まれぬ環境の侘しさが思い出され，「泣かされる」行為（受動的行為）が紹介される。3，4行目では，「港　みなとを」「あなたたずねて　汽車から船に」と述べ，去った恋人を探して瀬戸内沿岸の港町を渡り歩き，また港町から近隣の小島へと，船旅を繰り返す様子が描かれる。「港　みなと」という表現は，尋ね人の生業（港湾事業との関わり）を示すものというよりも，仕事と住まいを転々と変え，次第に世間の中心部から離れて行く様子（「都落ち」）を表したものともみられよう。5行目では，「春は瀬戸内　日が暮れて」と述べて，世間が明るい気分に浸っている時期（「春」）にあっても，精神的ないし心理的な次元で，「春」が主人公にはまだ訪れていない様子が示される。6行目では「汐鳴りきいてるかもめ宿」と述べて，想い人を探しあぐね，日暮れて求めた宿泊先が，かもめの訪れる海沿いの小さな佇まいであるというわびしい状況が明かされる。

(3) 次の6行連冒頭の2行では，「いつか逢えると　信じても」「旅路の灯りに　瞳（め）がぬれる」と述べて，「いつか逢える」と信じて去った人を探す旅を続けていても，なお目ぼしい成果がなく，落胆する様子が示される。3，4行目では「港　みなとを」「あなたたずねて　女がひとり」と述べて，最初の5行連の場合と同様，当てのない旅を続ける様子が語られる。5，6行目では「浜のさびれた　居酒屋で」「お銚子ころがし　酒に泣く」と述べて，ひとり寂しく，酒で憂さを晴らす物悲しい様子が描かれる。

(4) 最後の6行連冒頭の2行では，「西へ行っても　だめだから」「連絡船で

北へ行く」と述べて，わずかな情報を頼りに，実りの薄い旅を寂しく続ける様子が描かれる。3，4行目では，「港　みなとを」「あなたたずねて　秋から冬へ」と述べて，想い人を探し続ける旅が長期に亘ることが記される。最初の5行連では「汽車から船に」と交通手段の変更に言及されていた。この連では「秋から冬へ」と季節の移り変わりが記される。5，6行目では，「星が流れる岬町」「明日はしあわせ　見えますか」と述べて，街灯りのないうら寂しい地で一夜を過ごしてはいても，望みを捨てずに恋人を探し続けようとする固い決意が示される。「星が流れる」という言回しはむろん多義的である。ここでは「流星が輝いている間に願い事を唱えると，願いが叶う」という趣旨に解することもできよう[80]。

3　それならば，この歌詞に対する上述の理解から，どのような争点，解答，そして，判断基準等（その形成基準，その適用基準を含む）を見出すことができるか。

(1)　この歌詞では，失恋した女性の心情が詠われていた。社会行動文法（法文化）を発見するためには，第一に，個人の具体的行為（動詞）を要件と効果との組み合わせから成る規範（一定の要件を構成する事実が存在するときは（従属節），それに対応した効果が発生する（主節）ことを明示した複合文）の形式に置き換えることが必要であり，第二に，相当数の個人がそうした規範を遵守する慣行が成立している事態を確認する作業が求められる（むろん，ここでも，どのような基準に基づいてそうした確認を行うかに関する各種の基準がそれぞれの段階で探求されなければならない）。失恋の経験を「要件」とみれば，失恋によって生じた喪失感をなんらかの方法で癒すことはひとつの「効果」と位置付けることができる。それでは，どのような癒し方が考えられるか。その過程は，大略，次の5つに分けることができる。第一に，失恋という結果を事実として受け止める段

---

[80]　アンデルセンの童話「マッチ売りの少女」の場合，少女の亡くなった祖母は「流れ星は誰かの命が消えようとしている象徴」と述べていた。http://hukumusume.com/douwa/pc/world/12/31.htm（2016年9月4日確認）他。

階がある。第二に，失恋の原因がどこにあるかを分析する（自分なりに納得できる原因を見つける）段階がなければならない。第三に，失恋を癒すために具体的な行動（逃避行）をとる段階が続く。第四に，具体的行動を通じて新しい価値（失恋に変わり得る選択肢）を見つける段階がある。そして第五に，実際に新しい価値を見つけたことで喪失感が昇華された段階に至る（喪失感の克服に関する5段階説）。この5段階説からみると，この歌詞の場合，主人公の行動はいまだ第一の段階にとどまっているようにみえる。

（2） 最初の6行連では，ひとはどのようなときに泣ける（泣く）（能動的行為）のかという問い（争点①）に対して，「雨が降る」ときという状況（解答①）が示されていた。そこには，「雨が降るとき」（要件）→「人は泣ける（泣く）」（効果）という判断基準の存在が読み取れる。どのようなときに人は泣かされる（受動的行為）のかという問い（争点②）に対しては，「汽笛が窓を打つ」ときという状況（解答②）が用意されていた。その前提には，「汽笛が窓を打つとき」（要件）→「汽笛が人を泣かす（人が……によって泣かされる）」（効果）という判断基準があろう。どのようなときに想い人を尋ねて汽車から船に乗るのかという問い（争点③）に対する明確な示唆（解答③）はない。つまり，交通手段の選択行為を正当化する判断基準の要件部分は空白のままである（「……とき」（要件）→「あなたたずねて汽車から船に乗る」（効果））。この点は，目的地と交通手段との組合せという経済的社会的環境による。どのようなときに人は潮鳴りを聞くのかという問い（争点④）に対しても，明確な示唆（解答③）はなく，ここでも，要件を欠く判断基準（「……」（要件）→「汐鳴りきいてる」（効果））しか見出せない。

（3） 次の6行連では，想い人に「いつか逢えると信じ」るのはどのようなときかという問い（争点⑤）に対しても，いつ「旅路の灯りに瞳がぬれる」のかという問い（争点⑥）に対しても，具体的な反応（解答⑤，解答⑥）は書かれていない。ひとはどのようなときに「お銚子ころがし　酒に泣く」のかという問い（争点⑦）に対しても，これに答えるための手掛かりはない。敢えて言えば，望みが叶わず憂さを晴らしたいときといった要件（解答⑦）が一例として

考えられよう。この場合,「望みが叶わず憂さを晴らしたいとき」(要件) → 「お銚子ころがし　酒に泣く」(効果) という判断基準を想定することができる。

(4) 最後の6行連では,なぜ「連絡船で北へ行く」のかという問い（争点⑧）に対し,「西へ行ってもだめだから」という理由（解答⑧）が用意される。南下ではなく,北上する航路を考えると,出発地は四国の北端の港町のいずれかと推測することができよう。この歌詞の場合,「西へ行ってもだめなとき」(要件) → 「北へ行く」(効果) という判断基準が見出される。東や南に代えて,北や西という方角が選ばれた事情は,日の出や日中という表現から前者が明るさを象徴するのに対し,日当たりや日没という表現を介して後者が暗さを示すためかもしれない。この表現が優先された背景には,展望のない未来を暗示する意図があったようにもみえる。このことは,なぜ「秋から冬」の時期に「あなたたずねて」旅を続けるのかという問い（争点⑨）についてもあてはまる。それは,厳しい冬の時期に向かうという意味で,いまだ明るい展望が開けない,我慢のときが続くという事情（解答⑨）を説明するためとも読める。長期に亘って旅を続けるのは,「想い人とどうしても再会したいとき」(要件) → 「尋ね人を見つけるまで探し続ける」(効果) という判断基準があるためであろう。

4 こうした争点と判断基準とのカタログから,われわれは何を「法文化」(社会行動文法) として導き出すことができるか。

(1) この歌詞で触れられていたのは,「乗る」,「きいてる」(聴く),「信じる」,「泣く」,「行く」,「たずねる」というように,基本的には,当事者の主体的決断に関わる種々の行為（能動的行為を表す「動詞」）であった。この種の行為を実際に行うか否かの判断は当事者の自由意思に委ねられている。一方に,同じ状況に遭遇して同一の行動をとる者もいれば,他方で,まったく異なる行動をとる者もいよう。前者（同一行動）の集団に属する者については,法文化の実在を推定することができよう。これに対し,後者（別行動）のグループに属する者については,社会行動文法が共有されていないという評価が下される。

法文化を認定するうえでどの程度の数値化が必要かは個別案件に即して検討されなければならないが、法文化として取り上げる検証資料をより多く確保しようとすれば、一集団の構成人数を二桁で区切ることもあり得よう。

また、この歌詞には、外部的要因に影響される受動的行為（「泣ける」、「泣かす（＝泣かされる）」および「瞳がぬれる」）も挙げられていた。どの生理的現象についても、同じ環境に置かれた者がすべて、まったく同じ行動をとるとは限らない。社会行動文法の存在に疑念を持つ者は、該当行為の規則性や反復性を否定するであろう。逆に、これを肯定する者は、みずからの主張に有利な現象を重視することであろう。そうした違いは科学的認識の差ではなく、政策的判断の相違に帰着する。法文化（社会行動文法）の数も単数とは限らない。個々の行為に留意すれば、それぞれの行為に即して、別々に、「法文化」を考える余地がある。集団の構成員数が多くなればなるほど、同一の事象をめぐって当該社会にみられる社会行動文法の数も相対的に増加する余地がある。社会の規模をどのような基準で判定するかという問いに対しても、唯一の解答はない。このようにみると、この歌詞から社会行動文法を読み取か否か、これを肯定する場合、どのような社会行動文法を発見するかといった諸点は、各自の「法文化」観に左右されることとなろう。

(2) 最後に、「個人としての身の処し方」という視点から、いかなる社会行動文法を見出すことができるかという点が明らかにされなければならない。この歌詞では、失恋を経験した女性が、みずからとの対話を通じて、いかに生きるかに関する一例が見出された。その実態は、去り人を捜し、瀬戸内地域の港々を巡りながら、ひとり旅を続けることであった。この旅は、春の間には終わらず、秋から冬へと季節が変わってもなお続けられていた。合間には、目的を達成できない辛さに堪えかねて泣き、寂しさを癒すために酒を飲むといった行為も含まれていた。それでも、希望を失うことなく、旅を続ける女性の様子が描かれていた。ここから読み取れる行動パターンは、夢を簡単にあきらめず、目的を達成するまで行動を続けようとする強い姿勢である。その背景には、みずからの判断が正しいという確信があろう。これを、社会行動文法（法

文化，判断基準）の形式で表すと，「ある者がみずから実現したいと考える目的を見つけているとき」(要件) → 「この者はその目的を達成するまであきらめずに行動を続けなければならない」(効果) となる。むろん，失恋を経験した者が必ず上述の行動をとるわけではない。それでも，このような行動をとるものが実在する限り，これをひとつの行為類型として把握することができよう。ある者がこの種の行動をとるか否か (この判断基準があらゆる課題について無制限に適用されるか否か) は，政策的判断の相違に応じて，異なり得る。この場合，次に，いつどのような局面でこの判断基準が適用されるかという新たな論点が生まれる。この問いに対しては，「……とき」(要件) → 「上述の判断基準が適用される」(効果) という内容を有する適用基準が探求されなければならない。

なお，この歌手には，類似の曲として，「石見路ひとり」[81]がある。

(2) 水森かおり「秋吉台」(2004年)

1 まず，「秋吉台 (あきよしだい)」の歌詞および関連する情報[82]を掲げよう。

　　掴んだつもりが　いつしか消えた
　　あなたの愛は　蜃気楼
　　旅に逃れた　秋吉台は
　　見渡すかぎりの　草の海
　　支えを失くし　さまようだけの
　　私はまるで　難破船

---

81) 歌詞については http://www.uta-net.com/movie/52382/ (2016年9月4日確認)，曲調については http://v.youku.com/v_show/id_XMjg1MTQxOTY0.html?beta&&from=y1.2-1-95.3.1-1.1-1-1-0-0 (2016年9月4日確認)。吉岡治作詞，四方俊明作曲，永井裕子歌唱「心変わりを　尋ねてみても，あなたの心は　帰らない，唐人坂に銀の雨，石見路ひとり……，夢の花火か　曼珠沙華，花を散らして　あゝ風が立つ……」(http://j-lyric.net/artist/a0005f4/l00a1c4.html (2016年9月4日確認))

82) http://www.uta-net.com/movie/19013/ (2016年9月4日確認) (前注75))。木下龍太郎作詞，弦哲也作曲，水森かおり歌唱。水森かおりは東京都北区出身の演歌歌手である (http://ameblo.jp/kaori-mizumori/ (2016年9月4日確認))。

繕えなかった　広がり過ぎて
二人の恋の　ほころびは
尽くし足りなさ　秋吉台で
あなたに詫びては　忍び泣き
幸せだった　想い出だけが
心に浮かぶ　走馬灯

一緒に捜せば　見付かる夢も
捜せはしない　ひとりでは
女ごころの　秋吉台は
果てなく広がる　草の海
あなたの胸に　戻れる日まで
私はきっと　難破船

　2　(1)　この歌詞も，3つの6行連から成る。「あなた」に加え，「女ごころ」という言葉から，女性が主人公とされていることが分かる。「忍び泣き」，「幸せだった思い出」という言回しが示す通り，この歌詞でも，恋を喪った女性の心の動きが示される。歌詞の舞台は山口県の名勝・秋吉台[83]に設定されている。御当地ソングで知られた歌手の代表曲のひとつである。「草の海」という言い方から，草が生い茂る特定の季節が暗示されていることが分かる。草という言葉でススキ，萩，チガヤ（茅），草紅葉などを連想する者は，季節として，10月から11月を思い浮かべることであろう。明示されていないが，おそらくは，日中の光景であろう。

　(2)　冒頭の2行では，「掴んだつもりが　いつしか消えた」「あなたの愛は蜃気楼」と述べて，自分では，二人の交際がうまく進んでいると思っていたのに（「掴んだつもりが」），知らぬ間に，相手の心が自分から離れてしまい（「いつしか消え」），愛を失ってしまった様子が示される。3，4行目では，「旅に逃れ

---

[83]　日本最大のカルスト台地，東台の主部は広大な草原地，西台の大半は樹林地。http://www.karusuto.com/html/01-play/（2016年9月4日確認），http://www.karusuto.com/（2016年9月4日確認）他参照。

た　秋吉台は」「見渡すかぎりの　草の海」と述べて，心の痛手を和らげよう
として出掛けた旅先の光景が描かれる。一面の草原という表現は，明るい展望
を開けるような手掛かりを何ひとつ見出すことができない空虚な心理状態にあ
ることを物語るものであろう。5, 6行目では，「支えを失くし　さまようだけ
の」「私はまるで　難破船」と述べて，一面の草原を茫々たる「海」に見立て
たうえで，人生のよるべ（恋人）を失くした自分を，「支え」となる舵「を失
くし」て漂流する「難破船」に譬えている。この表現からは，主人公が明日へ
の展望をまったく見出さず，茫然自失の状態にあることが読み取れる。この6
行連で述べられているのは，もっぱら精神的に落ち込んだ主人公の姿である
（この連では，社会行動文法を捜す手掛かりとなる具体的かつ積極的な行為はまったく
示されていない）。

　(3) 次の6行連の1, 2行目では，「繕えなかった　広がり過ぎて」「二人の
恋の　ほころびは」と述べて，男女間に生じた感情的すれ違いの幅が修復でき
ないほど大きかった様子が語られる。現状認識に関わるこの表現は，もはや取
り返しがつかない状況にあることを当の女性が十分に自覚している状況を示す
ものとみることができよう。3, 4行目では，「尽くし足りなさ　秋吉台で」
「あなたに詫びては　忍び泣き」と述べて，二人の間にすれ違いが生まれた原
因がみずからの努力不足にあったのではないかと自問自答を繰り返し，自分の
態度によって相手の男性に悲しい（寂しい）思いをさせたみずからの責任の大
きさを痛感し，男性に許しを請おうとする心境が綴られる。5, 6行目では，
「幸せだった　想い出だけが」「心に浮かぶ　走馬灯」と述べて，一方では，失
恋という結果を受け止めなければならないとことを自覚しながらも，他方で
は，幸せだと感じた瞬間を繰り返し思い出しては男性との愛を懐かしむ様子が
示される。ここには，未練を捨て切れない女性の揺れ動く心の動きが描写され
ている。

　(4) 最後の6行連の1, 2行目では，「一緒に捜せば　見付かる夢も」「捜せ
はしない　ひとりでは」と述べて，人生の夢を一緒に追い求めようと二人で努
めていたはずなのに，みずからの努力不足によりそうした望みが失われてしま

った後悔の念が語られる。3，4行目では，「女ごころの　秋吉台は」「果てなく広がる　草の海」と述べて，旅先で目にした渺茫たる光景が改めて紹介される。最初の6行連4行目の「見渡すかぎりの草の海」と言う言い回しと同様，ここでも，明るい展望を開けるような状況にはまったくない，文字通りの侘しさが強調されている。5，6行目では，「あなたの胸に　戻れる日まで」「私はきっと　難破船」と述べて，失った心を取り戻すまで，女性がああすればよかった，こうすれば失敗しなかったはずだと思い悩み，次の一歩を踏み出せない思考停止の状況にある様子が語られる。ここでは，二通りの解釈が可能であろう。そのひとつは，「あなたの胸に」という表現に着目する場合である。当の男性の心を取り戻したいという希望の表明は，同時に，その実現がまったく不可能ではないという意味で，淡い望みを表すという解釈である。そこには去り人に対する，消し去り難い未練がなお強く残る様子が示される。今ひとつは，「難破船」に留意した解釈である。難破船の運命（曳航，爆破等）は遭難の状況に応じて多様であるが，ここでは，現実の世界と想像の世界とを区別する余地がある。すなわち，現実には男性の心を取り戻し得ないことを理解しながらも，想像の世界へと逃げ込み，一方的な行為として，男性への想いをなお強く持ち続けようとする意志（生き甲斐）の表れとみる解釈である。そこには，ある意味で信仰にも類似した極端な状況が示されている。

3　それならば，この歌詞に対する上述の理解から，どのような争点，解答，そして，判断基準等を見出すことができるか。

(1)　この歌詞では，想い人との関わりを法律上または事実上の共同生活（婚姻）へと実らせることのできなかった女性の心の悩み，悔やみ，迷い等，一連の心理的状態が取り上げられていた。上述[84]した喪失感の克服に関する5段

---

84)　前述105頁。第一段階（失恋という結果を事実として受け止める段階），第二段階（失恋の原因がどこにあるかを分析し，自分なりに納得できる原因を見つける段階），第三段階（失恋を癒すために具体的な行動をとる段階），第四段階（具体的行動を通じて，新しい価値を見つける段階）および第五段階（実際に新しい価値を見

階説によると，主人公は第四段階に足を踏み入れていることが分かる。その理由は以下の点にある。この歌詞では，まず，「掴んだつもりが　いつしか消えた」という表現で，失恋という結果が女性に自覚されていた（第一段階）。次に，「繕えなかった」，「尽くし足りなさ」「あなたに詫びて」という言い方で，失恋の原因が自分にあることも認識されていた（第二段階）。さらに，「旅に逃れた」という言葉遣いで挫折感を克服するために具体的な行動をとっていたことも述べられていた（第三段階）。しかしながら，この旅行でも，いまだ新しい価値（生き甲斐）は見つけられていない（第四段階）。

　(2) 失恋をいつ実感したかという問い（争点①）に対しては，「掴んだつもりが」「蜃気楼」のように「いつしか消えた」という感覚（解答①）が吐露されていた。すなわち，いつかという時間の特定を求める問いに対する明確な解答はない。「尽くし足りなさ」という表現で，破綻の責任が女性の側にあることは明記されているが，二人の間にどのようないきさつがあったのかが明らかにされていないため，すれ違いの真因（過剰な嫉妬心，金銭的欲望等）を知ることはできない。失恋という結果を女性がどのように癒そうとしているかという問い（争点②）に対しては「旅に逃れた」という言葉で逃避行（解答②）が挙げられていた。そこには，「……とき」（要件）→「この者は旅に出るという選択肢を採用することができる」（効果）といった判断基準が見出されよう。なぜ秋吉台に向かったかの事情は説明されていない。旅先で何を見たかという問い（争点③）に対しては「見渡すかぎりの　草の海」という印象（解答③）が語られる。そこで何を感じたかという問い（争点④）に対しては，「支えを失くし　さまようだけ」という戸惑い（解答④）が見られた。いずれの解答についても，他の選択肢を退けるだけの積極的な根拠（判断基準）は明示されておらず，どの選択も解釈者の主観に委ねられている。

　(3) 次の6行連では，なぜ二人の間に生じた心の溝を埋められなかったのかという問い（争点⑤）に対して，女性の側の，「広がり過ぎて」「繕えなかった」

つけたことで喪失感が昇華された段階）。

という実感(解答⑤)が示される。なぜそうした溝が生まれたのかという問い(争点⑥)については，男性に対する「尽くし足りなさ」(解答⑥)が女性の側に自覚されていた。そうした事態が生じたことに対する責任の取り方如何という問い(争点⑦)については，「あなたに詫び」たいという反省の言葉(解答⑦)が示されていた。そうした反省をどのような形で表すのかという問い(争点⑧)については，相手方には伝わらない「忍び泣き」という行為(解答⑧)が挙げられていた。今，何を考えているかという問い(争点⑨)については，「走馬灯」のように「幸せだった　想い出だけが」「心に浮かぶ」という感想(解答⑨)が述べられる。この連でも，判断基準の要件と効果との組合せは恣意的な表現にならざるを得ず，客観性のある判断基準は明示されていない。

(4) 最後の6行連でも，失恋という結果をいまだ冷静に受け入れることができない女性の心情が取り上げられていた。そのことは，自分の将来(個人的視点)を男性との共同生活の将来(集団的視点)と同視する女性の姿勢に反映されている。どのようにすれば将来の夢を捜せるかという問い(争点⑩)に対しては「一緒に捜せば　見付かる」という考え方(解答⑩)が示されていた。二人の生活が今後も続くようにと望んでいた女性からみれば，将来の夢は二人にとって共有され得るものでなければならず，「ひとりでは」到底「捜せはしない」。男性への未練を断ち切り難い女性の心情は，この種の状況を経験した者であれば，大いに共感されるところであろう。それでも，ひとり残された女性には，そうした喪失感を克服しつつ，将来に向けてどのように生きるかという問い(争点⑪)が改めて提起されなければならないであろう。これに対しては，「あなたの胸に　戻れる日まで」「私はきっと　難破船」という虚脱感(解答⑪)が述べられる。このような心情を考慮すると，当の女性には，前向きな生き方ができるようになるまで，なお一定の期間，癒しの過程が必要であることが読み取れる。

4　こうした争点と判断基準とのカタログから，われわれは何を「法文化」(社会行動文法)として導き出すことができるか。

(1) この歌詞では，失恋した女性の「繰り言」ともいうべき心の動きが多面的に紹介されていた。女性が失恋という事実をいまだに受け止めきれていないところから，みずからの感情をどのように抑え，挫折感をどのように克服してゆくかの過程は必ずしも十分には明らかにされていないとみることもできよう。喪失感の克服に関する5段階説に基づく上記の説明も，それ自体，社会行動文法の一例にほかならない。女性の行動には，複数の行動準則が反映されていたと考える余地がある。ここでは，①「失恋を経験するとき」(要件)→「失恋という結果を事実として受け止めなければならない」(効果)，②「失恋という結果を事実として受け止めるとき」(要件)→「失恋の原因を分析しなければならない」(効果)，③「失恋の原因を分析するとき」(要件)→「失恋を癒すための代替的行動をとらなければならない」(効果)，④「失恋を癒すための代替的行動をとるとき」(要件)→「代替的行動を通じて新しい価値を見つけなければならない」(効果)，⑤「代替的行動を通じて新しい価値を見つけるとき」(要件)→「失恋の痛手から立ち直ることができる」(効果)，これら5つの判断基準の存在を推認することができよう。女性の行動にみられたこれらのうちのいずれかが，他の失恋経験者にも共有される場合，そこに社会的行動文法の存在を読み取ることができよう。むろん，その適用範囲如何は，この行動準則に共感する者の人数，年齢層(世代)，教育経験，社会体験，地域等の相違によって大きく変わり得よう。

(2) 最後に，「個人としての身の処し方」という視点から，いかなる社会行動文法を見出すことができるかという点が明らかにされなければならない。この歌詞でも，失恋を経験した女性が，みずからとの対話を通じて，喪失感をいかに克服するかに関する一例が示されていた。女性はひとり旅に出掛けていた。行き先が瀬戸内から秋吉台に変更されている事情としては，観光産業という視点での地域振興策(経済的考慮)等があったのかもしれない。「草の海」という言葉から，旅に出かけた季節は推測されるが，歌詞の内容から推して，希望に燃える新緑の時期が選ばれることはあり得ない。この歌詞では，「雨」，「汽笛」，「宿」，「居酒屋」，「酒」といった小道具は用いられておらず，主人公

の心の動きが丁寧に描写されている。歌詞から読み取れる女性の行動は，一方で，厳しい現実をしっかりと受け止めつつも，他方で，なお想い出の世界から抜け切れていないという意味で，心理的な迷走状態にある。これを，社会行動文法（法文化，判断基準）の形式で表すと，「ある者が失恋を経験したとき」（要件）→「この者は，相当の期間，喪失感の克服に向けて悩み続けてもよい」（効果）といった行動準則が考えられよう。むろん，失恋経験者のすべてが同種の行動をとるとは限らない。それでも，この種の行動が一定の規模で実践されていれば，これをもひとつの行為類型とみることができよう。ある者がそうした行動をとるか否か（この判断基準があらゆる課題について無制限に適用されるか否か）は，当事者の感情に左右されるだけでなく，周囲との関係を考慮した政策的判断の影響を受けることもあろう。いずれの場合も，どのような場合にこの判断基準が適用されるかという新たな論点が生じ得る。この問いに対しては，「……とき」（要件）→「上述の判断基準が適用される」（効果）という内容を有する別の基準（適用基準）が確認されなければならない。

　なお，この歌手には，他に類似の曲として「安芸の宮島」[85]，「ひとり薩摩路」[86]などがある。

（3）　多岐川舞子「柳川しぐれ」（2011年）

　1　まず，「柳川しぐれ（やながわしぐれ）」の歌詞および関連する情報[87]を

---

[85] http://www.uta-net.com/movie/77229/（2016年9月4日確認）。仁井谷俊也作詞，弦哲也作曲，水森かおり歌唱「ひとりで旅する　おんなの背中，泣いているよに見えますか，あなたをどんなに　愛しても，いつかこころの　すれ違い，安芸の宮島　朱色の鳥居，胸の痛みを　わかって欲しい……」（http://www.uta-net.com/song/77229/（2016年9月4日確認））

[86] http://www.uta-net.com/movie/52607/（2016年9月4日確認）。下地亜記子作詞，弦哲也作曲，水森かおり歌唱「春は桜の　薩摩路を，行けば涙が　こぼれます，あなたを忘れる　旅なのに，いつまで未練に　泣くのでしょうか，ここは　出水の鶴の里，頬を濡らして　雨が降る……」（http://www.uta-net.com/song/52607/（2016年9月4日確認））

[87] http://v.youku.com/v_show/id_XNDUwMzExMzcy.html?beta&f=18213254&o=1&

掲げよう。

 色も寂しい　花菖蒲
 女の涙を　また誘う
 水路を廻る　小舟のように
 心があなたに　戻ります
 水面に浮かぶ　面影を
 なぜに揺らすか　柳川しぐれ

 胸にすがって　止めてたら
 別れはなかった　はずですか
 私の愛が　重荷だなんて
 知らずにいました　あの日まで
 あきらめきれぬ　愚かさを
 そっと叱って　柳川しぐれ

 掬いきれない　水のように
 幸せ指から　こぼれ散る
 冷たく肩に　そぼ降る雨が
 心の中まで　しみて行く
 忘れる時は　いつになる
 どうぞおしえて　柳川しぐれ

2　(1)　この歌詞も，3つの6行連から成る。「女の涙」，「あなた」という表現から，女性が主人公であることが分かる。舞台は筑紫平野の水郷・柳川[88]に求められている。「花菖蒲」，そして「そぼ降る雨」（しめやかに，しとしとと，

---

 spm=0.0.playList.5!25~1!2~3~A.nnQPs9（2016年9月4日確認）（前注76））。麻こよみ作詞，徳久広司作曲，多岐川舞子歌唱（http://www.mitsui-ag.com/maiko/discography/（2016年9月4日確認）。2011年2月23日発売のCD「雨のたずね人」に第2曲として収録。
88)　福岡県を流れる筑後川流域の町。市内を掘割が縦横に流れることから水の都とも呼ばれる。http://www.city.yanagawa.fukuoka.jp/kanko/kawakudari.html（2016年9月4日確認）。

静かに降る)という言葉から,季節は6月頃と推測される。「色も寂しく」,「水面に浮かぶ面影」といった表現から,日中の時間帯に詠まれた光景であることも読み取れよう。「花菖蒲」の花言葉には,「優しさ」,「優しい心」,「優雅」,「優雅な心」,「あなたを信じる」,「うれしい知らせ」,「伝言」,「心意気」,「忍耐」等がある[89]。花言葉のこのような意味は主人公の性質や気質を暗示するのかもしれない。

(2) 最初の6行連1,2行目では,「色も寂しい 花菖蒲」「女の涙を また誘う」と述べて,色褪せた花菖蒲を見た女性が,盛り(繁栄期)から衰え(衰退期)へと向かう花の命の短さ(儚さ)から連想し,想い人との間柄がさほどの時を経ずして破綻した経験から感じ取った辛さを悲しむ様子が描かれる。3,4行目では,「水路を廻る 小舟のように」「心があなたに 戻ります」と述べて,柳川の水路めぐり(乗船地と下船地が重なる周回コース)に準え,二人の間柄をリセットして,最初からやり直すことができたらよいのにというひそかな願いが示される。5,6行目では,「水面に浮かぶ 面影を」「なぜに揺らすか 柳川しぐれ」と述べて,去り人の面影を水面に見てしまう女性の未練心が記される。

(3) 次の6行連初めの2行では,「胸にすがって 止めてたら」「別れはなかった はずですか」と述べて,離別に至った原因が自分自身の行動にあったのだろうかとみずからに問い掛け,男性を強く引き止めなかった自身の優柔不断な態度を反省する様子が示される。反語的表現が用いられているのは,むろん,そうなっていたはずだという自分の考えに同意を求める女性の立場が考慮されているからであろう。3,4行目では,「私の愛が 重荷だなんて」「知らずにいました あの日まで」と述べて,恋人を思い遣ったつもりで自分が示したさまざまな気遣いが,男性の心には却って負担を強いる結果となっていたことに気付かなかった後悔の念が記される。そこには,男女それぞれの個人とは別に,ひとつの運命共同体として二人の関係を位置付けなければならなかった

---

89) 伊宮編著・前掲書(前注19))118頁,瀧井著・前掲書(前注19))147頁他参照。

はずなのに，自分の考えを相手に押し付けてしまったという反省が含まれている。5行目では，「あきらめきれぬ　愚かさを」と述べて，男性の心をもはや取り戻せない完全な破綻状態に至っていることに気付きながらも恋人を諦めきれない切実な想いが第三者からみると「愚か」な行為にみえるであろうと推測し，みずからを客観的に眺めている様子が説明される。6行目では，「そっと叱って　柳川しぐれ」と述べて，そのような手詰まりの状況から早く抜け出せるよう，自分を叱ってくれる相手を求める様子が紹介される。「柳川しぐれ」に化体された人物が誰かという点については，特定されていない。ここでは，相手の男性という解釈だけでなく，もうひとりの自分という解釈もあり得よう。いずれの解釈を優先するかに応じて，女性の立ち直りの時期は異なることと考えられる。このようにみるのは，前者の場合，失った男性との関わりをなお捨て切れていないという意味で，みずからを客観的に眺めることができる状況に至っていないが，後者にあっては，みずからの姿勢を冷静に眺められるもうひとりの自分を見出している点で，より客観的な判断が早期に可能となるものと考えられるからである。このほか，自分と相手以外の第三者（家族，近親者や親しい友人を含む）が登場する余地もあろう。

　(4)　最後の6行連1，2行目では，「掬いきれない　水のように」「幸せ指から　こぼれ散る」と述べて，二人の心の通い合いが「水」に譬えられている。この比喩をどのように理解するかという点についても，当然のことながら，多様な解釈があり得よう。そのひとつは，水に流れがあるように，二人の互いを想い合う気持ちも常に変化し続ける（流れ行く）という点を考慮した見方である。自然地理的環境の影響を受けて，さまざまな海流が生まれ，潮の満ち干も生じるように，人の心にも，本人同士の気持ちだけでなく，周囲の者の直接・間接の関わり合い方によって，誤解や偏見が生じる場合がある。そのような状況にあって二人の愛を育むためには，当事者同士の協力体制が不可欠であり，常に協調行動をとることが求められよう。今ひとつのそれは，水の流れを掌で掬い取り，安定させることができない（器で掬い取った水は，当初の水の流れから切り離された時点で，まったくの別物とってしまっている）という解釈である。人の

心も，それが文字や言葉で表現されれば，一時的に外部から認識できるようにはなるものの，それでも，文字や言葉に置き換えられた時点で，当初の心とはまったく別のものとなっているという理解である。このことを表すのが，「書不尽言，言不尽意」[90]という著名な格言である。3，4行目では，「冷たく肩にそぼ降る雨が」「心の中まで　しみて行く」と述べて，雨空に傘もささずに立ち竦む様子から，女性の側の精神的痛手の大きさが暗示されている。前の2行では，水の流れ（地）に留意されていたが，この2行では，雨の降り方とその影響（天と地）に着眼されている。雨空に立ち竦み，身体が冷え込む生理的状態から，心理的状態への転換も水を媒介として行われている。5行目では，「忘れる時は　いつになる」と述べて，主人公が心の痛手から立ち直る気力を失っている状況が記される。6行目では，「どうぞおしえて　柳川しぐれ」と述べて，女性が立ち直れる時期がいつになるかを誰が教えてくれるのかという問い掛けが繰り返される。その答え（解答の主体如何に関する選択肢）としては，ここでも，上述のように，三通りの可能性（相手の男性，自分自身，第三者）が挙げられよう。

3　それならば，この歌詞に対する上述の理解から，どのような争点，解答，そして，判断基準等を見出すことができるか。

(1)　最初の6行連では，「誘う」，「戻る」，「浮かぶ」，そして「揺らす」，これらの行為が列挙されていた。「色も寂しい　花菖蒲」が「女の涙を　また誘う」のはなぜかという問い（争点①）に対して，失恋という経験（解答①）が挙げられていた。ここでは，「……とき」（要件）→「女性は涙を流す」（効果）という判断基準が考えられる。恋人を忘れられない女性にとっては，何を見ても，どのような状況にあっても，あらゆる事象が，恋人との大切な共有体験を連想する契機となり，悲しみがいや増すことであろう。別れた後なのに男性の

---

90)　金岡照光編著『中国故事成語辞典』（三省堂，1991年）355頁によれば，「書不尽言，言不尽意（書不儘言，言不儘意，书不尽言，言不尽意 shū bù jìn yán, yán bù jìn yì)」の出典は「易経・繋辞伝・上」にあるとされる。

もとに心が「戻る」と考えるのはなぜかという問い（争点②）については，直接の解答に代えて，「戻りたい」という願望が示されるのみである。時の経過とともに喪失感が現実のものと成り行くにつれて，そうした願望は次第に薄まることであろう。恋人の顔が水面に「浮かぶ」（浮かんでみえるように感じてしまう）のも波紋の広がりに応じてそれが「揺れ」ているようにみえるのも，癒しを経験する上で必要な過程と考えられる。「柳川しぐれ」に向かって「なぜに揺らすか」と問う真意が何かという点は，「柳川しぐれ」の実体をどのように理解するかという点での論者の解釈結果に左右されよう。小舟の進み方によって水面に生じる波紋の形状が変わるという点に着目すれば，「柳川しぐれ」に譬えられた実体は相手の男性ともみられるし，比較的身近な第三者とも考え得る。「柳川しぐれ」を女性みずからの化身と捉えれば，この歌詞は3つの連を通じて女性自身の反省の記録とも理解されよう。

(2) 次の6行連には，「すがる」，「止める」，「別れる」，「知る」，「あきらめる」，そして「叱る」と6つの行為が見出されていた。どのような行動をとっていたならば二人の別れを止められたと思うかという問い（争点③）については，「胸にすが」るという女性の積極的意思表示行為（解答③）が提示されていた。そこには，「胸にすがって止めるとき」（要件）→「別れはない」（効果）という判断基準があろう。男性に接するときに採られた女性の態度が男性にどのように受け止められていたかという問い（争点④）については，「重荷」と考えられていたという女性の率直な驚き（解答④）が示される。男性が「重荷」と感じていたことを女性がいつ知ったかという問い（争点⑤）に対しては，「あの日」という女性自身の記憶（解答⑤）が語られる。男性を諦められるか否かという問い（争点⑥）については，当面，否定説（解答⑥）が示される。諦めきれない状況をどのように打破するかという問い（争点⑦）に対しては，自分を「そっと叱って」という願望（解答⑦）が述べられる。「柳川しぐれ」に対して「そっと叱って」と望む行為の意味は，ここでも，「柳川しぐれ」の内容をどのように理解するかの解釈結果に依存する。つまり，「柳川しぐれ」に化体され得る行為主体はひとつに限定されていない。

(3) 最後の6行連では,「掬う」,「忘れる」, そして「教える」, これらの行為が挙げられていた。この連では, 失恋から立ち直ろうとする女性の心の動きが取り上げられていた。5行目の「忘れる時は いつになる」という表現に留意すれば, 失恋の痛手を「忘れ」なければならないとか「忘れる」ことができるとかといった判断（肯定説）を前提として, いつそれを忘れることができるかという点（争点⑧）が関心事となろう。この問いに対する直接の返事（解答⑧）は用意されていない。「柳川しぐれ」に対して「どうぞおしえて」と問い掛ける行為の意義も, 上述のように,「柳川しぐれ」という言葉をどのように解釈するか（争点⑨）に関する論者の考え方の影響を受けることであろう。「柳川しぐれ」を経験者とみなせば, 先人の経験に学ぶ意（解答⑨ a）となろうし,「柳川しぐれ」を自分自身と考えれば, みずからに決断を迫るという意味で自己との対話の実践（解答⑨ b）とみることができよう。ここでは, 一方の「……とき」（要件）→「この者は解答⑨ a を採用する」（効果）という判断基準と, 他方の「……とき」（要件）→「この者は解答⑨ b を採用する」（効果）という判断基準とが併存することとなろう。

(4) 上述[91]した喪失感の克服に関する5段階説によると, 主人公は第二段階には達していたものの, 第三段階への移行はまだみられない。その理由は次の点にある。この歌詞では, まず,「別れはなかった はず」という表現で, 失恋という結果が女性に認識されていた（第一段階）。次に,「私の愛が 重荷だなんて」,「知らずにいました あの日まで」と述べて, 失恋の原因が女性自身にあることも理解されていた（第二段階）。けれども, これら3つの連を通じて, 女性自身, 挫折感および喪失感を癒すための具体的な行動をいまだ何ひとつ実践してはいないようにみえる。

---

91) 前述105頁および112頁。第一段階（失恋という結果を事実として受け止める段階）, 第二段階（失恋の原因がどこにあるかを分析し, 自分なりに納得できる原因を見つける段階）, 第三段階（失恋を癒すために具体的な行動をとる段階）, 第四段階（具体的行動を通じて, 新しい価値を見つける段階）および第五段階（実際に新しい価値を見つけたことで喪失感が昇華された段階）。

4　こうした争点と判断基準とのカタログから，われわれは何を「法文化」(社会行動文法)として導き出すことができるか。

(1)　この歌詞では，「別れはなかった　はず」という表現で，失恋という結果が認識されていた。このように考えるのは，別れが現実に存在するという認識が「別れはなかったはず」という表現の論理的前提を成しているとみることによる。「私の愛が　重荷だなんて」という言回しで，失恋の原因が自分にあることも理解されていた。それでも，具体的行動としての一歩はいまだ踏み出されていない。

(2)　この歌詞にも，第一に，「失恋を経験するとき」(要件) →「失恋という結果を事実として受け止めなければならない」(効果)，そして第二に，「失恋という結果を事実として受け止めるとき」(要件) →「失恋の原因を分析しなければならない」(効果)，これら2つの判断基準が共有されていた。これに対して，「失恋の原因を分析するとき」(要件) →「失恋を癒すための代替的行動をとらなければならない」(効果)といった判断基準の存在を確認することはできない。このようにみるのは，この歌詞では，いまだ具体的な行動が示されていないからである。

この歌詞では，一方で，「女の涙を　また誘う」，「別れはなかった　はず」，「幸せ指から　こぼれ散る」といった言い方で，失恋という事実を率直に受け止めなければならないという女性の認識が示されていた。他方で，「心があなたに　戻ります」，「水面に浮かぶ　面影」，「あきらめきれぬ」という表現で，それを現実のものとして受け止めることを拒否する感情も紹介されていた。このようにみると，失恋という結果を事実として受け止める第一段階が詳しく述べられていたことになる。一方の，諦めなければならないという想いの前提には，もちろん，「……とき」(要件) →「諦めなければならない」(効果)という判断基準(諦観型ルール)が存在していなければならない。他方の，諦め難いという感情の前提にも，「……とき」(要件) →「諦められない」(効果)という判断基準(未練型ルール)があるはずである。これら2つの判断基準の間で優劣を決定する第三の判断基準(それは，「……とき」(要件) →「諦観型ルールを

未練型ルールに優先する」(効果)および「……とき」(要件)→「未練型ルールを諦観型ルールに優先する」(効果))が与えられていなければ,失恋という結果を事実として受け止めることはできない。この歌詞では,前述のように,「別れはなかった　はず」という表現で,失恋という結果が認識されていたため,「……とき」(要件)→「諦観型ルールを未練型ルールに優先する」(効果)という判断基準(調整型ルール)が存在していたことになる。しかし,この歌詞ではこれら3つの判断基準(諦観型ルール,未練型ルール,調整型ルール)のいずれも明示されていない。行間をさらに読み込むことにより,新たな行動準則の存在を推測することができるならば,社会行動文法の解明に有用となろう。

(3)　最後に,「個人としての身の処し方」という視点から,いかなる社会行動文法を見出すことができるかという点が明らかにされなければならない。この歌詞では,失恋を経験した女性が立ち直る方法を模索する姿が示されていた。まず,色褪せた花菖蒲をみては別れのつらさを思い出して涙を流し,小舟の進み具合や風の動きで生じる波紋により水面に映る状況がはしなくも男性の面影に似ているようにみえ,そぼ降る雨に肩を濡らされ,体の芯まで冷える状態を経験しては別れの悲しさに沈むというように,失恋による喪失感が繰り返し述べられていた。次に,胸にすがって止めていれば別れがなかったはずではないかと悔やむなど,未練を捨て切れない様子が記されていた。さらに,なぜ面影が浮かぶのか,愚かな行為だと自覚していても,なぜ相手を諦めきれないのか,いつになったら忘れられるのかというように,自問自答を繰り返す状況も述べられていた。このような状態を,社会行動文法(法文化,判断基準)の形式で表すと,たとえば,「ある者が失恋を経験したとき」(要件)→「この者は喪失感を何度も味わわなければならない」(効果),「喪失感を何度も味わったとき」(要件)→「そうした状況を生み出した自分の行為を悔やまなければならない」(効果),「自分自身が犯した行為を悔やむとき」(要件)→「そうした後悔の過程から早く抜け出さなければならない」(効果),これらの表現が可能となろう。もちろん,ここでも,すべての失恋経験者が必ず同じ行動をとるとは限らない。とはいえ,一定数の者が同じような行動をとることで,ひとつの行為

類型を認識することができることに変わりはない。どのような行動様式が見出されるかという点だけでなく、それらの行動様式がなぜ採用されるのかという点の解明も法文化の存在を推測しようとする者にとって重要な課題となろう。

なお、この歌手には、他に類似の曲として「伊万里のおんな」[92]、「飛騨の恋文」[93]、「一夜雨」[94]、「雨のたずね人」[95] などがある。

（4）　石原詢子「おもいでの雨」（2005 年）

1　まず、「おもいでの雨（おもいでのあめ）」の歌詞および関連する情報[96]を掲げよう。

---

92) https://www.youtube.com/watch?v=Vqj93swCoUE（2016 年 9 月 4 日確認）。「風が渡って　小笹が騒ぐ、胸で恋しさ　またうずく、夢を追いかけ　ふるさと捨てた、あなた偲べば　百舌が鳴く、やっと別離を　決めたのに、なんで振り向く　伊万里のおんな……」（https://www.joysound.com/web/search/song/20280（2016 年 9 月 4 日確認））

93) http://v.youku.com/v_show/id_XMTgyOTYzMzY=.html?beta&（2016 年 9 月 4 日確認）。荒木とよひさ作詞、徳久広司作曲、多岐川舞子歌唱「駅舎（えき）に降りれば　そこまで冬が、あなた忘れる　旅ひとり、飛騨の白河　夕暮れ橋で、書いた恋文（てがみ）を　千切ったら、あなたの心に　積るでしょうか、涙まじりの　ああ紙の雪」（2016 年 9 月 4 日確認）

94) https://www.youtube.com/watch?v=MXN444tTcx8（2016 年 9 月 4 日確認）。里村龍一作詞、伊藤雪彦作曲、多岐川舞子歌唱「心がわりを　恨んでみても、雨が優しい　想い出泣かす、寂しさつのれば　あなたが憎い、忘れるお酒　重ねるたびに、涙　涙あと追う　未練の一夜雨（いちやあめ）……」（https://www.youtube.com/watch?v=57F0cGSzQ2w（2016 年 9 月 4 日確認））

95) http://www.uta-net.com/movie/109154/（2016 年 9 月 4 日確認）。石原信一作詞、徳久広司作曲、多岐川舞子歌唱「雨の向こうに　灯りがともる、あなたと初めて逢った街、濡れた体を　お酒で温（ぬく）め、交わす目と目の　紅い糸、想い出しずくが　そぼ降る夜は、あなた恋しい　あなた恋しい　雨のたずね人……」（http://www.uta-net.com/song/109154/（2016 年 9 月 4 日確認））

96) https://www.youtube.com/watch?v=fUXPZTwrLAk（2016 年 9 月 4 日確認）（前注75））。三浦康照作詞、景山時則作曲、石原詢子歌唱（http://www.junko-ishihara.com/（2016 年 9 月 4 日確認））

むせび泣くように　降る雨が
　　女の胸に　しみるのよ
　　ひとり手酌で　飲む酒に
　　今夜も淋しさ　まぎらす私
　　酔えばなお更　恋しさが
　　つのる旅路の　雨の宿

　　胸がしくしく　痛みます
　　あなたがくれた　恋の傷
　　どうせふたりは　はじめから
　　別れるさだめの　出逢いでしょうか
　　ひとり雨音　聞きながら
　　夢で逢えるの　面影に

　　古い女で　いたいから
　　かくれた愛に　生きてます
　　雨よ私の　せつなさを
　　流せるものなら　流してほしい
　　今日もあなたの　おもいでに
　　泣いていました　旅の宿

　2　(1)　この歌詞も，3つの6行連から成る。最初の6行連2行目の「女」，また最後の6行連1行目の「女」，これらの言葉から，女性が主人公であることが分かる。「旅路」および「旅の宿」という表現から，喪失感を癒す旅先の情景であることが示されている。しかし，旅先を特定するヒントは与えられていない。どの連にも「雨」という言葉がみられるが，季節を割り出すこともできない。「ひとり手酌で　飲む酒」や「今夜」という表現により，夜の情景であることが読み取れる。

　(2)　最初の6行連1，2行目では，「むせび泣くように　降る雨が」「女の胸に　しみるのよ」と述べて，それと感じさせず密やかに降る雨が，失恋の痛手に苛まれる女性の喪失感を一層募らせている様子が記される。大きな喪失感を

味わった当事者は，何事にも敏感に反応し，後悔の念に苛まれることであろう。3，4行目では，「ひとり手酌で　飲む酒に」「今夜も淋しさ　まぎらす私」と述べて，喪失感を埋め合わせるために，夜ごとひとりで酒を飲む光景が描かれる。同種の行為が日々繰り返される光景は，女性が容易には立ち直れないという意味で，失った愛の大きさを示すものであろう。最後の2行では，「酔えばなお更　恋しさが」「つのる旅路の　雨の宿」と述べて，寂しさを紛らわせようと思って酒を飲んで酔ってはみても，気が紛れるどころか，却って，喪失感が増大し，恋しさがつのる心情が示される。

(3) 次の6行連初めの2行では，「胸がしくしく　痛みます」「あなたがくれた　恋の傷」と述べて，失恋の痛みに苛まれる様子が示される。失恋の原因が何かは明らかではないが，ここでは，ある意味で，当の女性が被害者として描かれているようにも読める。3，4行目では，「どうせふたりは　はじめから」「別れるさだめの　出逢いでしょうか」と述べて，別れのない出会いはないという実感（「会うは別れの始め」）が確認される。そのような感情を抱くことは，女性にとって，失恋という厳粛な事実を受け入れざるを得ないと決断するうえで必要な過程なのかもしれない。5，6行目では，「ひとり雨音　聞きながら」「夢で逢えるの　面影に」と述べて，一方では，失恋という結果を受け取めなければならない現実を肯定しつつも，他方では，夢の中ででも男性に逢いたいというかすかな望みを捨て切れていないという意味で，女性の未練が語られる。

(4) 最後の6行連冒頭の2行では，「古い女で　いたいから」「かくれた愛に生きてます」と述べて，世間では認められない男女関係（事実婚）の存在を隠し続けて生きようとする古風な女の生き方に存在価値を見出している様子が紹介される。古風な生き方として描かれているのは，法律婚か否かという観点ではなく，つねに男性を表に立てて，男性を支える役割に徹する影のような姿であろう。むろん，このような生き方は，両性平等思想のもとで教育を受け，対等な地位に立つことを当然視する現代の生き方からみると，まったく評価されない姿であろう。それでも，わが国の歴史を顧みると，部分的であるにせよ，

このような生き方が高く評価された時代や社会があったという事実も指摘されなければならない。3，4行目では，「雨よ私の　せつなさを」「流せるものなら　流してほしい」と述べて，失恋の痛手から逃れたいという女性の本音が綴られる。その前提には，悶々と過ごすみずからの日常を否定的にみる女性自身の冷めた目があろう。5，6行目では，「今日もあなたの　おもいでに」「泣いていました　旅の宿」と述べて，心を癒す旅路にあっても，去り人を思い出し，寂しさに涙を流す様子が示される。

　　3　それならば，この歌詞に対する上述の理解から，どのような争点，解答，そして，判断基準等を見出すことができるか。

　　(1)　この歌詞には，「しみる」，「飲む」，「まぎらす」，「酔う」，「つのる」，「痛む」，「別れる」，「出逢う」，「聞く」，「逢える」，「生きる」，「泣く」といったいくつもの行為（動詞）が見出される。最初の6行連では，失恋による心の淋しさをどのような方法で紛らすのかという問い（争点①）に対し，旅に出ること（解答①a），酒を飲むこと（解答①b），これら2つの方法が挙げられていた。両者は排他的関係にはない。ここには，「ある者が……とき」（要件）→「この者は心の淋しさを紛らすために旅に出る」（効果），そして「ある者が……とき」（要件）→「この者は心の淋しさを紛らすために酒を飲む」（効果），これら2つの判断基準が見出されよう。後者の判断基準については，「ひとり手酌で」という限定が付されていた。効果部分の「飲む」方法が限定されているということは，後者の判断基準の適用範囲を決める適用基準を新たに考えなければならないことを意味する。女性は，心の内を他者に伝える行為を通じて寂しさを紛らす方法（発散型）に代えて，自問自答を通してみずからの心理的な葛藤を克服する方法（内省型）を採用していた。なぜ酒を飲むかという問い（争点②）に対しては，「むせび泣くように　降る雨が」「胸に　しみる」からという心情（解答②）が綴られていた。ここでは，「……とき」（要件）→「この者は酒を飲む」（効果）という判断基準が用意されていたことであろう。酔えばどうなるかという問い（争点③）に対しては，「なお更　恋しさが」「つの

る」という心情（解答③）が吐露されていた。その判断基準は，「……とき」（要件）→「酔うことでなお更恋しさがつのる」（効果）となろう。旅先で酒を飲んで心の淋しさを紛らすことができるのかという問い（争点④）については，否定説（解答④）が用意されていた。その判断基準は「……とき」（要件）→「心の淋しさを紛らすことはできない」（効果）と表現されよう。このようにみると，いくつかの判断基準の要件部分が空白であることが分かる。このことは，具体性のある社会行動文法を見出し得ないことを意味しよう。

　(2)　次の6行連では，失恋を経験してどのような状態に至ったかという問い（争点⑤）につき，「胸がしくしく　痛」むという感想（解答⑤）が示されていた。その判断基準は，「……とき」（要件）→「失恋により胸がしくしく痛む経験をする」（効果）となろう。「しくしく」という表現は弱弱しさを示すとともに，そうした状況が，相当の期間，続いている状態をも意味する。出会いは必ず別れを伴うのかという問い（争点⑥）に対しては，反語的表現を伴いつつ，肯定説（解答⑥）が示されていた。失った愛を取り戻すことができるかという問い（争点⑦）に対して，現実の世界では否定説（解答⑦）が採用されていたが，想像の世界では肯定説が主張されていた。ここでも，2つの判断基準があり得よう。ひとつは，「……とき」（要件）→「失った愛を想像の世界で取り戻すことができる」（効果）であり，他のそれは，「……とき」（要件）→「失った愛を現実の世界で取り戻すことができない」（効果）である。その面影に「夢で逢える」という表現は，むろん，女性自身が持つ願望の一形態でしかない。

　(3)　最後の6行連では，古い女はどのような生き方を選ぶかという問い（争点⑧）に対して「かくれた愛に　生き」るという考え（解答⑧）が紹介されていた。主人公がなぜ古い女の生き方を選んだのかという問い（争点⑨）については，「古い女で　いたいから」という願望（解答⑨）が示されていた。ここには，「古い女でいたいとき」（要件）→「かくれた愛に　生きる」（効果）という判断基準が存在するようにみえる。しかし，さらに検討すると，上の判断基準の要件部分と効果部分とは同一内容の言い換えに終始しているようにもみえる。このような理解が成り立つとすれば，上の判断基準自体の成否が改めて問

われなければならないであろう。しかし，この歌詞には，これを根拠付ける形成基準（「「……とき」（要件）→「上の判断基準が成立する」（効果））が述べられていない。旅先で何をしていたかという問い（争点⑩）に対しては，「泣いていました」という答え（解答⑩）が示される。

(4) 上述[97]の喪失感の克服に関する5段階説によると，主人公は第一段階を過ぎた後，いまだ第二段階の途中にあることが分かる。その理由は，「あなたがくれた 恋の傷」という表現で，失恋という結果が女性に認識されていた（第一段階）ことによる。

4 こうした争点と判断基準とのカタログから，われわれは何を「法文化」（社会行動文法）として導き出すことができるか。

(1) この歌詞でも，先の3曲（「旅路の女」，「秋吉台」および「柳川しぐれ」）と同様，失恋から立ち直る過程で，失恋による喪失感を訴える女性の心情が取り上げられていた。まず，「淋しさ まぎらす私」，「どうせふたりは はじめから 別れるさだめ」，「今日もあなたの おもいでに 泣いていました」といった表現で，失恋という結果が自認され，事実として受け止められていた。次に，「あなたがくれた 恋の傷」という言い方で，失恋の原因が自分の側にではなく，男性の側にあることが述べられていた。さらに，「ひとり手酌で 飲む酒」，「ひとり雨音 聞きながら」と述べて，失恋による心の痛みを解消する代替的行動も紹介されていた。このようにみると，この歌詞でも，前述の5段階のうち，第三段階までが辿られていたことになる。

(2) 個々の行為をみると，最初の6行連では，「むせび泣くように雨が降るとき」（要件）→「胸にしみる」（効果），「ひとり手酌で酒を飲むとき」（要件）

---

[97] 前述105頁，112頁および122頁。第一段階（失恋という結果を事実として受け止める段階），第二段階（失恋の原因がどこにあるかを分析し，自分なりに納得できる原因を見つける段階），第三段階（失恋を癒すために具体的な行動をとる段階），第四段階（具体的行動を通じて，新しい価値を見つける段階）および第五段階（実際に新しい価値を見つけたことで喪失感が昇華された段階）。

→「淋しさをまぎらすことができる」(効果),「失恋による心の痛手を減らそうとするとき」(要件) →「旅に出る」(効果),これらの判断基準の存在を推認することができる。次の6行連では,「恋の傷を与えられたとき」(要件) →「胸がしくしく痛む」(効果),「出逢うとき」(要件) →「別れる」(効果),これら2つの判断基準を想定することができよう。最後の6行連では,「……とき」(要件) →「かくれた愛に生きる」(効果),という判断基準が考えられる。これらのうち,「出逢うとき」(要件) →「別れる」(効果)という判断基準は,生物に寿命があることを考慮すれば,常に当てはまる絶対的事象を示すという意味で,自然法則とみることができる。ここでは,いつ別れるのかが改めて問われよう。

　上の自然法則を除けば,いずれの判断基準も当事者がそれぞれの環境に応じて取る行動準則とみる余地がある。特に,「……とき」(要件) →「かくれた愛に生きる」(効果)という判断基準については,「古い女でいたいとき」(要件) →「この判断基準を採用する」(効果)という趣旨の形成基準が明示されていた。これに対し,その他の判断基準の成立根拠は歌詞の文言からは読み取れない。この点については,行間をどこまで細かく読み込むかという点で,解釈者の主観に左右される余地がある。

　(3)　最後に,「個人としての身の処し方」という視点から,どのような内容の社会行動文法を見出すことができるかという点に触れておこう。この歌詞では,失恋を経験した女性が,いまだ立ち直ることができない状況にあることが詠われていた。癒しを求めて旅に出てはみたものの,旅先でも去った人の面影を忘れることができず,さまざまに思い悩む様子が綴られていた。旅に出るという外形的行為は見出されても,旅先で異文化に触れることにより,それまでの生き方の絶対的価値が揺らぎ,新たな価値の発見につながるという旅の効果は,この女性の場合,まだ現れていない。敢えて言えば,「ある者が……とき」(要件) →「この者は喪失感を癒すため旅に出るべきである」(効果)という形式の判断基準を想定することができようが,その要件部分が空白であるため,判断基準としては完成していない。このため,社会行動文法(法文化,判断基

準）は明示されていないとも言い得る。

　なお，この歌手には，他に類似の曲として「みれん酒」[98]，「おんなの涙」[99]，「なごり雨」[100]，「夕霧海峡」[101]，「桟橋」[102]，「手鏡」[103]などがある。

---

[98] http://www.uta-net.com/movie/11571/（2016年9月4日確認）。里村龍一作詞，水森英夫作曲，石原詢子歌唱「お酒にすがる　悲しさを，きっとあなたは　知らないでしょう，夢の数だけ　涙が枯れた，駄目になるとは　知らないで，みんなあげたわ　あなたには，想い出が泣いている，幸せみれん酒……」（http://www.uta-net.com/song/11571/（2016年9月4日確認））

[99] http://www.uta-net.com/movie/12322/（2016年9月4日確認）。麻こよみ作詞，岡千秋作曲，石原詢子歌唱「髪をとかせば　あなたの匂い，こぼれて切ない　雨の夜，ほろり　ほろほろ　涙がほろり，ばかな女と　言われても，あなた今でも　やっぱりあきらめきれないの，お願いもう一度　帰ってよ……」（https://mojim.com/twy114417x4x4.htm（2016年9月4日確認））

[100] https://www.youtube.com/watch?v=6gV33PdHr3Q（2016年9月4日確認）。たきのえいじ作詞，徳久広司作曲，石原詢子歌唱「雨のしずくは　切れるけど，払い切れない　涙つぶ，焦（こ）がれても　焦がれても，いつも悲しい　役まわり，傘も持たずに　立ち尽くす，あなた愛しい　なごり雨……」（http://j-lyric.net/artist/a0005f9/l00d665.html（2016年9月4日確認））

[101] http://www.uta-net.com/movie/8776/（2016年9月4日確認）。水木れいじ作詞。岡千秋作曲，石原詢子歌唱「あの人を，連れて連れて連れて行くなら　連絡船よ，未練ひとつを　なぜ積み残す，逢うが別れの　波止場の恋は，汽笛ひと声　波間に消えて，死ねというのか　夕霧海峡……」（http://www.uta-net.com/song/8776/（2016年9月4日確認））

[102] https://www.youtube.com/watch?v=Wj5AfX3XWMc（2016年9月4日確認）。たきのえいじ作詞，四方章人作曲，石原詢子歌唱「風にもつれて　海猫鳴けば，なぜか心は　冬になる，恋しさ六分に　憎さが三分，あとの一分で　また待ちわびる，あなた私を　包んでよ，今日も桟橋　波ばかり……」（https://mojim.com/twy114417x1x7.htm（2016年9月4日確認））

[103] http://www.uta-net.com/movie/9790/（2016年9月4日確認）。たきのえいじ作詞，山口ひろし作曲，石原詢子歌唱「捨てないで　捨てないで，あきらめきれないあなた捨てないで，この恋なくせば　私に，何が　残ります，おんな手鏡　夢蛍，窓の向こうは　闇の中……」（http://j-lyric.net/artist/a0005f9/l007371.html（2016年9月4日確認））

(5) 伍代夏子「おんな夜景」(2011年)

1 まず,「おんな夜景（おんなやけい）」の歌詞および関連する情報[104]を掲げよう。

　　船のあかりや　灯台の
　　港夜景が　つらいのは
　　あのひとの顔　浮かぶから
　　さびしいこころを　ちぎって投げりゃ
　　いいことばかりを　ああ　想い出す

　　旅のホテルの　窓からは
　　町の夜景が　またたいて
　　消えたしあわせ　夢あかり
　　おんなの涙を　敷きつめながら
　　未練が揺れます　ああ　恋あかり

　　春を競って　あでやかな
　　桜夜景の　人並みに
　　ひとりぼっちで　はぐれてる
　　どうしてあの時　大声あげて
　　追いかけなかった　ああ　悔みます

2 (1) この歌詞も，3つの5行連から成る。最初の5行連3行目の「あのひと」，次の5行連4行目の「おんな」という表現から，主人公が女性であることが分かる。「船のあかり」，「灯台」，「港」，そして「旅のホテル」，これらの言葉から，女性が港町でホテルに投宿している状況も読み取れる。しかし，旅先がどこかを示す具体的な地名は挙げられていない。「春を競って　あでやかな　桜夜景」という表現から，季節は春,「港夜景」,「町の夜景」および

---

[104] http://www.uta-net.com/movie/141514/（2016年9月4日確認）（前注78））。喜多條忠作詞，水森英夫作曲，伍代夏子歌唱（http://www.voicemusic.co.jp/（2016年9月4日確認））。2011年2月2日発売「霧笛橋」のB面に収録。

「桜夜景」という言葉から，時間帯は夜であることが判明する。

(2) 最初の5行連冒頭の2行では，「船のあかりや　灯台の」「港夜景が　つらいのは」と述べて，港の夜景，特に，船の灯火，灯台の灯，これらが失恋の辛さを思い出させることが示される。一方の，闇，夜など，暗さを表す言葉は男性との恋が終わりを告げたことを表し，他方の，灯り（灯火，光，熱）は，プラスのイメージを持つ言葉として，なお微かな望みをつなぐことができるという可能性を表しているのかもしれない。「さびしいこころ」，「ホテルの窓からは　町の夜景がまたたいて」など，この歌詞が詠まれた情景を想えば，どれも皆，遠く小さくみえる灯影であることが推測される。小さな灯影は，主人公が抱く望みを実現する可能性がきわめて薄いことを暗示するものともみられよう。3行目では，「あのひとの顔　浮かぶから」と述べて，女性が辛さを感じる理由が説明される。その背景には，港の夜景につながる二人の充実した共有体験があるのかもしれない。4行目では，「さびしいこころを　ちぎって投げりゃ」と述べて，辛さを少しでも減らそうとする心の動きが示される。5行目では，「いいことばかりを　ああ　想い出す」と述べて，記憶を手繰っても，楽しく過ごしたことしか思い出せないという実感が語られる。

(3) 次の5行連，初めの2行では，「旅のホテルの　窓からは」「町の夜景がまたたいて」と述べ，旅先の光景として，主人公が，ネオンサイン，信号などが瞬く「町の夜景」を，遠く離れた「ホテルの窓から」眺めている様子が説明される。3行目では，「消えたしあわせ　夢あかり」と述べて，物理現象としての灯火の明るさとは裏腹に，自分の心に灯った恋灯りが「消え」てしまったことが綴られる。夜のとばりが下り，やがて灯りが消え，真の闇が始まるように，幸せなときが二度と戻らないと感じる女性の淋しさがここでは暗示されている。「消えたしあわせ」（暗さの象徴的表現）と瞬く「町の夜景」（明るさの象徴的表現）との対比は，失恋という冷厳な現実と男性との再会を希望する未練心をなお捨てきれないという悩みとの間で行きつ戻りつする，女性の不安定な心理状態の比喩的表現と考えられる。4行目では，「おんなの涙を　敷きつめながら」と述べて，失恋の痛手を思い出し，涙が溢れて止まらないほどの悲しみ

に暮れる状況が語られる。最終行では,「未練が揺れます　ああ　恋あかり」と述べて,過ぎ去った恋を忘れようとする気持ちがあっても,街や港の灯りをみるたびに,恋人が思い出され,未練がなおつのる様子が描かれる。

(4) 最後の5行連最初の3行では,「春を競って　あでやかな」「桜夜景の人並みに」「ひとりぼっちで　はぐれてる」と述べて,気分転換のため,世間が華やぐ夜桜見物に出かけても,多くの観客と一緒に,桜を愛でて,雰囲気を楽しむ気にはなれず,人の波(群衆)から離れて,ぽつねんと過ごす光景が描かれる。最後の2行では,「どうしてあの時　大声あげて」「追いかけなかった　ああ　悔みます」と述べて,男性から別れを切り出されたときに,背を向けた相手をなぜ積極的に追いかけて引き止めなかったのかという自らの不甲斐なさへの反省と,もしそのように行動していたならば,今頃は,喪失感を味わうこともなかったのではないかという繰り言とが語られる。ここには,後悔の念に苛まれてい女性の心情が現れている。

3　それならば,この歌詞に対する上述の理解から,どのような争点,解答,そして,判断基準等を見出すことができるか。

(1) この歌詞には,「浮かぶ」,「投げる」,「想い出す」,「敷き詰める」,「揺れる」,「はぐれる」,「(声を)上げる」,「追いかける」,「悔やむ」といった行為が見出されていた。最初の5行連では,女性が未練心を捨て切れない様子が述べられていた。「船のあかり」,「灯台」,そして「港夜景」を目にすると,なぜ辛いのかという問い(争点①)については,「あの人の顔」が眼や心に「浮かぶ」からという体験(解答①)が語られていた。ここからは,「あかりをみるとき」(要件)→「顔を思い浮かべる」(効果)という判断基準の存在が読み取れよう。そのような状況に立ち至ったとき,どのように行動するのかという別の問い(争点②)については,満たされない想いを忘れるべく「さびしいこころをちぎって投げ」るという動作(解答②)が挙げられていた。ここには,「顔を思い浮かべるとき」(要件)→「さびしいこころをちぎって投げる」(効果)という判断基準が想定されよう。「さびしいこころをちぎって投げ」るとどう

なるのかという問い（争点③）に対しては，「いいことばかりを」「想い出す」という女性の経験（解答③）が語られていた。ここでも，「さびしいこころをちぎって投げるとき」（要件）→「いいことばかりを思い出す」（効果）という判断基準が考えられよう。

(2) 次の5行連でも，同じ情景が繰り返されていた。「消えたしあわせ」を実感することで，相手方に対する「未練」がなお残る状況が語られていた。「いいことばかりを」「想い出す」事態をどのように受け止めているかという問い（争点④）に対しては，「未練が揺れる」という言い方で，未練を捨て切れない女性の心情（解答④）が吐露されていた。ここでは，「……とき」（要件）→「なお未練を捨て切れなくても許される」（効果）といった判断基準が考えられよう。そのような心情がどのような形をとっていたかという問い（争点⑤）については，涙を流すという状況（解答⑤）が示されていた。ここでは，「夜景を見るとき」（要件）→「しあわせが消えたことを感じる」（効果）という判断基準を見出すことができる。このほかにも，「しあわせがきえたことを感じるとき」（要件）→「涙が溢れる」（効果）という判断基準，「涙が溢れるとき」（要件）→「未練が揺れる」（効果）という判断基準，これらの存在も同時に推測することができる。なぜ未練を捨てられないのかという問い（争点⑥）に対する直接の反応（解答⑥）はない。推測すれば，そこには，「何らかのきっかけでしあわせだった経験を想い出すとき」（要件）→「しあわせな時をふたたび過ごしたいと考えてもよい」（効果）という判断基準が存在していたのかもしれない。「夢あかり」が何を意味するかという問い（争点⑦）についても，また「恋あかり」が何を意味するかという問い（争点⑧）についても，同じように，直接の答え（解答⑦，解答⑧）は明示されていない。

(3) 最後の5行連では，取り返しのつかない状況に至っていながら，なお未練を断ち切れない状態を脱するために，女性自身，どのようにすればよいかが模索されていた。このような状況に至ったのはなぜかという問い（争点⑨）については，「どうしてあの時大声あげて追いかけなかった」のかという反語的表現を挟んで，引き止めなかったからという後悔の念（解答⑨）が示されてい

た。ここには，「……とき」（要件）→「この者は大声を上げて男性を追い掛け，当の男性を強く引き止めるべきである」（効果）という判断基準が考えられよう。そうした未練をどのようにして捨て去ろうとしているかという問い（争点⑩）については，人出の多い夜桜見物という行事への参加（解答⑩）が記されていた。そこでは，「……とき」（要件）→「この者は参加者の多い行事に参加すべきである」（効果）という判断基準が考えられよう。行事に参加して未練を捨てることができたかという問い（争点⑪）については，「ひとりぽっちではぐれてる」という言い方で，否定説（解答⑪）が暗示されていた。ここでは，「桜夜景を見に行くとき」（要件）→「はぐれる」（効果）という判断基準，「はぐれたとき」（要件）→「悔やむ」（効果）という判断基準，これらを考えることができる。

　(4)　上述[105]した喪失感の克服に関する 5 段階説によると，この主人公も第三段階に達していながら，いまだ第四段階に移行していないことが分かる。その理由は次の点にある。この歌詞では，まず，「さびしいこころ」，「消えたしあわせ」という表現で，失恋という結果が女性に理解されていた（第一段階）。次に，「どうしてあの時　大声あげて」「追いかけなかった」と述べて，失恋の決定的な決め手がみずからの消極的態度にあったことも自覚されていた（第二段階）。そして，「旅のホテル」，「桜夜景」という言葉から分かる通り，癒しを求める具体的行動が実践されていた（第三段階）。しかしながら，当の女性は，失った愛に代わる新たな価値をいまだ見つけることができていなかった。

4　こうした争点と判断基準とのカタログから，われわれは何を「法文化」（社会行動文法）として導き出すことができるか。

---

[105]　前述 105 頁，112 頁，122 頁および 130 頁。第一段階（失恋という結果を事実として受け止める段階），第二段階（失恋の原因がどこにあるかを分析し，自分なりに納得できる原因を見つける段階），第三段階（失恋を癒すために具体的な行動をとる段階），第四段階（具体的行動を通じて，新しい価値を見つける段階）および第五段階（実際に新しい価値を見つけたことで喪失感が昇華された段階）。

(1) この歌詞でも，先の4曲(「旅路の女」,「秋吉台」,「柳川しぐれ」および「おもいでの雨」)と同様，失恋した女性の後悔と未練，立ち直りに向かう姿勢などが取り上げられていた。「さびしいこころ」,「消えたしあわせ」,「ひとりぼっちで」,「悔やみます」といった表現をみると，女性が失恋という結果をそれなりに受け止めらていたことが分かる。「追いかけなかった」という言回しから，男性が別れを切り出したことは読み取れる。しかし，二人の愛が実らなかった真の原因がどちらの側にあったのかという点の事情はまったく説明されていない。主人公が，喪失感を癒す具体的な行動をとっていることは，「船のあかり」,「灯台」,「港夜景」,「旅のホテル」,「桜夜景」という言葉から判明する。この歌詞にも，ある種の状況と行為との間に関連性を見出すことのできる複数の行動が示されていた。部分的であるにせよ，この種の状況と行為との間に因果関係を感じ取る者には，社会行動文法を見出す契機が得られよう。

(2) 最後に，「個人としての身の処し方」という視点から，この歌詞に現れた社会行動文法を確認しておこう。この歌詞にも失恋を経験した女性が喪失感から立ち直ろうとして思い悩む姿が映し出されていた。これを，社会行動文法(法文化，判断基準)の形式で表すと，「ある者が失恋したとき」(要件)→「この者は喪失感を克服するための方法を見つけなければならない」(効果)となろう。どのようなやり方で克服の方法を見つけることができるかという問いに対しては，ひとつの可能性として，直接的または間接的な経験則が挙げられる。この場合，「ある者が……とき」(要件)→「この者は直接的または間接的な経験則を用いて克服方法を発見することができる」(効果)という判断基準(行動準則)を見出すことができる。むろん，失恋を経験した者が皆，同じ行動をとる保証はない。けれども，一定の規模でこの種の行動が見られる場合，これを法文化と呼ぶ可能性が生まれよう。

なお，この歌手には，他に類似の曲として「ひとり酒」[106]などがある。

---

[106] http://www.uta-net.com/movie/3829/（2016年9月4日確認）。たかたかし作詞，水森英夫作曲，伍代夏子歌唱「あなたと肩を　並べて飲んだ，お酒が恋しい　雨降る路地は，おまえと呼ばれて　抱かれた夜の，女のしあわせ　お猪口（ちょこ）に

（6）ま　と　め

1　最後に，上記5編の歌詞を通じて，どのような社会的行動文法を見出すことができるかについて整理することとしよう。前述[107]のように，ここで想定されるのは，要件と効果から成る社会的行動規範（「……とき」（要件）→「……すべきである」（効果）（当為規定），「……とき」（要件）→「……することができる」（効果）（権限規定（可能）），「……とき」（要件）→「……してはならない」（効果）（禁止規定）等）である。本書が構想する「法文化」は，当面，この社会行動文法を意味している。以下，若干の特徴を整理することとしよう。

（1）　第一に，5編の歌詞の間に，共通点と相違点が見出される。

まず，5曲すべてにおいて失恋経験を有する女性の心情が一様に取り上げられていた。喪失感の克服に関する5段階説が想定されている点も共通点に数え上げることができる。失恋が事実として受け止められていた点（第一段階）は共通点と考えられる。表現はそれぞれ異なる（「旅路の女」では「いつか逢える」，「あなたたずねて　女がひとり」と，「秋吉台」では「掴んだつもりが　いつしか消えた」と，「柳川しぐれ」では「別れはなかったはず」と，「おもいでの雨」では「今夜も淋しさ　まぎらす私」，「おんな夜景」では「消えたしあわせ」と記されていた）ものの，失恋という事実は等しく女性に受け止められていた。

他方で，相違点として，女性における心理状態の変化の違いが挙げられる。上記の5段階説に基づけば，「旅路の女」と「おもいでの雨」はともに失恋という事実を認識する第一段階をクリアしてはいるものの，第二段階の途中で止まっていた。「柳川しぐれ」は失恋の原因を発見できていた点で，第二段階を通過しているが，第三段階の途中にとどまっていた。「秋吉台」と「おんな夜景」は具体的な克服策を実践していた点で，第三段階を通過していたが，第四段階をまだ終了していなかった。次に，失恋の原因（第二段階）に関して，明言しているもの（「秋吉台」，「柳川しぐれ」，「おもいでの雨」および「おんな夜景」）

　　ついで，チビリチビリ　チビリチビリ，夜の居酒屋　ひとり酒……」（http://www.uta-net.com/song/3829/（2016年9月4日確認））

107）　本書53頁参照。

といないもの(「旅路の女」)という違いもある。前者のうち,「秋吉台」では「尽くし足りなさ」と,「柳川しぐれ」では「私の愛が重荷だなんて」といった表現で,また「おんな夜景」では「どうしてあの時……追いかけなかった」という言い方で,それぞれ女性の側に別れの原因があることが暗示されていた。逆に,「おもいでの雨」では「あなたがくれた恋の傷」と述べて,男性の側に別れの原因があることが示唆されていた。さらに,喪失感を埋め合わせる代替措置(第三段階)についても若干の違いが見出された。「旅路の女」,「秋吉台」および「おもいでの雨」では旅行が,「旅路の女」と「おもいでの雨」では飲酒が,それぞれ癒しの小道具として選ばれていた。旅が選ばれた場合でも,喪失感を癒やす舞台が特定されていたのは「旅路の女」(「瀬戸内」)と「秋吉台」であり,「おもいでの雨」では固有名詞は挙げられていなかった。「柳川しぐれ」と「おもいでの雨」では降雨が利用されていた。「旅路の女」,「おもいでの雨」および「おんな夜景」では夜間の光景も詠まれていた。

(2) 社会的行動規範という点からみると,上述の5段階説に改めて着目する必要がある。第一段階を経た者のみが第二段階を経験し,第二段階を通過した者だけが第三段階に移行し,第三段階をクリアした者が第四段階に至り,最後に,第四段階を通過した者が第五段階に到達することができるという説明は,それぞれに前者が後者の前提となっているという意味で,要件と効果との連続的関係に見立てることができる。

これら5つの段階を構成するそれぞれ2つの組合せに原因と結果の関係を擬制する著者の構想は,むろん,すべての事象にそのまま当てはまるわけではない。また,例外を許容しない自然科学的現象における証明と例外を認める社会事象におけるそれとの本質的な違いにも留意する必要がある。社会事象の分析にあたって,自然科学のように,厳密な統計的手法を採ることは適切でもなければ,必要でもない。社会事象の分析にあたっては,ある程度の量的規模を確保しさえすれば,その集団を社会と捉え,当該社会の特徴を指摘することに意味があるはずだからである。社会集団の成立要件としてどの程度の量的規模を考えるかという政策判断の内容如何については,もとより,争いがある。歴史

的には，国民（国民性）や民族（民族性）という表現のもとにかなり大きな集団が考えられていたことがある。「日本の法文化」，「日本人の法文化」といった表現がそれに当たる。もちろん，国民国家が法文化形成の単位として優先された背景には，他国に対する関係で国民統合の象徴を作り出すという政治的要請があったことであろう。また，一国の中で民族自決権を獲得するためのシンボルとして，国民国家を分断し，対立を煽る政治的判断があったことも考えられる。しかし，一国の国民全体を，一国を構成する複数の地域を，また一国に居住する者の総体をそれぞれ単一の行動様式で説明することは，当該社会を構成する下位集団の特性を無視する（下位集団に共通する視点のみを指摘するにとどまる）という点で，当該集団の全体像を示していないという見方もあり得る。この点を考慮すれば，社会集団の単位をさらに細分化し，個々の部分集団に固有の特徴とそれら部分集団の共通点とを区別して説明する立場の存在意義も承認されることであろう。

(3) 上の5段階説を前提として，連続する2つの段階相互間での因果関係を説明すると，次のように整理することができる。最初の段階は，「失恋という結果を事実として受け止めること」であった。この点は，恋人との関係が順調に進んでいるか否かという二者択一型の争点に対する解答として把握することができる。順調に進んでいる場合，格別に問題が生じないのに対し，順調に進んでいない場合（不調，断片的，破損，断絶，停止等，種々の変形があり得る）において，当該関係の継続を望むものは誰しも，不調の原因を解明し，それを除去しようと努めることであろう。このようにみると，「失恋という結果を事実として受け止めたとき」（要件）→「失恋の原因を分析しなければならない」（効果）という形式の社会行動文法の存在を推測することができる。むろん，この行動準則は当該関係の継続を望む者にしか見えることはない（頭からこの行動準則を否定しようとする者には，この種の因果関係を決して見えないものである）。この点は，「当該関係の継続を望むとき」（要件）→「上の行動準則を採用する」（効果），という表現の新たな行動準則（先の行動準則の適用基準）として説明することができる（この行動準則の成否それ自体も，ひとつの政策的論点であって，論理的

説明にはなじまない)。

　これと同じことは,第二段階と第三段階との関係についてもあてはまる。「失恋の原因を分析すること」と「失恋を癒やすための代替的行動をとること」との関係についても複数の捉え方があり得る。当該関係の継続を望む場合,納得できる失恋の原因を解明できれば,その原因をどのように除去できるかが考えられなければならない。ここには,「失恋の原因を解明できたとき」(要件) →「当該原因をいかにして除去できるかを考えなければならない」(効果) という行動準則を想定することができる。これと並行して,当該原因を解明できた場合,その原因を如何に評価するかという別の論点が現れる。当該原因の内容に納得して恋愛関係の継続を断念する場合もあれば,これを了解せず,原因のさらなる探求を求める場合もあろう。前者,すなわち,当該関係の継続を断念する者にとっては,恋愛関係の消滅に伴う喪失感を埋め合わせる作業が必要となる。「失恋を癒すための代替的行動をとる」というのはこの意味である。そこでは,「当該関係の継続を断念するとき」(要件) →「これに代わり得る新たな価値を探求しなければならない」(効果) といった行動準則が考えられよう。この行動準則は,前提を異にするという事情から,後者,すなわち,当該関係の継続を望む者にはあてはまらない。この点は,上記行動準則の適用範囲が集団ごとに異なるという言い方で説明することができよう。

　(4) この項でも,最後に,「個人としての身の処し方」という視点から見出される社会行動文法についてまとめておこう。失恋経験を有する女性がどのような行動をとることができるか,またとるべきかという点についても,ある種の社会行動文法 (「法文化」,行動準則) の存在を推定することができた。次の課題は,各種の主体に即してさらに具体的に,このような社会行動文法の適用範囲はどこまでかを確認することである。この点については,個々人の生育環境 (家庭のしつけ),教育環境等を含めた多面的な分析が個別的に行われなければならない。

第3章

結びに代えて

　1　この章では，概ね21世紀初めに公表された女性演歌歌手の作品15曲を手掛かりとして，わが国の「法文化」（社会的行動規範，社会行動文法，行動準則）を具体的に探求することが試みられた。歌唱者は女性であるが，取り上げられた行動指針には，性別に関わりなく当てはまるものも，女性に固有の行動指針も見出された。以下では，その要点を列挙することによって，本章の暫定的結論を示すこととしたい。

　(1)　第一に，個人対世間という形を採る場合（「不特定多数への接し方」）でも，個人対個人という形を採る場合（「二人の社会の築き方」）でも，また，自己との対話を試みる場合（「個人としての身の処し方」）でも，そこに現れた行動準則にはある種の共通点があった。それは，表現を異にするにせよ，どの場面でも基本的前提として，個人の自立した生き方が求められていた（「……とき」（要件）→「人は自立した生き方をしなければならない」（効果）という形式の義務規定）という点である（「汗水ながして　道はつく」（「大志」），「こころひとつに　どこまでも」（「ふたり川」），「おんなの涙を　敷きつめながら」（「おんな夜景」））。その趣旨は，誰でも，みずからは他者を信頼してともに生きるという姿勢を示すと同時に，みずからの生き方を通じて，自身，他者からも信頼されるような社会的存在とならなければならないという点にある。この点が強調されるのは，個人が自己完結したひとりの世界（my own world）だけで生きることはなく，社会の一員として他者との関わりの中で生きているのであり，社会に活かされているという認識（共生型生活様式）があることによる。言い換えれば，このような生き方をすることがひとつの「社会行動文法（法文化）」として許容されているというこ

とであろう。むろん，誰もがこうした生き方を現実の社会で実践できているというわけではない。ここから，そうした生き方をする者のみが社会で評価され，そこから外れる者は社会から評価されないという暫定的結論が導かれ得る。もとより，このような社会行動文法を肯定的に評価するか，否定的にみるかという点の判断は各自の主観的判断に委ねられている。いずれが当該社会の成員の多数を占めるかに応じて，それぞれの社会の行動準則も変わり得る。

(2) 第二に，個人が自立した生き方をするにあたっては，常に，自分自身との対話が求められていた。そこにいう「自分自身」は「もうひとりの自分（alter ego）」という言い方もできるが，「もうひとりの自分」は社会全体を見通すマクロ的視点を備えた批判者という意味であり，自分自身を客観的視点から見つめ直すことのできる外部的視点（「……とき」（要件）→「人は，みずからとの対話を通じて，社会性のある生き方をしなければならない」（効果）という形式の義務規定）を持ちかつ実践していなければならない（「人生焦らず」（「明日に咲け」），「踏まれても　頑張る命」（「春待ち花」），「ひとり雨音　聞きながら」（「おもいでの雨」））。このようにして，ミクロ的観点のもとにみずからの利益を主張する主観的な自分とマクロ的視点に裏打ちされた客観性を有するもうひとりの自分との継続的対話を通じて，つまり，「比較の第三項」という名の中立の判断基準の確認行為を繰り返す過程を通じて，誰でも，段階的に，より客観性のある行動をとることができるようになろう。ここでも，すべての者がそのような生き方をしているというわけではないが，このような行動の仕方そのものもひとつの「社会行動文法（法文化）」とみることができる。

(3) 第三に，表現上の違いはあるが，みずからの利益を求めず，他者の満足を優先する態度が採用されなければならないという点もほぼ共通して指摘されていた点である（「趣味は楽しく　働くこと」（「雪中花」），「人眼気にして　うしろを歩く」（「こころ川」），「尽くし足りなさ」（「秋吉台」）)。それは，自己（身内，組織内部）の利益を最優先する生き方（序列付けの思考）に代えて，他者の利益の実現のみを考慮する生き方である。他者との関係において，積極的な「奉仕の精神」を求めるこの立場は，見返りをまったく求めず，ただただ他者に尽くすこ

とをもって，みずからの生き甲斐とする生き方（「……とき」（要件）→「人は積極的に奉仕の精神を発揮して行動しなければならない」（効果）という形式の義務規定）である（「傘を譲れば」（「明日に咲け」），「分けて下さい　心の荷物」（「愛一葉」），「私の愛が　重荷だなんて」（「柳川しぐれ」））。

(4)　第四に，他者への奉仕のみにとどまらず，相手の返礼行為を期待する態度も部分的に見出されていた（「他人（ひと）は　情けの軒を貸す」（「明日に咲け」））。他者の利益をまず優先するという行為の前提には，他者も自分の利益の実現をともに考えに入れてくれるはずだという相互主義（「do ut des（ラテン語），Ich gebe, damit du gibst.（ドイツ語），「与えられるために，与える」）の発想（共生型の思考）がある。このような思考は，「法文化」の典型例とされる贈与交換の慣行にも通底するものである。そこには，「……とき」（要件）→「人は他者の満足を優先する態度をとらなければならない」（効果）という形式の，一種の義務規定の存在を推認することができる。もっとも，この行動準則が機能する範囲は極端に制限されていることであろう。そのことは，多数の関係者が参加する場合，この行動準則がほとんど機能しないという事実からも明らかになる。それは，自分以外の他者（複数）の利益が統一されている場合にしか自分との間で調整することができないからである。他者（複数）の利益が多層的に分裂している大多数の事例では，この点は，諸利益の対立を調整する別の基準によって幾重にも補完されなければならない。

2　われわれの社会に見出される社会行動文法はもとより上の4つに尽きるわけではない。視点の取り方（性，居住地域，世代（年齢層），教育経験等による細分化）によっては，上記のどの基準もさらに細分化され，類型化される場合があろう。ここで行われた「法文化」の探求は，あくまでも，限定された素材に基づくささやかな結果でしかない。

(1)　もちろん，ここで紹介した15曲に関心を寄せる層は，日本全国という規模でみると，さほど多くはないのかもしれない。それでも，これらの歌手のステージに積極的に参加し，CDやDVDを好んで購入し，視聴する一群の購

買層（消費者）が存在することは確かな事実である。そのような集団の特質として，年齢層が比較的高いこと，男性の比重が高いこと，都市部よりそこから離れた地域の参加比率が高いことなど[108]が挙げられるのかもしれない（ここから，これらと対照的な関係に立つ集団では，この種の演歌ないし艶歌に対する関心が極端に低くなるという反対解釈が導かれよう）。確かに，時代背景からみても，高齢者の方がこれらの歌詞に込められた女性の生き方に共感する度合いが高いことが推測される。また，みずからの家庭生活を顧みて，男性の方が，これらの歌詞に共通する女性の従属的な生き方を潜在的に欲しているという傾向を見て取ることができるのかもしれない。さらに，都市部を除いて，娯楽の範囲に制限がある地域では歌手の巡回ステージが有意義な娯楽の場を提供しているという事実もあろう。そして，地域振興の目玉として「御当地ソング」形式が採用されることも考えられないわけではない。これらはいずれもあり得る選択肢を列挙したものであり，どの視点を優先するかは，各自の関心の持ち方に応じて異なり得る。大切なのは，本章で取り上げた社会行動様式が現在のわが国において一定の範囲で存在するという事実の確認である。

(2) 現代国際社会において「法文化」に着目するのは，「水面上に現れた事象（顕在化した紛争，潜在的紛争）」を素材とする実定法解釈学の有用性を考慮しながらも，法解釈行為（顕在化した法的紛争の処理）に先んじて，「水面下の事象（紛争の原因をなす人々の社会行動様式）」を考慮する（紛争を未然に防止する）必要

---

[108] 必ずしもすべてが公表されているわけではないが，これら成熟した美人歌手のステージに参加する購買層や視聴者層，各歌手のオフィシャル・サイトや公式ブログ（永井裕子 http://www.yuko-nagai.com/；市川由紀乃 http://www.primecorp.co.jp/yukino-ichikawa/schedule/index.html；石原詢子 http://www.junko-ishihara.com/；坂本冬美 http://fuyumi-fc.com/；伍代夏子 http://www.voicemusic.co.jp/；小桜舞子 http://www.kozakuramaiko.com/；大石まどか http://ameblo.jp/ooishi-madoka/；多岐川舞子 http://www.mitsui-ag.com/maiko/schedule/；藤あや子 http://ameblo.jp/ayako-fuji/；水森かおり http://ameblo.jp/kaori-mizumori/（いずれのサイトについても，2016年9月4日確認））に掲載されたファン・クラブ等の存在から推認される各種データが参考になろう。

があると考えることによる。こうした認識は，国民国家制のもとで併存する内外諸国の国家法だけでなく，それらの調整結果としての国際法の分野でも，特定の政治勢力に固有の社会行動様式（社会行動文法）に基づいて立法（判断基準の形成行為），行政および裁判（判断基準の解釈・適用行為）が行われているという現実があるからにほかならない。ヨーロッパ連合（EU）が部分的に示しているように，一定の範囲で社会行動文法が統一されていれば，国家法の統一もそれなりに機能することであろう。これに対し，社会行動文法の統一を伴わない文言だけの法統一（国際法）は，解釈の分裂をもたらし，統一法の意義も失われる。このようにみると，実定法の統一に優先して，実定法の根源にある社会行動文法の統一を志向する努力の重要性が理解されよう。

　このような方向での努力をさらに推進するためには，それぞれの社会に固有の行動文法を可能な限り正確に，しかもより緻密に把握し続ける必要がある。社会行動文法を構成する要素としては，地理的風土的環境や社会経済的制約のほか，心理的要因等も無視され得ない。21世紀の国際社会に生きる者は皆，共生を求めようとすれば，居住地の如何を問わず，全地球的観点のもとで行動しなければならない[109]。法律家に不可欠の視点（「Pax optima rerum（平和こそあらゆるものの中で最上のものである）」を考慮すれば，実定法解釈学の世界にのめり込み，そこにとどまるだけでなく，それ以上の比重を掛けて，世界の法文化を探求し，諸国法文化間の調整作業（「比較法文化論」研究の絶えざる実践）に邁進しなければならない。しかも，この種の生産的・創造的な活動は，世代を超えて着実に受け継がれなければならない。本章の検討がそのための一助となるならば，何よりのこととされよう。

---

[109] こうした視点の必要性については，山内「現代国際私法の課題について――地球温暖化による気候変動をいかに受け止めるか――」（法学新報122巻1・2号（廣瀬克巨先生追悼論文集）855-910頁（2015年）），山内「法律学における2008年食糧危機の教訓（一）（二・完）――「国際化」から「地球社会化」への転換――」法学新報123巻7号717-741頁（滝田賢治先生古稀記念論文集）および8号89-124頁（2016・2017年）参照。

第Ⅱ部
橋梁に化体された法文化

第1章

はじめに

　1　本日，この席に臨み，御関係の皆様に心から感謝申し上げます[1]。第一に，わたくしのために還暦記念論文集[2]を編集して下さったお二人，わたくしがミュンスター大学法学部に留学した当時からの友人，ハインリッヒ・メンクハウス（Heinrich Menkhaus）マールブルク大学教授とわたくしのもとで法律学の研究を始められた佐藤文彦名城大学教授，お二方に対して。第二に，お二人の呼びかけに応え，寄稿して下さったドイツおよび日本の同僚や友人に対して。第三に，メンクハウス教授が，480年前（1527年）に創立され，長い歴史と伝統を有する高名なフィリップス大学マールブルク（Philipps-Universität Marburg，通称マールブルク大学）（以下「マールブルク大学」と略記する。）のこの由緒ある旧講堂（Alte Aula）においてこのように盛大な贈呈式を催して下さったことに対して。第四に，メンクハウス教授の御配慮のもとに，法学部長ギルベルト－ハンノ・ゴルニッヒ教授を初め，マールブルク大学法学部がわたくしを温かく受け入れて下さったことに対して。第五に，この式典においてゴルニッヒ教授，メンクハウス教授，そしてメンクハウス教授と同様，ミュンスター大学留学以来の旧友，ヴェルナー・エプケ教授（ループレヒト・カール大学（Ruprecht-Karls-Universität Heidelberg，通称ハイデルベルク大学）のお三方がそれ

---

1) 　ギルベルト・ゴルニッヒ（Prof. Dr. Dr. h.c. mult. Gilbert Gornig）法学部長（当時），ハンス・レーザー（Prof. Dr. Hans G. Leser †）フィリップス大学名誉教授，在デュッセルドルフ日本国総領事他来賓に対する冒頭の挨拶は省略されている。

2) 　Menkhaus, Heinrich/Sato, Fumihiko (Hrsg.), Japanischer Brückenbauer zum deutschen Rechtskreis: Festschrift für Koresuke Yamauchi zum 60. Geburtstag, Duncker & Humblot 2006.

ぞれの御挨拶の中でわたくしに好意的な評価を与えられたことに対して。そして最後，第六に，御多用中，また遠路にも拘らず，御列席下さった皆様[3]に対して。

2　この記念論文集の販売促進用に出版社が準備されたパンフレットがあります。メンクハウス教授の紹介文では，日本人法学者のためにドイツで記念論文集が刊行される例は稀有な出来事であると記されています。わたくしの記憶にあるのも，北川善太郎博士[4]，中村英郎博士[5]，そして石川明博士[6]など，ごくわずかです。このような計画とその成果は，わたくしにとって，言葉には尽くせない名誉であり，かつ大きな喜びでもあります。

サバティカル・リーヴを取得した2003年，今から4年前の5月に，わたくしはメンクハウス教授の御招待を受け，マールブルク大学法学部で講演[7]をしたことがありました。この講演はわたくしにとって良い思い出のひとつです。

---

3) 当日の参加者には，上記のほか，マールブルク大学日本研究の先駆者ヘァファールト名誉教授の御遺族，同大学日本法研究の先駆者ハンス・ゲオルク・レーザー名誉教授御夫妻ほかマールブルク大学関係者，ベルンハルト・グロスフェルト教授夫妻，オットー・ザントロック教授夫妻，カール・クロイツァー教授夫妻，シュテファン・カーデルバッハ教授夫妻など同記念論文集執筆者，オルガマリア・コロサー夫人などミュンスター大学関係者，在フランクフルト日本総領事館，JETRO，日本学術振興会ボン事務所，日本経済新聞フランクフルト事務所など日本関係者，弁護士，留学生等が含まれていた。

4) Leser, Hans G. (Hrsg.) gemeinsam mit Tamotsu Isomura, Wege zum japanischen Recht. Festschrift für Zentaro Kitagawa zum 60. Geburtstag am 5. April 1992, Duncker & Humblot 1992.

5) Heldrich, Andreas/Uchida, Takeyoshi (Htsg.), Festschrift für Hideo Nakamura zum 70. Geburtstag am 2. März 1996, De Gruyter 1996.

6) Lüke, Gerhard/Mikami, Takehiko/Prütting Hans (Hrsg.), Festschrift für Akira Ishikawa zum 70. Geburtstag am 27. November 2001. De Gruyter 2001.

7) Was ist Japanisches Recht ?, in : *Bork, Reinhard/Hoeren, Thomas/Pohlmann, Petra (Hrsg.)*, Recht und Risiko : Festschrift für Helmut Kollhosser, Band II Zivilrecht, 2004 Karlsruhe, 799-810.

今，マールブルク大学法学部をふたたび訪れることができて，大いに嬉しく思っています。ここマールブルクは，国際私法・比較法の研究者にとって「聖地」とも言うべき，大変重要な大学町のひとつです。それは，近代国際私法の父と言われたカール・フリートリッヒ・フォン・サヴィニィがこのマールブルク大学で教えていたことに起因しております。世界的に著名な『グリム童話』の編集者であるグリム兄弟（Gebrüder Grimm）[8]も，二人揃ってこのマールブルク大学法学部に学んでいたことが思い出されます[9]。

　幸いなことに，メンクハウス教授と日本人執筆者の方々による日本での贈呈式が，半年ほど前の2006年12月29日に，東京で行われました。この本の表題「Brückenbauer zum deutschen Rechtskreis」を最初に目にしたとき，わたくしは，この言葉が表すスケールの大きさに唖然としました。ドイツと日本との間に「橋を掛ける」などと言うことが果たしてできるのだろうか，という驚きでした。確かに，日本人建築家の橋梁工事に関する技術は素晴らしく，世界に通用する水準にあります。そのことは，1998年に世界最大（1990メートル）の吊り橋「明石海峡大橋（別名パール・ブリッジ）」を完成させたことによっても実証されています。それでも，新東京国際空港（成田空港）とフランクフルト・ライン・マイン国際空港との間には9,540キロメートル（592八マイル）の距離があります。この間に「吊り橋」を掛けるのは物理的に不可能なことです。もちろん，このタイトルは比喩的な表現でしょう。それでも，わたくしは，この表題を付けたお二人が意図されるように，はたして両国の法律学の間に日本側から「橋」を掛けることができていたのだろうかと大いに悩みました。

　その2週間後，今年（2007年）1月の中旬，文献収集のために中央大学中央

---

[8] ヤーコブ・ルートヴィヒ・カール・グリム（Jacob Ludwig Karl Grimm，1785年1月4日〜1863年9月20日）ヴィルヘルム・カール・グリム（Wilhelm Karl Grimm，1786年2月24日〜1859年12月16日）
[9] 長兄ヤーコブ・グリムがマールブルク大学法学部に入学したのは今（2007年）から205年前の1802年であった。

図書館内の書庫を歩いていたとき,まったく偶然のことでしたが,とある一冊の書名がわたくしの目に飛び込んできました。表題は『太陽に掛ける橋(Bridge to the Sun)』となっていました。1961年にアメリカ合衆国で製作された映画(MGM配給)の素材になった本です。登場人物は,日本の外交官・寺崎英成とアメリカ人女性グエン・ハロルドです。1930年に寺崎の駐在地ワシントンで出会った二人は日本国外務省の許可を得て結婚し,日本,上海,キューバと転任を重ねながら幸せな生活を送っていました。しかし,日本をめぐる国際情勢が大きく変わり,やがて日本は第二次世界大戦に突入します。寺崎夫妻は日米開戦を避けようとして和平工作に奔走していましたが,彼らの努力も実を結ばず,一人娘のマリコとともに日本に強制送還されました。戦時中,彼らの生活は苦しいものでした。敗戦後の日本で,寺崎一家にようやく平和が訪れたとき,寺崎は重い病に罹っていました。マリコ達,若者が日米修好の架け橋となるよう願う寺崎は,一足先にアメリカ合衆国に戻るよう,妻と娘に強く薦めました。夫の身を案じつつ帰国したグエン・テラサキが家族のきずなを綴った回想録がこの本です。『太陽に掛ける橋』とは,なんと壮大な表現でしょうか。本日,御臨席のグロスフェルト教授は,その御著書『Kernfragen der Rechtsvergleichung』(第1章Ⅲ)において,アウディ100(ドイツ)とアウディ5000(アメリカ合衆国)を例にとり,アメリカ人が「誇張した表現」を用いることを指摘されています[10]。確かに,誇張した表現ではありますが,「太陽に橋を掛ける」ことができるくらいなら,同じ地球にあるドイツとの距離はずっと短いので,「ドイツ(ドイツ法)に橋を掛ける」ことは「不可能ではない」とわたくしは考え,安堵しました。

3 心からの感謝の意を表明するにあたり,わたくしは,われわれの(感動を伴った)ドイツでの多くの体験を思い出し,われわれ法律家に共通の課題と

---

10) Großfeld, Bernhard, Kernfragen der Rechtsvergleichung, J.C.B. Mohr 1996, S. 6 (グロスフェルト著(山内惟介・浅利朋香共訳『比較法文化論』(中央大学出版部,2004年) 6頁).

目標とを再確認することによって，わたくしの研究生活における「新たな出発」の決意と皆さんへのお願いを申し上げます。ここに「新たな出発」という言葉を用いたのは，日本では還暦（60歳）を迎えると，暦が一巡し，再出発する（「赤子に還る」，Renaissance）機会が訪れたと考える習慣があることによります。

　マールブルク大学，それにフォン・サヴィニィやグリム兄弟との所縁，この還暦記念論文集のタイトル，これらを考慮して，わたくしはこの答礼講演で「橋と法文化」というテーマを取り上げることにしました。神話にも，小説にも，橋を扱った作品はたくさんあります。近年，日本で話題を集めた作品としては，「マディソン郡の橋（The Bridges of Madison County）」（1960年代のアイオワ州マディソン郡に住む孤独なイタリア人女性の物語，1995年製作のアメリカ映画）を挙げることができます。

　グリム童話の「ヘンゼルとグレーテル（Hänsel und Gretel）」（KHM 15)[11]では，二人が魔女の森を通り抜けるときに，大きな川が現れます。この場面では，白い鴨が，二人が川を渡れるように助ける「橋」の役割を果たします。また，「怪鳥（ばけどり）グライフ（Der Vogel Greif）」（KHM 165)[12]にも，人を背負って川を渡る大男の話が登場します。前者では鴨が，後者では大男が，異界をつなぐ「橋」の役割を果たしています。

---

[11]　金田鬼一訳『完訳　グリム童話集（一）』〔全5冊〕（岩波書店，1981年）156-172頁。この童話は，このほか，グリム兄弟編（L．デーネッケ監修，高橋健二訳）『グリム童話全集1』（全3巻）（小学館，1976年）139-152頁他にも収録されている。

[12]　金田訳『完訳　グリム童話集（四）』〔全5冊〕（岩波書店，1981年）261-274頁。この童話は，このほか，グリム兄弟編（L．デーネッケ監修，高橋健二訳）『グリム童話全集3』（全3巻）（小学館，1976年）243-253頁他にも収録されている。

第 2 章

法文化のシンボルとしての橋

　シンボルとしての「橋」には、ある種の想念ないしイメージが込められています。以下、内外諸国で知られているいくつかの例を紹介しましょう。

　1　アメリカ合衆国ニューヨークの「ユダヤ博物館 (Jewish Museum Manhattan)」[13]に、「トーラの冠 (Torah Crown)」[14]というロココ調の美術品が飾られています。ポーランドで出土したこの冠は、1765年に作成され、さらに1773年に補強されたものです。ある説明では、「トーラの冠は、神が人々に啓示する法の価値を表している。この法は人々を導く神からの贈りものである」[15]と記されています。1765年に完成した下部の「帯状の部分の装飾は主に建築学的装飾要素からなって」[16]おり、そこには「橋」が描かれています。この冠については、次のような説明がみられます。

　　"トーラ（モーゼ五書）はユダヤ教の中心的な書物で、神の言葉が明らかにされたものと考えられている。その儀式と関連あるものも神聖である。装飾は儀式上の要請かもしれないが文書そのものや伝統的な文字は装飾してはならない。……
　　この絵にはいくつかのユダヤ教にふさわしい装飾が見いだせる。一番上には、聖

---

13)　http://thejewishmuseum.org/
14)　ベヴァリー・ムーン編著（橋本槇矩他訳）『元型と象徴の事典』（アーキタイプ・シンボル研究文庫）（青土社, 1995年) 448頁以下。その写真は449頁に掲げられている。
15)　ムーン編著（橋本他訳）『元型と象徴の事典』（前注14) 448頁。
16)　ムーン編著（橋本他訳）『元型と象徴の事典』（前注14) 448頁。

書に力強く登場する鷲がいる。例えば、『出エジプト記』19章4節では、神はイスラエルの子供たちを鷲の翼に乗せて家に連れて行くことを約束している。鷲は神の約束とトーラの贈りものを思い起こさせるものである。トーラはイスラエルと神の間の契約を具体的に説明している。"17)

　この説明には、「橋」が何を意味するのかに関する言及がありません。「一般的な占星術のシンボル」とされ、「定期的にユダヤの美術に描かれている」12宮が冠の中央にみられることから推測すると、「橋」が12の種族をつなぐシンボルとして描かれていると考えることができましょう。あるいは、「橋」は神とイスラエルの人々とをつなぐシンボルなのでしょうか。それとも、別の意味があるのでしょうか。

　2　連合王国ロンドンの「大英図書館 (The British Library)」18)に、羊皮紙に書かれた「最後の審判 (The Last Judgement)」というテンペラ画が所蔵されています。エチオピアで出土した、11世紀か12世紀の作品です。キリスト教の世界では、人間は自らが犯した行為に対して死後に責任を負わされると考えられています。死後に、正しい人か罪人かを区別するためのシンボルとして用いられているのが「橋」です。死者は皆、楽園に行くために設けられている「狭い橋」を渡らなければなりません。正しい人には「橋」を渡ることが保障されていますが、罪人は途中で「橋」から転落します。これと同様の信仰は、北米インディアンのアルゴンキン族、ロシアのマリ（チェレミス）自治共和国、スラウェシ島のボジナング族、古代イラン神話にもあるといわれています。

　3　エジプト・ルクソール近郊の王家の谷 (Valley of the Kings) にある、ツタンカーメン王の地下墓地 (underground tomb of the Tutankhamun) に行くと、宝物殿があります。その入口に、「犬の神アヌビス (Anubis)」の像が飾られてい

---

17)　ムーン編著（橋本他訳）『元型と象徴の事典』（前注15）448頁。
18)　http://www.bl.uk/

ます。ご存じのように，野生の犬もいれば，飼いならされた犬もいます。この2つの類型があることから，犬は「境界の動物」と呼ばれることがあります。神話では，犬は天界と下界との間にある「橋」のたもとや周辺の通路に座り，門番としての役割を担っています。そこから，犬は障壁を表すとともに，結び付き（つながり，リンク）をも表します。生と死，外と内，昼と夜，意識と無意識，失望と希望，中毒と治療，死と生，これらの異なる世界のはざま（境界領域）に登場する犬は，均衡を支配する，つまり，平衡を保つシンボルと考えられてきました。メンクハウス教授は，記念論文集のまえがき（Vorwort）で，東洋における「黄道十二星座（Tierkreiszeichen；12 ecliptical constellations）」[19]について説明しておられます。ここには，なぜか犬が入れられていません。

4　イタリアのローマにカピトリーノという丘があります。丘の上の「カピトリーノ美術館（Musei Capitolin）」[20]は複数の建物から構成されています。そのうちのひとつ，カンピドリオ広場の右にある「コンセルヴァトーリ宮殿（Palazzo dei Conservatori）」[21]に，「岩から誕生するミトラ（Mithras）」という大理石のレリーフ[22]が飾られています。ミトラはヘレニズム密教の最高神，古代イランの主要な神です。この神は火と光を発する天の岩から生まれました。ミトラ（光を生む者）は右手に短剣を持ち，左手に火の付いた松明を掲げています。この姿は雄牛を殺す者と光を生む者という2つの役割を表しています。岩から生まれたという話は，一方で，神が人間という別の存在に変化したことを意味しますが，同時に，他方で，地球と永遠との間に「橋」を掛けることを表してい

---

19)　黄道（天球上における太陽の見かけ上の通り道（大円））が経過している13星座のうち，へびつかい座を除いた12の星座。牡羊座（Aries），牡牛座（Taurus），双子座（Gemini），蟹座（Cancer），獅子座（Leo），乙女座（Virgo），天秤座（Libra），蠍座（Scorpio），射手座（Sagittarius），山羊座（Capricorn, Capricornus，水瓶座（Aquarius），魚座（Pisces）。

20)　http://es.museicapitolini.org/

21)　https://it.wikipedia.org/wiki/Palazzo_dei_Conservatori

22)　https://en.wikipedia.org/wiki/Mithraism

ます。

5　アメリカ合衆国ニューメキシコ州サンタフェの「ウィールライト・アメリカ・インディアン博物館 (The Wheelwright Museum of the American Indian)」[23] に，北米インディアン・ナヴァホ族の「父なる天空，母なる大地，そして虹」という絵が飾られています。1940年頃に製作されたこの作品はアリゾナ州で出土したものです。ナヴァホ族には，彼らが地下の世界からどのようにして地上に出たかに関する神話があります。天空は神の超越性を表し，地上は人間の生命を象徴しています。虹は天空と大地との結婚を意味する「架け橋」となっています。

6　フランス，パリの「人類博物館 (Musée de l'Homme)」[24] に「両性具有の水の神，ノンモ」の木造彫刻があります。これは西アフリカ，マリのヤヤ村で出土したものです。1935年以前に作られたとされるこの彫刻は，マリのドゴン族の文化英雄や祖先に関わる神話を表しています。ノンモは，水，豊穣，言語能力，織物の象徴を意味しています。ノンモは上半身が人間で下半身は蛇です。このため，伝統的に，ノンモは一本足の生き物として描かれてきました。最初のノンモ（原初の一組）は双子として生まれました。両者とも男性と女性の性質を持っていましたが，一方はやや男性の性質が勝り，他方はやや女性の性質が勝っているという違いがありました。最初の一組は8人のノンモを産みました。この8人は箱に入って地上に降り，ドゴン族の祖先となりました。ノンモは，最高神と人間性とを結ぶ原初の「架け橋」です。ノンモがいなければ，ドゴン族は神との交信ができませんでした。双子，両性具有，両棲性，これら3つの性質を兼ね備えているのがノンモです。

7　最後に，ニューヨークの「メトロポリタン美術館 (The Metropolitan

---

23)　https://wheelwright.org/
24)　http://www.museedelhomme.fr/

Museum of Art)」[25]に尾形光琳の「かきつばたと八橋」という屏風絵が飾られています。18世紀に日本で製作されたこの作品は，10世紀の宮廷文学，『伊勢物語』を題材としています。『伊勢物語』は，主人公のロマンティックな恋愛にかかわる歌と短い散文とを集めたものです。「かきつばたと八橋」の内容は次のように説明されています。失恋した主人公が東国へ旅をします。五月のある日，彼は八橋と言う場所にたどり着きます。小川が8つの支流に分かれ，それぞれに橋がひとつずつ架かっていたところから，「やつはし（八つ橋）」という地名が生まれました。旅人は皆，そこで昼食をとりながら，沼地に咲くかきつばたの花を眺めて，長旅の疲れを癒やしていました。彼らは一緒に，故郷と都に残してきた恋人への思いを添えて，和歌を詠みました。五七五七七（5行）の各行の初めの文字を並べると，「かきつばた」となります。最も有名な歌は，「からごろも，きつつなれにし，つまにしあれば，はるばるきぬる，たびをしぞおもう」です。日本の文化では，平安時代（8世紀末から12世紀後半）以降，「かきつばた（燕子花，杜若）」という植物は，その開花期との関連で，五月という季節と結び付けられています。宮廷で始められたことが慣例となり，菖蒲祭りは五月に行われています。菖蒲は厄除けの意味も持っています。五月五日は子供の日です。菖蒲は，「男性的要素（葉，日本刀）」と「女性的要素（花，美）」とを結合した形をしています。両性具有という意味で，ここにも「橋」のイメージが隠されています。

　これらの例をみると，歴史上，世界各地で，「橋」が異文化を結び付けるシンボルとして用いられてきたこと，そして，「橋」には，さまざまな意味が込められており，違ったイメージを与えてきたこと，これらが分かります。

---

25)　http://www.metmuseum.org/

第3章
法文化——橋のイメージ

次に，法文化という観点から，「橋」がどのようなイメージを与えてきたかを考えてみましょう。

1. 西　洋

1　古代キリスト教の世界では，グレゴリウス1世（Gregorius I, 問答者グレゴリウス（Dialogos Gregorios），大聖グレゴリウス，540〜600年頃）が行った対話の中に「橋」の話が出てきます。グレゴリウスのこの話はプラトンの『国家（Πολιτεια ポリテイア，The Republic）』の中の「エール」の神話（神の中の神である最高神）を手本にしています。

グレゴリウスの版では，次のように説明されています。一方に，白い服を着た人々が住んでいる天国があり，そこには緑の牧場と輝ける大邸宅があります。他方には，ひどい悪臭を放つ暗い川が流れている世界があります。この両者をつなぐ「橋」を管理しているのが軍人です。天国へ向かってこの「橋」を渡ろうとする者に対して，異なる評価が下されます。正義を行っていれば，この者はたやすく安全にこの「橋」を渡ることができます。しかし，邪悪な行為に走っていた者は必ず「橋」の下に落とされてしまいます。つまり，「橋」は，ある状況から次の状況へと移ることがいかに難しいかを表す「狭き門」を意味しています。ルーマニアの宗教学者，ミルチャ・エリアーデ（Mircea Eliade, 1907〜1986年）は，「橋」というシンボルがどのような宗教的意味を表してい

るかを論じた研究の中で，次の4点を指摘していました。第一に，「橋」が地上と天国とを結ぶこと，第二に，人は死を通じてのみ「橋」を渡れること，第三に，すべての者が「橋」を渡れるわけではないこと，最後に，邪悪な者が「橋」を渡ろうとすると「橋」は鋭い刃のように狭くなり，逆に，善良な者が通ろうとすると幅が広がって容易に「橋」を渡れること，これらです。要するに，自在にその幅を変えることで，「橋」が天国に入れる者を支配しているという趣旨です。

2 世界の神話は「橋にどのような意味を込めてきたのでしょうか。

(a) 西洋の神話では，「虹」が，「橋」の意味を表すシンボルとして使われてきました。「虹」を意味する花として挙げられる例は，アイリス（アヤメ，菖蒲），です。「虹」は，天国から地上へと女神アイリスが渡る「橋」あるいはアイリスが通る「道」を表しています。橋とアイリスとが合体した姿は，対立物の結合が保たれることによって引き出される新たな力，生命力を示唆しています。

(b) ローマ教皇の正式名称は「最高神祇官（Pontifex maximus）」[26]です。「Pontifex」とは「橋」を掛ける人の意味です（「橋」を意味するフランス語は「pont」です）。古代ローマにおいて国家祭祀の中で重要な地位を占めていたのが，「橋」を掛ける人「Pontifex」でした。職業を表すこの名称が後に国家の長の名称へと転用され，教皇にもこの称号が用いられてきました。「橋」は地上（出発地）から天国（到達地）に至る「道」をも意味しています。キリスト教が入る以前から，ライン川は「死者の国へと流れ込む道」と考えられてきました。「ライン川を越える」という表現は「死ぬ」という意味です（日本語には，「三途の川を渡る」という言い方があります）。古いゲルマン時代以来のこのような伝承は，キリスト教が受容された後も，いろいろと形を変えながら，生き残っ

---

[26] 古代ローマの国家の神官職のひとつである。神祇官長，大神祇官，最高 司祭などとも訳される。共和政ローマにおいてはすべての神官の長。

てきました。

　古代の北欧においてルーン文字が刻まれた石碑をみると，生存中に自分の死後の救いのために橋を架けさせた死者の話が伝えられています。このような古い伝承は，後に，形を変えて行きます。キリスト教会は，「免罪符（indulgentia, カトリック教会が発行した罪の償いを軽減する証明書（贖宥符，贖宥状））」というかたちで，「橋」の役割を代替させてきました。良く知られているのが，1300年，フランクフルトのマイン橋を修理する費用を調達するために，イタリアの司教たちが免罪符を発行したという話です。マイン橋の修理に喜捨（寄付金）を出す者は，その金額に対応する分だけ，罪が許され，霊が救われる（川を渡れる，天国へ行ける）という約束です。免罪符を持っていることが，「橋」を渡れる資格を示すという趣旨です（免罪符＝「橋」の機能の代替物）。

　(c)　「橋」がこのように宗教的性格を有していたという話は，フランス南部アヴィニョンの橋をめぐる聖ベネゼ[27]（Saint Bénézet d'Avignon）の伝説にもみられます。聖ベネゼが，まだ12歳の少年であった頃，羊の番をしていると，突然幻覚に襲われ，「アヴィニョンに行ってローヌ川に橋をかけよ」という声が聞こえたという話です。彼は早速アヴィニョンへ行き，神の言葉を実行するよう，人々に説きました。しかし，誰も彼の話を聞き入れませんでした。彼は，30人の男がようやく持ち上げられるような大きな石をひとりで抱え上げ，ローヌ川に投げ込んで，橋げたの最初の基礎を作りました。この奇跡によって，人々は心を動かされ，ようやく橋が掛けられました。橋の建設は困難な事業であり，橋を維持することも財政的に難しかった時代です。当時，各地に橋梁建設兄弟団という資金集めの組織が作られ，橋の建設と維持にあたりました。橋の建設資金を喜捨することで天国での救いを得ようと考えた人々は競って寄進を行い，各地の兄弟団を支えました。このようにして作られた橋は，他の場所

---

27)　唱歌『アヴィニョンの橋で』のモデルとなったサン・ベネゼ橋を建造した中心人物。ベネゼはフランス語の男性名ブノワ（Benoît ないし Benoit, Benoist）のプロヴァンス語形。

とは異質の特殊な空間であるという事情から，裁判や集会という特別の行事を行う場となり，また刑場という非日常を表す場として使われるようになりました。ここにも「法」との関わりがみられます。

　3　「橋」を意味する英語の「bridge」という言葉はゲルマン語系の「beam（木の梁）」という語に由来します。「橋」は2つの隔たった地点を，あるいは本質的に異なるもの，たとえば，天と地，神と人間，生と死，現世と来世，現実と非現実，これらを結び付ける役割を果たすものでした。英語には，「a bridge of gold（敗戦時の退却路）」，「burn one's bridges（戦いで渡り終えたばかりの橋を次々と焼いていき，逃げ道を作らずに絶対に退却しないように背水の陣をしく）」など，「bridge」という言葉を用いた数々の慣用句があります。このように，「橋」は，安全な場所へと人々を導く「逃げ道」を意味することがあります。「橋」が十分な強度を持っていなければ，人々は橋を渡ることさえできません。「Don't cross your bridges before you come (get) to them（取り越し苦労をしても仕方がない）」という言回しでは，「橋」は困難を伴う障害を表しています。また，「橋」は自分が立っている現在地・現時点を指すこともあります。「A lot of water has passed under the bridge（いろいろなことがありました）」という表現は，時の移り行くさまを眺めることのできる特別の場所を意味していました。イギリスやアメリカで親しまれている『マザーグース（Mother Goose）』には，「ロンドン橋」という有名な伝承童謡があります。「London Bridge is falling down, falling down, falling down. / London Bridge is falling down, My fair lady.」と歌われている童謡です。この話は，テムズ川にかかる橋が洪水のために何度も何度も流されてしまったことから，川の魔力を防ぐため，多くの人を生贄にしたという悲しい実話に由来しています。

　4　「橋」を意味するドイツ語は「Brücke」です。その語源は，次のように説明されています。

"Außergermanisch vergleicht man sich das Wort *brucke* mit slavischen Wörtern (aruss. *bervi* Floß, ukr. *berv* Baumstumpf, bulg. *brbv* Steg, Furt, serbo-kr. *brv* Balken, Stegbrücke usw.) ⋯ das eigentliche slavische Wort für Brücke ist aber akslav. *mostu*. (ゲルマン語以外で,「brucke」に相当するのは,スラヴ系の言葉である(たとえば,古ロシア語の「bervi」は木を並べたものを表し,ウクライナ語の「berv」は木の切り株を,ブルガリア語の「brbv」は船と岸辺を結ぶ渡り板や川の浅瀬を示し,セルビア・クロアチア語の「brv」は梁(はり)や小川に架けた小さな橋を意味する等々)……橋を表すスラヴ固有の単語は,古い時代に教会で使われていたスラヴ語(akslav.=altkirchenslavisch)としての,「mostu」である))"[28]

2. 東 洋

1 「橋」という甲骨文字の中国での語源について,白川静[29]は大略次のように述べています。

"つくりの音符は「きょう(喬)」。「きょう」は「高(ものみやぐらのある城門の前に,神への祈りの文であるのりとを入れるうつわを置いたかたち)」という字の上に,神を招く目印の木を立てたかたち。古代の橋には,両端に,このような真正な目印の木を立てた。橋は,川を挟んで,聖地とされるところです。橋の際に立って,往来の人の話を効き,それによって,橋を渡るか否か,吉凶を占ったはしうらなどが行われた。"

中国語では,「橋」を「橋梁(qiao liang)」という2音節の語で表しています。「橋」も「梁」も,その意味は同じです。古典文学では,「橋」という語がよく用いられています。「橋」は旅に出る人を見送る場所です。唐の都,「長安(Chang'an)(現在の陝西省の省都西安市)」では,北の方角に渭水(いすい)が流

---

28) Kluge, Etymologisches Wörterbuch der deutschen Sprache, 22. Aufl. de Gruyter 1989, S. 108.
29) 白川静『常用字解』(平凡社,2003年)128頁以下および同『新訂 字統』(平凡社,2004年)208頁。

れ，東の方角には灞水（はすい）が流れています。渭水ははるか西の方角から流れてきて，下流で黄河に合流します。終南山を水源とする灞水は北の方角に向かって流れ下り，渭水に合流します。渭水は西に向かう人との，また灞水は東に向かう人との，それぞれ別れの場となっていました[30]。別れの場という意味でのもっとも有名な「橋」は，長安の東の郊外，灞水にかかる橋です。漢の時代，人々は旅行く人をこの橋のたもとまで見送り，宴を催して別れを惜しみ，柳の枝を手向け，旅人との別離を悲しむ送別の詩を詠みました。「橋」が別れの場を表すのは，一定の場所に住み続ける場としての城市（定住地）と，点々と居場所を変えるという意味で定住性を欠く異質な空間（旅行先）とを分かつ役割（地域区分の境界線）を橋が果たしていたためです。物理的に確認できる実際の橋からの連想でしょうか，観念の世界でも，「橋」は相異なる2つの世界を結ぶものであり，また区別するもの（別れの場）となりました。「橋」は，どちらの世界にも属さないあいまいな空間，それ自体独立した別世界（境界，第三世界）です。この別世界は，普通の人が住まず，異人が出没するのにふさわしい世界です。異界の人間が「橋」の上に登場する話の伏線には，このような理解があります。

2 この種の話は，日本にもみられます。「橋」があの世とこの世の境にある境界領域と考えられていたところから，「橋」のたもとに亡霊が現れるという伝説が生まれました。この世のものでもあの世のものでもないという意味で

---

30) 李白の雑言古詩「灞陵行送別」にもそうした別離の情景が詠まれています。「送君灞陵亭 灞水流浩浩 上有無花之古樹 下有傷心之春草 我向秦人問路岐 云是王粲南登之古道 古道連綿走西京 紫闕落日浮雲生 正當今夕斷腸處 鸝歌愁絶不忍聽（君を送って灞陵亭まで来ると，灞水の流れは遥かに続いている，頭上には花のない古木が枝を垂れ，足元には心を痛ませる春草が生えている。土地の人に向かって分かれ道を問えば，これはかの王粲が「南登」と歌った古道だという。古道はどこまでも続いて長安に至る，その長安の宮殿には夕日が落ちて浮雲が生じているのだろう。）」

http://www.nta.co.jp/kaigai/asia/china/xian/pop31.htm （2016年8月27日確認）

異界のものが見え隠れする場所という理解から生まれたのが,「面影橋」や「幽霊橋」という名称でした。

　京都市上京区一条通の堀川に架かる橋は「一条戻り橋」と呼ばれています。平安京造営時（794年），平安京の北を区切る「一条大路」に堀川を渡る橋が架けられました。この橋が「戻り橋」と名付けられた由来は次の通りです。平安時代の学者，三善清行が亡くなったとき，子は熊野参詣に出かけていました。訃報を聞いて急ぎ帰京した子は，この橋に差し掛かっていたとき，亡父の葬列に出会いました。父との最後の別れができなかった子は，父との再会を求めて，この橋の上で懸命に祈祷を行いました。驚くまいことか，父は生き返りました。あの世から死者が戻ったことから，この橋はその後「戻り橋」と呼ばれるようになりました。

　「橋の夢」という話もあります。夢の中に現れた仙人の「橋の上に立てばよいことがある」というお告げを信じて，炭焼きの男が橋の上に立ち続けました。しかし，4日経っても，何も起きませんでした。5日目に豆腐屋がきて，自分の家の杉の木の下に金銀が埋まっていると告げました。そこで，炭焼きが杉の木の下を掘ると，財宝が得られ，たちまち長者になりました。この話は，「橋」の上や周辺に何か大事なものがあるというものではなく，「橋」の上に立ち続けるという努力をした者が，そうした努力の「対価」として，幸運を得たという話です。この話でも，境界という特殊な領域を意味する「橋」が，あり得ない幸運をもたらすという趣旨で，まさに神秘を語るにふさわしい場所として選ばれています。

　最後に，「橋占い」[31]（占いの一種）を紹介しましょう。「橋占い」は，橋の上に立って，往来を通行する人々が話す言葉を聞きながら，その内容を元に，吉凶を占う行為であり，そうした好意を行う者を表すこともあります。「橋」は水辺にあるため，人間界にはいない特別の者としての神，特に水神が出現する場所です。占いを求めて橋を渡ると神の霊示があるという言い伝えから，「さ

---

31)　人通りの少ない暁や宵に橋の上に立って神意を伺うやり方は,「朝占い（あさけ）」や「夕占い（ゆうけ）」と呼ばれていました。

さやきの橋」といわれた橋もありました。京都島原にある「思案橋」は，橋占いのために橋の上を行きつ戻りつしながら，思案を重ねたことにちなんで名付けられた橋です。「思案」という言葉は，あれとこれとを並べて，どちらが良いかを「考量する」ことを意味します。ここでも「比較」という行為が実践されています。

3 日本でも，中国と同様，「橋」を表す際にいろいろな漢字が使われています。今日の表記方法と同じように，「橋」を用いた一例は，「天の河　橋渡らせば　その上ゆもい渡らさむを秋にあらずとも」[32]，「国の内のかなむきら……おおみの橋を渡る時をうかがひて」[33]です。庭から屋内に上がる通路として設けた階段を指すとき，「橋」に代えて，「階」という文字[34]が使われます。垂直に立てられたはしごを意味するのが，「梯」[35]という文字です。平安時代の『紫式部日記』のように，殿舎の間をつなぐ渡り廊下を指す用法もみられています。このように「はし」は，もともと，ある場所と別の場所とを連絡する通り道を指していました。「橋」という言葉は「柱，狭間，挟む，走る，馳せる」などと同根の言葉です。2つの点の間をつなぐという意味がその原義です。間を取り持つことは「橋渡し」と表現されています。

4 このように，東洋における「橋」は，今居るところから向こう岸へ渡るための唯一の「道」です。「峠」と同様，こちらの世界からあちらの世界（別世界）に移行する通路として，「橋」も「峠」も境界に位置する第三の空間と考えられてきました。日本は山国です。そうした地形を反映して，川にも急流が多くみられます。急流に橋を架ける作業は多くの危険を伴います。架けられた橋を維持し続ける場合にも，格別の注意が必要でした。橋を架ける工事の最

---

32)　『万葉集』巻 181-4126。
33)　『日本書紀』皇極紀。
34)　『日本書紀』欽明紀。
35)　『日本書紀』垂仁紀。

中に人柱を立てたという故事も知られています。橋のたもとに水神を祭り，水神の加護を求める習慣の背景には，このようなリスク回避のために祈祷を行うという現実的必要性がありました。

3. 対　比

　これまで「橋」に関するイメージを概観してきました。自然現象や社会事象の中にひとびとのさまざまな社会行動文法 (social grammer) を，いいかえれば，「法文化」を発見することができますが，このような分析手法は，わたくしがグロスフェルト教授から直接に学んだ成果のひとつです。西洋でも，東洋でも，「橋」は2つの異なったものを結び付け。また分断するものと考えられてきました。西洋では，天国と地上のように，垂直の関係がみられました。東洋でも，「橋」は神聖な世界への入り口を意味していました。西洋でも東洋でも，「橋」は異なる世界へ移るための通路です。西洋では，「橋」と結び付いたイメージとして，虹，アイリスなどが挙げられてきました。日本では，今（5月2日）はあやめ（菖蒲，アイリス）の季節です。季節が違えば，水芭蕉など，別の花が登場します。金沢には「こおろぎ橋」[36]もあります。エジプトでは「橋」の守り主は犬でした。日本の神社にも守り神としての狛犬がいます。このように，「橋」をめぐるイメージには共通する部分もあります。

---

36) 江戸時代，石川県加賀市山中温泉の大聖寺川にかかる総檜造りの橋（1990年，架け替え工事実施）。

第 4 章
ドイツと日本との架け橋

　1　「橋」の建設には，確かに，多くの人々の協力が必要です。実際に行われる行為の態様を考えてみると，「橋」を介して，①誰が（who，主語，主体），②誰に対して（whom，間接目的語，客体），③いつ（when，時点，時間），④どこで（where，空間），⑤何を（what，直接目的語，客体），⑥なぜ（why，理由，目的），⑦どのようなやり方で（how，方法，手段），「伝える」（行為，動作）か，これらの問いにひとつひとつ細かく答えていかなければ，「橋」の存在意義如何という大きな問いに答えることができません。「橋」が異なるものを結び付けたり区分したりするという外形には共通性があっても，個々の場面で何と何とをなぜどのようなかたちで結び付けるのかを考えていくと，統一的な説明ができるのか，区別が必要かという点の判断が分裂する可能性も否定できません。これら複数の論点にどのように解答するか，それらの解答内容の組み合わせ方次第で，「橋」の存在意義をどのように理解するかの答えは大きく変わり得ます。

　2　今までは，「橋」を場所という観点で捉えてきました。今度は「橋」を通る「人」という視点から眺めてみます。ドイツと日本との間には，歴史上，多くの人々の往来がありました。1811 年に国後島で捕縛されたロシア帝国（ロマノフ朝）海軍軍人ゴローニン（ヴァシーリー・ミハーイロヴィチ・ゴロヴニーン（Vasilii Mikhailovich Golovnin (Golownin)））が帰国後に書いた『日本幽囚記』のドイツ語訳を読んでいたのが，ヴィルヘルム・グリム（Wilhelm Grimm）でした。ヤーコプ・グリム（Jakob Grimm）が，亡くなる前年に，日本人とオランダ語で

会話したという記録も残っています。

　日本がドイツに初めて紹介されたのは，他のヨーロッパ諸国の場合と同様，マルコ・ポーロ（Marco Polo）の『東方見聞録』（写本名：『イル・ミリオーネ（Il Milione）』または『世界の記述（Devisement du monde）』）を通してでした。この本の最も古いドイツ語訳は1411年にニュルンベルクで刊行されたものです。ポルトガル系イエズス会宣教師の本国への報告書は，ルイス・フロイス（Luís Fróis）の『日本史』（Historia de Iapam）を含め，16世紀末になると，ドイツ語に翻訳されています。当時のドイツ人はこれらを読んで日本についての知識を得ていました。

　3　ドイツ人が日本を訪問し，母国のドイツ人に対して日本の実情を伝えるようになったのは17世紀に入ってからでした。最初に来日したドイツ人は，オランダ東インド会社の従業員たちでした。記録によると，日本を訪れた最初のドイツ人は，ウルム出身のミヒャエル・ホーライター（Michael Hohreiter）（1591～?）です。2番目に来日したのは，東インド会社の汽船の砲手で，同じくウルム出身のハンス・ヴォルフガング・ブラウン（Hans Wolfgang Braun）（1609～?）でした。3番目は，シュレースヴィッヒ出身のユルゲン・アンダーセン（Jürgen Andersen）でした。彼が書いた『Orientalische Reise-Beschreibung（東方旅行記）』は1669年にハンブルクで出版されました。1670年には，この本のオランダ語訳が出版されています。その後も，今日に至るまで，たくさんのドイツ人が日本を訪れ，多様な視点から，日本の実情をドイツに紹介してきています。

　ドイツに日本を紹介した代表的なドイツ人は，レムゴー（現在のノルトライン＝ヴェストファーレン）出身の医師・博物学者，エンゲルベルト・ケンペル（Engelbert Kämpfer，エンゲルベアト・ケンプファー）（1651～1716）とヴュルツブルク出身の医師・博物学者，フィリップ・フランツ・フォン・シーボルト

(Philipp Franz von Siebold, ジーボルト)(1796～1866)の二人です。ケンペルはヨーロッパで初めて日本について体系的に記述した著作『日本誌』を残しました。この作品は英訳され(『The History of Japan』(1727年))、さらにフランス語とオランダ語にも翻訳されています。ドイツ語版の『Geschichte und Beschreibung in Japan』(2巻本)がドイツで公表されたのは1777年と1779年でした。この本では、日本史の時代区分、各時代の概説、宗教、政治体制、民族性と習俗、城郭・民家の構造、日本文字の特性などが多面的かつ体系的に整理され、科学的に記述されています。シーボルトの来日目的は、ナポレオン戦争により中断した東アジアとの貿易を復興し、日本との関係を全面的に再開するために必要な知識を包括的に収集することにありました。ドイツ人男性と日本人女性との国際婚姻に関する先例としても、シーボルトの名は良く知られています[37]。オランダ政府の後援を得てまとめられ、ライデンで刊行された著作『Nippon』(全7巻、1832～1851)は、日本の歴史、地理、習俗、人種、言語、宗教、産業、貿易、動物、植物など幅広い内容を含む百科全書的記録です。日本学の祖という名声を得た彼は、ドイツのボン大学がヨーロッパで最初に設けた日本学講座の初代教授に招聘されましたが、ライデンにとどまり、ヨーロッパ初の民族博物館(ライデン)創設に向けて尽力しました(この博物館は、パリやコペンハーゲンの民族博物館のモデルとなっています)。

4 それでは、逆に、日本はドイツとどのように向き合っていたのでしょうか。開国、そして明治維新を経た日本は新しい国家の建設にあたり、ドイツを含むヨーロッパ諸国から多くの外国人専門家(お雇い外国人)を招聘しました。ドイツ人では、法律家のヘァマン・レェスラー(Hermann Roesler, ヘルマン・ロエスレル, 1834～1894)、地理学者のヨーハン・ユストゥス・ライン(Johann Justus Rein, 1843～1918)、言語学者のルードルフ・ランゲ(Rudolf Lange, 1850

---

[37] 1823年8月に来日後、長崎・出島のオランダ商館医となったシーボルトはほどなく日本人女性、楠本滝と婚姻し、1827年、二人の間に娘・楠本イネが生まれている。

〜1933），民俗学者のカール・フロレンツ（Karl Frorenz，1865〜1939），医学者のエルヴィン・フォン・ベルツ（Erwin von Bälz，1849〜1913），歴史学者のルートヴィヒ・リース（Ludwig Riess，1861〜1928），経済学者のアードルフ・フォン・ヴェンクシュタイン（Adolpf von Wenckstein，1862〜1914），哲学者のラファエル・ケェーバー（Rapfael Koeber，1848〜1923）らの名が知られています。彼らは1872年に「Asiatic Society of Japan（日本アジア学会）」を，1873年に「Deutsche Gesellschaft für Natur- und Völkerkunde Ostasiens（OAG）（ドイツ東亜博物学民族学研究協会）」を設立しました。東京のこの協会（OAG）とハンブルクの姉妹協会（OAG）がともにドイツにおける日本学の発展に重要な役割を果たしました。1877年に帰国したルードルフ・ランゲは，ベルリン大学に開設された「東洋語研究所（Seminar für Orientalische Sprachen）」の初代日本語教師となりました。ドイツにおける日本学の創始者，カール・フロレンツは東京大学で25年間ドイツ文学とドイツ哲学を教えた後，1914年，ハンブルクに創設されたドイツ最初の日本研究機関，「植民地研究所（Kolonialinstitut）」に奉職し，後継者を育てました。この研究所は後にハンブルク大学に吸収されています。ハンブルク大学で日本学講座設立に尽力したのは，中国学者のオットー・フランケ（Otto Franke，1863〜1946）です。彼は日本文学史を書き，日本の神話および歴史をドイツ語に翻訳する仕事もしています。

5　ドイツの日本学は，最初の日本学講座がハンブルク大学に設置されて以来，今日までの間に，かなり組織化されてきたといってよいでしょう。カール・フロレンツの後任，ヴィルヘルム・グンデルト（Wilhelm Gundert）は日本の文学史・宗教史の研究者でした。彼は，代表作『Shintoismus im japanischen Nô-Drama（日本の能にみる神道）』（1926年刊行）を残しています。ベルリン大学の日本学者マルティン・ラミング（Martin Ramming）は『Japan Handbuch（日本学ハンドブック）』を編集しました。ボン大学のオスカー・クレスラー（Oskar Kressler）は「もののあはれ」をテーマとして研究を続け，日本の思想家，中江藤樹についての研究も行いました。ライプツィッヒ大学の初代日本学教授，

ヨハネス・イィーバーシャアル（Johannes Überschaar）は国家学を専攻し，天皇の地位について研究しました。その後任，ホルスト・ハミッチュ（Horst Hammitzsch, 1909～）は江戸時代の精神史の研究で知られています。ベルリン大学のクレメンス・シャルシュミット（Clemens Scharschmidt）は日本地誌の研究者です。

他方，東京のドイツ東亜博物学民族学研究協会（OAG）でも，ヘァマン・ボーナー（Hermann Bohner）が能の研究を，クルト・マイスナー（Kurt Meißner）が日本語文語文法や日本近代文学の研究をそれぞれ行っていました。ヨハネス・バルト（Johannes Barth）は日本の演劇を研究し，ローベルト・シンツィンガー（Robert Schinzinger，シンチンゲル）[38]は哲学者・西田幾多郎の研究者として活躍しました。ドイツ人イエズス会が1913年に創設した上智大学では日本学の研究がひとつの柱とされていました。ヨハネス・クラウス（Johannes B. Kraus）は1938年に日本文化を広く世界に紹介する目的で『Monumenta Nipponica（モニュメンタ・ニポニカ）』[39]を創刊しました。クラウスの後任，ヴィルヘルム・シッファー（Wilhelm Schiffer）は日本の宗教史を研究しています。

6 第二次世界大戦終結後，ドイツの日本学研究（Japanologie）は停滞しましたが，やがて，復興の声が上がります。1957年，オスカー・ベンル（Oscar Benl, 1914～）がハンブルク大学の日本学講座教授に就任しました。同じ年，ライプツィッヒ大学のホルスト・ハミッチュ（Horst Hammitzsch）がミュンヒェン大学の招聘を受け，ミュンヒェンに移りました。フランクフルト大学，ベルリン自由大学，ボン大学にも，順次，日本学講座が設けられるようになりまし

---

38) シンツィンガーは1990年代に辞書の編集者としても活躍した。この辞書は好評を得て改訂を重ねている（R・シンチンゲル／山本明／南原実共編著『新装版 新現代独和辞典』（三修社，2008年）および『新装版 現代和独辞典』（三修社，2009年））。彼は社会人向けのドイツ語講座も担当していた。著者自身も彼のドイツ語講義を受講した経験がある。

39) http://www.sophia.ac.jp/jpn/aboutsophia/publication/Monumenta

た。その後,メンクハウス教授が担当されるこのマールブルク大学を含めて,多くの大学に日本学の講座が設けられています[40]。

ここに概観したのは,ドイツ側から日本に向けて,また日本からドイツに向けてそれぞれ活動した人々の軌跡です。これらの方々が「橋」の建設に従事されて,今日の姿ができてきました。20世紀後半のドイツにおける日本学研究については,専門家であるメンクハウス教授の講義によって大幅に補充されなければなりません。

---

40) 大学名をアルファベット順で挙げると,Freie Universität Berlin, Bochum, Bonn, Duisburg, Düsseldorf, Erlangen, Frankfurt, Freiburg im Breisgau, Göttingen, Hamburg, Heidelberg, Humboldt, Köln, Marburg, München, Trier, Tübingen, Würzburg となる。

第5章

私 的 体 験

　1　それでは，日本側からドイツに向けてどのような橋が架けられてきたのでしょうか。今一度，この点について考えてみます。日本におけるドイツ研究も100年を超える長い歴史を有しています。法律学でも，毎年，少なからざる日本人研究者がドイツに渡り，いろいろなテーマでドイツ法に学び，ドイツ法を研究してきました。その研究成果は日本における法律学の研究を豊かにする刺激となりました。その影響は，立法，裁判例，学説のすべてにわたり，広く及んでいます。ただ残念に思うことがひとつあります。それは，われわれがドイツから学んだ成果とわれわれがドイツに向けて提供してきたそれとを対比してみると，バランスがとれていないようにみえる点です。ドイツから日本に提供される情報や知識の量が逆のそれよりもずっと多いという点はメンクハウス教授がこの本の「まえがき」で指摘[41]されている通りです（Einbahnstraße）。

　2　わたくしのこれまでの経験も，「橋」の建設と維持に向けたささやかな活動とみることができるかもしれません。私的体験を顧みると，ドイツとの間に3本の「橋（ドイツ法とのつながり）」を見出すことができます。誰がこれらの「橋」に関わったかという観点から，わたくしも「人（法律家）」に着目することにします。

　最初の「橋」は，わたくしの師，桑田三郎博士から受け継いだものです。桑田博士は，1960年4月から1年間，ハンブルクのマックス・プランク外国私

---

41)　Vorwort（前注2)), S. 6.

法国際私法研究所（MPI）とベルリン自由大学に留学されていました。ハンブルクが選ばれた背景には，彼の『ラートブルフ著作集』[42]への参加体験があります。野田良之博士からリュディア・ラートブルフ夫人を介して紹介されたコンラート・ツヴァイゲルト（Konrad Zweigert）が同研究所の所長として彼の受け入れを快諾されたという話を伺ったことがあります。ベルリンが選ばれたのは，ツヴァイゲルトの推薦によるものでした。桑田博士はハンブルクで面識を得たディーター・ヘーンリッヒ（Dieter Henrich）教授とその後も深い交流を続けていました。わたくしが受け継いだヘーンリッヒ教授との御縁は，この記念論文集の共編者のひとり，佐藤教授による『Internationales Familienrecht（国際家族法）』の邦訳[43]，彼のレーゲンスブルク大学留学等を含めて，同氏に継承されています。

第二の「橋」は，『多国籍企業の法律問題—実務国際私法・国際経済法—』[44]の邦訳を契機に，ミュンスター大学でわたくしを受け入れて下さったグロスフェルト教授との出会いです。第三の「橋」は，わたくし自身がさまざまな経験に基づいてみずから開拓したその余の人脈[45]です。これら3本の「橋」のうち，最も太く安定しているのが第二の「橋」です。1984年夏学期，グロスフェルト教授と同じ国際経済法研究所の共同所長，オットー・ザンドロック教授はわたくしに国際仲裁ゼミナールへの参加を認めて下さいました。グロスフェルト教授の門下生，ヴォルフガンク・ミンケ（Wolfgang Mincke），エプケ，メ

---

42) 山田晟・久保正幡・野田良之・碧海純一共編訳『ラートブルフ著作集』（全11巻）（東京大学出版会，1960年以降）

43) ヘーンリッヒ著，山内惟介監修・佐藤文彦訳『国際家族法』（日本加除出版株式会社，1992年）

44) グロスフェルト著，山内訳『多国籍企業の法律問題——実務国際私法・国際経済法——』（中央大学出版部，1982年）

45) それとして挙げられるのは，ロルフ・ビルク（Rolf Birk），クリスティアン・フォン・バール（Christian von Bar）他であり，ドイツ語圏では，フリッツ・フォン・シュヴィント（Fritz Freiherr von Schwind），アルフレート・フォン・オーヴァベック（Alfred von Overbeck）他である。

ンクハウスの各教授との交流もここに含まれます。グロスフェルト教授がかつて指導した留学生との交流を維持し，合同合宿ゼミを実施されていた関係で知り合ったのがオランダ・マーストリヒト大学のジェラール・ルネ・デ・フロート（Gerard-René de Groot）教授とヒルデガルト・シュナイダー（Hildegard Schneider）教授夫妻でした。

　3　この第二の「橋」はさらに大きな副産物を生み出しています。それは，ミュンスター大学と中央大学との間で続けられている法学者交流事業[46]です。グロスフェルト教授とともに，この事業を主体的に担われたのが，ヘルムート・コロサー（Helmut Kollhosser）教授でした。この事業は双方から隔年で法学者を派遣し，研究者向けに講演を行い，学生向けに講義を行うというものです。コロサー教授の協力を得て，ミュンスター大学と中央大学との交流は軌道に乗り，1992 年に両大学間で協力協定（Abkommen über Zusammenarbeit zwischen der Westfälischen Wilhelms-Universität Münster und der Chuo-Universität Tokio）が締結されました。事実上の交流開始年度（コロサー客員教授来訪の 1985 年）を記念して，2006 年には交流 20 周年記念論文集を刊行するまでに至りました。この間，両大学の多くの法学者が相互に交流の実を挙げてきております。ミュンスター大学法学部との間に架けられた「橋」は，かつての丸木橋から，今ではコンクリートと鉄骨で建造された橋梁へと一層強化されてきております。

　この間，グロスフェルト教授一門の方々（エプケ教授，メンクハウス教授との出会いを含む）の紹介による人脈も飛躍的に拡大しました。2 度目の長期滞在で

---

[46]　山内「中央大学・ミュンスター大学間における法学者交流の回顧と展望——20 周年を迎えて——」（石川敏行／エーラース／グロスフェルト／山内惟介編著『中央大学・ミュンスター大学交流 20 周年記念－共演　ドイツ法と日本法』（日本比較法研究所研究叢書 (73)，中央大学出版部，2007 年）409 頁以下，同「中央大学・ミュンスター大学間の交流におけるグロスフェルト，ザンドロック両博士の功績」（山内／エプケ共編著『中央大学・ミュンスター大学交流 25 周年記念　国際関係私法の挑戦』（日本比較法研究所研究叢書 92）（中央大学出版部，2014 年）3 頁以下他参照。

ロザンヌに滞在した折に，エプケ教授はわたくしをコンスタンツに招かれ，日本のインサイダー取引に関する講演をする機会を用意されました。その日の歓迎夕食会で，トーマス・エーベンロート（Thomas ebenroth）教授やカール・クロイツァー（Karl Kreuzer）教授と知り合いました。クロイツァー教授はわたくしにドイツ比較法学会100周年記念大会（商法経済法部会）（1994年）で，日本における国営企業の民営化について講演する機会を提供されました。商法経済法部会長職をクロイツァー教授から引き継がれたウーヴェ・ブラウロック（Uwe Blaurock）教授も，1997年，2003年，そして2005年に，ドイツ比較法学会で日本の現状について報告する機会をわたくしに与えられました。わたくしがミュンスター大学の客員教授として2ヶ月間招かれた当時（1989年），コロサー教授の一番弟子，ラインハルト・ボルク（Reinhard Bork）教授との出会いもありました。このようにして，優れた学者のサークルに参加できたことで，人脈（persönlicher Kreis）はさらに広がり続けています。

　繰り返しドイツを訪問し，学会等に参加する中で，若い世代の研究者との出会いも増えました。ドイツで講演する機会を与えられ，日本から新しい情報や知的刺激を提供することができるのは，前述の「一方通行」型交流を多少とも双方化するうえで必要な過程です。ささやかな試みが次の世代に継承されてゆけば，両国法学界の間の「橋」もさらに強固なものとなるはずです。

第 6 章
課題と展望

1 わたくしはこれまで「橋」というテーマでいろいろな局面を取り上げてきました。しかし，異なるものを結び付けるという意味に限定して「橋」を考えることで済むのだろうかという疑念も残ります。次に，この点の問題性を改めて考えてみます。

それは，世界の法律学にとって，国家法や国際法を超えた大きな全地球的課題があるのではないかとわたくし自身が考えることによります。地球の温暖化の影響を受けて水没しつつある国（ツバル，キリバスなどの島嶼国）の人々をどのように支援することができるか，内陸開発に邁進する中国で同時に進む砂漠化や酸性雨の頻発に対してどのような対策を立てるかといった諸課題の解決策を考えることは，これらの国々だけの責任ではありません。グローバル化の時代には，地球上のすべての人々が同じ関心をもってこれらの課題に取り組むことが必要です。われわれは共通の社会生活経験をもっともっと積み重ねることを通じて，共通の研究基盤を確立することができるはずです。

本来，学問研究は普遍的なものです。ドイツと日本とに限らず，二国間から多国間へと，さらには全地球的規模へと拡大されなければなりません。二国間での相互交流という「橋」は両国の当事者が通行するだけでなく，他国の関係者も通行できるように拡大されなければなりませんし，また川を埋め立て，地球上のすべての者が共有できる新たなフィールドを作り出さなければなりません。われわれには，新しい可能性に挑戦する先駆者（Vorkämpfer）としての役割も期待されているはずです。

ドイツ人研究者は，一方でヨーロッパ連合法というかたちで地域統合法を充

実させている点で，新たなフィールドの創設を経験してきています。他方で，ドイツ法では，日本法との対話以上に，アメリカ法などとの対話も日常的に行われています。われわれは，「橋」を建設し，維持し，拡大してきた歴史と経験を前向きに評価しながらも，そうした現状に満足せず，川を埋め立て，全方位の交流が可能なプラットフォーム（一種のオフショア市場）の建設に向けてさらに努力を重ねる必要があるのではないかとわたくしは考えております。

2　われわれがドイツの学術誌等にドイツ語で公表した成果は，幸いなことに，ドイツの学界でもしばしば参照されてきました。確かに，これまでの実情をみると，日本人がドイツ法の解釈論をドイツ語で発表することも，ドイツ人が日本法の解釈論を日本語で発表することもさほど多くはありません。言語の壁はなお相当に厚くかつ高いといえましょう。それでも，自国の研究者が気付かない多くの視点を異文化圏から取り入れることには，大きな意味があります。われわれ日本人研究者も，国内実定法の解釈を行う場合，ドイツ人学者による日本法研究の成果を取り込んで，日本法の研究を進めなければならない時期にきているはずです。このような方法はさらに他の言語へと拡大されなければなりません。言語の壁を乗り越えることは，自国の公用語で書かれた国家法の世界を相対化し，複数の国家法を統合し，さらに世界共通法を形成する方向へと導く有効な手段となり得ます。さしあたり，ドイツの研究者と日本の研究者とが共通の基盤に立ち，共通の経験に基づいて対話する活動を推進し，その成果を公表し続けることができれば，われわれはともに世界の法学界に対して新たな刺激を提供することができましょう。

3　最も分かりやすい例は，比較法です。クロイツァー教授が1994年3月に中央大学の日本比較法研究所で講演[47]されたとき，同僚の比較法学者，眞

---

47) クロイツァー（山内訳）「私法比較における若干の基本問題についての諸考慮（Überlegungen zu einigen Grundfragen der Privatrechtsvergleichung）」（カール・クロイツァー著（山内監訳）『国際私法・比較法論集』（日本比較法研究所翻訳叢

田芳憲教授（ローマ法，イスラム法，比較法史）がクロイツァー教授の法圏論における日本法の位置づけについて質問しました。その趣旨は，ツヴァイゲルトのそれと同様である点で，日本法の現状を反映していないのではないかという疑問です。クロイツァー教授は，「ヨーロッパの言語で収集できる情報に基づくとそうなるはずだ」と答えながらも，「あなたの考えをわれわれがアクセスできる言語でぜひ発表してほしい」という希望をわれわれに向けられました。欧米の専門家が利用できる言語で提供される日本法の情報はまだまだ十分ではありません。こうした情報の偏りを可能な限り早期に改めることが必要です。グロスフェルト教授の法文化研究も，ザンドロック教授の「ドイツにおける日本会社」に関する研究も，日本語文献による補充が必要なテーマです。日本語を駆使されるメンクハウス教授の日本法研究のように，日本人研究者もバイリンガルにならなければならないというのが，日本の法律家が掲げるべき今後の指標ではないかとわたくしは考えます。

　4　「橋」の架け方に関してなお指摘したい点が2つあります。そのひとつは，第一級の作品，本物に触れ続けなければならないということです。今から2年前（2005年秋），わたくしは家内と訪れたパリのオルセー美術館（Musée d' Orsay）で興味深い体験をしました。それは，5歳ぐらいの幼稚園児20名ほどが，いくつかのグループに分かれ，引率者の指示のもと，一斉に模写している姿でした。模写の対象は，ゴッホ（Vincent Van Gogh）の「La nuit étoiléé, Arles（星降る夜，アルル）」やセザンヌ（Paul Cezanne）の「Le golfe de Marseille vu du L'Estaque（レスタックからみたマルセイユ湾の眺め）」など，さまざまです。子供の頃から本物（真理）に触れること，これが何よりの効果的な学習方法です。ミュンスター大学教授を初め，多くのドイツ人学者がドイツで行っている講義や講演を日本で行う機会に多くの学生が参加して真の研究（学修）方法を知り，また一流の専門家との対話や議論に参加することは，貴重な機会であるとわた

　書34）（中央大学出版部，1995年）271-311頁。

くしは考えています。これもまた、「橋」の機能のひとつといえます。

　もうひとつは、「橋」を支える主体の拡大についてです。日本で毛利元就の故事（三本の矢、三子教訓状）として知られるこの話の要点は、1本の矢は簡単に折れるが、3本束ねられた矢を折ることはずっと難しいという状況に準えて、関係者が協力してことに当たれば、成功率は高まるという点にあります。「橋」の建設に従事する参加者が多ければ、「橋」は強固になり、崩れにくいといえましょう（主体的参加者の量的拡大）。ミュンスター大学との交流に限らず、研究者が単身参加することに代えて、研究者の家族も一緒に参加する家族ぐるみの交流（主体的参加者の質的拡大）がわたくしたちの交流（ドイツとの架け橋）を発展させるうえで極めて大きな役割を果してきたこともわれわれが決して忘れてはならない大切な事実です。

第7章
結びに代えて

1　結びに入ります。日本には，橋桁のない有名な橋があります。そのひとつは，山梨県にある「猿橋」です。長さ31メートル，幅5.5メートルの木の橋が31メートルの谷の上に架かっています。600年頃から610年頃にかけて築かれたこの橋は，切り立った崖の両側からそれぞれ角材を突き出し，その上に橋桁を載せたかたちをしています。伝説では，奈良時代，百済の造園師，芝耆麻呂（しらこ志羅呼）が，桂川渓谷の猿が藤づるを利用して対岸に往来する谷渡り（サルがつながって対岸に渡る姿）にヒントを得て，設計したといわれています。

わたくしが今この話を持ち出したのはなぜでしょうか。それは，これまでの長いドイツと日本との交流の歴史を顧みると，最初からきちんとした設計図に基づいて両国の間に立派な橋が架けられたのではなく，自然発生的にそれぞれの需要に基づいて小さな交流（「架橋工事」）が行われ，それが少しずつ拡大されてきた（つまり，藤づるのようにたくさんの小さい枝が互いに絡まりあって今日のような日独交流の容ができ上がってきた）という意味で，両国間の交流は「サルの谷渡り」に似ているのではないかと考えたためです。わたくしがこれまで参加してきたドイツとの交流も，そうした細く小さな藤づるの1本に過ぎません。このことを十分に自覚したうえで，今後も多くの日本人とドイツ人が協力し合うならば，両国の法律学の間に，また第三国をも巻き込んで，さらに大きな橋を架けることが，もっといえば，全地球的規模でのプラットフォームを造成することができるはずです。

2　このマールブルク大学法学部と日本との間にもこれまで大きな橋が架けられてきています。ハンス・G・レーザー（Hans G. Leser）教授と京都大学の北川善太郎教授との友情がその一例です。冒頭に触れたように，15年前，レーザー教授の編集による北川善太郎教授の還暦記念論文集[48]がドイツで刊行されました。また，マールブルク大学が北川善太郎教授に名誉博士号を授与した際，レーザー教授は北川教授を華麗な言い回しで称えました。「比較法の領域でわれわれが日本法へと歩む道を切り開いた文字通りの先駆者・架橋者（Wegbereiter und Brückenbauer der Rechtsvergleichung im Wahre Sinne, der uns den Weg zum japanischen Recht geebnet hat）」という表現です[49]。お二人の間に，そしてお二人に代表される両国の間に見事な「橋」が架けられていることの何よりの証左です。

　最後に，今一度，私に贈られた還暦記念論文集の表題を振り返ってみます。『Japanischer Brückenbauer zum deutschen Rechtskreis』と書かれています。伺うところでは，メンクハウス教授の日本学講義履修者2名が今年から文部科学省関係の奨学金を得て，来日されることになっています。このお二人が，今度は，「Deutsche Brückenbauerinnen zum Japanischen Rechtskreis」となれるように支援することが，わたくしの次の課題です。ドイツと日本との学術交流がこれからも一層発展することを希望し，皆様に御助力をお願いするとともに，わたくし自身さらに努力を重ねることをお約束して，わたくしの感謝の言葉と致します。御清聴戴き，ありがとうございました。

---

48)　前注4)

49)　Hans Georg Leser (Hrsg.), Ein Jahrhundert Deutsch-japanische Rechtswissenschaft, Verleihung der Ehrendoktorwürde des Fachbaereichs Rechtswissenschaften der Philipps-Universität Marburg an Professor Dr. Zentaro Kitagwa am 12. Juli 1989 in Marburg an der Lahn, Marburg 1990, S. 11.

第III部
法学教育の方法に関する法文化

第1章

はじめに

1. 問題意識の表明とその背景説明[1]

[1101] 「大学で本当の学力を身につける」ために，新入生がまず行うべきことは何か（問題提起①）。また，新入生は日常の学修においてどのように行動すればよいか（問題提起②）。上記の問題提起①に対する著者の解答は，「争点整理の技法を体得すること，そして，日々の実践を通じて，少しでも高いレヴェルで争点整理を正確に，迅速にかつ稠密に行えるようになること」です。また問題提起②に対する著者の答えは，「つねに疑問を抱いて対案を出すように心掛け，かつその実践に努めること」であり，より具体的にいえば「図解による争点整理を反覆して行い，かつそうした整理の適否をつねに検討すること」です（後述［3102］参照）。本当の学力は，世間の風潮に流されず，自己を確立し，地球社会で自信を持って生活して行く上で不可欠の能力です。

[1102] 少なからざる社会人が一致して指摘してきたことですが，在学中の専攻分野の如何を問わず，また卒業後の進路の如何を問わず，大学[2]で学修を

---

1) この表現については，後述［2228］を参照して下さい。
2) ここにいう「大学」には，法学部等，通常の学部学士課程のみならず，時として，「大学院博士課程前期課程」をも含みます。たとえば，大学院に入学する社会人が，出身学部における通常の学部学士課程において，以下の本文に示すような各種の技術（目次第2章参照）を十分に体得していなかった場合がそれに当たります。この点は，学部学士課程において法律学を専攻していたか否かという点とは必ずしも関係がありません。

進める際に誰にも必要とされる基本的な技法があります[3]。ここで学修上どのような技法が必要とされているかについて説明しようとするのは，長年に亘る著者の教育経験[4]からみて，履修者の大多数は以下に述べるような「学修の基本的な技法（基本的な学修作法）」を必ずしもまだ十分には体得できていないと

---

[3] 大学での学修内容や学修レヴェルはわが国の国家法によって枠付けられています。わが国における大学教育の法制度的枠組を示す主要な法源は，日本国憲法第26条第1項（「すべて国民は，法律の定めるところにより，その能力に応じて，ひとしく教育を受ける権利を有する。」），教育基本法第7条第1項（「大学は，学術の中心として，高い教養と専門的能力を培うとともに，深く真理を探求して新たな知見を創造し，これらの成果を広く社会に提供することにより，社会の発展に寄与するものとする」2006年12月15日改正），学校教育法第52条（「大学は，学術の中心として，広く知識を授けるとともに，深く専門の学芸を教授研究し，知的，道徳的及び応用的能力を展開させることを目的とする。」），大学設置基準第19条（1「大学は，当該大学，学部及び学科または課程等の教育上の目的を達成するために必要な授業科目を開設し，体系的に教育課程を編成するものとする。」2「教育課程の編成に当たっては，大学は，学部等の専攻に係る専門の学芸を教授するとともに，幅広く深い教養及び総合的な判断力を培い，豊かな人間性を涵養するよう適切に配慮しなければならない。」），大学院設置基準第3条第1項（「修士課程は，広い視野に立って精深な学識を授け，専攻分野における研究能力又はこれに加えて高度の専門性が求められる職業を担うための卓越した能力を培うことを目的とする。」）および第4条第1項（「博士課程は，専攻分野について，研究者として自立して研究活動を行い，又はその他の高度に専門的な業務に従事するに必要な高度の研究能力及びその基礎となる豊かな学識を養うことを目的とする。」）等です。以下，本章で「学修の基本的な技法」として提示するのは，これらの法源に定められている行為を日々具体的に実践する上で不可欠のものです。

[4] 1976年度以降，著者が担当した講義科目は，国際私法，国際取引法，国際経済法，国際金融法，国際民事訴訟法，国際租税法，国際組織法，比較法原論，比較法文化論，ドイツ法，EU法，外国法概論（ヨーロッパ法），経済法などです。このほか毎年度1年次生から4年次生まで学年別の演習科目（「法学基礎演習（1年次）」，「法学基礎演習（2年次）」，「専門演習（3年次）」および「専門演習（4年次）」）を担当し，また2004〜2008年度開設の（大和証券グループ協力講座）「国際インターンシップ（国際金融証券市場と法）」，2007年度・2008年度に（大和総研協力講座）「専門総合講座1（国際ベンチャービジネスと法）」のコーディネイターをそれぞれ担当しました。

いう現実[5]があるからです。この指摘があてはまる場合，該当者には，入学当初の段階でこの基本的な技法（単純化して言えば「争点整理の手法」）を一通り体得することが何よりも急務となっています。この技法は外国（たとえば，著者が滞在したヨーロッパ諸国）でもそのまま通用するものです[6]。むろん上記の２つの問題提起に対する解答はそれらを発問する教員や学生の問題関心およびレヴェルに対応して変わり得るものであり，その解答も常に一致しているわけではあ

---

[5] 大学の３年生や４年生でさえ，また大学院生でも，さらに社会人であっても，この基本的な技法を十分に体得していない者が少なくありません。在学中にこの種の技法を着実に体得することが求められる理由は次の点にあります。すなわち，皆さんが学部３年次の秋以降に就職活動を行う場合，そして卒業後に社会人としてそれぞれの仕事に携わる場合，皆さんに求められているのは，実践的な応用力です。たとえば水族館の水槽の前で説明文を読んでその内容を伝達すれば足りるといったようなことではなく，自分で釣り上げたすべての魚を国際基準に従って正確に分類し，来訪者の個別的要望に合わせて必要最小限の説明を行うことです。言い換えれば，皆さんは，回転寿司のカウンターに座って，回ってくる寿司を適当につまんでいればよいわけではなく，個々の顧客の顔を思い浮かべながら必要な魚を無駄がないようにみずから魚市場に行って買い整えたり，あるいはみずから沖合に船を出して必要な魚を釣り上げたりした後，適時に調理し，商品として提供しなければなりません。こうした実践活動をつつがなく行うためには，学修の基本的な技法を確実に修得することが不可欠です。このことは，「国際的な学力調査でトップクラスの成績をあげる北欧のフィンランドの教育に注目が集まっている」ことによっても示されています（朝日新聞2008年3月2日朝刊32面）。それは，フィンランドでは「『答えではなく，考え方を教える』──。知識を重視しがちな日本とは対照的な教え方」がなされているからです（同上）。細目については，実川真由，実川元子共著『受けてみたフィンランドの教育』（文藝春秋，2007年）他参照。大学新入生向けの初年次教育の重要性および現下の課題については，日本経済新聞2008年2月18日朝刊27面他参照。

[6] このことはわたくし自身のドイツを中心としたヨーロッパでの滞在経験からみて無条件に強調したいことです。アメリカ合衆国での学修に際してこの技法が通用する点については，吉原真里著『アメリカの大学院で成功する方法──留学準備から就職まで──』（中公新書1732，中央公論新社，2004年）ほかを，またイギリスについては，小川百合著『英国オックスフォードで学ぶということ』（講談社，2004年）等を参照して下さい。

りません。ここでの説明はあくまでも著者のごく限られた経験に基づくひとつの提案にとどまります（大切なのは，しかるべき水準の学力を身に付けることです。そのための方法は多様であり，各自，自分に合った方法を見つけて実践することが大切です）。大学での学修が実際にどのように行われているのかを，高校生やこれから大学で学ぼうとする新入生が理解することは，必ずしも容易なことではありません。高校生にも新入生にも直接の経験がないことだからです。ただ，大学における学修の仕方の特徴をあらかじめ正確に把握できていれば[7]，4年間の大学生活を充実させることができますので，最初にこの点を明らかにすることにします[8]。

[1103] 教育担当者の側からみた大学教育の中心，また学生の側からみた学修活動の中心は，極論すれば，「知識の修得それ自体」にあるのではなく，「知識の修得とその応用に関する考え方の体得」と，その確実な体得を目指した実践の反覆にあります。何よりもまず，学修に関して自分なりの考え方を作り上げること，そしてそれを応用して自分の考え方を自分自身で改訂（version up）する方法を身に付けること，一言で言えば「思索の方法論を身に付けること」（さらに言えば，みずからが有するサーヴィス商品の価値を独力で作り出し，しかも市況に合わせて絶えずヴァージョン・アップを繰り返すことのできる能力を修得すること），これが大学で1年生の前期（4月〜6月）にまず実践する中心的な作業です（この作業は，元来，高等学校卒業までに修得することが期待されていますが，現在

---

[7] 入学直後から司法試験を初めとする各種国家試験の受験準備に走りがちな学生が少なからずみられます。しかし，早期合格という意味では成功した試しがありません。回り道のようにみえても，日々の着実な積み重ねによる基礎の修得こそが結局は合格への最短ルートとなるのが実態です。

[8] 以下の記述は，経験者にはすぐに実感できることですが，未経験者には判別不能です。ここに説明する技法の習得を目指して努力する者には，すぐにその実益と意味が分かりますが，経験を積もうとしなければ，いつになっても，学修の意義を理解することができません。異文化理解の出発点はまず相手の考え方を理解し，実践してみることです（このことは外国語学習の王道でもあります）。この点は法律学の学修にもそのままあてはまります。

の制度のもとでは種々の事情でそのようになっていないため，この点をまず補充する必要があります）。進学した学部・学科・専攻・コースごとに設けられている固有のカリキュラムに即して，各分野の専門知識を素材として用いながら，①これまでに発見された知識は何か，②どのようにして知識や技術を発見するのか，また③そうした知識や技術をどのように実社会で使うことができるか，といった諸点について考え，自分なりの解答を出そうと試みること，そして考え付いた解答以外に，もっと優れた解答がないかを常に探し続けること，さらにそうした努力によってもなお未解決の問題が何かを確認すること，これらの論点についてひとつひとつ自分の頭で考えてみること，これが大学における日々の学修で現実に行われている作業です（こうした作業は慣れないうちは大変時間がかかります。このやり方に適応できない者はこうした基本的学修方法の受容を拒否します。その結果，正解ないし結論を簡単に求めようとして，知識の量的拡大（の確認）を目指し，暗記型の学習に走りがちです。しかし，こうした学習方法で得た知識や技術は，結局，他人の製品の受け売りに過ぎず，自分で独自の製品を作り出すことができません。メーカーが古い製品しか作れなくなれば，仕入れの道も枯渇し，やがて壁に突き当たります。そうなってから製造方法を学ぼうとしても遅すぎて，人生の転換ができません。新入生がまず製造手法を優先的に学ぶべきであるという考え方は，このような趣旨で提唱されるものです。[1105] 参照）。

[1104] 予習[9]と復習[10]は，学修者がひとりで考えて自分自身と対話する作業です。講義や演習（サブゼミ，読書会等を含む）は参加者全員で考えて互いに

---

9) 予習，すなわち，教科書の有無に拘らず，各回の主題に即して，どのような争点とどのような解決策があるか，各争点の相関関係はどのようになっているか，これらについてあらかじめ検討することは，講義で行われる担当者の説明との異同を確認するために必要不可欠の準備作業です。予習の段階では，学生も，講義担当者の視点に立って争点整理を行なうことが有益です。

10) 復習，すなわち，予習で行なわれた分析と講義で行なわれた説明とを対比することにより，両者の異同を確認するとともに，講義内容等を素材として，より広くかつ深いレヴェルで，新たな争点を発見し，争点の関連性を再整理することは，自己の分析的思索力を一層深める上で重要な追加作業です。

話し合う協同作業[11]です。講義では，平素の学力を公開の場で発揮する機会が提供されます。これに対して，予習と復習はそのための準備過程にあたります（「演習」科目の位置付けは多様です。講義の一部を発展させる場合もあれば，講義における論議の準備に用いられる場合もあります）。この技法は，日々の教室において実際に体験し，そして真面目に反覆・継続する以外，これを効果的に体得することができません。毎時間真面目に授業へ出席するよう推奨されることには，十分な理由があります（逆にいえば，学生に対して毎時間しかるべき学問的な刺激を与えられない授業は失敗例といわなければなりません。この点はきわめて重要な留意点であり，すべての教員が絶えず真摯に反省すべき点です）。

［1105］ 著者の経験によると，この技法を学ぶ前の段階で，多くの学生の念頭にあるのは「大学でも教科書に書かれた知識を正確に覚え込み，学年末試験ではその内容を答案に的確に反映させればよい」といった正解を覚えこむ従来型の考えです。しかし，こうした考え（暗記中心型の学修）は大学制度の本質[12]をまったく捉えていません。大学卒業後の社会生活で必要となるのは，過去の知見を素材として行われる大学の授業で得られた古い知識それ自体ではありません。古い知識がそのまま通用するような閉ざされた社会は発展性がありません。実社会では，どのようにして新しい知見を得るか，どのように既存の知識を応用して当面の問題を解決するかといった考え方それ自体が試され，その応用が求められているのです。講義か演習かに関わりなく，どの授業でも，担当者はそれぞれに専門的知識[13]を用いて，① 当該分野の体系的構成（総論）と ② 個別主題に即したその現代的展開（各論），さらには ③ そうした体系的

---

11) 講義や演習は学生にとっても担当者にとってもそれぞれの問題提起を手掛かりとして参加者全員（担当者を含む）が自己の思索を深め，発展させる場です。この意味で，学生も担当者も学問的真理の前では実際にも対等の関係に立っています。
12) 学校教育法上の関連諸規定等参照。
13) 法律学は「基準」に関する学問であり，経済学は「価値」に，政治学は「権力」に，社会学は「集団・組織」に，また心理学は「意識」に関する学問であるように，各分野には固有のキー・ワードがあります。それに伴って，用いられる専門用語もそれぞれの意味内容（定義）も，そして体系も分野ごとに異なります。

構成それ自体の存在意義や歴史的変遷等（原論）について，クラス全体の水準や意欲を考慮しつつ，しかるべき順序で説明しながら，学生に対して毎回いくつもの問題を提起しています。そこで出された問題を自分自身でどのように受け止めて考えるかという意味での考え方の修得こそが，21世紀のグローバル社会を担うべき有為の学生に，つまりほかならぬあなた自身に対して求められているのです。

　［1106］　大学における学修の中心に位置するのは，教育制度の本質からみて，みずから成長しようとする学生自身です。講義，演習等を担当する教員が果たす役割は，あくまでも学生の理解を確実なものとし，その水準を高める際の補助的な貢献にとどまります。この役割は観光旅行におけるツアー・ガイドや登山の場合の山岳ガイドのそれに，あるいは航空管制官のそれに相当するものです[14]。「ガイド」の仕事は「観光客」のためにサーヴィスを提供することであり，「ガイド」が「観光客」になりきってしまうことは本末転倒です（航空管制官の仕事も，パイロットが無事に目的地へ向けて離陸し，運行し，着陸する行為を支える仕事です。こうした視点からみると，教員の独演会はまったくの失敗例です）。教員の教育活動に対する評価の際に考慮されるのはあくまでも「ガイド」としての適性，能力等です。教員の教育活動それ自体に対する最終的な評価は，教育を受けた各学生が，自己の学修動機等に照らして，ミクロ的およびマクロ的に，また短期的，中期的および長期的に判断すべき事項です（その効果も決して即効

---

[14]　登山者は，自力で歩かなければ，山頂への到達はもとより，前進することさえできないのが通例です。登山と同様に，学修においても，学生は一歩ずつ着実に歩みを進めなければ学力を向上させることができません。学業に専念せずに，サークル活動やアルバイトに明け暮れる生活はみずからの進学動機のみならず，周囲の期待をも大きく裏切るものであり，本人の将来に対してマイナスの影響を与えます。航空管制官の仕事も，航空機を操縦するパイロットの自立性を前提としたサポート業務という意味で，大学教育との間に類似性がみられます（NHK総合テレビ放送の「プロフェッショナル　仕事の流儀」第110回（2009年2月17日放送分）「空を守る，不動の男　航空管制官　堀井不二夫」http://www.nhk.or.jp/professional/backnumber/090217/index.html）。

性のあるものに限られません)。学修者にとっては，即効薬もあれば，じわじわと効いてくる薬効もあるのです。自分にとって良い (新たな発見があるという意味で有益な) 講義であったか否かは受講生ごとに，短期，中期，長期に分けて個別に判断されるべき事柄であり，意欲も能力も不統一のクラスでは，すべての学生にとって一律に良い講義といえるようなものは存在しません (十人十色)。

　[1107]　大学の教室で行われるこのような学修作業を球技 (サッカーやバレーボールなど) にたとえれば，教室等で交わされる言葉はボールのような役割を果たします。参加者全員が一緒になってひとつのボールを追いかけ[15]，互いに得点を競い合うゲームのように，ひとつの言葉，ひとつの意見を手掛かりにしてそれぞれ異なる意見を述べ合い，協力し合って争点を整理し，さらに新たな問題の発見へ，そしてそれらの問題の解決策の探求へとつなげてゆく連続作業が学修の内容を成しています (そこで行なわれるのは，争点の発見，争点関連性の整理，各争点につき並存する解決策間での優先順位の決定などです。後述 [2102]-[2109] 参照)。問題解決型の協働であれ，問題発見型の協働であれ，練習でも試合でも，参加者はいつでもこのようなゴールを目指す全体の動きに留意して，チーム・プレー (for the team) を実践する必要があります (「晴れを稽古とし，稽古を晴れとする」という表現は平常心の大切さとともに，緊張感の継続の重要性を示しています)[16]。チーム・プレーが必要となるのは，個人が組織の一員だからです (個人の活動がそれのみで自己完結することはあり得ません)。

　[1108]　統制と均衡が取れたかたちで，言葉が切れ目なく活発に交わされ，議論が正確に，緻密にかつ迅速に行なわれるときは，参加者全員が満足感を得

---

15)　私語が禁じられる理由はこの点から明らかになります。私語を発することは試合中にもうひとつ別のボールを競技場に持ち込むようなものであり，試合の進行を全面的に妨げることになります。

16)　講義・演習への参加という舞台上での活動と予習・復習という舞台裏での活動とは，①活動の性質が公式か非公式か，②時間的に限定されているか時間を延長させる余地があるか，③一度限りか何度でも行なうことができるかなどの点で確かに異なりますが，両者の作業内容に本質的な違いはありません。サブゼミなど，両者の中間形態の場合でも，このことはあてはまります。

ることができましょう（簡潔な表現が，たとえば2秒以内に10文字程度で，要点が述べられるようになれば，ウインブルドンにおける一流テニス選手同士のラリーのように，会話は小気味よいピッチでテンポ良く進みます）。これに対して，せっかく問題が提起されていても参加者間で沈黙が続き[17]，また応答がまともに行なわれていなければ[18]，沈滞した雰囲気が支配し，議論は失敗に終わります。こうした状況ではとうてい「練習試合」を行うことさえできません（この場合には，まず基礎体力をつける個人練習が中心に置かれるべきです）。学生か教員かを問わず，すべての参加者にいつも自覚と緊張感が求められているのであり，座して待つだけでは何も得られません。

[1109] 以上の説明から容易に確認されるように，大学での学修に際して最も大切なのは，種々の社会事象の中に任意の「争点」[19]を見つける段階から，派生的争点を含めて一通り争点整理を行い，当該問題の最終的解決策を提案する段階までの過程全体を独力で説明することのできる能力，つまり研究能力を修得することです。ここにいう研究能力には，前述（[1103]）のように，考える方法を向上させる，つまり，ヴァージョン・アップさせる能力（問題点を見つけたり解決策を提案したりする際の思考方法自体の適否を問い直しつつ，新たな研究手法を独力で見直し，発展させる能力）の開発も含まれます。

[1110] 前述の研究能力は「書かれているもの（教科書，参考書など）を目の前において，そこに用いられている文字や表現，語彙等を調べてそれぞれの内

---

17) 沈黙が続く理由は，発言する意欲を持たないという消極的姿勢に基づく場合を除けば，もっぱら，争点を発見できないこと，争点関連性を整理できないことなど，各種の技量不足に求められます。この点を改善するには，争点発見力や争点関連性整理力を高めることが必要です。
18) 争点と解決策とが対応していないという意味で，応答がまともに行なわれない理由は，往々にして，当初の争点が大きすぎること，つまり，争点の内容が多義的で漠然としていることに求められます。この点を改善するためには，争点を適切な規模で設定することができるよう，緻密な分析力を付けることが必要です。
19) 複数の選択肢を通して確認することのできる意見の対立点のこと。疑問点や問題点とも表現されます。なお，この語の意味内容については，[2106] 参照。

容を確認する」だけでは決して身に付きません。その修得のためには，字面を追い，言葉の意味を理解するといった読解中心の受動的な読み方に代えて，文字で書かれている内容と表現方法の適否をメモしつつ，もっとほかに適切な表現方法があるのではないかという視点から，別の表現形式の可能性（対案）を検討しながら考えること，すなわち，自分なりの争点関連表を作成して執筆者の立場から「第二の選択肢」を，できれば「第三の，さらにそれ以上の選択肢」をも他者に対して提案できるよう努めるという能動的（批判的）な読み方を具体的に実践すること，これら地道な作業が必要です。つまり，主体はいつも自分自身であることを十分に自覚し，積極的に行動することによって初めて，この能力を着実に体得することができます。ノートを取るときに，「争点と解答とを組み合わせてメモする」ことは，自己の思索の内容や考える過程を客観化する行為です。それによって批判の対象を具体化し客観化することができるという意味で，これは大いに有益な作業です。この作業の体得過程には，精神（気持ち）と身体の双方をそうした環境に慣れさせるという意味で，学問的な「修行」の側面があります（最初はまねごとから始め，まず「型を身に付ける」ことが重要です。この種の努力を，少なくとも1ヶ月ないし3ヶ月の間，意識的に継続して行わなければ，この能力は決して身に付きません。忍耐力も必要な資質です）[20]。

　[1111]　この点を強調するのは，新入生から4年生まですべての学生が独力で研究を進めることが想定されている大学での「学修」と，高等学校までの授業で普通に行われている，知識の伝達中心の「学習」との相違を，大学教育におけるごく初期の段階で明確に認識しておくことが学修者に必要とされている

---

[20]　朽見行雄著『フィレンツェの職人たち』（日本交通公社，1993年），小山裕久著『鯛の鯛 徳島 青柳』（柴田書店，1996年），笠井一子著『京の大工棟梁と七人の職人衆』（草思社，1999年），今道友信著『知の光を求めて――一哲学者の歩んだ道――』（中央公論新社，2000年），塩野米松著『失われた手仕事の思想』（草思社，2001年），山本英明著『塗師屋のたわごと』（角川書店，2002年），早乙女哲哉著『天ぷら「みかわ」名人の仕事』（プレジデント社，2003年），田村隆著『隠し包丁』（白水社，2004年），中澤圭二著『鮨屋の人間力』（文春新書601，文藝春秋，2007年）ほか参照。

からです。高等教育機関である大学の存在意義（前述［1101］-［1103］参照）は，このように，まさしく「独力で研究できるような基礎的能力を学生に体得させること」にあります。ごく単純化して言えば，大学での教育における伝達対象は，まさしく，「研究すること」であり，「『研究すること』を教育する」ことこそが大学での教育における真に中心的な活動[21]です[22]。このことを前提として，「研究する能力」を体得できているか否かが修了判定の基準となっています（この能力を身に付けていない学生が卒業できるような課程は「偽装」教育機関といわなければなりません。そうした機関は，教育成果に対する評価基準の欠陥を自ら示しているのであり，決して地球社会から評価されることはないでしょう）。

［1112］「『研究すること』を教育する」というこのような作業を実践するためには，その論理的な前提として，何よりも ① 担当者自身が十分な研究能力

---

21) 大学1年次の学修を始める段階で上記の意味での基礎力を着実に身に付けることができるならば，その後の期間を，自己の関心に応じて有意義に過ごすことができます。わたくしが担当する「法学基礎演習（1年次）」をまじめに履修した者であれば，1年次の前期（遅くとも6月半ば頃まで）には読む力と書く力を一通り身に付けることができます。その結果，たとえ初級の程度ではあっても，1年次の後期には真の意味での討論を形式的に行うことが可能となり，その後の専門知識の修得状況に応じて，4年次には，大学院博士前期課程（修士課程に相当）レヴェルの研究能力を十分に体得できるはずです。このことはすでに実績として十分に示されています。山内他著『国際手続法（上）』，同『国際手続法（中）』，同『国際手続法（下）』，同『国際契約法』および同『実践 国際取引法』（中央大学出版部，1997～2001年）は履修者による学修成果の一部です。

22) 大学では「研究と教育とが対等の関係で並置されている」という理解や「研究中心型から教育中心型へと大学の役割が時代とともに変化している」といった理解が現代社会の随所で少なからずみられます。しかし，こうした認識自体，大学の歴史的存在意義を正確に反映したものではありません。このような理解が，教育に従事していれば研究しなくてもよいという誤解をもたらしたり，教育のために研究時間が失われるという言い訳を生み出したりしています。けれども，前注3）で紹介した大学設置基準等に示されている通り，大学は社会の発展に必要不可欠な最先端の研究を担っているのであり，最先端の研究活動を行っていない担当者は，教育すべき内容を備えていないという意味で，大学教授としての実質的な資格を失ってしまっています。

を備えていること，しかも② それを日常的に維持し続けていること，さらに③ 常に維持し続けていることをその研究業績を通じて対外的に実証し続けていること，これら3つが不可欠の最低基準として充足されていなければなりません[23] (ガイド自身が歴史を学び，名所旧跡を自分の足で訪ね回り，身をもって現地の社会生活を体験していなければ，他者の心に訴えかける説明を行うことは到底できません。[1106] 参照)。学修者は，教授陣容（教育スタッフ名簿）に挙げられた者が果たして優れた研究者としての実績を有しているか否かを基準として講義や演習の担当者を慎重に選ぶことが大切です（学生本人の学修能力の向上という視点からみると，人気科目や楽勝科目であるかどうかは履修科目選択の本来的基準ではあり得ません。21世紀に入っているのに，20世紀の業績しか掲げられない者は不適格者の最たる者です。外国語の研究業績を持たない者は，国際水準による評価を受けていません）。担当者は学生に対し，身をもって学修（研究活動）のすべてを示すことが必要とされています。それは，「子が親の背中を見て育つ」ように，学生も担当者の行動を見てその姿に学ぶことが通例だからです。

　[1113] 研究の方法や素材を異にするにせよ，大学で教壇に立つ者に不可欠の資質として研究能力が必要とされ，その有無や程度を確認するために研究実

---

[23] 大学教員の採用や昇格の審査の段階では，通例，研究能力の具備や現状がそれぞれの研究実績に即して確認されています。これに対して，その後の段階では，研究能力の維持，研究実績によるその証明は各自の自己規律に委ねられています。このため，継続的な研究実績を十分に示すことができていない教員もいないわけではありません。しかし，こうした事態はひとつの病理現象であり，改善を必要とするものです。第三者評価が行われる一因はこの点にも求められます。総じて，高い研究能力を保持していることを「実績をもって」証明できている教員が多ければ多いほど，その学部・学科の教育水準は高くなります。教員の水準と学生の水準とは往々にして正比例の関係にあります。学生の水準が高い場合，そうした水準を反映した問題提起に応えられない担当者は授業の質を維持することができず，履修者や出席者の極端な減少の結果，授業のやり方を変更しなければならなくなります。また，学生の水準が低いために担当者を十分に利用できない場合にも，担当者と学生との間に悲劇的なミスマッチが生じます。この意味で，授業を成功させるには，両者の協力が不可欠です。

績が絶えずチェック（自己点検・自己評価，第三者評価など）されているのは，「研究能力を持たない者，それと同時に最新の研究実績を持たない者には，研究にウェイトを置くという意味での真の大学教育を担うことができない」という明確な前提があるからです。公表の時期や間隔，発表形態等に多少の違いがあるにせよ，日常的に研究実績を示すことができていない者は，現時点で研究能力を持ち続けているということをまったく証明できていません[24]。2004年以降，法科大学院等を含めて，実務家の大学教員への登用が目立ちますが，その場合でも，実務家の研究能力および研究実績が評価基準とされていることに変わりはありません。それは，たとえ実務はどのように行われているかという情報が素材とされているにせよ，何が問題となっているか，なぜ問題となり得るか，その問題をどのように解決すべきか，なぜそのように考えられるかといった諸点が取り上げられ，また解決策が検討されている点で，そこに研究の過程も必然的に組み込まれているはずだからです（教員の賞味期限は教育業界でも常に考慮されなければなりません）。

2. 叙述の順序とその理由

[1201] 以下[25]の本論（第2章）では，最初に，「考える」という行為の内容を明らかにするとともに，以下の説明で用いる基本的な用語の説明を行いま

---

[24] 担当教員の教育能力および研究能力を判定するには，最新業績が何か，いつからどのような研究が継続的に行なわれているかなどをみることが有益です。研究という作業に完成がない以上，基礎研究（法哲学，法思想，法史学，法社会学，法人類学，比較法（法文化比較ないし比較法文化論を含む）など）であれ，応用研究（民法，刑法，訴訟法などの実定法解釈学）であれ，研究の実績は常に時代の最先端をカヴァーし得るものでなければなりません。学問を進歩させるものは研究論文であり，教科書ではありません。21世紀に入ってからもう丸16年が経過していますので，21世紀に公表された研究業績がない教員に対してはまず研究能力を疑うことが必要です。

[25] 以上の叙述は，著者の「叙述の順序とその理由」に相当します。この表現については，後述する本文 [2228] を参照して下さい。

す(1)。「考える」という言葉の定義[26]自体についてさえ，社会的な一致がないため，以下の説明に際して用いる表現の内容をめぐって読者と著者との間で理解を共有する必要性があるからです。次に，「基礎力の養成」(2)，「基礎力の向上」(3)および「基礎力の拡充」(4)，これら3つの段階に分けて，基本的な技法を段階的に説明します。その後，「基礎力の応用」に関わる局面を取り上げます(5)。最後に簡単に総まとめ(6)を行います。

　[1202]　上記のうち，「基礎力の養成」の項では，実際に文章を読む過程で必要とされる留意点，つまり，読む力を養う場合の要点を取り上げます。それは，初等教育において教科書に依拠した教育が中心となっているという現実が示すように，読む力は，書く力，聞く力，話す力など，ほかの重要な能力の前提を成しているためです[27]。その後に，書く力を付けるために必要な留意点を取り上げます。それは，自分が書いた文章をみずから批判的に読む力を付けていれば，逆に，文章をより正確にかつ客観的に書くこともできるようになるからです。その後，読む力と書く力の融合を目指して，テキスト分析を行います。一方の能力が高まれば，それに正比例して，他方の能力を強化することもできるようになります（読む力と書く力とは相互補完的な関係にあるという意味で密接に関連しています）。これら2つの能力はともに，各自のレヴェル（現状と達成目標）に合わせて，じっくりと時間をかけて養成することができますので，最

---

26)　たとえば，西尾実・岩淵悦太郎・水谷静夫編『岩波 国語辞典 第二版』（岩波書店，1971年）195頁では，「① あれやこれやと思いをめぐらす。その事について，心を知的に使って判断する。……② 新たなものをくふうする。考案する。」と，また金田一京助・柴田武・山田明雄・山田忠雄編『新明解 国語辞典 第四版』（三省堂，1989年）254頁では，「経験や知識を基にして，未知の事柄を・解決（予測）しようとして，頭を働かせる。……相手や将来の事について思いをめぐらす……新しい物を作り出す方法や考えを思いつく」とそれぞれ説明されています。

27)　ここでは，「読む」と「詠む」，「書く」と「描く」，「聞く」と「聴く」，「話す」と「述べる」など，類義語に注意することも必要です。これら類義語の意味内容については，適宜，国語辞典を参照して下さい。なお，往々にして，一定の事象を都合よく説明しようとする論者の動機に合わせて「用語」が定義されるという点に留意することも必要です。

初にこれらの力について説明することは，思考の型を身に付ける上で最も適しています（ワイン，ウイスキー，日本酒等になぞらえていえば，この仕込みと熟成の期間がとても大切です）[28]。

　[1203]　読む力と書く力，これら2つの基礎的能力を身に付けることができた後に初めて，他者が目の前に現存する際に必要となる能力，つまり，聞く力と話す力を養成することができる段階に達します。読む力や書く力についての説明の後にこれらを取り上げるのは，聞く力や話す力を向上させる場合には，応対する際，ともに瞬間的な理解と決断が必要とされているという点で，読む力や書く力とは別の能力，つまり，迅速な判断力が付加されているからです。考える速度は，各自が平素から自覚的な練習を質量ともに積み重ねることによって，それなりに改善することができます（発言に当たって，10秒以内，1分以内，15文字以内等の目標を掲げるとよいでしょう）。じっくりと時間をかけて，読む力および書く力を着実に養っておけば，これらを基盤とすることができるので，聞く力や話す力を強化するときでも，さほど苦労しなくてすみます。これら2つの能力のうち，まず聞く力を養成する際の留意事項を取り上げ，その後に話す力を取り上げます。その理由は，読む力が書く力に優先するという事情と同様の政策的考慮に基づくものです。その後，聞く力と話す力の融合を目指したひとり演説（鏡に向かって行う独り芝居）の仕方について説明します。

　[1204]　さらに，判断する力の養成における留意点を取り上げます。判断の過程は，複数の選択肢の間で優先順位を決定する作業です。どのような優先順位決定基準を見出すか，その基準をどのように用いるかなどをめぐって，優先順位の決定過程を自分の言葉で説明できなければ，ひとりで思索する場合でも他者を説得する場合でも，判断過程が不透明ないし不安定となります（優劣の

---

[28]　わたくしは，わたくしが担当する1年次配当科目「法学基礎演習（1年次）」において，これらの力を確実につけるため，レポートの作成を通じてこの種の能力を向上させることを重視しています。レポートの作成作業は毎週「宿題」として与えられ，一定の水準に達するまで，提出されたレポートに対する評価を考慮した書き直し作業が何度も反復されます。

決定基準の要件と効果の説明，それら判断基準の要件および効果に用いられている言葉の解釈に関する適用基準，これらについて一貫した説明が行われなければなりません)。不安定な状態では，自己の発言に自信を持つことも，また他者に対して信頼感を与えることもできません。自信や信頼は次のステップに向かう際に不可欠の前提的要素です。ここでもまず着実な実践を心がけることが大切です。

　［1205］　その後，「基礎力の拡充」の項では，これら5つの力がすべて必要とされる場面，すなわち，レジュメや資料をみながら瞬時に争点整理を行ないつつ幾度も対話を繰り返す場合のように，総合力が発揮される場を念頭に置いて，さらに次に掲げる8つの応用的能力について説明します。これら8つは，以上の5つの能力を別の視点から説明し直したものであり，決して別異の能力ではありません。

　［1206］　まず，質問する力の項では，提供される情報等の内容や真偽の確認の仕方について説明します。主張する力の項では主張を構成する2つの部分，つまり，結論（方向性・目的地の明示）と理由付け（出発点から目的地までの経路）の要点を説明します。また，対話する力の項で，集団が掲げる目標を達成するために必要な力について説明します。その後に討論する力について説明します。この順に説明するのは，討論を複数の主張が交わされる場面と捉えるためです。討論の様式には，相反する方向で主張の優劣を争う論駁のほか，ひとつの主張を成立させる上で，問題点をともに発見しようとして同一方向に向かって行われる協働作業もあります。次に，核心を摑む力について説明します。どのような言明についても争点を出し続けることは可能ですが，討議時間や字数制限など，実践の場では誰もが物理的制約を免れることができません。一通り討論をこなせるようになってはいても，作業終了までに時間がかかるのは枝道に入り込むからであって，そうしたやり方ではなかなか結論を出せないので生産性は高まりません。所定時間内に討論を終わらせるためには，本質的な部分（core; relevant point）に限定して討論する必要がありますし，そのためにも事前の周到な準備が必要になります（「時は金なり」という標語の意図するところを実践しようとすれば，10分以内とか，30分以内とかというように，時間を限定して，討

論を効果的に行なうことが求められます)。この意味で,核心を摑む能力は,論議を拡散させないために必要な能力であるといえます。その後,議事を進める力について説明します。この能力は,所定の時間内に一定の結論を出すまで,作業過程を効率的に運営する上で必要なものです。さらに,評価する力について説明します。この能力は全体の水準を高める上で必要なものです(第三者の目を意識して,より客観的な視点から自己評価を行えるようになれば,時として,自己評価は第三者評価と一致することもあります。むろん第三者評価が常に正しいということはありません。評価能力を欠く者の意見を考慮すれば,自分が損をするだけであり,誰も補償してくれないのが現実です。ここにも自己責任と自立の契機が潜んでいます)。最後に,指導する力について説明します。この能力は,みずからが属する組織を活性化する上で誰にも必要な力です。

[1207] 以上13の能力はどれも相互補完的な関係にあります。これらの能力のうち,どれかひとつでも高めることができれば,努力次第で,その後短期間のうちに他の能力を同程度の水準に引き上げることができます。これらの基本的な技法を着実に修得され,またいつでも応用できるようになれば,皆さんはこれまでよりもずっと効果的に自己の関心に応じて学修を進めることができるはずです。むろん,以上の技法を一通り修得できている場合でも,「上には上がある」という言葉が示す通り,それぞれの能力を一層向上させるよう,可能な限り努力を続ける姿勢が誰にも求められます。自己の能力を伸ばす可能性を持っているのに,そうした機会を利用せず,現状で満足すれば,能力開発の可能性は失われます。しかも,この種の能力は,経験の有無やその内容に左右されるという意味で,きわめて個別的なものです(いわゆるナラティヴ・アプローチ(物語のように個性に依存している作業)[29])。「基礎力の養成」と「基礎力の拡充」との間にはさむ形で「基礎力の向上」の項を設け,3つの目標に即して説明を加えるのは,この点を考慮するからです。

[1208] ここでの第一の目標は「正確性の追求」です。よく知られた電報ゲ

---

29) 野口裕二著『ナラティヴの臨床社会学』(勁草書房,2005年)他参照。

ームが示すように，最初の発信者が伝えたメッセージの内容と10人目の受け手が復唱するメッセージの内容との間には，往々にしてずれが見られます。こうしたずれを放置すると，話がかみ合わなくなります（ミスマッチは社会的紛争の原因となります）ので，正確さは大切です。第二の目標は「稠密性の追求」です。針の穴を通すようなきめ細かいボール・コントロールができればエネルギーを浪費せずに済みます（コスト感覚の応用）ので，稠密性に留意することが重要です。第三の目標は「迅速性の追求」です。対話それ自体を楽しむ場合であればともかく，商談のように早期の決断それ自体に商品価値がある場合（「早い者勝ち」）にはそれに対応できるよう，応用能力を高める工夫も必要です（商談も外交交渉も，必ずしも早ければよいわけではありませんが，必要以上の時間を掛けることでさまざまな挑戦の機会を失うリスクが相当程度高まります）。これらの課題に真剣に取り組んだ経験の質が高ければ高いほど，また経験の量が多ければ多いほど，その力は実践で使えるものになります（優れた友人とともに厳しい指導者の下で密度の濃い経験を集中的に積めば，短期間に高いレヴェルに到達できます）。

　[1209]　これに続く「基礎力の応用」の項では，上記13の力がすべて必要とされる場面として，「専門性」，「体系性」および「国際性」，これら3つを取り上げます。「専門性」は社会事象をより深く分析するうえで必要な視点です。深みのある議論をするのは，コロコロと変化する場当たりの議論に代えて，長い歴史に堪え得る解決策を求めようとするためです。「体系性」は社会事象を処理する際に関係方面全体のバランスを採るうえで大切な視点です。バランスを採るのは，より多くの利益主張を取り入れた解決策の方が社会にとって安定性を増すと考えられているためです。「国際性」は社会事象を処理する場合の広がりを最大限に保つ上で重要な視点です。視野をより広く保とうとするのは，社会事象の影響力が地球規模で拡大している現状を考慮するためです（例：地球環境問題等）。以上3つの目標のまとめの後に，これら基本的技法の全体をまとめます。

　[1210]　さらに，大切な点ですが，せっかく蓄えた能力でも，日々有効に使い続けなければ，能力はいずれ錆び付き，退化しかねません（この点は学生にも

教員にもあてはまります。研究していない教員は研究能力を維持できません）。基礎力拡充の段階に到達している者は誰でも，現在の能力水準を維持しようとする以上，常に高い目標を掲げてひたむきに努力し続けることが必要です。「研究する」ことをやめれば，その時点から研究能力は急速に低下し始めます（外国語読解力がその典型例です）。ただひたすらに実践経験を積み重ねて，多様な事態に慣れる以外に，総合力を向上させることはできません。これらの技法を，より厳密（正確性，精度）に，より細かく（稠密性，密度），しかもより早く（迅速性，速度）実践することができるようになれば，その内容に応じて，誰でも信頼を得られます。その結果，実践者は皆，それぞれの場でしだいに高い評価（ここに言う評価には，往々にして待遇，名誉，経済的利益などが付加されます）を得ることができるようになり，また一段と自信を持つことができるようになります[30]。

　［1211］　むろん，こうした努力の歩みは各自の人間観や倫理観を反映したものとならざるを得ません。誰でも地道な努力を積み重ねなければ，満足の行く成果は得られません（例：オリンピックでメダルを獲得した優秀選手等[31]）。ここで想起されるのは，著名なドイツの哲学者カント（Immanuel Kant）の臨終の言葉[32]やポーランド・シレジア地方の古い言い伝え[33]やフランスの農民画家ミ

---

[30]　卒業生の経験談によれば，社会における活動の内容には，本文中で取り上げられるさまざまな能力を用いるという点で概ね共通性があります。むろん社会におけるそれぞれの実務経験の質と量によって，正確性，稠密性，迅速性等において相違があります。

[31]　2006年2月23日（2006年2月24日各紙夕刊参照）。

[32]　「わたくしの人生における過ごし方は，これまでの生き方の通りでよかった（Es ist gut）。」

[33]　「かくあるはずの自分が，いまある自分を，はるか遠くからじっと見つめて，悲しげに眉（まゆ）をひそめる――シレジア生まれの友人がずっと前に教えてくれた言葉である。その地方に昔からつたわる言葉だということであったが。……風土がひとつの国の歴史に対して持つ意味は，一般に考えられているより大きいかもしれないが，個人の歴史の場合には，どれほどに圧倒的な強烈な風土の中におかれていようと，自己形成の責任は，風土にはなくて自分にある。」（犬養道子氏「わが心の風土」読売新聞1968年7月21日朝刊11面）

レー (Jean-François Millet) の言葉[34]です。これらの言葉に共感される方に対しては，各自がそれぞれの場で自己の掲げる諸目標を段階的に着実に消化する作業を継続して行うことが一層期待されます（実践者は，地位や役職の如何に関わりなく，その資質において，十分にグローバル・ビジネス・リーダーとして活躍することができます）。

[1212] 上の説明に加えて，これらの技法を誰のためにどのように用いようとするかという目的意識（後述［2269］参照）も，国際社会で生活し活動する上で，大変重要です。社会で活躍する法律家に対して「三百代言」とか「悪徳法律家」とかという非難が時として向けられていますが，そうした指摘には十分な理由があります。「法曹倫理」のような科目が法科大学院で講じられるのは，そうした倫理にもとる行為が随所に見られるからです。無欲にかつ真摯に生きることが高く評価されがちな世の中です[35]が，考えてみれば，専門職業人としての行動のあり方如何という以前に，そうした生き方はいわば当然のことであって，そうした行動様式がことさらに高く評価される現代社会は，物欲，金銭欲，名誉欲などに満ちたゆがんだ社会であるといえないわけではありません[36]。むろん，この点の評価も実践も全面的に各自の世界観[37]に左右されるも

---

34) ジャン・フランソワ・ミレーの言葉「人間にとって必要なのは，自らの仕事を進歩させるべく努力することであり，即ちそれは，自らの才能と良心によって，仲間に抜きん出た優れた職業人になるよう不断の研鑽を積むことにほかならない。」（アルフレッド・サンスィエ著（井出洋一郎氏監訳）『ミレーの生涯』（講談社，1998年）135頁）参照。なお，ミレーの「ありふれたものを用いて崇高さを表現できなければならない。そこにこそ，真の力が存在するのだ。(Il faut pouvoir faire servir le trivial à l'expression du sublime, c'est là la vraie force.)」という言葉もよく知られています。

35) 中野孝次著『清貧の思想』（文春文庫，文芸春秋社，1996年）ほか。

36) この点については，山﨑武也著『気品の研究』（PHP研究所，2003年）他参照。近時の例としては，ライブドア事件における青年実業家の活動に対する社会的評価（2006年2月）などが挙げられます。

37) この言葉は，人は何のために生きるのか，また人はなぜ働くのかといった各自の生き方を決定する最終的な行動基準を表しています。最終的な行動基準として知られる卑近な例は，各種の愛，宗教的信仰，政治的信条，義理人情，信義，信頼，信

のです。世界観（[2268]）は，このように，各種の争点に対する個々人の最終的判断基準を形成しているという意味で，誰にとってもきわめて重要なものです。

用，名誉，地位，権力，肩書，出世，金銭などに関する考え方です。社会における行動基準の多くが各種の欲望と結び付いているという事実は，頂点を目指す試み（偏差値や番付等に示される各種ランキング上位へのこだわり）や頻出する社会的事件（たとえば，株価市場主義（時価総額世界一）を求めたライブドア事件など）によって繰り返し示されています。むろん，どこまでが生理的現象であり，どこからが病理的事象となるかも，時と所を越えて，論者の評価基準により異なります。「用之則行 舎之則蔵 唯我爾是（これをもちうればすなわちおこない，これをすつればすなわちかくる，ただわれとなんじとこれあるかな）（「起用されたら懸命に励む，起用されなければ引っ込んでじっとしている，そんな身の処し方ができるのは，私と君だけだ」）」（孔子『論語』）（2003年9月13日朝日新聞朝刊 be on Saturday, e1面）なども出処進退に関わる著名な表現のひとつです。

第 2 章
学修の基本的な技法

1. 前提的説明

　[2101]　まず，「考える」という行為ないし行動それ自体についての具体的な説明から始めます（[2102] 以下）。次に，その説明の過程で頻出する各種の用語の中から，特に，争点（「相対立する複数の見解（解答，解決策）が存在する場面を，そうした見解の対立が明確になるような表現で示すこと」；[2106] 以下），判断基準（「争点に対する複数の解答（選択肢）の間で優劣（序列順位）を決める根拠（ものさし，ルール等）」「『要件→効果』の形式で表現される」；[2112] 以下），論証（[2122] 以下），これら3点を取り上げ，関連表現を含めて，補足説明を行うことにします。

　[2102]　「考える」という行為ないし行動は，自らが抱いた疑問（理解できない，わからない，なぜそうなっているのだろうか，どうしてそのような説明ができるのだろうか，おかしいのではないかなど）の意味するところを自分で納得できるまで明らかにしたり，また疑問に対する解答を自分自身がより具体的に知ったりするための実践的な努力の過程全体を指します。簡単にいえば，「自分で設定した問いおよび他人から与えられた問いに対して自分なりの答えを探すこと」，これが考えるという行為の実体です。あらゆる疑問についていつも正解があるとは限りませんし，またいつも答を出せるとは限りません（わたくしたちの社会生活を想起すればすぐ分かることですが，問いの中には，答えることができないものも，また答える必要のないものも，たくさんあります）。何が問題であるかを知ることが

目的とされるときは，問題提起の仕方が分かれば，それだけでも一通り考えたことになります。この過程では，検討対象とされた疑問それ自体から，その疑問と直接にまたは間接に関連する多くの事項を導き出し，それらの事項を相互に関連させる過程を継続的に分析し，解明する作業が行われます。この作業を通じて，最終的に求められる結論に対応した疑問を中心として設定することにします。この中心的争点に辿り着くようにするために，どのような争点をどの順に取り上げればよいかという視点で争点相互の関連性を整理することが必要です。

[2103] みずから提起する問いおよび他者から提起される問いは，疑問文の形式に着眼すると，「～は何か」などの疑問詞型と「～であるか否か」という二者択一型との二種類に区分されます。第一の類型（疑問詞型）に属するものは「いつ（when）」，「どこで（where）」，「誰が（who）」，「何を（what）」，「どれを（which）」，「なぜ（why）」，「どのように（how）」などの疑問詞で表されます（この点は，英語学習時に留意したはずの５Ｗ１Ｈを想起すれば，よりよく理解できますし，容易に実践することができます）。第二の類型（二者択一型）は「あるかないか（有無，存否）」，「成立しているか否か（成否）」，「存在しているか否か（存否）」，「必要か否か（要否）」，「正しいか否か（正否）」，「適切か否か（適否）」，「可能（できる）か否か（可否，能否）」，「合っているか否か（合否）」，「認めるか否か（認否）」など，肯定か否定かのいずれかの解答しか存在しないものです。これら疑問詞型と二者択一型の表現を，随時，政策的な配慮（「……実現したい」と思うこと）を交えて組み合わせつつ，みずからが抱いた当初の大きな疑問を，それを構成する多くの小さな疑問へと段階を追って分解し（分析作業，細分化の過程），それら小さな疑問相互の関係を論理[38]と感情（政策）[39]とに着目して[40]，

---

38) 「論理」というのは，対話参加者間で意見が一致する場面を指しています。たとえば，雪は何色か，という疑問詞型の争点，雪は白いか否かという二者択一型の争点に答えるためには，雪が存在していることが不可欠です。この場合，雪の有無という二者択一型の争点は，雪の色は何色かという疑問詞型の争点についても雪は白いか否かという二者択一型の争点についてもともに「論理」的な前提を成す争点であるというように表現します。また，雪は何色かという疑問詞型の争点に対する解

各自がよいと考える順序で整理すること（統合作業，抽象化・体系化の過程），これが「考える」という行動の具体的な内容であり，同時に争点整理作業を意味します。

［2104］ここでは，いろいろな基準を用いた分類作業により，検討する対象，つまり問いそれ自体を細分化する過程（つまり，ひとつの行為を手がかりに，5 W1 H を用いて，誰が，いつ，どこで，何を，なぜ，どのように，行ったかという問いを出し，それぞれに得られる複数の答え（複数の答えがなければ問いとして成立しません。［2106］）についても，同様の問いを繰り返すことによって，200 以上の争点を導き出すプロセス）と，なんらかの共通項を用いてそれらの単位を統合し体系化する過

答として白色を予定する場合も，雪は白いか否かという二者択一型の争点に対して肯定説を採る場合も，ともに白色が概念として存在していることを「論理」的前提としています（そこでは「白とは何か」という争点は解決済みです）。

39）「感情」とか「政策」とかという表現は，対話参加者間で意見が一致しない場面を指しています。前注38）の例を用いると，雪の有無という二者択一型の争点に対して肯定説を採るときでも，雪は何色かという疑問詞型の争点を掲げるか，雪は白いか否かという二者択一型の争点を掲げるかは，常に参加者間で一致しているわけではありません。この場合，どのような表現で争点を示すかは，「論理」によってではなく，問題提起者の「感情」ないし「政策」的判断に基づいて決定されています。

40）ここにいう「論理」と「感情（政策）」を別の言葉で表現することもできます。判断基準 α の要件①と効果①とをつなぎ合わせる根拠を示すものは，判断基準 α の形成基準です。この形成基準それ自体も要件と効果とから成り立っています。形成基準の要件と効果の内容が一部でも変われば，異なる形成基準が生まれ，ひいては判断基準 α の要件も①でなく②となり，また要件①が同じでも効果が①でなく③になり，その結果，判断基準は α でなく β に変わります。この場合，判断基準 α の形成基準の要件と効果とを結びつける最終的な基準は論者の「心理」です。すなわち，「心理（〜したい）」に基づいて「倫理（〜すべきである）」が導かれ，「倫理」を前提として「疑似論理（〜しなければならない）」が強制されます。ここでは「論理」（前注38）の意味でのそれ）と「疑似論理」（前注38）の意味でのそれではなく，異論を生ぜしめるもの）との区別も必要です。真の意味の「論理」とまがい物の「疑似論理」とを区別しつつ，「心理」と「倫理」と「疑似論理」との関連性を考えて，「論理」と「政策」との関連性を検証すれば，どの文章も的確に分析することができます。

程（取り出した多数の争点相互の関連性（前提と結論，直列と並列など）について説明するプロセス）とが繰り返し実践されるはずです。こうした「分析」と「統合」の過程が，ほかの時点（例：先週と今週），ほかの場所（例：自宅と教室），ほかの主体（例：自分と友人）との対比において，より細かく展開されるときは，ここにいう意味での「考える」という過程が，相対的にみて，より「緻密に」実践されていることになります。他の参加者よりもずっと多くの疑問を，より正確に，より細かく，またより迅速に取り上げることができていれば，より優れた思索が行われているという評価が与えられることもあります。むろん，「考える」という行動の実情はここに示したものだけではありませんが，基本的な活動としては，ここで説明した作業を着実に実行できるようになっていれば，ひとまずは，大学で学修を続ける上で必要な最低限の水準に達しているものといえます。

［2105］ 上の［2102］-［2104］に示した活動をより簡潔に説明する上で頻繁に用いられる技術的表現が，「争点」という言葉です。これまで（［2103］-［2104］）は格別の説明を行なわないままに，この言葉を用いてきました。まだよく理解できないという反応があり得ることを予測して，以下に「争点」それ自体と，これと関連するいくつかの重要な表現について詳しく説明します。

［2106］ 争点（issue；question；point）は，「相対立する複数の見解（解答，解決策）が存在する場面を，そうした見解の対立が明確になるような表現で示したもの」です[41]。どの問いに対しても，それぞれに「両立しない（互いに排斥し

---

41) 「見解が対立している」とき，「見解」は答を表し，その答の前提にある問いを「争点」といいます。対立という言葉自体に複数の存在が含意されています。また，争点という言葉自体に，争われているという意味が，つまり，複数の存在がすでに含まれています。むろん，どの言葉についても，定義をどのように言い表すかについては多様な選択肢があります。この点について，細かく述べると，以下のような説明が可能です。「争点Q」については，以下の区別を行うことが重要です。
　(a)　意見が対立する部分を列挙することは争点の発見を意味します。
　(b)　争点：
　　　疑問詞型

合う）」という意味で対立しつつ並存する複数の答があります。それらの答の間で優先順位が争われるところから，「争点」という表現が用いられています[42]。「対立点」，「問題点」，「論点」などの表現も，「争点」と同義で用いられることがあります。争点は疑問文形式の問い掛けで表記されることが少なくありませんが，このような問い掛けは，ああも読めるしこうも読めるというやり方で，個々の文言の意味内容に対する解釈操作（「主語＋目的語＋他動詞……とき」（要件）→「主語＋目的語＋他動詞＋助動詞（may, must, schuld……）」（効果）という形式で規範（規則，準則）が設けられている場合，上記の効果を発生させるために，上記の要件に定められている言葉（概念）にある事象が含まれるという形式で，言葉の解釈が行われます）を通じて，文章や単語[43]から意識的に取り出すことができます

① 甲乙のうち，誰を当選者とするか
② 甲乙のうち，誰を当選者とすべきか
③ 甲乙のうち，誰を当選者とすることができるか
④ 甲乙のうち，誰を当選者とする必要があるか
二者択一型
⑤ 当選者は甲か乙か

(c) 主張（争点成立の論理的前提）：
甲説＝当選者は甲である（甲を当選者とすることができるような判断基準を優先する立場）
乙説＝当選者は乙である（乙を当選者とすることができるような判断基準を優先する立場）
甲説はひとつの主張である
甲説に対して，乙説は異説である（逆に，乙説に対して，甲説は異説である）

(d) 「反論」の意味
反論を反対の方向へ向けての立論という意味に捉えるとき，乙説は甲説とは反対の方向へ向かう主張を含むため，乙説を主張することは，甲説の主張者に対して，反論することになります（この部分については，後述［2214］参照）。

42) 解答がひとつしかないときは，「対立」という状況が存在しないため，「争点」は存在しません。なお，形式的争点と実質的争点との区別については，［2110］参照）。

43) 「人権」とか「人権尊重の原則」とか「世界平和（の維持・確保）」とかという表現がその例です。これらは「人権が侵害されるとき」および「世界の平和が脅かされるとき」といった条件（要件）に該当する部分と，「国家は人権を尊重する」お

（二者択一型の争点の答は肯定か否定のみですが，疑問詞型の争点に答えるには個別的説明が必要になります）。

［2107］　上の「争点」の定義（「相対立する複数の見解（解答，解決策）が存在する場面を，そうした見解の対立が明確になるような表現で示したもの」，［2106］参照）からすぐに判明するように，争点の発見には，複数の見解が対立して併存し得る場面を選び出すことが必要です。ある事項につき賛成と反対という2つの主張があれば，そこには「賛否」という二者択一型争点があると説明するのです。またある主張について3つ以上の理由説明が可能な場合には，当該主張の根拠を探求するため，「なぜか」，「真の理由は何か」という疑問詞型争点が生まれます。争点の発見には，平叙文であれ疑問文であれ，各構成要素（主語，述語等を構成する個々の単語）に着目することが有益です。品詞（名詞，代名詞，動詞，形容詞，副詞，前置詞など）の如何を問わず，個々の単語ごとに「それぞれの単語の意味は何か」，また複合語の場合には「各構成部分の意味は何か」，さらに「なぜそうした表現を用いるのか」といった疑問詞型の争点を挙げることができます。ここでは，「そこでの表現の適否」や「そうした表現に対する賛否」という二者択一型の争点を挙げることもできます。

［2108］　このように，争点に着目して表現すれば，文章は，「ある争点の存在を前提として，当該争点に対する答を含むものである」と言い表すことができます（たとえば，平叙文は，ある争点 α を前提として，当該争点 α に対する解答を述べたものであると表現することができます。また，疑問文は，争点 α それ自体を示すものであるともいえます）。疑問文で争点を示した後に，その解答を平叙文で示すこともできます。また，文章の前後関係から何が争点であるかが明らかなときは，争点それ自体を直接に疑問文で明確に示すことなく（行間で暗黙裡に争点

よび「国際社会は世界平和の維持に努める」という結果（効果）に該当する部分とから構成されています。どのような条件とどのような結果とを組み合わせるかという点もひとつの争点です。これらの単語や単語の組み合わせによる言い回しは，どれも，どのような事実が存在するときにどのように対処すべきであるかという疑問詞型の争点に対する解答の例を表しています。

を示し),当該争点に対する解答を平叙文で示すこともあります。争点に対する解答を示した文章に続けて,新たな争点が示され,また,新たな争点に対する解答が平叙文で示されるという形式で,文章が連続して表現されるのが通常の表現形式です。ひとつの平叙文の趣旨や理由を説明するために,別の平叙文が付加されるときでも,そうした付加文は当該争点から派生する別の争点 β（なぜそう言えるのか）やさらに別の争点 γ（どのような例があるか）を説明したものということができます。このようにみれば,争点 α に対する解答を示した平叙文を前提として,その文章中に発見され得る別の争点 β とこれに対する解答というように,複数の争点と解答の連鎖の形式を採るもののまとまりが段落であると表現することができます。

　[2109] このように細かく分析すると,どの文章にも,主語,述語,目的語,補語など機能の面から,また名詞,動詞,形容詞,副詞,前置詞,接続詞,助詞など品詞の面から,ひとつひとつの単語に着目するだけで,たくさんの争点を見出すことができます（ひとつの文章の構成要素ごとにそれぞれの陳述がなされていることに留意すれば,ひとつの文章の前提には複数の争点が存在することが分かります。それらを数多く挙げることができれば,緻密な文章読解力が付いたといえます）。どの単語についても,なぜそのような表現を用いたかとか,各表現の適否や可否など,複数の争点を発見することができます（この技術を修得すれば,誰でも,10文字程度の平叙文の中に100以上の争点をすぐに見つけることができるようになります）。争点関連性の整理（「複数の争点が相互にどのような関係に立っているかを明らかにすること」）が必要になるのは,このように連続した文章中に複数の争点が存在する場合に,それらの争点相互の間にどのような関係が成り立つか,最終的解答を導く上でどの争点を先に取り上げ,どのような順序で各争点を排列すべきかを説明することが必要となるはずだからです（話の本筋（main route）の設定。国道,都道府県道,市町村道などの道路も争点の排列と段階的区別の仕方に関する例として追加することができます）。この点を問題とするのは,複数の争点相互の関係をいかに理解すべきであるかという争点に対する解答が,関心の相違の故に,誰にとってもいつでも,同じであるとは限らないからです

（どのように複数の争点間の関連性を整理するかという点もひとつの争点です）。

[2110] それでは，どのように説明すれば，「整理」したことになるのでしょうか。たとえば，主張αへの賛否（争点①）はαという主張自体が成立しかつ存在することを論理的な前提としています。そう考えるのは，存在しないものについて賛否を問う実質的な意味がないと考えられているからです。αの成否（争点②）はこの意味で争点①の前提的争点であるといえます（この表現自体，争点関連性の説明の一例です）。このような説明が承認される場合，表現は異なっても，解答はひとつになりますので，そこには実質的な意味での争点は存在しません。このような争点を「形式的争点」（二者択一型または疑問詞型の争点として表現することができるが，関係者間で実際に争われていないもの，文言上は，実在しない状況でも争点の形式で表すことができるもの）と表現します。これに対して，解答者の間で意見が分かれるときは，形式的争点ではなく，「実質的争点」（争点として表現できるだけでなく，関係者間で実際に争われているもの，また争われる余地があるもの）です[44]。これら争点相互の論理的な関係や政策的な関係

---

44) 形式的争点と実質的争点に関する説明を補充します。平日の昼食時に食堂の前でサラリーマンたちが交わす言葉，「天丼にするか，カツ丼にするか」という争点を例として説明すると，関係者にとって「天丼にするか，カツ丼にするか」という争点の前提的争点として，「昼食を摂るか否か」という二者択一型争点が存在します。それでいて，この二者択一型争点に対して肯定説を採るという点では，関係者間に一致があります。つまり，「昼食を摂るか否か」という二者択一型争点は関係者には一致して肯定説を採るという意味で解決済みであり，肯定説を採ることを前提として，「何を食べるか」という疑問詞型争点が，また「天丼にするか，カツ丼にするか」という争点が生じているのです。この場合，関係者間で争われていない「昼食を摂るか否か」という二者択一型争点を「形式的争点」と名付け，「天丼にするか，カツ丼にするか」という争点を「実質的争点」と名付けます。「形式的争点」および「実質的争点」という名称はむろん状況を示すために用いられる便宜的表現です。大切なのは，文脈上，争点として考慮する必要があるもの（「実質的争点」）と争点として考慮する必要のないもの（「形式的争点」）とを区別することです。検討時間が限定されているところから，必要度の高い争点を優先するため，両者を区別する意味があります。むろん，争点整理の初歩の段階では，論理の飛躍を避け，緻密に考える上で，形式的争点と実質的争点の区別を自覚しつつ，あらゆる形式的

を整理する上では，バランス人形[45]，家系図や交通路線図，樹木の枝葉などが参考になります。これらをみると，物理的制約から，2つ以上の争点を同時に取り上げることができないという意味で，争点間の関連性を整理する際のイメージを容易につかむことができます。どの程度まで細かく争点整理を行うべきかについては，むろん，個人差があり得ます[46]。もうひとつ重要なのは，何のために争点整理を行うのかという目的意識に着目することです。学修の初期には，どのような関係に立っているかという視点から争点を平面図や立体図の中

争点と実質的争点をきちんと関連付けて整理することが必要です。「天丼にするか，カツ丼にするか」は争点のひとつです。この争点は，提供される商品が天丼とカツ丼の2つしかないときは，二者択一型争点と同じ機能を果たします。これら2つの商品の他に親子丼，うな丼，いくら丼などが提供されている場合，「天丼にするか，カツ丼にするか」は二者択一型争点ではありません。また疑問詞が使われていないので，この争点は疑問詞型争点でもありません。争点の形式を採っていますが，この表現は真の争点を正確に反映していない表現です。そこから，正確な解答を得る上で，何が真の争点であるかがよく分かるように，「天丼にするか，カツ丼にするか」という表現を別の表現に言い換えることが必要です。たとえば，「昼食に何を食べるか」という疑問詞型争点，「天丼とカツ丼，これら2つのうち，いずれを食べるか」という二者択一型争点，「天丼を食べるか否か」という二者択一型争点と「カツ丼を食べるか否か」という二者択一型争点の組み合わせによる二重の二者択一型争点（4つの可能性を示すマトリックス参照）などです。

45) 複数の人形を左右のバランスを取って段階的に配置した装飾品。人形に代えて，動物や扇子なども用いられています。
46) 個々人の問題関心に応じて，また緻密な分析力の有無および程度等に応じて，作業の内容にも違いが生じます。この他，「いつどこで何のために争点相互の関係を整理するか」という前提的争点に対する解答次第で，作業内容もそのつど変わります。初心者の場合，まず丁寧に時間を掛けてできる限り多くの争点を拾い上げ，それらの関連性を説明する作業を繰り返し実践することが必要です。これは，本来，自宅等での予習で行う作業です。多少とも時間的な余裕があるからです。授業中に行うときは，時間に上限があります。この場合には，「横に広げる（並列の争点を挙げる）」作業に代えて，「縦に深く掘る（直列の争点を挙げる）」作業を優先するとよいでしょう。この種の作業には，最大限何分以内というように，上限を決めるべきです。時間がきたら作業を終了し，制限時間内にできるところまで実践することが有益です。

に排列することが行われますが、学修が進んだ段階では、争点整理の「機能（戦術）」的側面にも留意することが必要です。端的に言えば、実務家にとっての争点整理は、自己の立論をいかにして他者の立論よりも優先させるかを模索する（見取り図を作成する）作業です。争点に対置される判断基準の効果に着目することで、どのような効果をどのような経路で結べば、求める結果を最短距離で実現できるかが分かります。実現したい最終結果から逆算することによって、勝てる戦略図を入手すること、これが争点整理の実践的目的です。

[2111] 複数の選択肢に着目して争点を発見する（争点ごとに複数の答えをみつけること）作業は、いわば平面的な状態（価値評価を伴わない状態）を立体的なものに変換する（価値評価を伴って、行為に方向性を与える）実践的な作業です。ひとつの行為はそれだけで完結するものではなく、多くの行為の連鎖から成り立っています。つまり、個々の単位となる行為の連鎖がひとつの大きな行為となり、そうした大きな行為の連鎖がさらに大きな行為の構成要素となっているという理解です。このように考えれば、すべての行為が明示的に述べられていない場合には、欠けている行為を補充すること（争点を補充すること）が必要になります。争点の補充が必要となる典型は、複数の文章間に直接的な「前提（原因、条件）と帰結（結果）」等の関係を見出すことができない場合です。この場合には、そうした関係が直接成り立つように、単語や文章を用いて、文章と文章との間に、また行間に争点と解答を必要な数だけ挿入する作業を行います。「どこに」、「どのような争点を」、「どの順に」排列すべきであるかという疑問のひとつひとつがどれも争点の例となっています（どのような疑問を出すかという点で個人差があり得ます）。この点に対する答は、多くの場合、解釈者の主観に左右されるものです。

[2112] 次に、争点に対して解答する際の「判断基準」それ自体と関連表現について説明します。複数の見解が優劣を争う場面（例：肯定説と否定説との間で優劣が争われる場合の「肯定か否定か」、自分か相手方か第三者かの間で優劣が争われる場合の「誰か」）を争点と呼ぶのに対して、判断基準[47]とは、「争点に対する複数の解答（選択肢）の間で優劣（序列、順位）を決めるための根拠（ものさし、

ルール等)」です[48]。争点について考えるときは，つねに，当該争点の解答とそれを導き出す判断基準についてもまとめて一緒に考えることが必要です。判断基準は，通例，「～のときは，～とす（な）る（～できる，～してもよい，～しなければならない，～すべきである，～してはならない等）」というように平叙文で示されます。判断基準は，その内容を簡略化した単語（「～の原則」等）[49]で示される場合もあります。その場合でも，「～のときは，～とする（なる）」という行動指針がそこに含意されています。判断基準を構成する要素は2つに分けられます。そのうち，条件（いつ効果を発生させるかを決定するもの）に当たる部分を「要件（法律要件）」と呼びます。判断基準の中の「～とき」に当たる部分がそうです。これに対して，「効果（法律効果）」と呼ばれるのは，結果に当たる部分，つまり，判断基準の中の「～とする（なる）」に当たる部分です[50]。判断基準を構成する要素のうち，要件部分についても効果部分についても，それらを構成するひとつひとつの単語に着目することによって，なぜそのような表現が

---

[47] 判断基準 α については，以下の諸点に留意することが必要です。
  (a) 争点Qに対する答えのうちで，自分にとって都合のよい結果をもたらす部分を「効果」とし，そうした効果を希望する範囲で実現できるような表現を「要件」とする基準が，判断基準 α として，政策的に優先される（要件＋効果の形式）
  (b) $\alpha 1 \sim 4$ のうち，どれを優先するかの理由付けは，判断基準 α の形成基準 β と表記される
  前提＝甲と乙との間で，下記の各基準の要件部分に該当する事実に違いがあること
    $\alpha 1$ ある者の得票が最上位であるとき → その者を当選者とする
    $\alpha 2$ ある者の年齢が他のものより高いとき → その者を当選者とする
    $\alpha 3$ ある者の所得が多いとき → その者を当選者とする
    $\alpha 4$ 体力に優れているとき → その者を当選者とする
[48] それぞれの法律の個々の条文がその典型ですが，慣習や道徳などもここに含めることができます。
[49] 前注43）参照。
[50] 実際の表現では，いつでも条件ないし要件が最初に置かれるとは限りません。一定の言明を行った後に，そうした言明があてはまる範囲を後から限定する場合もあります。法律の条文では，但書がこれにあたります。

要件部分や効果部分に採用されたのかという疑問詞型の争点（疑問）を出し続けて行けば，さらにいくつもの派生的争点をみつけることができます[51]。

　[2113]　判断基準がいつどのように用いられるか，すなわち，判断基準の機能に着目して判断基準を分類すると，判断基準にもいろいろな性質のものがあることが分かります。まず当面の争点Q（どの大学のどの学部・学科を受験するか）について解答A，解答B，解答C，解答Dなどのうち，いずれを答えとして採用するかを決定するためには，解答A，解答B，解答C，解答Dなどの間で優先順位を決める判断基準α（「争点に対する複数の解答（選択肢）の間で優劣（序列順位）を決める根拠（ものさし，ルール等）」「『要件→効果』の形式で表現される」；「受験生が～という目的を達成しようとするときは，受験生は○○大学○○学部○○学科を受験すべきである」）だけでなく，判断基準αの形成基準β（「判断基準αに対して，判断基準たる資格（それが判断基準として認められる状態）を与える根拠（ルール），判断基準αの成否という争点に対する答えを導く際の根拠」「βの効果は，『αの要件＋効果』という形式を採る」；後述［2114］，なぜ判断基準αを採用するのかという争点に答える際の判断基準，αの成否という争点につき，成立説を不成立説よりも優先する基準，「～目的の達成を優先するとき，判断基準αを採用する」という判断基準を他の判断基準よりも優先する基準），判断基準αの適用基準γ（「判断基準αを用いる範囲（時間的，空間的，主観的（人的），客観的（事項的，物的）範囲など）を決める根拠（ルール）」，「δの効果は，『αを用いる』という表現を採る」；後述［2115］，いつ判断基準αを用いるべきかという争点に答える際の判断基準，αの要件が充足されているという肯定説と充足されていないという否定説との間で肯定説を優先する基準，「2016年4月入学を目指すとき，判断基準αを採用する」），これら3つの判断基準を一組のセットとして相互に関連させて考えることが必要です（その趣旨は，形成基準βや適用基準γの使い方がうまくいくように判断基準αの要件と効果の組合せ方を操作す

---

51)　この点は，特に立法過程を考えれば，明らかになります。すなわち，法律効果の次元からみて，どの範囲で誰をどのような形で保護するかという結論部分の対立がどのような法律要件を設けるか，法律要件をどのように表現すべきかという争点に置き換えられるという意味においてです。

るという言い方で表すことができます)。これらの基準について,「判断基準 α」,「判断基準 α の形成基準 β」,「判断基準 α の適用基準 γ」というように表記を変えるのは,これらの判断基準がそれぞれ別物であり,重なることがないという状況を示すためです。

　[2114] これらのうち,判断基準 α の形成基準 β[52]は,判断基準 α に対して「判断基準たる資格(それが判断基準として認められる状態)」を与える根拠(ルール),判断基準 α の成否という争点に対する答を導く際の根拠(判断基準 α の立法理由)を意味します。この基準 β は,通例,「〜とき」(要件)→「α の要件と α の効果とを結び付ける」(効果)という表現をとります。「当該の疑問点についての解決策如何」を論じ合う関係者の間で判断基準 α の成否が前提的争点として争われているときは,何を形成基準とすべきであるか(α の採否)についての説明がそれぞれの主張者の側で必要になります。判断基準 α とその形成基準 β とは下位基準と上位基準との関係に立つ(上位基準が下位基準を正当化する)ということもできます。判断基準 α が正しいか否かを決定する基準が α の形成基準 β であるという意味で,ここでは,α の成否ないし正否が問われます。

---

52) 判断基準 α の形成基準 β については,以下の諸点に留意することが必要です。
　(a)　$\alpha 1 \sim 4$ の要件と $\alpha 1 \sim 4$ の効果とをそれぞれ政策的に結び付ける理由
　(b)　$\beta 1 = \alpha 1$ の要件と効果とを結び付けるための基準
　　　民主主義社会を安定的に維持しようとするとき　→　多数の意思を尊重すべきである
　　　$\beta 2 = \alpha 2$ の要件と効果とを結び付ける理由
　　　年功序列に基づく社会秩序を維持しようとするとき　→　年長者を優遇すべきである
　　　$\beta 3 = \alpha 3$ の要件と効果とを結び付ける理由
　　　社会の経済的負担比率が高い者に今後も経済的に依存しようとするとき　→　資産家を優遇すべきである
　　　$\beta 4 = \alpha 4$ の要件と効果とを結び付ける理由
　　　最後まで効率的に仕事を進めようとするとき　→　体力のある者を優遇すべきである

[2115] 判断基準 α の形成基準が判明しても，それだけですぐに当初の争点 Q に対する解答（結論）が得られるわけではありません。判断基準 α の形成基準 β [53] が分かり，その結果，採用された判断基準 α の要件と効果の正当性が承認されても，当該判断基準を，常時用いるべきではなく，いつどの範囲で適用すべきであるかという点をめぐって対立が生じ得るからです。ここに，争点 Q に答えるために，もうひとつの前提作業として，判断基準 α の適用基準 γ [54] が何かを問う必要性が生じます。判断基準 α の適用基準 γ は，平叙文や単語で示される判断基準 α をいつ，どのような場面で用いるべきかという争点につき，その範囲（時間的，空間的，主観的（人的），客観的（事項的）範囲などが考えられます）を決める際の根拠（ルール）です。判断基準 α の要件部分を構成する文章の構成要素，主語，述語，目的語等のそれぞれがどのように定義されるかを問う場合には，個々の定義内容を効果とし，それぞれに対応した要件を有する適用基準（「～のとき」（要件）→「～に該当する」（効果））が単語の数だけ，並列の関係において，適用基準として存在します。そうした個別的適用基準全体の集合体という意味で，「～のとき」（要件）→「判断基準 α を採用する」

---

[53] 判断基準 α の形成基準 β の形成基準 δ については，以下の諸点に留意することが必要です。
   (a) $\beta 1 \sim 4$ の要件と $\beta 1 \sim 4$ の効果とをそれぞれ政策的に結び付ける理由
   (b) $\delta 1 = \beta 1$ の要件と効果とを結び付けるための基準
       現代社会を維持しようとするとき　→　民主主義体制を採用する
       $\delta 2 = \beta 2$ の要件と効果とを結び付ける理由
       社会的・歴史的経緯を維持しようとするとき　→　年功序列を尊重する
       $\delta 3 = \beta 3$ の要件と効果とを結び付ける理由
       社会秩序を平和裡に維持しようとするとき　→　コスト負担者を十分に確保する
       $\delta 4 = \beta 4$ の要件と効果とを結び付ける理由
       社会を安定させようとするとき　→　当面の課題をすべて解決する必要がある
[54] 判断基準 α の適用基準 γ については，以下の諸点に留意することが必要です。
   (a) α を用いる場面を政策的に決定する基準
   (b) $\gamma 1 =$ 各種議員を選ぶとき　→　α を用いる
       $\gamma 2 =$ 代表取締役社長を選ぶとき　→　α を用いる
       $\gamma 3 =$ 学級委員を選ぶとき　→　α を用いる

（効果）という形式の包括的な適用基準γを考えることができます。ここで問われるのは，基準としての成否ないし正否に代えて，基準としての要否，適否等です。

　同一の判断基準Kに依拠していても，Kの適用基準を変えれば，Kの適用結果が変わり得るということはわたくしたちの日常生活でもよくみられます。ここでは，「受験生が500点満点で350点以上の点数を取っているとき」（要件）→「その受験生は合格者と判断される資格を有する」（効果）という判断基準を例にして考えましょう。この判断基準を高等学校の中間試験，期末試験，大学入学試験などのうちどれに使うかを決定するルールが当該判断基準の適用基準です。ここに述べた判断基準αの形成基準βそれ自体についても，第二次的に，形成基準β自体の成立根拠が争われるときは，さらに形成基準βについても，もうひとつ別の段階として，βの形成基準とβの適用基準を追加して考えることが必要です。このようにβとγの二つを決めることによって初めて，αを適用して争点Qに対する解答を出すことが可能となります。このように，各種の基準は重層的に結び付いています（[2110]のバランス人形，家系図，交通路線図，樹木の枝葉など参照）。また，争点が何であるかに応じて，同一の文言を有する基準が，争点qについては判断基準となると同時に，別の争点rについては判断基準の形成基準となるというように，機能を異にすることもあり得ます[55]。

---

55) 基準の内容の相対性については，以下の諸点に留意することが必要です。
　(a)　基準の要件と効果の組み合わせがどのようになるか（要件と効果とをどのように組み合わせるか）は，何が争点となっているかとの関連で決定される
　(b)　上記「判断基準αの形成基準βの形成基準δ」の(b)以下に示した基準δ1～4は，形成基準βの形成基準δは何かという疑問詞型争点に対する4つの答を選択肢として列挙したものである
　(c)　これら4つの基準を上記(b)の争点とは別の争点に対する答として用いることもできる（判断基準αの内容として用いる場合など）
　(d)　上記(c)の場合には，争点Qに対する答は何かという疑問詞型争点の判断基準αと，判断基準αの形成基準βの形成基準δは何かという疑問詞型争点に答える際の判断基準とが同一の内容を有することになる（こうした事象が生じるのは，各争点に対する答を導くための判断基準が政策的に形成されることに起因する）

[2116]　むろん，どの争点についても，当該争点に対する解答相互の間でいずれの解答が優先するかを決めなければ結論を出すことができません[56]。この場合にも，争点相互の関係の明確化と，論理や政策を基礎に複数の解答の間で実施される優先順位の決定と，この両者の違いを明確に認識することが大切です。現実の社会では，個人（自然人）のほか，団体（法人格の有無を問いません）としての意思決定が行われる場合が少なくありません。団体の意思決定は，複数の個人の意見の集合体として，つまり多数意見や指揮命令権といった優先順位決定基準に基づく調整作業を経て一本化された形で現れます。どちらの場合も，主張者が自分の立場から順序よく整理し排列した争点のひとつひとつについて，主張者自身が結論を出す（複数の選択肢の間で優先順位を決定する）作業の結果として，意思決定が行われています。それゆえ，争点相互の関係をどのように明確化するか，どの程度明確化するか（つまり，意図的に，実質的争点を隠すか），またどのような優先順位決定基準を用いるかといった争点に対する答えは，どれも，どのような結論を維持しようとするかに応じて，政策的に変わる余地があります。

[2117]　優先順位について合意するためには，異なる意見を主張する者の間で同一の優先順位決定基準を採用する必要があります[57]。すべての当事者がと

---

56)　比喩的にいえば，争点整理の明確化は路線図の作成作業であり，優先順位の決定は路線図に従った列車の運行作業です。あるいは，建物の設計図作成が争点相互の明確化に相当し，実際の建築作業が優先順位の決定に対応します（[2109]参照）。

57)　どの「基準」も，条件節と主節との組み合わせ，すなわち，「〜とき，〜とする（なる）」という形式で表現することができます。「〜は〜である」という表現（定義に関する平叙文など）も，「〜とき，『〜は〜である』とする」と書き換えることによって，条件節と主節との組み合わせとして表現することができます。条件節（要件）と主節（効果）との組み合わせから成る判断基準は法律という形式で他者から与えられている場合もあれば，個人の好みを反映して自分で作り出す場合もあります（[2112]参照）。どのような基準を見つけるかはどのような争点に答えるべきかという問との関係で相対的に決まります。「比較の第三項」については[2117]で説明済みです。新築戸建て住宅の応接室内の壁の色を何色に塗るべきかという疑問詞型争点に対する解答は多数あります。その中で，緑色説と赤色説のうち，いず

もに認める中立の優先順位決定基準を「比較の第三項 (tertium comparationis)」（「複数の主張がともに認める共通の判断基準」「それぞれの主張をまったく含まないという意味で，両説から等距離にある，いわば第三者的な地位にある基準」）[58]と呼びます。この基準も，要件と効果という2つの部分から成り立っています（「～とき」（要件）→「～という優先順位決定基準を採用する」（効果））。「第三項」という表現は，当事者としての地位に立つ複数の主張（優先順位決定基準）のいずれにも与しない，いわば第三者的な地位に立つ基準という意味で用いられています。つまり，「それぞれの主張の内容をまったく含まないという意味で，両説から等距離にある」という趣旨です。この優先順位決定基準の存否および内容も，上述のように，それが用いられる状況に応じて種々異なります。つまり，① 自然法則等，誰にも異論の余地がないものとして，あらかじめ与えられている「比較の第三項」（絶対的な比較の第三項，[2264]）もありますし，② 対話を通じて，関係者間でそれぞれの文脈に応じて「比較の第三項」（相対的な比較

れを採用するかを決めるときには，双方が自説を正当化する論拠を挙げます。そうした論拠の中で，双方の主張が論拠としてともに認めるもの，これが両方の主張から等距離にある中立的基準です。たとえば，「壁の色遣いを決めるとき，目によい色を使うこととする」という基準がその一例です。中立的基準は，どちらの主張にも組み込まれていないという意味で「第三者」に当たります。「比較の第三項」とは，「双方の主張を比較して，その間で優先順位を決めるために用いる基準で，第三者のように，双方の主張から中立の位置にある基準」です。以上から，「比較の第三項」も「判断基準」であること，判断基準が意味を持つためには，その基準が中立的なものでなければならないこと，それゆえ，真の判断基準はどれも「比較の第三項」となっていること，これらがお分かりになることと思います。

58) 比較の第三項については，以下の諸点に留意することが必要です。
 (a) 争点Qにつき，甲説を採るときも乙説を採るときも，自説の根拠として，甲説の内容および乙説の内容を用いてはならない（甲説とも異なり乙説とも異なり，甲乙から等距離の第三者の位置にある別個の内容を要件および効果とする基準を用いて，甲説が優先するか乙説が優先するかを決めなければならない）。
 (b) 判断基準 $\alpha1$ と $\alpha2$ との間で優先順位を決めるときも，$\alpha1$ の内容および $\alpha2$ の内容を用いてはならない（最上位を正当とする見方と年長者を優遇する見方とからともに等距離にある別個の基準が必要となる）。

の第三項，[2265]）が合意により作り出される場合もあります。時間と空間が共有されていない状態では，決して一方的に「比較の第三項」を作り出すことはできません。つまり，共通性を作り出すためには，双方が同一次元で現実に存在することが必要です。それは，一方の当事者が提案する優先順位決定基準が相手方により承認される過程が実在しなければ，この優先順位決定基準が共有されることにならないからです（著者と読者とが時間と空間を共有しない場合，つまり読者が著者を代理して読者自身と対話する場合，主体は一人しか存在しませんので，文献を読んでいるだけでは優劣の基準を得ることができません（読書の限界）。内外の優れた人物との直接対話が絶対的に優先される所以がここにあります）。

[2118] 肯定説と否定説の間で優劣を決める場合，前述（[2117]）のように，優劣決定基準に両説の内容（言い換えを含む）を使うのは公平ではありません。中立的な判断基準たるべき「比較の第三項」の要件部分および効果部分に用いる表現の中に，比較対照物の内容それ自体はもちろん，その言い換えを用いてもならないのです[59]。どちらの主張にも偏っていないからこそ，その中立性が評価されて双方から「判断基準」として承認されるのです。この点はいくら強調してもし過ぎないほどきわめて重要なポイントです（社会の実情をみるとすぐにお分かりのように，各種団体の意思決定過程はもとより，武力に代えて法による世界平和を実現するという理想のもとに，説得のための論理が何よりも重視されるべき裁判所による判決理由や法案の立法理由においてさえも，随所にこのような不適切な基準が用いられているのが現実です。この点があまりにも無視ないし軽視されているところに，当該意思決定主体の未熟さが露呈されています）。

[2119] たとえば，「甘いから砂糖が食べたい」という主張が因果関係で成り立つ文章であるか否かについて考えてみましょう（因果関係肯定説は，「砂糖は甘い」という原因があるときに，「砂糖を食べる」という結果が必ずもたらされると主

---

[59] この点はしばしば誤解されています。詳しくは，野矢茂樹著『論理トレーニング』（産業図書株式会社，2000年）134-137頁（野矢茂樹著『新版 論理トレーニング』（産業図書株式会社，2006年）147-155頁）参照。なお，その実践例として，前注21）所掲の山内他著5冊があります。

張します。このような要件と効果とから成る判断基準がいつ成立するかを決めるものは，当該判断基準の形成基準と呼ばれます。形成基準が見つからないときは，判断基準として成立しません。その場合，原因と結果とは同語反復の関係に立ちます）。この主張を「条件説・原因」（要件）→「主節・結果」（効果）という形式に即して分解すると，「主語＋述語＋…とき」という条件の部分と「〜は砂糖を食べたい」という結果の部分とに分けることができます。同語反復（言い換え）か否かを決めるプロセスを「砂糖」と「糖質」を例にして説明しましょう。大切なのは，「砂糖」を何との対比において優先させようとするかという視点です。「砂糖」には「糖質」が含まれています（「砂糖」と呼ばれる調味料には甘いと感じさせる「糖質」が含まれています）。「砂糖」と「塩」とを対比して「砂糖」に優先順位を与えようとするとき，「砂糖」にのみ含まれ，「塩」には含まれていない物質（たとえば「糖質」）や「甘い」という感覚を挙げること，つまり，全体としての「砂糖」とその一部である「糖質」や「甘い」という感覚を因果関係でつなげることは，「塩」に対する関係では，同語反復になります[60]。

---

[60] 「比較の第三項」となり得るものは，複数の比較対照物に共に含まれるものでなければなりません。「砂糖」と「塩」との対比では両者に共に含まれるものをみいだすことができないというのであれば，両者は比較対照物として不適切であるということになります。これに対して，「和三盆」と「食卓塩」とを対比するときは，両者に共に含有される「ナトリウムの分量」に着目することが可能です。正確にいえば，「ナトリウムの含有量が多いものを優先する」とか「ナトリウムの含有量が少ないものを優先する」とかといった基準が「比較の第三項」の内容となります。次に，「…とき」という条件（要件）ではなく，結果（効果）に着目すると，食べる客体（対象）を「砂糖」と総称せずに細分化し，「黒砂糖」，「和三盆」，「グラニュー糖」，「角砂糖」または「氷砂糖」のうちのいずれにするかというように，複数の対象の間で優先順位を決める基準を考えることができます。この場合，これら5つの対象の間で優先順位を決める基準を「理由」という言葉で表現します。「黒砂糖」，「和三盆」，「グラニュー糖」，「角砂糖」または「氷砂糖」にはいずれも「糖質」（「甘い」という要素）が含まれています。それゆえ，「糖質」の存在または「甘い」という感覚だけでは，5つの比較対照物の間で優劣を決定することができません。ここでも，比較対照物すべてに含有される要素に着目することが必要です。たとえば，① 糖質の含有量に着目すると，「黒砂糖」には89.7ミリグラム，

[2120] 同語反復となっているか否か，つまり，結論とその理由付けとの間に内容上重なる部分があるか否かという点について判断することはさほど難しい作業ではありません。具体的な作業としては，「結論とその理由付けに当たる部分とを入れ替えた文章を作成してみて，それでも文意が成立するか否かを確認すればよい」のです。「GだからRとなる」という文章を例にとると，「結論」部分Rと「理由」部分Gとを相互に入れ替えても，つまり，「GだからRとなる」という文章でも「RだからGとなる」という文章でも，ともに単体として文意が成立する（なんらおかしいとは感じられない）ときは，結論とその理由付けとは互いに同語反復の関係に立っているといえます。同語反復であるという意見とそうではないという意見とが存在するときは，同語反復であると主張する側に証明責任が生じます（証明責任があるというのは，自説が優先する根拠として使えるような「比較の第三項（対立する論者間に共通する客観的判断基準）」を提出する義務があるという意味です。この義務を履行しないときは，自説の根拠を示すことができないので，法的評価の場面では，そうした主張は存在しないものとして取り扱われます。存在しないから，優先順位を決めることはできないという趣旨です。例：「疑わしきは罰せず」）。むろん，「結論とその理由付けとが同語反復であり，言い

「和三盆」には98.8ミリグラム，「グラニュー糖」には100ミリグラム，「角砂糖」には99.9ミリグラム，「氷砂糖」には100ミリグラムが含まれています。②ナトリウムに着目すると，100グラムあたりでみると，「黒砂糖」には27ミリグラム，「和三盆」，「グラニュー糖」および「角砂糖」には1ミリグラム，「氷砂糖」には1ミリグラムが含まれています。また，③カリウムに着目すると，「黒砂糖」には1100ミリグラム，「和三盆」には140ミリグラム，「グラニュー糖」および「角砂糖」には2ミリグラム，「氷砂糖」には1ミリグラムが含まれています。さらに④蛋白質に着目すると，「黒砂糖」には1.7ミリグラム，「和三盆」には0.2ミリグラム，「グラニュー糖」，「角砂糖」および「氷砂糖」には0ミリグラムが含まれています。このように，「黒砂糖」，「和三盆」，「グラニュー糖」，「角砂糖」または「氷砂糖」の間で含有量に違いがあるものに着目した上で，「含有量の多いものを優先する」とか「含有量の少ないものを優先する」とかといった優先順位決定基準について合意していなければ，比較対照物間で優先順位を決めることはできません。共通性を欠く表現は，結局，従前の主張の同語反復にほかなりません。

換えに過ぎない」といえるか否かという点についての判断基準は各判断主体の言語（通常は母語としての日本語）能力や論理的思考力に正比例しています（十分な日本語能力や論理的思考力を持っていない者が自己の能力不足をまったく自覚していないときは，同語反復であるか否かという争点を認識することができないという現象がみられます。これは「悲劇」であると同時に，ひとつの「喜劇」でもあります）。この点を考慮すると，誰もが自己の言語能力や論理的思考力を一層高めるように日々努力する必要があります。より細かな差異を発見できる者は，そうでない者よりも数段上の緻密な論証を行えるはずです（「裸の王様」，「他人には見えても，自分には見えないものがある」）[61]。

[2121] このような同語反復，すなわち循環論に陥らないようにすることは，日々の社会生活において意思決定を行う上で大変重要です。どの争点についてもいえますが，論理を内容とする基準でも政策を内容とする基準でも，何らかの判断基準がなければ，争点についての解答は得られません。争点Qにつき判断基準αを考える場合を例とすると，以上の説明は次のように整理することができます。

(a) 総じて，争点Qについての判断基準αは要件①と効果①との組合せから成り立っています。要件①を充足するとき，効果①が発生し，争点Qに対する解答Aが導かれます。これに対して，要件①が充足されない場合，効果①は発生せず，争点Qに対する解答Aは生じません。

(b) 要件①を充足するか否かという次の争点Rについての判断基準βも要件②と効果②から構成されています。判断基準βは判断基準αの要件①の

---

[61] 少年少女が参加する全国規模のスポーツ大会の最優秀者が三流のプロ選手にさえまったく歯が立たないという状況を考えれば，この点もすぐに理解されることでしょう。同様に，国内では一流であっても，国際大会ではまったく通用しない（井の中の蛙）という状況もよく知られています。ここから，われわれはいつも「国際基準」に基づいて行動すべきであるという基準が生まれます。英語を話せる人は，英語圏ではどこでも普通に生活できるという状況と同様に，どのような僻地にいても，いつでも国際基準に基づいて行動していれば，異文化間摩擦は生じませんし，他の地域でも違和感なく受け入れてもらえます。

適用基準です。要件②を充足するときに効果②が発生し、争点Rにつき解答Bが出されるのに対し、要件②が充足されない場合、効果②は発生せず、争点Rにつき解答Bは生じません。この場合の効果②は判断基準αの要件①です。つまり、判断基準βの要件②に該当するときに、効果②が発生する、すなわち、判断基準αの要件①が満たされるということになります。

(c) 判断基準βの要件②が満たされているか否かという争点Sについての判断基準γも要件③と効果③から構成されています。判断基準γは判断基準βの要件②の適用基準です。要件③を充足するときに効果③が発生し、争点Sにつき解答Cが引き出されるのに対し、要件③が充足されない場合、効果③は発生せず、争点Sにつき解答Cは生じません。この場合の効果③は判断基準βの要件②です。つまり、判断基準γの要件③に該当するときに、効果③が発生する、すなわち、判断基準βの要件②が満たされるということになります。

(d) 以下、もうそれ以上判断基準を求めることができない、つまり、これが最終的な判断基準であるといえるような基準がみつかるまで、同種の作業が、それぞれのさらなる前提を求めて、段階を追いながら、繰り返し行われることになります。むろん、このように段階を追って作業が行われる場合に、それぞれの判断基準の要件の内容を探す段階で、それまでに述べられた争点、判断基準の要件、判断基準の効果、これらにおいてすでに一度使われたことのある表現が登場するときは、その時点から、それまでの作業が反復されることになります。このような状態は「循環論」と呼ばれます。循環論に陥ったときはもはや最終的な判断基準を探求することができません。この場合も、当該主張は根拠を失って消滅します（こうした事態を避けようとすれば、各判断基準の要件と効果をさらに緻密に詰める作業が必要になります。ここでも細かな分析力が必要とされています）。

[2122] 最後に取り上げるのが論証です。論証（説明）とは、ある争点につきA説やB説を主張するものに対してC説を採る者が、比較の第三項の提示を通して、C説がA説やB説よりも優位することをA説やB説の主張者に対して説明し、A説やB説の主張者を納得させる行為（ある主張が成立するよう、その

根拠たる判断基準が成り立つ過程を具体的に説明する行為）です。導き出される結果に着目すれば，論証は特定の主張を正当化するプロセスです。また，当該主張を正当化する根拠に留意すれば，論証は当該判断基準の正当性を説明する過程です。論証の過程でも，争点の摘示，当該争点に関する選択肢の列挙，争点関連性の整理，選択肢相互間での優先順位決定基準の提示などが必要になります。「論証が客観的に行われている」と言えるのは，ある主張を成立させるために示された優先順位の決定基準が「比較の第三項」として成立することを根拠に，論争相手から承認される場合です。論証が成功するというのは，論争の相手方が，こちら側の論証過程を承認することです。論証が失敗するというのは，論争の相手方が，こちら側の論証過程に連続性が欠けていることを指摘し，そうした指摘に対して，こちら側が反駁し得ない場合をいいます。

2. 基礎力の養成

（1） 読む力の養成

［2201］ 読む力は，一口でいえば，読解の対象となる文章を理解する能力です。言い換えれば，読解の対象とされた文章中にどのような争点（複数の選択肢）が存在し，それら複数の選択肢がどのような関係にあるかを，判断基準等を含めて，整理する力があれば，読む力があるといえます。読む力を養成するためには，文章の読み方，特に批判的読書の仕方を正確に理解することが必要です。漫然と字面を追うだけでは，著者の意図を正確に理解することはできません。批判的読書[62]とは，素材として提供された文字情報を理解するにあた

---

62)「批判的読書」とは，別言すれば，「争点について考え，整理しながら読むこと」です。実践がうまく行かないのは，「考える」こと，そして「整理する」こと，これらの内容が理解されていないためでしょう。「整理」とは，複数の素材相互の関係を自分の言葉で説明し，その説明が他者に受け入れられる状態をいいます。「争点整理」は複数の争点の間で相互関係を明確にして排列することです。「考える」という行為と争点整理を行うこととは同義であるといえます。つまり，争点を見つけ，争点ごとに解答を出し，さらに争点をみつけるという作業を繰り返しつつ，排列を自分なりに整理することです。

り，書かれている内容を全面的に正しいものとして「あるがままに受け取る」ことに代えて，自己の問題意識から導かれる主体的な判断基準に基づき，書かれている内容のうちの何を受け入れるべきか，また何を退けるべきかを読者の立場から逐一検討し，解釈し，分析し，そして評価する「一連の作業」を意味します（[2210]）。このように，批判的読書を実践する際に必要な技術は，なんといっても争点発見力と争点関連性整理力です。これらが欠けていれば，争点を整理することができません（原著者の主張への賛否を確認しつつ，同意できないときは対案として第二の選択肢を提示することができるようになります）。以下，「考えながら読む」上での具体的な留意点を記します。

　[2202]　争点を発見するために，まず冒頭の文章から順に，当該素材を構成する文章すべてを単文に分ける作業が必要です。より具体的にいえば，すべての文章を主節や従属節に分け，形容詞や副詞をカッコに入れて取り去り，構文上不可欠の要素（名詞と動詞）のみに絞り込み（鉄道，海路，航空路等における本線と支線との区別），複数の単文（主語と述語とが一組の文章）として再構成します。その後，単文と単文との間を，それらが論理的関係に立つか政策的関係に立つかを区別しながら，接続詞や副詞で結び付けます。文法的構造を明らかにした上で，文章を構成する単語や語句の間にどのような修飾・被修飾の関係があるかを明らかにするのです。単文に分解するときに必要なのが，日本語や外国語の語学力，特に文法の知識です。その際，日本語や英語を学習する場合と同様，文法知識を応用して，主語，述語，目的語等の対応関係を図示する方法，つまり構文図解[63]を用いると有益です。構文図解という技法は，ひとつの文章を主文と従属文に，修飾語と被修飾語というように段階的に位置づけるものです。この技法を用いる目的は，視覚に訴えることを通して，争点相互の関連性を簡便かつ具体的に理解できるようにする点にあります（各文章を分解すると，個々の争点がどのように排列されているかを具体的に知ることができます）。

　[2203]　それではどのような作業をすれば，文章を構文に分解した図解にな

---

63) 構文図解（紙幅の関係から，本書では省略される）により，主文に，また被修飾語に着眼する練習を重ねれば，この技法を文献の速読に応用することもできます。

るでしょうか。たとえば，1行目には，文章の基本的な構成要素である主文の主語，述語，目的語，補語等の関連性を最小限度に単純化して示し，1行目に示された構成要素ごとにどのような修飾語句がどのような関係（順序を含む）で用いられているかを2行目に記します。2行目に用いられた表現についての修飾・被修飾関係は3行目に書きます。関連する名詞が同格の意味で用いられているか否か，関連する語句や文章が形容語句ないし形容詞節として用いられているか副詞句ないし副詞節として用いられているかなどに留意すれば，さらに整理し易くなります。このような段階的整理を通して，主文中の中核的表現（主張の骨子，本線）が何か，どれが派生的な争点かを明確に知ることができます。この点に留意すれば，文章中の大切な単語（比重の置き方）が分かり，つまり，1行目に書かれた中心的脈絡のみをフォローすれば足りるので，資料の速読（キーワードの拾い読み）が可能となります。取り上げられた文章に，主語と述語との対応性が欠けていたり，ひとつの文章が長すぎたりしていると判断されるときは，文章間に補充作業を行うことを通して，自分が文章を書くときの留意点を具体的に知ることができます。もうひとつ留意する必要があるのは，読解の対象とされた文章をそのままの表現形式で検討することが必ずしも適切であるとはいえない場合があるということです。「なぜ人は悪いことをしてはいけないか」という単文はその一例です（この問いにすぐに答えられる者には，この問いは適切な問いですが，すぐに答えられない者はこの単文を「人が悪いことをすることはいけないことであるという主張を正当化する理由は何か」（……が悪いことをする（$S_1 + V_1 + O_1$）；……のはいけないことである（$S_2 + V_2 + C_2$）；理由は主張を正当化する（$S_3 + V_3 + O_3$）；理由は何であるか（$S_4 + V_4 + C_4$））というように四つの単文から成る複文に翻訳することが必要です。このように構文図解を通して，争点の配置を視覚化することができます）。

　［2204］　次に文の構成要素（小見出しに使われた単語，記号，番号などの表記を含む）ごとにそれぞれの記述内容や表現の適否，根拠の成否等を細かく分析し，ひとつずつ確認しながら，表現内容や表現方法の適否を多面的に検討します。争点（二者択一型争点と疑問詞型争点）を多く発見すればするほど，それに比例

して，派生的争点も多く発見できます。そこでは，文字で書かれた内容を検討し，また文字で書かれていなくても文字で書かれた部分から推測できると各自が考えつく「しかるべき」内容を行間に補充し[64]，事実問題として原著者の認識の正誤や真否を確認し，原著者の解釈や価値判断の適否を自己の評価基準に照らして評価する作業が行われます。この作業を行うときは，原著者が何についてどのように述べているか，なぜそのように述べているかといった主張内容に関わる争点だけでなく，読者の側でも，なぜそれを読むか（読書の目的），どのようにテキストを読むべきであるか（読書の方法）などに関わる争点についてあらかじめ考えておく必要があります。原著者の意図に賛同できなければ，読者の側でそのつど，原著者の主張に対する対案（第二，第三の選択肢）を用意しつつ，テキストをきめ細かく分析します[65]。この場合，それぞれの局面ごと

---

[64] 「行間を補充する」という行為は，特急電車が運行されている路線で各駅停車が停車する駅を確認するような作業です。むろん補充しなくても文章それ自体は成り立っていることが少なくありません。それゆえ，日常生活では行間補充は不要です。なぜ行間を補充するかといえば，緻密な分析力を養うためです。相手の主張に論理の飛躍があることを指摘できれば，相手の主張が成り立たないと述べることによって，相手の主張の価値を無に帰せしめることができます。これとは逆に，自分の主張が相手に崩されないようにするためには，相手よりも緻密な組み立てにより，自分の主張を武装する必要があります。行間補充は，原著者の争点整理を原著者の立場（原著者の主張が正しいということを前提とする立場）から再現することであるともいえます。この作業と平行して，同じ主題について，討論者の立場で争点整理を行うことも必要です。これら2つの結果を対比して異同を確認し，その間の優先順位を決定することがその次に続きます。これら一連の作業は自分の主張を正当化するために必要な前作業です。

[65] 当面は，「読む力」の養成という場面で，争点整理を実践できるようになることが不可欠です。争点整理作業を一通り実践できるようになれば，より正確に，より迅速に，より緻密にというように，品質を高める工夫が必要です。正規の授業でもサブゼミでも，作業の中身は変わりません。ひとつの争点（問題提起。なお，主題と副題とによって中心的テーマをより小さく形成することができます）を手がかりとして，すべての参加者が個別的争点整理を行ないつつ，グループ全体として争点整理を行なうこと，これが作業の中身です。参加者全員が「当事者意識」（自分が主体的に行動しなければ組織は動かないという自覚とそれに対応した行動）を持つ

に必ず「前提を疑う」ことが必要です。「前提を疑う」というのは各主張の「根拠の成否を問う（根拠が成り立つか否かという問いを出し，かつその問いに対する解答を出す）」ことです。「そんなことはないのではないか，なぜそんなことが言えるのか」という疑問を持てば，対案を用意する作業を通して争点を作り出せます。その際，どの選択肢が優先するかの判断基準を原著者と読者とで共有できるか否か（比較の第三項の有無）を考えます（むろん，この作業は読者が原著者の代役をも果たすしかないので，真の対話にはなり得ません）。この作業を通じて争点を発見し，つまり争点ごとに対応する複数の解決策を列挙することができれば，第一段階は終了します。

［2205］ 次に，上記の作業を通じて発見した複数の争点相互の関連性を整理する作業に移ります。単文ごとに争点整理（争点間の関連性の整理）を行う場合，効率を考えれば，擬似争点（形式的争点）を排除し，真正の争点（実質的争点）のみを確定することが大切です（前掲［2110］参照）。単文間の関係（原因と結果，例示や補充説明，根拠の探求等）を自分の言葉でまとめ，相前後する単文が相互に「適切に」対応しているか否か（「従って」，「ので」，「から」，「つまり」，「たとえば」といった表現の適否に関する検討），また同語反復（重複，言い換え）となっていないかなどについて仔細に検討します。前後の文章が直接に対応していないときは，両者がうまく対応するよう，それらの行間に必要な数だけ新たに文章（平叙文や疑問文）を挿入します。この文章補充作業を丁寧に行なえば，当初の争点整理をさらに緻密にすることができます。学修を始めた初期には，量よりも質を重視して作業を進めることが大切です。3行から5行程度のまとまりを

ことが大切です。多くの作業は，おそらくこの内容を満たしていることでしょう。むろん，作業を効率的に行うためには十分な準備が必要です。準備の対象は知識と技術の2つです。知識を整理する上でも技術が必要ですので，技術が知識よりも優先されるべきです。作業の質と量の両面において経験を積めば積むほど，技術は高まります。うまく行かないという経験は貴重なものです。なぜうまく行かなかったのか，どうすればうまく行くのか，これら疑問詞型争点を手掛かりに争点整理を行えば，いくつかの解答を手掛かりに，さらに作業の質を高めることができるはずです。

持つ2つか3つの文章のみを素材として,すべての単語について,またすべての文章についてこの種の作業を可能な限りきめ細かく丁寧に行うことが必要です。きめ細かな分析作業を行える水準に達していれば,他の文章についてもこのやり方をすぐに応用できるようになります。

[2206] むろん,講義の予習を行う場合でも講義本番の場合でも,単文分解作業を実践する際には,時間や空間(黒板,ホワイトボード,ノートなど)による制約を十分に考慮する必要があります[66]。制限時間を設けた上で,選択肢ごとに根拠を探求し,選択肢間での対比,論理に基づく優先順位の決定または自己の世界観等に基づく各解決策相互間での政策的な序列付け,これらの作業を段階的に行うことが有益です。争点間の関係をどのように位置付けるかという問いの出し方に応じて,争点関連性の整理の仕方も異なります。単文ごとの整理作業が終われば,単文間の関連性を確認します(ここでは,単文相互の内容が論理的または政策的な因果関係で直接に結ばれているか否かを確認します。たとえば,原著者の政策的な判断で意図的に結合されているだけなのか,別の整理の仕方が可能であるか,また複数の文章表現が内容上重なっているという意味で同語反復にすぎないのかといった諸点を確認することが必要です)。関連性の有無とその内容を調べる手掛かりは,接続詞,副詞などが,個々の文章間でどのように用いられているかをみることです。これらの品詞の使い方の適否もひとつの争点となり得ます(「従って」とか,「なぜなら」とかといった因果関係を示す表現が用いられている場合でも,それらの接続詞や副詞の前後の文章を入れ替えて文意が通じるようであれば,原著者が意図した因果関係は成立しないという評価を読者として下すことができます)。

[2207] 単文間の整理が終われば,次に段落相互間の関係を確認する作業に移ります。段落間の関係が明らかになれば,次にはそれよりも大きな単位[67]

---

66) 授業中に個々の教材の全文について単文に分解する必要はありません。作業の中心はあくまでも「批判的読書」です。「批判的読書」を行う上で必要な材料が一部分でもあれば,それだけで十分です。つまり,ひとつの文章をA,B,C,DおよびEというように5つの単文に分けることができれば,「批判的読書」は十分に可能です。そこでは,単文Aと単文Bとの関係が成り立つか否か,AB間にさらに文章を補充する必要があるかなど,検討すべきテーマが次々に生まれます。

同士の関係を整理することが必要です。このように，ミクロ的検討からマクロ的検討へと視点を拡大することによって，次第に読解対象とした文献資料の全体像を把握することができるようになります。その際，それぞれの単位ごとに要点を整理し，その内容を単純化した単語や語句を10文字以内でまとめておけば，見出しや目次を作る際の参考にすることができます。逆に言えば，この作業を行う際には，目次の表現を参照することがきわめて有益です（目次は，原著者が用意した争点整理の図であるともいえます）。さらに，文章ごとにどのような内容が書かれていたかを確認した後，同じ内容を自分が書くとすれば，どのような表現を用いてどのように書くべきかについても考えることが必要です。みずからが作者としてどのように書くかを対案として原著者に示す作業を通じて，誰でも，複数の選択肢の中で優先順位を決める基準として何がふさわしいかという点について考えることができるようになります。自分で書く内容と批判的読書の対象とされた文章の原著者が書いた内容とを対比すれば，共通点と相違点とを確認できます。この作業を通じて，どちらの書き方がいかなる理由で執筆の目的にかなっているかをそのつど判断することができるようになります。もちろん，この場合にも，比較の第三項を見つけなければ，両者間での優先順位を決めることはできません。

　[2208]　こうした批判的な読み方をすることにどのような意味があるかという点についても，常に検討する必要があります。それは，たとえ同一の素材が用いられるときでも，読む状況（知識の修得を第一義とする肯定的読み方，問題点の発見を意図した否定的読み方等）に応じて，また読者の問題意識（何のために読むかという読書の目的ないし目標）に応じて，読み方も大きく変わり得るからです（この点はレポート作成の場合と同様です）。なぜ，そうした確認作業を行うのかという点で読者の問題意識が不鮮明ならば，いくら文章を読んでも，知識が増えこそすれ，それ以上の成果，たとえば知的刺激のための新たなヒントは得

67）　小さい単位から大きな単位へ順に挙げると，目，項，款，節，章，編，部などがあります。これらをどの順序で用いるかについても唯一の基準はなく，慣行に従うことが少なくありません。

られません。

　[2209]　むろん，上記の資料読解方法は，読む力を養うための一例にすぎません。この方法はわたくし自身が読解力をつけるために採用してきた効果的な方法であるがゆえに，履修者各位に対して，こうした方法の有用性を提案しますが，必ずしも全員がこのやり方を真似する必要はありません。大切なのは，①学修者自身が自分に合ったやり方を可能な限り早い段階で見つけ出し，正確性，稠密性，迅速性，これら3つの視点において，ハイレヴェルで，しかもコンスタントに争点整理を実践できるようになること，そして②与えられた文章の表現等について，もし自分が書き手であればそこで述べられている内容をどのように表現すべきであるかという視点から，自力で改訂版を作り出せるようになることです。むろん，いろいろな方法を適時に使いこなせるように繰り返し練習しておけば，それだけ，多くの読み方ができるようになりますので，より多くの争点を発見し，他者が見つけられない解決策を独自に探求することもできるようになりましょう。また，ここに示すような「緻密な」（見方によっては，「大学に入学してまで，国語の勉強をするのか」とか，「作業が細かすぎて付いていけない」とか，時として「批判のための批判であって，揚げ足取りでしかない」とかというように，非難を込めて言われかねないような）読み方がわれわれの実際の社会生活においていつも必要だというわけではありません（一家団欒やお見合いの場のように，ことさらに打ち解けた雰囲気が好まれる席では，この方法を決して用いてはなりません。これに対し，時としてみずからの要求を全面的に通そうとするビジネス交渉等の場では，相手方の立論の根拠を崩し，自説に有利な根拠を相手方に納得させることができるという意味で，この方法が極めて有用です）。大学での学修では，討論の前提として，対立する選択肢を発見することが必要であり，そのために批判的な読み方が求められる場合があります。緻密な読み方を実践しようとすれば，学修を始める最初の段階で，読む力を強化することに大きな意味があります。研究することが重視される大学の授業（講義や演習）は本来的に討論を中心としたものと考えられています。そこでは，読む力の修得が当然の前提となっています。実社会でも，文章を読み，複数の選択肢の中からいずれかを選ば

なければならないという意味で決断が求められる場面は決して少なくありません。大学の講義や演習の時間を利用して，上記のようなやり方で書く力や読む力を蓄えておけば，実社会に出てからすぐに応用することができるので，高い評価を得られます。上記の作業を通して読む力を鍛えることは，同時に，書く力の向上にもつながります。検討対象とされた文章で述べられている個々の表現方法の適否の判断基準について考えることは，読者自身の「在るべき書き方如何」という争点についての解答にも通じるからです。基礎力の養成上，初期の段階では，読む作業も書く作業も，ある程度，時間を掛けて分析力を高めることが大切です。

　[2210]　原著者の主張への賛否を確認する際に重要なのは，立論，異論，批判および反論という表現の意味内容について正しく理解することです[68]。批判的読書は，読書の対象として選ばれた素材につき，文章で明確に表現されている内容，文章中に言葉ではっきりと表現されてはいないにしても行間から十分に判読することができる内容，それらを確認しながら，文章の文法的構造（主語と述語との対応関係，修飾・非修飾の関係等）にも留意し，各叙述部分に対して，文字通り「批判」を行う作業です（[2201]）。原著者と読者の間で各争点に対する解答の異同を確認した結果，原著者と読者の間で意見を交換すべき争点が決まります。この批判的読書と単文分解作業とは決して矛盾する関係にはありません[69]。単文分解作業を行うことを通して，批判的読書の素材を集めることが

---

68) 担当者がこの点を正しく理解していなければ，学生に対して，誤った内容を伝えることになります。学生は担当者を全面的に信用してはならず，つねに自己の基準に照らして「価値のある」情報のみを受け取ることが必要です。

69) 単文整理作業と批判的読書とは決して相反するという意味での排他的関係にはありません。限られた時間を有効に使うためには，単文作業に何分，批判的読書に何分というように，時間配分を決めて，それぞれの作業を順次行えばよいのです。むろん，初級の段階では，ある程度単文整理を行った上で批判的読書を行う方がよいと思います。批判的読書を行う上で，単文整理作業の不十分性を自覚することが少なくないからです。このような場合には，単文整理の1回目，批判的整理の1回目，単文整理の2回目，批判的読書の2回目……というように，作業を反復し，そのつど，密度を高めて行くという方法もあります。

できます。

　[2211]「批判」を行うには,「批判」という言葉の意味を正確に知らなければなりません。「批判」とは,「臣下の差し出した上奏文に大臣がよしあしの意見を加えること,よしあしを批評して決めること」と説明されています[70]。「批」は「規準となるものと並べくらべ正す」の意を表し[71],「判」は「刀ではっきり分ける」という意味を表しています[72]。こうした語句の意味を考えると,「批判」という行為を行なうにあたっては,「批判」という行為の対象となる事象と「批判」という行為を行う際の基準とを事前に知ることが不可欠だということが分かります。「批判」を実践する場合,「批判」という行為の対象を特定するという考え方はこのことを前提としています。「批判」の対象となる行為は,何らかの争点 α(二者択一型か疑問詞型かを問わず,疑問文で表示することが可能)に対する解答となっているはずです。そこには,当該争点 α に対する解答という形式で,論者の主張が示されているからです。論者の主張を正当化する過程が当該主張の論証部分です。争点 α に対するひとつの主張とその論証(結論と理由付け)とを合わせた部分を「当該争点 α に関する立論」と呼びます。これに対して,同じ争点 α に対する別個の主張とその論証とを合わせた部分は,この立論に対する関係では,「当該争点 α に関する異論」と呼ばれます。つまり,ある争点に対する複数の主張は,互いに「異論」という地位に立っています。どちらが優先するかが問われていない段階では,並存する主張はどれも価値的に同列にあるため,異論という言葉に否定的な意味は含まれていません。「異論」の提示(複数の選択肢の提示)は必然的に選択肢相互間での優先順位決定基準が何かを問うことを意味します。ある主張A(「異論」の対象)が異論Bに優先する理由(優先順位決定基準)を示していない点を指摘する作業を通じて,異論Bの提示者は主張Aを批判したことになります。

---

70) 鎌田正・米山寅太郎著『新版 漢語林』(大修館書店,1994年)442頁。
71) 鎌田・米山著(前注70))441頁。
72) 鎌田・米山著(前注70))137頁。

[2212] 次に,「批判」という行為を行う際の基準について考えましょう。「批判」という言葉の学問的な定義[73]については,野矢茂樹著『論理トレーニ

---

73) 批判については,以下の諸点に留意することが必要です。
　(a) 前述(前注41(b)⑤)の争点Qにおける2つの主張(甲説と乙説)
　　甲説＝当選者は甲である(甲を当選者とすることができるような判断基準を優先する立場)
　　乙説＝当選者は乙である(乙を当選者とすることができるような判断基準を優先する立場)
　(b) 上記争点Qに対して述べられた2つの主張のいずれに対しても,当選者が甲であるか乙であるかという選択の問題が提起される可能性があるのかという形式で,甲説および乙説が成立する前提の成否を問題視する意見を「批判」という
　(c) 当選者が甲であるか乙であるかという選択の問題が提起される可能性があるのかという争点は争点Qの論理的前提を成す,Qとは別個の争点Rである
　(d) 争点Rについては,肯定説と否定説が存在する
　(e) 争点Rについての肯定説と否定説は,互いに,一方が他方に対して異説の関係にある
　(f) 争点Rについての否定説は,争点Rについてはひとつの主張であるが,この否定説は争点Qについて主張される甲説および乙説に対しては,ともに,批判として提示される(この部分については,上述の本文[042]参照)。
　(g) 上記の説明中,「上記争点Qに対して述べられた2つの主張のいずれに対しても,当選者が甲であるか乙であるかという選択の問題が提起される可能性があるのかという形式で,甲説および乙説が成立する前提の成否を問題視する意見を『批判』という」を前提とするとき,争点Rについての否定説(上記の甲説および乙説に対して批判を行う立場)に対して,甲説および乙説は,争点Qについては両立しない主張をするが,争点Rについて肯定説を採るという点において共通の前提を採っている
　(h) 争点Qに関する甲説および乙説から,争点Rについての否定説に対して,批判を行うときは,争点Rについての否定説の前提を疑問視する主張を行う必要がある
　(i) 反論を反対の方向へ向けての批判という意味に捉えるとき,甲説も乙説も,争点Rについての否定説とは反対の方向へ向かう主張(肯定説)を成り立たせるために,争点R「当選者が甲であるか乙であるかという選択の問題が提起される可能性があるのか」についての否定説および肯定説がともに当然の前提とした別個の争点S「当選者が甲であるか乙であるかという選択の問題が提起される可能性があるのかという選択の問題が提起される可能性があるのか」を指摘することがある

ング』[74]に書かれている通りです。「批判」は，ある主張の「論証過程（理由付け）が成り立たない」という意味で述べられる，「批判」者に固有の意見ないし主張です。つまり，「批判」の対象とされた論証過程を細かく分析した結果，争点αについてある結論を主張する者がその前提的争点βについて述べているはずの，当該主張の論証過程に前提として存在するある「立論」に対して「異論」の関係に立つ読者の主張を「批判」と呼ぶのです。狼が来ていないのに「狼が来た」と言って村人を欺いていた「狼少年」の例で言えば，「狼が来た」という発言と「狼は来ていない」という状況とが対応していなかったため，少年の発言は嘘だとみなされました。「何度も少年が嘘をついていた」ことを理由として，「狼が来たという今回の発言も嘘だ」という結論を導いている場合に，この「理由」と「結論」との間に，「論理必然的な因果関係」があるかないかという争点を見つけることが大切です。この（「有無」を問う）二者択一型争点に対する解答のひとつは，むろん，肯定説です。すなわち，直接的にいえば「上記の理由と結論との間に因果関係がある」という表現で，また間接的にいえば「少年はまた嘘をついている（「何度も少年が嘘をついていた」という事実(a)を根拠にして「狼が来たという今回の発言も嘘だ」という結論(b)を導く）」という表現でそれぞれ示される主張A（因果関係肯定説）です。これと対立するもうひとつの解答は，否定説です。つまり，直接的にいえば「上記の理由と結論との間に因果関係はない」，間接的にいえば「少年は嘘をついていない（「何度も少年が嘘をついていた」という事実(a)があるからといって，この事実を根拠に，「狼が来たという今回の発言も嘘だ」という結論(b)を導くことはできない＝(a)が(b)の

(j) この場合，争点Rについての否定説は争点Sについての肯定説を当然の前提とするが，争点Sについての否定説を主張することは，争点Rについての否定説に対して，甲説および乙説から，反対の方向で，批判を行うことを意味する

(k) 争点Sについての否定説が争点Sについての肯定説よりも優先するという点を，争点Sについての肯定説（争点Rについての否定説）に認めさせることができれば，甲説および乙説に対する批判をかわすことができる（この部分については，上述本文［042］を参照して下さい）。

74) 野矢著（前注59））134-137頁。

根拠となることはまったく証明されていない）」という表現でそれぞれ示される主張B（因果関係否定説）です。① 後者（因果関係否定説）の存在可能性を認めること，いいかえれば，② そこに肯定説と否定説との対立が生じ得るとみなすこと，さらにいいかえると，③ 争点が存在し得ることを認めるこの立場で，「『理由』と『結論』との間での因果関係の成否を問うべきだ」という主張Cを主張Aに対して投げ掛けること，この主張C（①＝②＝③）を「主張Aに対する『批判』」と呼びます。つまり，「批判」の核心は前提的争点の成否を問題視するところにあります[75]。より具体的にいえば，まず複数の主張を成立させるそれぞれの「判断基準 α」に着目することから出発します。① それら2つの判断基準（$\alpha(1)$および$\alpha(2)$）の要件がまったく同一でありながら，効果が別で

---

[75] 「前提的争点」とは，ある争点Aに対して，争点Aを考える場合に当然にその前提に置かれているはずの争点Bのことです。「来週の日曜日にどの映画を見るか」という疑問詞型争点Aの前提には「映画を見るか否か」という二者択一型争点Bがあります。争点Bについて肯定説を採るときにのみ，争点Aが登場します。このような場合，争点Bを「争点Aの前提的争点」を呼びます。「前提的争点の成否」とは，上記(a)の例でいえば，「映画を見るか否か」という二者択一型争点が成り立つか否かという意味です。映画にまったく関心を持たないC氏が来週の日曜日に何をするかを考える場合，C氏にとって争点Bはそもそも検討対象外です。この場合，C氏にとって二者択一型争点Bは形式的争点であっても実質的争点ではなく，前提的争点は実質的に成立していないといえます。「成否を問題視する」という意味は，前提的争点が成立していないという状況を説明することです。ある社会的主張Dの前提にはその論拠Eがあります。論拠がないと主張を維持することができないと考えられる場合がそうです。一定の政策的目標を掲げる場合，その目標を達成するために，どのような方法を採用するかを考えます。国家が財政（国の家計簿）を黒字にしたいという政策的目標を達成するためには，歳出を極端に切りつめるという方法もありますし，大幅に課税するという方法もあります。歳出削減策と大幅課税策という2つの主張のいずれを優先すべきであるかという問いに対してそれぞれの論者は，自説の優位を支える論拠を出さなければ，自説を採用させることができません。逆にそれぞれの主張を消すためには，論拠が成り立たないことを示せば足ります。「批判」では，主張と論拠との間に関連性がないことが示されるはずです。どのような形式で説明するかという疑問詞型争点に対する解答は以上の説明からお分かりになることと思います。

あること，または，② 要件が異なっているのに，効果が同一となっていること，これら2つのうち，いずれかの可能性を示せば「批判」が成立します。判断基準 α の次元で上記の相違を見いだせないときは，判断基準 $\alpha(1)$ の形成基準 $\beta(1)$（「……とき」（要件）→「……$\alpha(1)$ を採用する」（効果））と，判断基準 $\alpha(2)$ の形成基準 $\beta(2)$（「……とき」（要件）→「……$\alpha(2)$ を採用する」（効果））と，これら2つの形成基準同士を対比し，① 要件が同じでありながら，効果を異にしていること，あるいは，② 要件が別なのに，効果が一致していること，これらのいずれかの可能性を示せば，「批判」が成立します。形成基準 β の次元で上記の相違を見いだせないときは，形成基準 $\beta(1)$ の形成基準 $\beta'(1)$ と形成基準 $\beta(2)$ の形成基準 $\beta'(2)$ との間で……というように，対比作業を繰り返します。このような並行状態が続くときは，批判という作業に終わりはありません。

[2213] ある言及を「異論」と呼ぶか「批判」と呼ぶかは，このように，何に対する関係に着目するかによって異なります。上記の例でいえば，「理由と結論との間に因果関係はない」という主張は，因果関係の有無という争点に対する関係では，「因果関係がある」という主張に対して「異論」となっています。これに対して，当該主張は「少年が何度も嘘をついていたから今回の発言も嘘である」という主張に対する関係でみると，「批判」となっています。以上の説明から分かるように，「批判」という行為を行なう際には，「当該立論の論証過程が成り立っているか否か」という争点が取り上げられ，「論証過程が成り立っているとき，当該立論は成立する」（否定形でいえば，「論証過程が成り立っていないとき」（要件）→「当該立論は成立しない」（効果））という基準に着目することが必要です。つまり，ある主張A（c①→e①）に対して「異論」（c①→e②，c②→e① など）を提出すること（手段）により，主張A（c①→e①）が必然的に成り立つものではない旨を指摘することを通じて，主張Aに対する「批判」を行うこと（達成すべき目的）ができます。

[2214] 「反論」という表現は「反対の方向へ向けての論述」という形式的側面を表した表現です。この表現には，「論述」の内容が明示されていないため，上記の表現が何を意味するかが分かりません。そこから，何に対して反対

の方向なのか（正の方向はどのようなものか），反対の方向に向けて何を論述しようとするのかといった種々の争点が生まれます。次に，これらの争点に対する論者の解答内容に応じて，「反論」の意味内容はそれぞれに変わります。第一に，「反論」を「反対の方向への立論」という意味で理解するときは，「反論」は「異論」と同義です。第二に，「反対の方向での批判」という意味で「反論」を考えるときは，「反論」は「批判」に対する「批判」，つまり「反批判」になります。「反論」という表現は，決して専門用語といえるほど特殊化された内容を持つ用語ではありません。「反論」という言葉が用いられているときは，「反論」という表現がそこでの文脈上，上記2つのうちいずれの意味で用いられているのかについて，いつも自覚的に検討することが必要です。わたくしたちが日常生活で読んだり書いたり話したりする場合，いつでも文法的に正確な表現を用いているわけではありません。この事実を考えれば，反論の意味内容如何について検討する意義もすぐに理解できましょう。

［2215］「立論」，「異論」，「批判」，そして「反論」，これらの表現の意味内容を正確に理解することは，私たちが日常生活において意思の疎通を図るために必要な作業です。この点を正確に把握し，これらの語句を正しく使用することは，言葉に対する厳密さがことさらに求められている法律学の学修では，きわめて重要な意味を持っています。上記の各表現が何を意味するかについて再確認することは，レポート課題に対する解答だけでなく，口頭による表現練習でも大いに有用です。「批判」として述べられた内容が前述（［2212］）のような意味での真の「批判」となり得ているか否かを考える場合には，争点と解答との間に正確な対応関係があるか否かを検討すればよいでしょう。むろん，争点の設定における密度の違いが，当該解答の当否に対する判断の違いの原因となることもあります。

［2216］以上のような緻密な読み方は学修用の簡単な教科書を読むときだけでなく，裁判関係資料（訴状，準備書面，判決書等），立法関係資料（法文，立法案，立法理由書等），学説関係資料（体系書，研究論文，判例評釈等），その他の資料（新聞記事等）を読むときにも有用です。以下では，法学部の学生が裁判例

を素材とする頻度が特に高いことを考慮し，判決書を読む場合を例として示すことにします。

［2217］　法律学，特に実定法解釈学の学修では，体系書（指定された教科書等）の講読とともに，裁判例の分析的検討が頻繁に行われます。それは，判決の結論と理由は何か，判決理由のうちどこが先例として意味を持つか，判例理論は何かなどについて知るためです。というのは，判例は多くの場合，判断基準（条文）の適用基準（条文の解釈を行う際の指針）を示しているからです。体系書の講読は，各分野の専門知識（法律関係の成立から消滅までの過程に現れる各争点に答える上で必要となる判断基準の重層的構造全体）の体系的把握を意図したものです[76]。裁判例の分析的検討は，裁判官が展開した各判断基準（条文）の適用過程を個別事案に即して追体験する場です。このようにして追体験することにより，各種の判断基準および適用基準の使い方と使用上の問題点を知り，これらの基準のよりよい使い方を考える際の契機が得られます。学修上，上の２つの作業（体系書の講読と裁判例の分析）は両者とも重要です。それは，両者が相互補完的な関係に立っているという意味においてです。裁判例では，請求の趣旨および請求原因（訴状の必要的記載事項，民事訴訟法第133条第２項）により特定される訴訟物（中心的争点）に対する認否の判断過程で，多くの前提的および派生的争点が取り上げられ，そのつど特定の結論が与えられています。そうした過程全体は「法律構成」と呼ばれています。どのような法律構成の仕方を採るかも論者の政策的評価に依存しています。

［2218］　法律構成は，争点と解答をひとつの単位として，そうした単位の連鎖という形式を採ります。どの争点についても特定の判断基準が用いられ，一定の結論が採用されています。個々の争点について決断しなければ結論を出せ

---

76)　大切なのは，当該資料の内容「を」学ぶのではなく，当該資料の内容「で」考え方を学ぶことです。つまり，当該資料は学ぶ「対象」ではなく，学ぶ「手段」にすぎません。定義や原則，学説や法理などの一言一句を正確に記憶しておく必要はまったくなく，それらが，なぜそのように表現されているのかを自分の言葉で説明できるようになれば，当面の目的は達成されたといってよいでしょう。

ず，それゆえ紛争を解決できないからです。この判断過程には，争点ごとに判断基準，当該判断基準の正当性（形成理由）を根拠付けるという意味での当該基準の形成基準，当該判断基準の法律要件および法律効果に含まれる単語ごとに必要とされる当該基準の使用可能性に関する適用基準（使用範囲の決定基準）が含まれています。これら判断基準の形成基準および適用基準のいずれについても，それぞれ形成基準と適用基準をさらに遡って段階的に探求する余地があります（形成基準の形成基準，形成基準の適用基準，適用基準の形成基準，適用基準の適用基準など）。裁判書（その典型は判決書ですが，判決，決定，命令等に応じて細分化が可能です）の文章中の個別表現に着目することにより，どのような争点が取り上げられているか（逆にいえば，どのような争点が無視されているか），争点ごとにどのような解答が優先されているか，そうした解答を導くにあたって判断基準が用いられているか，判断基準の形成基準や適用基準にも意識的に言及されているか，これらについて整理することができます。そうした検討の結果から，各解答の連鎖の形式で全体として訴訟物（訴訟上の請求）に対する認否を基礎付ける法律構成を読みとることができます。裁判は，当事者同士が互いに，自分の主張が優先することを相手に対して主張するとともに，自分の主張が相手のそれよりも優先することを裁判所に理解させるという意味で，繰り返し，説得が行われる場です。その論証過程を文章化したものが訴状（原告）であり，答弁書（被告）であり，そして裁判書（裁判所）です。判断基準の適用過程を正確に理解しようとすれば，裁判書の文章を正確かつ緻密に読みこなす技術，すなわち，法律の解釈を取り扱う文章を批判的に読む力の体得が必要です。この作業を行うにあたっては，高等学校までに修得した日本語や英語の学習成果を応用することができますが，たんなる国語の読解ではないので，実定法解釈を実践できる専門家（法律家）の指導を得なければ，こうした作業を正確に行うことはできません（この点は，特に大切な点です）。そうした指導を範としつつ，各自，以下の ① ないし ③（[2219]～[2222]）に掲げる留意点を参考にして，批判的読書の手法を早期に（できれば1年次生の6月末までに）かつ着実に身につけて下さい。これが法律学学修の効果を高めるひとつの効果的な方法です。

[2219] ① 判決書（裁判書）を読むときは，まず，(1)原告の主張を争点関連表の形式で整理します。争点の発見と争点関連性の整理という作業は，著者が担当する1年次配当必修科目（「法学基礎演習」）履修者の場合，「レポートNo. 1」[77]で経験済みのものです。訴状記載事項のうち，請求の趣旨および請求原因が表示された箇所をみて，原告が被告に何を求めたか，なぜ求めたか，特に「なぜ求めたか」という部分を，原告が当該請求を主張する直接的な根拠と，その根拠を正当化する前提的根拠，さらにその前提的根拠の根底にあるもの，というように，段階的に争点整理を行うことが必要です。このように，一定の主張の前提は何か，その前提のさらなる前提は何かといった点に注目して，争点と解答の連鎖を図示する作業は実定法解釈を行う場合に必須の技法です（民事訴訟法第133条第2項。司法研修所の教育等では「ブロック・ダイアグラム」と呼ばれています）[78]。原告側主張の争点整理が終われば，次に，(2)被告の主張を同様に争点関連表の形式で整理します。原告が出した争点に対する被告側の反応を分類すると，「沈黙」と「発言」，発言中の「不知」と「知」，知の中の「自白」と「否認」，「自白」を前提として新たな争点と解答の提示をもたらす「抗弁」（再抗弁に対する新たな抗弁は「再々抗弁」と呼ばれます。この点については，民事訴訟法の概説書の該当部分の説明が有用です）など，当事者の態度に留意すれば，争点関連性を整理し易くなります。被告側主張の争点整理が終われば，今

---

77) 当該課題（No. 1）は，概ね，「次の資料を読んで，各種の争点を整理しなさい」という文章で表現されています。検討の素材は，社会の環境に応じて，毎年変更されています。それは，現代社会における問題事象を履修者が自覚的に捉えることができるようにという担当者の政策的な配慮に基づくものです。これまでの経験によれば，上記の問いに対する解答の多くは当該資料に示された各種の争点について自説を述べるにとどまり，争点を整理するという内容になっていません。しかし，自説を述べる場合でも，何が争点であるかを明確に理解していなければ，自説をどのように述べるべきかが決まりません。この意味において，自説を述べる作業以前に，争点の整理を先行させなければなりません。

78) 司法研修所編『問題研究 要件事実——言い分方式による設例15題——』（法曹会，2003年）18頁以下（司法研修所編『改訂 問題研究 要件事実——言い分方式による説例15題——』（法曹会，2006年）19頁以下）他参照。

度は，被告が出した新たな主張（抗弁）に対する原告の「再抗弁」について同様の整理を行います（原告の「再抗弁」にたいする被告の「再々抗弁」等についても，新しい事実が主張される限り，同種の整理を行います）。(3)このように当事者双方の主張が出尽くした段階に至って初めて，「主文と判決理由に示された裁判所の判断過程を図示する」作業を行うことができます。上記の(1)ないし(3)の順序は関係者の行動の実際の順序を反映させたものです。これら３つの作業を経て，ようやく紛争全体の争点関連表（図示を含む）を作り上げることができます。事案の概要把握は，紛争全体の鳥瞰図を得るために不可欠の作業です。

　[2220]　② 上記の(3)のうち，判決理由の検討も複数の作業から成ります。ここでは，文章の結論部分から出発点へと遡って前提を確認する作業（帰納的方法），つまり，通常の文章の流れ（演繹的方法）とは逆の順序で，段階を追って各文章を並べ替える作業を行うことが有益です。その際，文章の書き出しから最初の句点まで数行に亘って書かれている「長い文章はすべて複数の単文（主語と述語が一組の文章）に置き換える」ことにします。その上で，単文ごとに主語と述語が対応しているか否かを確認し，対応していない「不完全な文章は欠落部分を補って完全な文章に再構成する」ことが必要です。これらの作業を行いながら，複文を単文へ並べ替える過程で，争点，判断基準，解答（判断基準の適用結果），これら三者を構成要素とする「ユニットの連鎖の形式で判決理由全体を再構成する」ことにします。この作業終了後に，接続詞や副詞に着目して各単文間の関係を整理します。その際，「従って」とか，「なぜならば」とか，因果関係を示す表現が用いられていても，そこに本当に論理的な因果関係が成り立っているかを確認する必要があります。それは，それら複数の文章がまったく別の争点に対する解答であるためにうまく対応していなかったり，同一争点を対象とした言い換えにとどまったり，同語反復に過ぎなかったりする場合も少なくないからです。文章 α の次に，「従って」を挟んで文章 β が置かれているとき，α と β との因果関係的結合を「α ならば β である（「α であるとき」（要件）→「β とする」（効果））」という基準として認める，つまりこの基準を討論者間で「比較の第三項」として認める旨の合意がなければ，α と β

との間に論理的因果関係は存在しません。つまり，そこには，「従って」という因果を示す関係は実際には存在していないのです[79]。なお，判決書の文章を分析する場合，第一段階では，あくまでも裁判所の「立論」を支持するという前提のもとに，「判決理由全体が因果関係の重層的構成となるようにその行間を可能な限り細かく補充する」必要があります。それは，社会通念上，作者の真意を「好意的に」理解しようと努める積極的な努力が異文化間コミュニケーションを図るルールとして尊重されているためです。

[2221] これに対して，第二段階では「そうはならないはずだ」という否定的な視点で判決書を分析することが必要です。特に，行間が空きすぎているという意味で判決書の文章中に飛躍が感じられる場合，読者の側で，行間補充のために，内容上しかるべき対案の提示が必要となります。この作業は，「法学基礎演習」履修者の場合，「レポート課題 No. 2」[80]で経験済みのものです（応

---

79) このような説明ができないとき，「弁論の全趣旨に照らして」等，趣旨不明の表現が頻繁に用いられますが，読者はそうした言葉に惑わされてはなりません。

80) 当該課題（No. 2）は，概ね，「次の資料を読んで……を支持する立場から，各種の批判に対して自説を展開しなさい」という文章で表現されています。検討の素材は，社会の環境に応じて，毎年変更されています。それは，現代社会における問題事象を履修者が自覚的に捉えることができるようにという担当者の政策的な配慮に基づくものです。出題の意図は，争点整理の意味を正しく理解できていることを前提として，批判の意味を理解できかつ実践できるか否かを確認するところにあります。この課題 No. 2 レポートでも，序論，本論，結論，の三部構成が必要です。ただ，本論の内容は課題 No. 1 の場合とは異なります。「各種の争点を整理すること」から「各種の批判に対して反論すること」へと変わっています。「争点整理の意味を正しく理解できていること」の内容は，何が争点かを発見できること，たくさんの争点を発見できること，争点相互の関連性を説明できること，争点間の関連性を説明する意義を理解できていること，これらです。「批判」の前提には批判対象を明示することが必要です。批判対象は主張と論証との組み合わせです。「批判」の内容は [2211]-[2212] に，「反論」の内容は [2214] に，それぞれ書かれています。[2212] ないし [2215] をお読みになれば，課題 No. 2 の本論で行うべき作業のイメージがお分かりになるかと思います。本論では，第一に，争点整理を文章で書くことによって何らかの主張と論拠を明らかにする，第二にその主張（結論とその論拠）に対して「批判」を行う，つまり，結論とその論拠との間に「因果関係が

用としての第三段階では，さらに進んで，自分が裁判官であればどのように判決書を書くべきかについて考え，実践することにします。後述［2227］，注84）以下参照）。

[2222]　③　判決書の文章をこのように批判的に分析し，各争点に対する解答の過程が論証として成り立つか否かを争点ごとに細かく検証する作業は，何度も繰り返し指摘する点ですが，法律学，特に実定法解釈学を学修する場合，誰にも必要な技法です。論証過程に飛躍があると感じるときは，読者は，論証が成り立たないという意見を述べることができます。この作業は，主張の論拠の成立可能性を否定する作業という意味で，「批判」に当たります。そこでは，自分が加えた「批判」の成否を確認するために，もうひとりの自分を仮想したうえで，自分が加えた「批判」に対する前提的「批判」を段階的に何度も行う必要があります（メタ批判）。当初の「批判」がそもそも「批判」として成り立っていなければ，「批判」の意味はないからです。この場合，「法学基礎演習」

ない」ことを指摘する，第三に，その批判に対して反論を行う，これら3点が最低限必要です。序論では，今なぜ各種の批判に対して反論するか，その順序はどのようなものかを書くことが必要です。また，結論では，どのような主張と論証に対してどのような批判が行われ，それにどのように反論したかを簡潔に整理して書くことが必要です。上に示した3つの作業がうまく対応する形で行われていれば，本論部分は合格です。序論と結論も本論と対応する形で書かれていれば，合格です。むろん，批判および反論の質が高く量も多ければ，それだけ高い評価が与えられます。前提的争点の成否を問題視するところに批判の核心があることに留意すれば，容易に課題に答えることができます。これまでの経験によれば，上記の問いに対する解答の多くは当該資料に示された主張に対する異論を提示するにとどまり，批判を行っていません。しかし，いくら異論を出しても，対立する主張相互間での優劣を決める基準を示していなければ，論議は平行線を辿るのみです。この意味において，異論を出す作業以前に，批判を先行させなければなりません。課題No.2では，資料の作者が「問題がある」として非難している主張を特定することが最初の作業です。当該作者がどこに疑問を感じているか，なぜ問題だとしているかの分析をすることです。問題があると指摘されている主張は複数あります。どれを選ぶかは各解答者の自由です。次に，当該作者により問題があると指摘された主張を支持する立場で，各解答者が，当該作者の指摘自体に問題があると言う非難を行うこと，これが今回の作業の中心です。どこをどのように非難するかは，序論の内容として何を取り上げたかにより異なります。

の授業で繰り返し指摘したように,「批判」と「異論」とを厳密に区別することが必要です。ある「立論」の前提にある争点と同一の争点に対して当該「立論」と並列の関係でともに成り立つ「異論」は「批判」とは別物です。「批判」は「立論」とは別の争点,つまり,「立論」の論証部分の成否という別個の争点について述べられる主張です。「批判」自体に対する段階的「批判」は,「法学基礎演習」履修者の場合,「レポート課題 No. 3」[81]で経験済みのものです。

---

81) 当該課題（No. 3）は,概ね,「……という意見を批判する意見Aを批判する意見Bを批判する意見Cを批判する意見Dを……意見Gを批判しなさい」という文章で表現されています。検討の素材は,社会の環境に応じて,毎年変更されています。それは,現代社会における問題事象を履修者が自覚的に捉えることができるようにという担当者の政策的な配慮に基づくものです。ここでの留意点は,すべての意見について,結論とその論拠とを明示した後に,結論とその論拠との間に因果関係があるかないかという争点を提示し,因果関係がないという主張を行うことです（この主張自体が「批判」を意味しています）。この出題に対する解答の形式につき,森英子氏（2008年度1年生）から「意見Gを批判しっぱなしで終わらせてよいのか」という御指摘を戴きました（2008年6月21日）。「批判というものの性質を考慮した場合,批判対象となる主張の前提的争点の成否が問われる可能性のある限り,批判は,どこまでも実行可能なはず」であり,「従って,批判が起こらないようにする,すなわち,対象となる主張の前提的争点の成否の問われる可能性をなくすために,どちらの主張も共に認める共通基準を設け,その基準を承認し当該主張を採るというまとめ方」にする必要があるのではないかという御意見です。1年生が6月上旬においてすでにそのレヴェルの解答を作成できるのであれば,むろん,それがベストの解答です（そうした解答ができなくても,このような書き方の意味がわかるようになれば,批判の意味を実践で示すことができているはずです）。

　出題の意図は,「争点整理」と「批判」の双方の作業を正確に理解できかつ実践できるようになっているか否かの確認に加えて,どの程度まで緻密な分析を行えるかを確認するところにあります。これまでの経験によれば,ここでの課題に答えるためには,争点整理と批判の双方を正しく理解し実践できる段階に達しているだけでは足りず,腰を据えて緻密な分析を行えるだけの思考の粘着性も必要とされています。「課題レポート No. 3」の書き方に関連して,以下に説明を補充します。

⑴　「犬を飼うか否か」という争点①は二者択一型争点です。つまり,争点①をめぐる主張（解答,以下同じ）は肯定説と否定説のみです。争点①に答えるにあたり,「犬を飼う理由の要否」という二者択一型争点②を争点①の前提的争点として主張するのは,「犬を飼いたいから飼う」のであり,犬を飼う理由を問

[2223] 上の ① ないし ③（[2219]-[2222]）の作業を一部でも実践すれば，判決書の文章を批判的に読んだことになります（前述 [2216] 参照。このような

う必要はないという否定説を排除するためです。肯定説では，争点 ① の前提的争点として，「争点 ① に答える上で，どのような基準によるべきか」という疑問詞型争点 ③ を考えます。争点 ③ をめぐる主張には，飼育目的（用途）を考えるべきだ，経済合理性を考慮するべきだ，近所迷惑も考えるべきだというように多様な選択肢があります．

(2) 争点 ② を挟んで，争点 ③ と争点 ① との関係を「前提」と「結果」と位置付ける者（「犬を飼う特別の理由がなければ犬を飼うか否かを決められないという主張（この主張の背景には，「犬を飼うときは一定の金額を消費する」という経済的側面を念頭におき，関連する支出に合理性があることを自分自身が納得したいという考えがあることでしょう））は，争点 ③ をめぐる主張と争点 ① をめぐる主張とを「理由」と「結論」として捉えます。争点 ③ をめぐる主張のうち，たとえば，飼育目的説は，犬の飼育目的が決まれば，犬を飼うか否かを判断できると考えます。この関連性を肯定する者は，争点 ③ の前提的争点として，「何のために犬を飼うか（なぜ犬を飼うか）」という疑問視型争点 ④ を考えることでしょう。

(3) 争点 ④ をめぐる主張には愛玩，警備，食材などがあります。これら多様な主張の存在を認める者は，「犬を飼う」という意見と「警備」という意見とは，主張と論拠の関係に立つと考えます。同様に，「犬を飼う」と「愛玩」とは主張と論拠の関係にあると捉えます。警備説と愛玩説といずれをとるかという優先順位の決定基準は，愛玩説も警備説も同様に認める共通基準が存在するときに限られます。たとえば，「犬の価格が 5 万円と 10 万円との間にある場合において，かつ金額上相違があるとき（要件），犬を飼おうとする者は安い価格の犬を優先しなければならない（効果）」という基準 A を愛玩説も警備説もともに承認するときは，基準 A が「比較の第三項」となります。これに対して，価格が安いか否かよりも可愛いか否かを基準として優先すべきだというとき，つまり，「争点 ④ をめぐる主張のうちどれを優先すべきか」という疑問視型争点 ⑤ が提案されるとき，基準 A は「比較の第三項」とはなり得ません。同じ内容の文章でも，それが基準として用いられるときとそうでないときとがあり得ます。

(4) 上記の基準 A を承認し，警備説を採るときは，「警備のために，犬を飼う」という文章において，「警備のため」という部分が「犬を飼う」という結論を支える論拠として成立します。「警備」の論拠性が「低廉な価格」という共通基準によって根拠付けられているためです。この場合，犬を飼うという結論と警備のためという理由との間には因果関係があると説明します。前提の成否を問う意見（＝批判）は，ここでは，成立しないことになります。

読み方は判決書についてのみならず,体系書の記述についても,立法理由書における表現についても,さらにその他の資料についてもまったく同様に用いることができます)。こうした作業の実践例は,国際企業関係法学科4年生の手になる刊行物[82]でも十分に確認できます。この作業を一通り行えるようになっていれば,そうした作業をより正確に,緻密に,迅速に行えるようにすることが次の課題です。

(2) 書く力の養成[83]

[2224] 書く力は自己の主張を文章の形式で表現する能力です。一定の主張

---

(5) 歴史上,警備用の犬として利用されたのは,シェパード,ボクサー,ドーベルマン,コリーなどです。愛玩用としては,シーズー,マルチーズ,ポメラニアン,ヨークシャーテリアなどが飼われてきました。これを前提とすると,「シェパードを飼うかシーズーを飼うか」という二者択一型争点⑥には,すでに,「警備用か愛玩用か」という二者択一型争点⑦が含まれていることが分かります。この場合,争点⑦は疑似争点であり,形式的争点であるといわれます。つまり,答える必要がない争点です。このように説明するのは,争点⑥に答えれば,同時に,争点⑦にも答えたことになる点を考慮するためです。この文脈では,「シェパードを飼う」という結論と「警備のため」という表現とは結論と論拠の関係に立っていません。警備の意味内容がシェパードの意味内容に含意されているところから,「シェパードを飼う」という結論と「警備のため」という表現とは「同語反復」の関係にあると表現されます。前提の成否を問う意見(=批判)は,ここでは,成立しています。

(6) 以上から,批判が成り立つ場面を意識的に選び出す工夫が必要であることがお分かりのことと思います。上記の説明中,「犬を飼う」を「猫に餌をやる」に置き換えた上で,まず,主張 α に対する批判として成り立つ文章 β を考えましょう。同様に,主張 β に対する批判として成り立つ文章 γ を考えましょう。この作業を地道にコツコツと進めること,これ以外に,対策はありません。この技法を着実に体得すれば,もはや恐いものはありません。どんな場でも,自説を自信を持って主張できるようになります。

82) この点については,前注21)所掲の山内他著5冊の該当部分を参照して下さい。
83) この項については,通信教育課程における履修者を対象として,すでに包括的に言及したことがあります。山内「法律論文の書き方について——実定法解釈学の場合——」(中央大学通信教育部『*Libellus* 2 レポートの書き方』(1995年,中央大学通信教育部)86-99頁)を参照して下さい。

を行い，論証を行うことを目的として文章を書こうとする場合，読む力の項（[2201]-[2223]）で触れた内容をそのまま活用することができます。つまり，誰が（主語）何を（目的語）どうしたい（行為）のか，なぜそのように思うのか（理由）といった諸点について重要と考える単語を順次書き出しておいてから，次に文法的知識に基づいてそれらの単語を単文の形式で繋ぎ合わせて表現すればよいのです。ここでも，争点整理を実践することができます（ここで紹介するのは，このように一定の自己主張をするための文章作法の一例です。この場合，解釈を含めて，作業主体の評価が表れているという点が特に重要です。何がどのように書かれているかを整理し大意を要約するだけの事実確認型の作業は，自己主張を欠いているという理由から，ここでは除外しています）。

[2225]　「こうしたい」とか「そうすべきである」とかという形式で自分自身や他者に対して一定の意思や当為を主張という形式で伝える場合，まず争点を示すことが大切です。次に，当該争点に対する自己の結論を述べます。さらに当該主張を導き出す根拠（判断基準，理由付け）を示します。以上が主張の骨格部分です。争点が小さい場合には，結論と根拠は簡単に示せます。争点が大きいときは，結論の内容を細分化して示すとともに，それらを再統合する過程が必要になります。その場合，根拠も細分化されているはずですので，必然的に記述の分量も増えます。

[2226]　さらに留意すべき点は，主張の分量についてです。主張として提示すべき分量が，時間や字数というかたちで具体的に指定されていれば，当然にそれを遵守する必要があります。分量の指定がなくても，学年末試験の答案のように，60分という制限時間があるときはせいぜい1,500字から2,000字程度しか答案に書けないことでしょう。また学年末試験レポートやゼミでの調査レポートのように5,000字程度の分量を書く時間的な余裕が与えられている場合もあります。自由課題であれば，何をどの程度書いてもよいように思われるかもしれませんが，多忙な生活を送る学生の場合，一通のレポート作成に充当できる時間にも，社会生活上，ある程度の限界があります。結局は，本人の問題関心，調査対象に関する資料の質と量などを総合的に考慮して，そのつど適切

な分量を自己の裁量により決めるしかありません（一応の目安として，修士論文については8万字から10万字程度が，また博士論文については少なくとも40万字ないし50万字程度が考えられます。それは，一定の主張を行い，それを論証しようとすれば，相当数の争点，判断基準，形成基準，適用基準を明示しなければならず，そのために相当の字数が必要となると考えられてきたためです）。文章化する際の速さや密度については，むろん，各自の執筆経験における質と量が大きな意味を持ちます（文章を書く練習を意識的に行っていなければ，なかなか文章を書けませんが，平素から文章を書き慣れている者にとって一定の時間内に一定の字数で書くことはさほど負担でも苦痛でもありません）。

[2227] 分量のほかにも文章を書く上で必要ないくつかの留意点があります。何よりもまず，体裁上，序論，本論および結論の3部構成[84]という形式を整えていることが必要です。この形式は，法律学に関する文章を書く場合，論文（小論文，レポートを含む）についても各種試験（学年末試験だけでなく，各種の国家試験をも含む）の答案についても，つねにあてはまります。このような形式への配慮が求められるのは，自己の主張の正当性を読者（採点者）に認めさせるために工夫された伝統的ないし慣行的な手続が重視されているという現実があるからです。そのため，しかるべき記述の形式が遵守されていなければ，内容の適否に立ち入る前の段階で，自己の主張を相手方に伝える機会を失うことにもなりかねません（ちなみに，こうした形式は口頭での報告の場合にも同様に考え

---

84) 法律学の学修上，序論，本論，結論の三部構成，結論と理由との分離等に特に留意することが大切です。「起承転結」という書き方は法律学では用いられていません。この点も重要なポイントです。民事裁判における判決書をみれば分かりますが，何が中心的争点かは請求の趣旨と請求原因により特定されます。この中心的争点に対する結論は判決主文です。論拠は判決理由で述べられます。これら3つが必要最小限の要素です。序論では，何が中心的争点であり，なぜそれが中心的争点とされたか，どのような結論が求められているかなどが述べられます。結論では，中心的争点に対する解答が述べられます。本論では，中心的争点に関する複数の主張とそれぞれの根拠が個別的かつ段階的に述べられます。このような三部構成を具体的に展開できるようにするためには，法律学的思考方法を体得することが必要です。

られています。後述［2254］-［2257］参照)。また，全体の量的なバランス（例：序論：本論：結論＝1：8：1，本文：注＝7：3。もとよりこの比率は，執筆の目的や字数に応じて変動します）が適切に保たれているか否かという点にも配慮する必要があります。

［2228］　まず，序論では，以下の2点に配慮することが必要です。そのひとつは「問題意識の表明とその背景説明」（［1101］以下参照）です。問題意識は，執筆者が争点の形式で他者に問いかけたい内容です。「問題意識の表明」とは，今どのようなテーマを取り上げるのか，つまり執筆者にとって何が問題だと考えられているかを示す部分（執筆者が争点の形式で示す問題提起）です[85]。執筆者

---

[85]　問題意識を表明するにあたって留意すべきことのひとつは，今，何が問題となっているかを明示することです。この作業は「問題の所在」という言葉で表せます。「問題の所在」が承認されるのは，「① 複数の見解が成立している状態，つまり，ある問いに対する解答が複数存在している場合において，② そのいずれを優先すべきかをめぐって，選択が必要とされているとき」です。これら2つの条件が存在するときには，解決を要する問題が実在すると言えます。「問題の所在」という表現は，何が問題となっているか，何を問題とすべきか，これらが分からない人に対して，「ここに問題があるのだ」ということを読者に対して分かり易く示す作業です。むろん，解決を要するか否かという争点自体，論者の政策的評価に左右されます。要否という争点については，肯定説と否定説があり，問題の所在を感じ取る人と問題ではないと感じる人がいます。このことは問題意識の差という言葉で説明されます。つまり，問題意識が鋭い人と問題意識が鈍い人という分類です。もとより，この区別自体は甚だ主観的なものです。これに対して，「問題に意義がある」とか「問題の意義」というときの「意義」を「論じる必要性があること」という意味に理解すれば，この点は上記の②の条件として考えることができます。この場合，「問題の意義」は「問題の所在」の第二の条件として位置付けられます。「書く意義」があるか否かという問いは，見解が分かれている争点につき，自分の意見を述べたいという意思の存在と関連します。見解が分かれていること，それ自体はひとつの事実状態でしかありません。複数の選択肢があること（事実）と，そのうちのどれを優先すべきかということ（評価）とは別のものです。すでに何人もが自分の意見を明らかにしている状況において，論文執筆者がどれを優先すべきかを論じる意義や意味や必要性が一体どこにあるかを示すこと，これが，論者が課題を設定するときに述べる「書く意義」の内容です。論文は，「作成者に研究能力があることを文章により具体的に示す作業」の一部です。どのような素材を用いて研究能力

の明確な問題意識を明らかにした後に，「その背景説明」では，そうした問題意識が出てくる事情ないしそこでの問題意識が成立する社会的背景など，主題設定の理由（なぜそうした問題提起が成り立つと言えるのか）を説明することが求められます。この点について述べるのは，趣味のように，まったくの個人的関心に基づいて取り上げる主題であれば何を取り上げてもよいし，またどのように書いてもよく，他者の了解など不要ですが，他者と時間を共有して当該主題について論じ，他者を説得しようとすれば，そこには協働作業が求められるため，最低限度，そうした主題を取り上げる意味について協働作業を行う他者の了解を得る必要があるという社会的な事情があるからです。第二に，「叙述の順序とその理由」（[1201] 以下参照）を明らかにする必要があります。つまり，みずからが設定した課題に答えるにあたり，「どのような順序で解答するか」についての説明とその理由も述べられていなければなりません。これら2つは，与えられた課題に対して無条件に反応するのではなく，書き手自身が当該課題に対して主体的に取り組んでいる姿勢を示すという意味で不可欠の説明です。というのは，解答を導く上で複数の経路があるときは，どのルートを辿るのがよいかという選択の過程が必然的に登場し，いずれのルートを優先すべきかという点についても他者の了解を必要とするという事情によるものです（これら2つの点について説明する必要があるのは，書き手自身においてさえ，まったく同一の課題に対しても複数の問題意識が生じ得るため，解答の視点だけでなく，解答の順序に関しても，多様な説明がなされる可能性があるからです）。ここでも，最終的には，執筆時点における論者の世界観に基づく問題意識それ自体が叙述の順序とその理由の適否を決定する基準となります。序論においてこれら2点についての説明が十分に行われていなければ，手続上，本論は読むに値しないものと判断されかねません（門前払い。この場合，本論は評価の対象にはなりません）。

　[2229]　次に，本論では，序論の後半（「叙述の順序」）に示された手順に従い，それぞれに必要な事柄を順次取り上げて論じることになります。知識のレ

の具備を示すかは各自の選択に委ねられていますが，なぜその素材を選んだかの説明責任が作成者に課されています。

ヴェルでは，当該分野における基本原則および例外の内容とそれらの根拠，各概念の意義・要件・効果の内容とその根拠，具体的設例に即した説明などが簡潔に記述されていればよいでしょう。また，どのような解決策を優先すべきであるかという点で解答者の意見が問われているときは，複数の対立する解決可能性を主張と論拠（論拠については直接的論拠と間接的論拠との区別が必要です）とに分けて並列的に対比したうえで，判断基準となる「比較の第三項」を用いてそれらの間で優先順位を明らかにすればよいでしょう。その際，もうひとりの自分を仮想して，自説に対する他者からの批判を想定し，それに対する反論を提示する作業を反復して行えれば，反復作業が行われた回数だけ論旨はより緻密になり，また立体的になり，生じ得る各種の批判を事前に封じ込めることができるだけでなく，思考過程を深めることもできます。法律学上の論点に限らず，社会問題を含めて，多くの論題については，多くの場合，当該争点に触れた複数の先行業績があるはずです（「歴史は繰り返す」）から，それらを適切に引用することも必要です[86]。

[2230] 結論では，序論で示された各自の問題意識に対応する形式で，当該課題に直接かつ簡潔に答えることが必要です。つまり，序論で示された具体的争点に対する作者自身の解答が用意されていなければなりません。概して時間的制約の多い現代社会では，何が問題なのか，なぜ問題なのか，どうしたいのか，なぜなのかといった要点さえ把握すればひとまずは足りるのであり，理由を問題視する場合でなければ，改めて理由をみる必要がないという考えも十分に成り立ち得ます。とりわけ，同じ争点について自分と異なる主張であるか否かを確認すれば足り，自分と同じ結論であればそれ以上に理由を問うまでもないと考える場合には，理由が述べられているはずの本論部分の参照はすべて省略されることになりがちです。ここでも，解答者の問題意識の内容それ自体

---

[86] 学問研究は，先人の真摯な学問的業績を受け継ぎ，さらに進展させる継続的協働作業です。すべてを自己の手柄とするのではなく，先人の業績をしかるべく尊重しなければ，自己の仕事も後輩（後生）によって適切に評価されることはありません。

が，それぞれの解答（結論部分）の適否を判定するための判断基準を成しています。

　［2231］　もっとも，実際に文章を書く場合に注意を要するのは，序論から書き始め，次に本論を記し，最後に結論を書くというやり方（前述［2227］-［2230］）が必ずしも常に採用されるわけではないという点です。序論，本論，そして結論という順序が辿られるのは，通例，執筆者が相当に書く経験を積んでいる場合です。何をどの順に書けばよいかがわからないときは，こうした手順を辿ることができません。そのような場合には，執筆者自身が持っているはずの社会の実情に対する違和感に基づいて，自分がどの争点についてどのような主張をしたいのかという結論部分の内容の大枠をまず決め，次に，そうした主張を正当化する過程を述べる本論を手書きのメモのかたちでまとめ，最後になぜそうした主張を行うべきかを後知恵で説明するために序論を書くというやり方を採用することが便宜です（結果選択的アプローチ）。また，ある程度執筆経験を積めば，おおよその構成をつかむとともに，どのような素材をどのように用いればどの程度の分量を書くことができるかという政策的な配慮を加えることができるので，まず本論の素材として用いる資料を決定し，当該資料を少しずつ批判的に読み進めてゆく過程で，そうした資料から得られる情報や感想を本論の内容として少しずつ整理し，その内容を分析・整理して纏め上げてゆく過程で，何となく「自分がなじめる」ような結論を導き出し，それに合うように最後に序論を表現することも可能です。さらに，序論の内容が最初に構想され，次に，結論が仮定され，両者を結び得る資料に依拠してミッシング・リンクが探求され，本論の内容がまとめられる場合もあり得ます。このように，執筆の順序は，経験の質と量，文章を書く状況がどのようなものかという執筆者に固有の社会的事情などに左右されます。このことは，2,000字程度の答案や，種々の制限字数のもとでのレポート，8万字から10万字程度の修士論文，40万字ないし50万字程度の博士論文などを書く場合にも，基本的にあてはまります（むろん，出題者の評価基準に応じて，求められるスタイルが変化することも十分にあり得ます）。

[2232] 最後に，これも大切な点ですが，一通り文章を書いた後で，自らが作成した文章を執筆者自身で批判的に検討する点検作業を行う必要があります。それは，執筆者自身が「最初の読者」として自分の書いた文章を批判的に読むことを通して，読者から「予想される」反論の余地をあらかじめ封鎖するために，効果的な内容を文章表現上あらかじめ提示する必要があるからです。このような自己点検作業も，社会における実践的な活動を考えれば，大いに重要です。このような書き方を平素から何度も繰り返して実践していれば，皆さんは，専門的な知識を修得し，また独立した思考を展開する上で不可欠の基礎的分析力を備えた思考方法を短期間のうちに効率よく体得することができるようになります。このように丁寧に書く作業を平素から実践することの副次的効果として，誰でも，短時間[87]に要点を抑えた簡明な話し方ができるようになります[88]（この作業を行うときは，厳密に言えば，[2235]以下に述べるような，読む力と書く力との融合が行われているはずです）。

[2233] 理由付けを伴った一定の主張を文章で表現する際に，テーマの選択は大変重要です。初心者はレポート作成に際し，往々にして，関心のあるテーマを選ぶ例が少なくありません。しかし，関心があるというだけで，いつも論

---

87) たとえば，10秒，1分，2分，5分，15分など。この点については，後述[2405]-[2406]参照。

88) ここに記したことは，各種の授業でノートをとるときにも応用できます。むろん，話を聞きながらメモを取る作業は「論文執筆」ではありません。序論，本論，結論の順序に添って書くことは，授業等では，時間の制約があるために，なかなかできないことです。通常の授業では，取り上げられた争点，争点に対する解答，争点相互の関連性についての説明などが図解を交えて記録されることでしょう。しかし，本文中で述べた作業に慣れてくれば，ノートをとるときにも，序論，本論，結論というスペースを設け，授業を聞きながら，本論の部分を埋め，結論の部分を書き，序論の部分を授業終了後に埋めるという作業を実践できるようになります。なお，ノートのページを2列に分け，左側に担当者の主張を書き，右側に各自の主張を書くというように工夫をすれば，予習・復習のときにも容易に対比を行なえるようになります。左側の主張欄を主張の数に応じて細分化することには物理的な限界がありますので，慣れてくれば，ノートに代えて，大判のメモ用紙を多用することが便宜に感じられることもあります。

証が成功するとは限りません。確かに，ある状況に対して賛成とか反対とかという結論を述べることは難しくはありませんが，「主張には論拠が必要だ」ということを想起する必要があります。それゆえ，最終的に，好き嫌いのような主観的評価基準にしか依拠できないものは討議の主題になり得ないということも十分に承認されなければなりません。逆にいえば，討議の素材としては，執筆者にとってまずは論証可能なものをテーマとして優先的に選ぶことが勧められます。「書きたいテーマよりも書けるテーマを選ぶべきだ」というアドヴァイスはこの趣旨で行われるものです。言いたいことの結論が決まっていても，なぜそう言えるのかの理由付けが行われていなければ，論証には成功しません。学修の初期の段階では，時間的な制約や争点整理の技術の限界を考慮して，多すぎもせず少なすぎもしないという意味で適度な参考資料を使えるテーマを優先することもひとつの方法です。

［2234］ 文章を書くことは，後述（［2245］以下）するように，話す力を養う上で必要とされる前提的能力のひとつです。書く力は話す力の基礎となっているのです（「英文が書けるようになっていれば，英語で話すことに苦労はない」）。一定の内容を限られた時間内に報告するよう求められる場合，あらかじめ報告用原稿を書いておくことが必要です。報告用原稿をうまくまとめることができれば，話す内容も精選されたものとなり，聞き手に良い印象を与えることができます。

（3） 読む力と書く力の融合

［2235］ 読む力と書く力の融合を実現する上で最も効果的なのは，テキスト分析を行うことです。テキスト分析は，所与のテキストに客観的に表現されている情報のみを用いて，何が争点となったか，当該争点につきどのような結論が述べられているか，どのような根拠が主張されているかを，解釈や評価を加えることなくもっぱら事実のみに限定して，明らかにする作業です。客観的資料のみを用いるので，事実確認が可能な限り，問いに対する解答が分裂することはありません（「比較の第三項」を導くことが可能です）。同じテキスト分析でも，

論文の分析と物語の分析とでは基本構造に違いがあります[89]。「どう思うか」といった個人の主観を問う問題ではなく、「どのように書かれていたか」が問われるので、問いと解答との対応関係も明確に示されます。テキスト分析は、高等学校までに学習する国語の授業で多く行われていた感想文を書く作業や主観的評価のみに依存した整理（なぜそのように言えるのかについての客観的な論証が不能のため、一定の見解を丸暗記せざるを得ない手法）とは異なり、論証力を磨く効果があります。

　［2236］　上記の点をもう少し細かく説明すると以下のようになります。「テキストの分析と解釈」という作業の内容は３つの部分に分かれます。第一の作業は、テキストに書かれた文字情報のみを事実的根拠として、厳密にテキストを読み込みつつ内容を確認することです。第二の作業は、テキストに書かれた文字情報のみに基づく推測・解釈を行うこと（事実的根拠を示すことのできる解釈を行うこと）です。これらの作業は、感覚的・感傷的な内容を伴うものではなく、文字や文章の形式で与えられた情報を可能な限り厳密に、分析的・論理的・客観的視点から検討して、どのようなメッセージが当該文章中に込められているかを事実として探り出すことです。これは、論議の対象を、素材たる文

---

89) 物語の構造については、①冒頭（時や場所など、物語の設定、主人公や登場人物の紹介、状況説明の部分）②発端（事件や葛藤の出発点、物語の中核となる事件や葛藤を具体的に述べ始める部分）、③展開（事件の展開を示し、緊張感を高める誘導の部分）、④山場（緊張感が高まるクライマックス、事件の解決や葛藤の克服について述べる部分）、⑤結末（事件が収束する部分）、⑥結び（登場人物のその後の動向などを述べる部分）、これら６つの部分から構成されていると説明されています（三森ゆりか著『外国語で発想するための日本語レッスン』（白水社、2006年）108頁以下他参照）。またテキストの「分析と解釈・批判」の方法として、あるひとつの作品について、構造、プロット（事件の発生から収束までの一続きの流れ）、スタイル（言葉の選び方、語り口）、形式（定型詩や自由詩など）、視点（一人称か三人称か）、時制、設定（時代背景、環境、季節）、トーン（調子）、語彙（隠喩など）、文法、登場人物（性、年齢、氏名、容貌、性格、地位、職業）とその相関図、象徴、主題、作家とその背景などの指標のうち、当該作品に最もふさわしい指標を用いて検討するという指摘もみられます（三森・前掲書119頁）。

章表現から「客観的に」論証できることのみに限定する方法です。第三の作業は，これが最も大切な点ですが，このような分析を行った結果を簡潔な文章（例：200字ないし500字程度）にまとめる作業を繰り返すことです。この段階で読む力と書く力が実際に融合するのです[90]。この方法は，自己の思索の過程を整理する上できわめて効果的です。自分が書いた文章は自己の思索の結果を文字という形で具体化しかつ客観化したものです。自己の文章をもうひとりの自分が批判的に分析することで，原著者と読者という異なる主体相互間での橋渡しが可能になります。この作業過程を経ることによって，読む力と書く力を一段と向上させることができます[91]（前述［2232］）。

［2237］　テキスト分析に際して留意すべき点は論文の構造です。通例，論文を書く目的は「誰かある特定の者に対してみずからが一定の主張を行うこと，そして他者の同意を得ようとすること」にあります。序論と結論を見て，著者が何（論述対象（争点）の決定）についてどのような結論（解答）を述べているか，原著者はその結論の正当性なり必要性なりをどのように論証しているかといった諸点に目を向けることが，読者には必要です。また序論を見て，原著者がそうした対象をなぜ選んだか，どのように主張を展開しようとしているかといった視点も無視することはできません。これらはすでに「書く力の養成」の項で述べた事柄ばかりです。

（4）　聞く力の養成

［2238］　聞く力は，他者の発話内容たる文章の内容を瞬間的に理解する能力です。ここに述べる能力は，一対一の対話のような単純な形式の場合だけでなく，形式上一対多数として現れることが少なくない聴講（講義，講演会など）の場合も，複数対複数の形式として登場する討論（演習，パネルディスカッション

---

90)　これは，読むという情報収集の側面と書くという情報発信の側面とが盾の両面のように一体化するという意味です。

91)　テキストの分析の仕方に関する手近な参考文献として，三森（前注89））24頁以下，105頁以下他参照。

など）の場合にも，つねに必要なものです。限られた生産的活動時間を効果的に使うことを考えれば（コスト感覚），聞くに値しない内容であるか否かを瞬時に見分ける力も必要です（およそ聞くに値しない内容であれば，直ちに中座し，みずからにとって意味のある作業を優先することもひとつの方法です。貴重な時間を共有するためには，誰でもそれに値するだけの内容のある話をする社会的責任があります）。

　［2239］　聞くという行為には複数の主体が関わっています。聞くという行為はそれだけで完結するものではなく，聞いた結果を事後の過程へつなげ，その後の行為（発話，応答など）に反映させるための準備として位置付けられるものです。この意味で，前述の書く力がそのままここでも利用されることになります。聞くという行為に関わる留意点の多くは読む力の養成の項で取り上げた部分と重複するので，以下では，聞くという行為に固有の留意点のみを掲げることとします。

　［2240］　話し手が何を述べているか，話し手がなぜそのように考えているかを知るためには，話し手が想定する争点関連図（［2109］-［2110］）を聞き手も共有することが必要です。争点関連図は争点を並べ上げ，それらの関係（原因と結果，主張と理由，命題と例示など）を図形，矢印等を用いて示したものです。具体的にいえば，聞き手は，まず話を聞きながらその主張に現れた個々の争点を列挙し，各争点に対する話し手の解答を書き，それぞれの解答から次の争点を見つけ出すという作業を連続して行います。話し手が述べた部分は黒色で，聞き手に固有の意見は青色で，第三者の意見は赤色でというように，表現の主体を明確に区別したり，また主要な争点と枝葉の争点とを色分けしたりすることによって，1枚の争点関連図のみで全体像を容易に把握することができるようになります。主題が大きい（主題が抽象度の高い表現で述べられている）ときは何枚もの争点関連図に分けて書く方が補充作業を進め易くなります。図解に代えて，争点や当該争点に対する選択肢を単語で示したり，文章で書き取ったりすることも有用です。各自が理解しやすい方法でメモすればよいのです。

　［2241］　このような作業を読者は種々の場面で応用することができます。その典型例は，講義でメモをとる場合です。その際，初心者がまず留意すべき点

は，授業のノートの取り方です。教科書が指定されており，予習をすれば，何が争点か，当該争点に対してどのような選択肢があるかなどが容易に分かるときは，メモすべき分量が多くないのでノートのとり方にさほど苦労することはありません。教科書がなく，まとまった参考書もないため，予習が難しいときは，ノートのとり方に特に注意が必要になります。説明される内容を発言順にノートに記録するだけではまだ整理したことにはなりません。まず話し手が念頭に置いている争点が何か，各争点につきどのような選択肢が挙げられたか，話し手がどの選択肢を解答（結論）として採用したか，話し手が挙げている根拠は何かなどを正確に理解し記述することがノートを取るときに必要な作業です。

［2242］　以下，ひとつのやり方を示します。話し手の述べる表現を「争点」と「争点に対する解答」とに分けてメモするときは，ノートの1頁に6本の縦線（または横線）を引き，欄ごとに書く内容を区別します。一番左側（または一番上の列）には，話し手が取り上げた争点を，2列目には当該争点に対する複数の選択肢を，3列目には話し手が採用した結論を，4列目には，話し手が採用した選択肢の根拠を，5列目には話し手が用いた優先順位決定基準（「比較の第三項」，前述［2117］参照）を，6列目には聞き手の意見を，というように整理する方法です。学修の段階が進めば論証も緻密になるので，欄の数を増やす工夫も必要です。ここでも，工夫を凝らして，自分にあった整理法を見つけて実践することが大切です。

［2243］　ノートを取る作業にまだ十分慣れていないうちは，何よりもまず，話し手の立場を前提として話し手が言う通りにノートに記録することが大切です。また，ある程度ノートを取ることに慣れてくれば，話し手による争点整理に加え，聞き手の立場からも争点を整理し，話し手の整理と聞き手の整理との間で優先順位を決定できるときはそれを実践することなどの作業も必要です。この作業を行うためには，普段から，話を聞く機会があれば常に要点をメモするという習慣を付けておくことが大切です。どんなに瑣末な事項であっても，いつでも，争点，解答（主張），理由（根拠）などに分けつつ，図表を併用して

メモを取り，また争点関連表を略図で示し続ければ，何についてどのようなやり方でメモを取ればよいかについて常に考えているはずなので，次第にそれぞれの目的にあわせたメモを効率的に取れるようになります。こうした練習を積み重ねることによって一定の水準に達すれば，誰でも，いちいちメモを取らなくても頭の中だけで話の要点を簡単に整理し，それに基づいて随時，適切に発言することができるようになります[92]。この段階に至ると，聞く力と話す力を融合させることができます（後述［2260］以下）。

　［2244］　聞く力が確実に身についているか否かを確認しようとすれば，英語のヒアリングおよびディクテーション（聞き取りと書き取り）の経験を生かすことが有益です。話し手が次から次へと切れ目なく発する言葉を逐一記録し尽くすことは誰にも不可能です。誰でもどの言葉を記録するべきか，どの言葉をどのように記録すべきであるかなどについて考えざるを得ません。より効率的な聞き方を体得するには，実践経験を積み重ねる以外ありません。その場合でも，ただ漫然と記録作業の回数を重ねればよいわけではなく，種々のヴァリエーションを想定しつつ，基礎を反復練習してこの種の技法を実用可能なやり方で体得することが大切です（ここでは，一流のスポーツ選手がシーズン前に行う練習が参考になります。練習は練習それ自体のためにするものではなく，本番で役立つように準備することが必要です）。むろん，日本語の表現方法と英語の表現方法との間に言語構造上の違いがあるので，英語のヒアリングと日本語の聴解作業とがすべての点で対応しているというわけではありません。それでも，日本語でメモする作業と英語でメモする作業を交互に繰り返し行えば，日常的に異文化間での交渉[93]のための準備をあらかじめ行うことができます（聞く力の向上には読む力の向上をもたらすという副次的効果もあります）。

---

92) 話に連続性があるときは，メモを取る作業が必須になります。そのメモが次回の討議の前提を成すはずだからです。
93) 外国人とのビジネス交渉だけでなく，文化を異にする企業間での合併交渉など，純粋国内事件でも，この種の経験は頻繁にみられます。

(5) 話す力の養成

[2245] 話す力は自己の発話内容を必要な時間内に適切な言葉で表現する能力です。多くの方々が経験されるように、学修の場で話す内容は一定の論証を伴った主張に対する評価に関するものであって、脈絡のない世間話やおしゃべりではありません。一定の論証を伴った主張を理解するために行う争点整理の作業では、最初から整理された言葉が無条件に湧いて出てくることはありません。むしろ、誰もが経験するように、何から話し始めるか、どの順に伝えるかなどに関して、一旦は自分の頭で考えて上手に整理し直さなければ、到底、限られた時間内にまとまった話をすることができません。きちんとした体系的な争点整理を行ったり、一貫性のあるまとまった話をしたりすることができれば、話し手は他の参加者から信用（信頼）を得られます。信用は二度目のチャンスを引き寄せます。二度目の成功が三度目の機会を生み出します。話が下手だという評価が定着すれば、逆の結果が生まれます。単発の会合の場合だけでなく、毎週連続して行われる授業の場合でも、個々の発言に対してつねに他の参加者による評価が行われていることを想起すれば、参加者には毎回の発言が真剣勝負だということが分かるはずです（「一期一会」）。

[2246] 話す力が試される場面は多様です。面接試験（指定校推薦試験、ゼミ応募試験、就職試験など）のように一問一答型で解答も1分以内かつ50字以内というように、極端に制限された場では、正確さや簡明さにおいて、問いに対する率直かつ適切な対応が求められます。また、判例研究や立法批判などの形式をとったゼミでの口頭報告の場合のように、10分ないし20分で一定の主題につき自分の主張と論拠を簡潔に表現することが求められる場合もあります。話す場に応じて、また参加者のレヴェルに応じて、それぞれ必要な話し方が決まり、それに見合った留意点があるというわけです。

[2247] 話の筋や流れ（sequence, Arbeitsablauf, séquence）を作るためには、争点を順序よく排列することが必要です。JR東海が運行する東海道新幹線を例に取れば、争点は東京から新大阪まで設置されている駅にあたります。東海道新幹線「のぞみ」の停車駅と「ひかり」や「こだま」の停車駅とに違いがある

のは，運行時間の短縮，乗降客数などを考慮した運行目的の相違が考慮されているためです。他方，JR各社の運行状況を考えれば，東京駅から新大阪駅までの経路はひとつだけと決まっているわけではありません。東海道新幹線の他に，中央本線経由などいくつもの経路が考えられます。争点の排列が一通りではないということは，どの順にどの駅に停車するかという点で多様な選択肢があることを意味します。ここでは，話の目的を考える必要が生じます（最短時間で移動するためとか，車窓に流れる景色を楽しむためとかといった旅行目的に応じて，行き先や行き方が変わり得ます）。また話の聞き手の関心やレヴェルも考慮する必要があります。ここでも，あらゆる行為（旅行，運行管理など）について，その目的，対象，方法は三位一体のものとして現れます。

［2248］　周知のように時間は有限のものです。話し手も聞き手も時間的制約から逃れられません。そのことをよく理解しているはずであるのに，われわれは往々にして時間的制約をあまり考慮することなく，だらだらと話しがちです（「言うべきことを言わず，言わなくてもよいことを言う」）。開始時刻と終了時刻が明示されていない会議，議題を処理する上で必要最小限の時間が確保されていない会議，定刻が守られていない会議など，参加者に満足感を与えない会議体が少なくないことも，社会の現実としてよく知られています。話す場合にも，書く場合と同様に，コスト感覚（費用管理や時間管理を含む）が必要です。

［2249］　話す場合，「単文を論理的に積み重ねる」工夫が大切です。聞き手が短時間で要領よく理解できるようにするためです。文章を書くときに，単文（主語と述語が一組の文章）が基本とされているのと同様，話す場合も，簡潔な話であれば，聞き手に対して，より強い印象を与えます。時間を効率的に使って簡潔明瞭な話し方ができれば，それだけ，より多くの内容を話すこともできます。限られた時間をどのように使いこなすかについていつでも配慮できるようになれば，10秒とか1分とか5分，また10分というように限られた時間をより効果的に使えるようになります（各種の面接試験など）。秒単位での短い時間を上手に管理することができれば，3年次生の秋から冬に掛けて行なわれる就職活動での自己アピールなどにも，十分に応用することができます。

[2250] 話す力を養成するための留意点も，これまでに述べてきた3つの基本的な能力，つまり，読む力，書く力，聞く力，これらを養成する場合のそれと基本的に変わりません。そのうちで最も重要なのは，書く力です。以下，重複を避けつつ，要点をまとめます。

[2251] まず，争点の発見と争点関連性の整理という作業の重要性は，これまでに行われたレポートの作成および批判的読書の場面を通じて，読者にも十分に理解されていることでしょう。争点の発見と争点関連性の整理という作業の重要性は，話す力を養成する場合，さらに高まります。それは，瞬間的な判断が必要とされているからです。読み書きの場合には，無制限とはいえないまでも，それなりに時間をかけて対処することができます。他者が書いた文章を一度ですべて理解することが難しければ，何度でも読み直すことができますし，自分が書いた文章が気に入らなければ，何度でも書き直すことができるからです。

[2252] これに対して，話す場合には，こまめにメモを取りながら，瞬時に争点を発見し，争点関連性を整理することが必要です。聞き直したり言い直したりすることができないわけではありませんが，何度も聞き直したり言い直したりすることは，実際には困難です[94]。私たちの日常生活には対話や交渉が不可欠です。対話や交渉には多くの争点が含まれています。対話や交渉を円滑に進めるためには，争点発見力および争点関連性整理力を高める必要があります。高いレヴェルの能力を有する人々が行う討議を聞いていると，国際的水準に達している一流選手の試合のように，内容の濃さを感じますし，心地よい緊張感に浸ることができます。最初は聴衆の一人として，その後は報告者や講演者として，水準の高い国際会議（1894年創設 Jahrestagung der Deutschen Gesellschaft für Rechtsvergleichung 等）に何度も参加していると，日本では味わえないこのような密度の濃い，高水準の討議を頻繁に経験することができます。そうした機会に達成感が得られれば，よりよい思い出を作ることができます。

---

94) 何度も聞き直したり言い直したりしていると，すぐに理解してもらえないという意味で，信頼性を失います。

[2253] 法律学の学修においては，紛争の解決というその特性から，当事者双方の主張を理解し，かつそれらの間で優劣を判定することが不可欠です。本人または代理人として主張し，論証する場合も，主張を聴き比べて判定を下す場合でも，人前で話すことが求められます（プレゼンテーションや報告の場合にも，通例，前述［2227］の序論，本論，結論という三部構成が採用されています。「書面の通り陳述します」という場合，こうした構成が当該書面に採用されることでしょう）。講義や演習（ゼミ）での報告に際して繰り返される「あなたはどう思うか，なぜそう考えるのか」という問いは，当該主張のままでよいか否かの判定を話し手自身に対して，また話し手の主張に賛成するか否かの判定を聞き手に対して，それぞれ求めるものです。主張は平叙文で表現されます。最も単純な主張は単文で表されますが，主張内容が複雑になると，補充説明のために，複数の平叙文で表現することが必要になります。主張の前提には，平叙文を構成する文章の構成要素ごとに多くの争点が存在しています。論証はその主張をなぜ採用すべきかに関する根拠の承認を話し手から聞き手に対して求める作業です。論証では，複数の争点が示され，争点ごとに解答とその根拠となる判断基準が示され，判断基準ごとに当該判断基準の形成基準だけでなく，その適用基準（判断基準を解釈する際の決め手となる基準）も段階的に示される必要があります。主張を基礎づける過程でいくつも争点が登場するのは，どの争点もたくさんの前提的争点を持っているからです。この場合，争点間の関連性を整理するため，つなぎの役割を果たす説明文を適宜挿入することも必要です。関連性を整理するときの方法が論者により異なり得るからです。多くの場合，論証は複数の平叙文で表現されます。

[2254] 話す力の養成は，同時に，聞く力の養成にもなり得ます。話し手が強調している言葉，話し手が繰り返し用いている言葉などに留意すれば，話し手が何を強調しようとしているか，どこに注意して話を展開しているかが分かります。そうすれば，何に注意して聞けばよいかも分かります。初心者が話す力を段階的に養成する場合の留意点は，さしあたり以下の5つです（［2255］-［2259］，正確性の追求，稠密性の追求，迅速性の追求，時間の短縮，経営者の視点）。

[2255] 第一に，対話や交渉に参加する場合には，何がそこでの議題（中心的争点）か，当該議題に対して論者はどのような結論を主張したいと考えているか，結論が出ていないときは何が分かれば結論を出せるかといった諸点について，話を聞きながら争点を見つけ，争点関連性について整理するという作業を絶えず繰り返すことが必要です。これらは，参加者自身の問題意識を明らかにすると同時に，いつまでにどのような結論を出すべきかという視点から会議体の進行プランを考える際に必要なものです。レポートの作成でいえば，これらは序論の作業にあたります。議題が未定の場合でも，参加者は，どのような議題を提案したいかをあらかじめ自分で決めておくことが必要です。この点が不可欠だということは，対話・会議・交渉を主催する立場（座長，司会者，議事進行者，これらは経営者に相当します）で考えてみるとすぐに分かるはずです。参加者に満足感を与えることが次の会議体（設置，参加を含む）へとつなぐ前提になっています。満足感を得られなければ，参加者は次の会議に参加する意欲を失います。参加者を確保できなければ，会議を開く可能性もなくなります。全員が経営者の視点を持ち，かつ同調的に行動すれば，会議体そのもののまとまりは，ワールドカップで優勝できるチームのように，よくなります（後述[2259]）。ここでは，フォア・ザ・チームを念頭に置いて発言するという協調精神を持つことが大切です。全体を見通すためには，毎回，自分の発言だけでなく，他の参加者の発言についても，それらがどこに位置づけられるかについて考え続けることも必要です（外野の視点）。聞きたい質問があっても，当該会議体の時間配分に留意して発言すること，場合により発言を差し控えることは，参加者に求められる最低限のマナーです。

[2256] 第二に，発言に際しては，結論を簡潔に述べることが大切です。何を言いたいかを最初に明確にすれば，その会議体において，その後の発言を導く火付け役（導火線）の役割を果たせます。時間は参加者全員の共有財産であり，ひとりが独占すべきではありません。また，（争点整理が欠けている結果）だらだらと話していると，自分が何を言いたいかの結論を見失うことにもなりかねません。争点に対する解答に続けて，その解答が優先されるべき根拠を簡潔

に述べることも大切です。根拠が示されていなければ，聞き手はなぜそうすべきかについて判断できないからです。根拠を述べる場合，主張との同語反復を避ける必要があります。繰り返しになりますが，同語反復の回避は大変重要です（根拠付けに用いる基準は，主張者と主張者以外の者との間で共通に承認される基準（「比較の第三項」）でなければなりません）。比較の第三項を提供できないときは，その主張自体，優位性を保てません（前述［2117］-［2120］）。

　［2257］　第三に，簡潔に話すためには，一度に話す文字の数を少なくすることです。そのためには，発言時間 10 秒以内，発言字数 20 字以内といった数量的制限を自分自身に課すことも有益です。焦点を絞り込めば，枝葉の部分を切り捨てて本筋に集中できるので，正確さを高めることもできます（後述［2302］-［2303］参照）。言いたいことが複数あるときは，その内容を細分化した上で，重要度の高い順に発言する方が効果的です。限られた時間を有効に使うとともに，話す時間を独占せず，他の参加者にも話す時間を応分に提供する配慮がなければ，参加者に公平に機会を提供するという意味での民主主義的運営は成功しません。また，時として，結論のみを述べるにとどめて，理由は敢えて述べないというやり方もあり得ます。なぜそのような発言をするのかを他の参加者に考えさせるためです（結論を聞けば理由付けを十分に推測できるときは，理由付けを省略することが時間の節約になります）。

　［2258］　第四に，相手方の発言を聞いてから自分が発言するまでの間隔を可能な限り短縮することも大切です。できれば相手方の発言終了後すぐに発言できるように準備することを目標にすべきです。こうした瞬間的反応が実社会でいつでも必要とされているというわけではありませんが，必要とされるときにすぐに応対できるようにしておくことが有用です。瞬間的に発言できれば，相手方に考える時間的余裕を与えないという意味で，自説にとって有利な状況を作り出すこともできます（発言までの間隔を短縮することにより，自らが考える時間を相手の思索時間よりも多く確保することができれば，論争において優位に立つこともできます）。日常生活における対話および交渉では，結論を出すべきか否か，いつまでに結論を出すべきかが一様ではありません。相手方の交渉能力や反応の

仕方次第では，どの順に交渉することが得策か（引き延ばし策を含む）も変わり得ます。相手方の発言に対する回答ないし解答の時間的余裕の有無も一定していません。これらはすべて，経験を積み重ねることで段階的に会得してゆくものです。むろん，経験の量よりも質の方がずっと大切です。交渉力を高め，また限られた時間を効率的に使おうとすれば，論争の相手としても，それなりの水準を備えた有能な人を選ぶことが大切です（この点において，進路（大学・学部・学科，大学院・研究科・専攻など）や所属組織（演習，会社，団体など）を選ぶときも，自分の能力を向上させることのできる同僚が参加する可能性のある環境を優先することが大切です）。

　[2259]　第五に，話し合いに参加する場合，総じて，経営者の視点を忘れないことが大切です。会議や対話（質問，対談，シンポジウム，コンファレンス，学会などを含む）に参加してよかったと感じられるのは，何よりもまず，自分では考え付かないヒントや知識が得られるという意味で，多くの知的刺激を受けるからです。何について考えるべきか，どのように考えるべきか，これらが分かれば，次の段階に独力で進むことができます。こうした知識やヒントは会議参加者が個別に入手できる無形のお土産（利益）に当たります。持ち帰るお土産を得ようとし，また少しでも多くお土産を手に入れようとすれば，問題意識を持って周到に準備を進めるだけでなく，話合いに主体的かつ積極的に参加し，議論をリードするような発言を行うこと（主体的参加の姿勢を示すこと）も必要です。優秀な参加者との間で生産的な話し合いを行い，信頼感を得られれば，会議終了後，新たな人脈を形成することができましょう。よい人脈はあなたの人生において貴重な財産になります。経営者の視点という点では，会議で時間を効率的に配分する工夫も必要です。このためには，いつでも時計の秒針の動きに配慮することが必要です（前述 [2248]）。時の経過は全員にとって不可避の物理的制約です。失われた時を二度と取り戻すことは誰にもできないのです。参加者はいつでもストップ・ウォッチを手元に置いて時間をうまく管理し，時間を作り出すように心掛けましょう。

（6） 聞く力と話す力の融合

［2260］ 聞く力と話す力の融合を実現するためには，単数または複数の聞き手を想定した予行演習，つまりひとり演説を行うことが有用です。演説の構成についても，論文を書く場合とまったく同じ配慮が必要です（前述［2227］参照）。しかも，論文を書く場合と異なって，何度も見直すことができないだけに，一度聞いただけで理解できるよう，分かりやすい構成と表現を選ぶ必要があります。中核を成す本論は，主題として選ばれたテーマに関する自己主張と論拠の組合せ（争点整理）です。序論は，そうした主張を現時点で他者に提示する意義の解明と論述の順序の明示です。結論は，自己主張の要点の整理です。自己主張を支える論拠が多数の論拠により複線的かつ重層的に構成されるときは，その密度等に比例して，本論の説明が詳しくなり，それゆえ発言時間が長くなります。逆にいえば，与えられている発言時間全体から逆算して，序論，本論および結論に配分する時間を決めることが大切です。

［2261］ ひとり演説を実践する場合，姿見を前にしてかつ自分の発言を録音しながら，より客観的に聞き手の立場から当該発言の内容および形式をみずから点検し，問題点を検討する作業を行います（ヴィデオ映像の活用）。この作業は，読む力と書く力の融合を目指す際に行った「一定の字数で文章化する作業」を「一定の時間内に口頭で表現する作業」に転換したものです。この自己検証作業に慣れるまでは，意識して発言時間を短くする必要があります。全体像をつかめなければ，各部分が果たす役割を評価することができません。自己の発言の内容や形式のどこに長所があり，また短所があるかを確認することができれば，次第に演説時間を延ばすことができます。自分の発言の要点を話しながら自分でメモできるようになれば，自分の発言を途中でコントロールすることもできます（ここでは，書く力の応用も必要になります。参加者の便宜を考慮すれば，事前にレジュメを配布することも有用です。司会を担当するときは，一枚の争点関連図の中に全参加者の発言を書き留め，必要に応じてそれらを短時間に集約して話す作業を行うことが必要です）。

(7) 判断する力の養成

[2262] 判断する力は，自己および他者の文章および発話の内容および形式について，その成否，適否，当否等を決定する能力です。複数の選択肢の間で優先順位を決める[95]ためには，それらの選択肢を主張し合う人々の間で，共通に認め合う判断基準（「比較の第三項」）を発見したり創造したりすることが必要です（前述［2117］以下）。ここでは，共通基準の発見の仕方について説明します。

[2263] 複数の主張（α，β，γ など）相互の間で優先順位を決める基準は何かという問いに答えることは必ずしも容易ではありません。前述（［2117］-［2121］）のように，実社会では，それぞれの主張が成り立つことを前提としてのみ用いることのできる表現が「根拠」として挙げられることが少なくありませんが，各主張を構成する内部的要素をいくら掲げても，それらは当初の主張の繰り返しないしは同語反復にとどまり，何ら当該主張の真の根拠とはなり得ません。真の根拠は，複数の主張がともに承認する前提（比較の第三項）でなければなりません。このような「比較の第三項」は最初から無条件に与えられているとは限りません。「比較の第三項」の発見方法如何，このこと自体がひとつの現代的課題となっています。可能な限り早い段階でこの点に気づくことができれば，真の論争と疑似論争とを区別することができるので，時間を効率的に使えるようになります。

[2264] 比較の第三項を発見しようとする場合，経験上知られているやり方が2つあります。下記のやり方を，いつ，どのように使うべきか，各やり方にどのような限界があるか，これらはすべて，各自の個別的な経験をもとにして，利用者が自覚的に考え続けなければならない課題です。すぐれたメンバー

---

95) この点については，さしあたり，佐伯胖著『「決め方」の論理──社会的決定理論への招待──』（東京大学出版会，1980年），ジャン゠フランソワ・リオタール他著（宇田川博訳）『どのように判断するか──カントとフランス現代思想──』（国文社，1990年），ウェルナー・マルクス著（上妻精・米田美智子訳）『地上に尺度はあるか』（未来社，1994年），ゲーリー・クライン著（佐藤洋一監訳）『決断の法則──人はどのようにして意思決定するのか──』（トッパン，1998年）他参照。

と討議することができれば，早期にかつ確実に，本当の論争を行えるようになります。

　［2265］　第一の発見方法は，絶対的な比較の第三項に留意することです。絶対的な比較の第三項は，すべての人に対して最初から均一に与えられている絶対的基準（自然法則）です。誰もが自然法則に背くことはできないという意味で，これは論者に共通の外部的基準となり得ます。生命に限りがあるとか，時間を止めることができないとかというのがその典型例です。むろん，科学・技術の進歩次第で，また社会的状況により，自然法則の適用範囲は変動する余地があり得ます。自然法則に牴触する意見が出されたときは，誰でもその主張を直ちに排斥することができます。しかし，現状では，誰かがそのことを指摘しない限り，故意や無知によりそうした無意味な意見も残存することが少なくありません。

　［2266］　第二の発見方法は，相対的な比較の第三項に留意することです。討論の過程で段階的に形成される相対的基準は参加者間での合意です。「合意に拘束される（＝合意は守られなければならない（pacta sunt servanda））」という原則はローマ法に由来するものです。「合意に拘束されるという原則を参加者間での共通基準として採用する」ことをすべての参加者が自主的に承認していたときは，この原則が参加者間での共通の外部的基準となります。相対的な比較の第三項には，参加者相互間における上下支配関係（政治力，経済力，文化力など）も入ります。この点については，契約や外交交渉の実例が参考になります。

　［2267］　上記の2つは，いずれも参考例にすぎません。このうち，実践の場で多く用いられているのは後者の方法です。多くの者は自然法則に気付き，それは不可能だと言います。これに対して，合意が「比較の第三項」になるという点に気付く人は必ずしも多くはありません。他者の発言に同調したときは，その前提に置かれた争点の存在や当該争点に対する解答を肯定したものとみなされます。このことに留意すれば，優先順位の決定基準に関する合意の形成が合議体における最初の検討課題だという認識が容易に生まれることでしょう。これが最初の検討課題となるという点は，討議は一定の目的を達成するために

行う集団的意思決定活動であるという意味で，討議の特性から必然的に出てくる結論です（これに先行するものとして，たとえば，今日はどの言語で話すかという問い掛けがあります。言語により言葉の定義が違う場合があるので，どの言語を用いるかという問いはどの定義を採用するかという問いの先取りを意味します。この場合，使用言語の決定は，実践的に重要な争点となり得ます。言葉の意味内容が使用言語により必ずしも同じではないという現状では，みずからが得意とする言語を共通使用言語とすることができれば，交渉上優位に立てます。この意味で，自分の母語を共通使用言語とできる者とそうでない者との間には交渉上の不公平感が存在しています）。

[2268] 平素の討議が必ずしも順調に進んでいないように感じるときは，なぜ不満に感じるのか，その原因をより徹底して探求することが必要です。通例（議長に議題決定権がある場合）は，議長が第一次的に議題を設定しますが，状況次第では（参加者にも議題提案権が認められている場合），参加者も議題設定を求めることができます。また，討議の目的が一致しなければ，目的達成の過程についても一致するはずがありません（たとえそれらが一致しても，それは偶然の結果・産物でしかありません）。慣例に従い，主題や意思決定方法などに関して漫然と合意をしても，議論は進みません。表面的な言葉の上での合意をしていても，そこで用いられた言葉の意味内容について不一致があるときは，真の合意は存在していません（「言葉のリスク」）。参加者は，討議中はもとより，討議の前後も含めて，いつでも，「みずからが参加する会議体がいつまでに何を決める会議体なのか，自分はいかなる目的意識をもって討議に主体的に参加し，どのような役割を果たすべきか」を常に考え続け，その目的に沿って冷静に行動することが必要です。戦略的発想とか経営者意識（コスト感覚）という表現は，このことを簡潔に言い表したものです。

[2269] むろん上記の内容を一通り理解できたとしても，誰もがいつでもすぐに正しく判断できるようになるわけではありません。上の説明はいずれもどのように行動すればよいかという形式的な面を述べたに過ぎず，具体的行為としての判断を実践するためには，さらに実質的な判断基準を持つことが不可欠です。実質的な判断基準は，結局，各自の世界観[96]（[1211]および注37）の内

容如何に帰着します。上述のように，何のために生きるのか，何のために，誰のために働くのかといった各自の生き方を決定する最終的行動基準こそが種々の争点に対する各自の実質的かつ最終的な判断基準なのです。その内容の多くは各自の素直な感情に起因するものです。幅広くかつ豊かな感情を持っていなければ，世界観それ自体も卑小なものになりかねません。成年年齢に達し（民法第4条），成人として評価されることは，同時に成人としての社会的義務[97]をグローバルな規模で果たすよう求められることをも意味します[98]。この意味において，高等教育を受け，社会の各方面でグローバル・ビジネス・リーダーとして活動しようとする者は，自分さえよければよいといった自己満足を優先する姿勢を捨て，社会の一員として果たすべき役割を十分に自覚する必要があります。

　[2270]「比較の第三項」を探求する過程で生じるその他の悩みについては各自が実践経験を通じて次第に効果的に解決できるようになるはずです。経験がすべてであり，多様な経験をすればするほど，具体的な行動の仕方が実感できるようになります。むろん当面は，前述の留意事項（[2122]）を実践するだ

---

[96] 価値観，人間観，生き方ともいいます。また，愛，信仰，信条，義理人情，信義，信頼，信用，名誉欲（社会的地位，権力，肩書，出世，勲章），金銭欲などと表現されることもあります。これらは，自己満足で終わる場合もありますが，他者に対する関係で「～とみられたい，～と評価されたい」といった欲望と強く結び付いていることが少なくありません。「隣の芝生は青くみえる」というように他者をうらやみ，横並びを目指す行動も「他者に比して遅れを取りたくない」というひとつの欲望です。こうした欲望が，聖ヴァレンタイン・デーやハロウィーンの派手な消費行動，国際社会における軍備増強や核開発競争などをもたらしてきたことをわたくしたちは歴史から学んでいます。

[97] 持てる者の義務はしばしば「Noblesse oblige（位高ければ徳高かるべし；貴族はその身分にふさわしく振舞わねばならない）」と言われます。後注120）参照。

[98] 日本国内だけをみれば，少子化のもとで進学率の高まりとともに全員入学のような無競争時代に入っており，大学生は決して特別の社会的地位を意味するわけではありません。他方，世界を見れば，アフガニスタン，ジンバブエ，中国（内モンゴル自治区）など国連統計上就学率が低い地域も少なくありません。経済問題や環境問題だけでなく，教育問題も国際的文脈のもとで考えることが必要です。

けで足りるはずです。大切なのは，実践的体験を数多く積み重ねること，しかも，討議の質をより一層高めるよう努力することです。これらが実行されれば，より多くの成果が得られるはずです。

3. 基礎力の向上

（1） はじめに

［2301］ むろんここに述べた基礎力を日常的に使いこなせるようにならなければ，決して実用のレヴェルには達しません。これらの技法はどれも生活する（「研究する」）上で必要不可欠の手段にすぎないのであり，日々意識して，各種の技法を応用し，自覚しなくても，これらの技法を日々の生活や仕事で使いこなせるようにすることが次の目標になるはずです。以下では，そのための留意点を掲げます。

（2） 正確性の追求

［2302］ 正確性の追求とは，問いと解答とが厳密な意味で一対一の関係で対応するようにすることです。正確性が求められるのは，立論や議論を無駄なく行うためです。段差が少なければ階段の昇降時に躓かないのと同様，問いと解答とがうまく対応していれば，議論はうまくかみ合います。むろん実際の対話では，問いと解答とがいつもぴったり対応しているとは限りません。質問の表現が抽象的であったり主題が大きすぎたりすると，どのように答えればよいかがわかりにくくなるため，適切な解答が得られません。この場合には，質問者の真意が解答者に伝わるよう，質問を言い換えたり細分化したりする工夫が必要です。

［2303］ 質問者は，解答者のレヴェルを考えて質問する必要があります。また解答者も質問者のレヴェルを推測して解答すべきです。初心者同士の対話と専門家同士の対話とでは，共通項の違いに応じて，質問の仕方にも違いが生じます（この点は，少年野球や大学野球の選手と日本やアメリカ大リーグのプロ野球選手

とで，同じポジションにいても守備範囲に違いが生じ得ることと同様です）。同じ表現が用いられていても，当該表現の意味内容に対話者間で誤差が生じる（言葉の内容に関する壁，言葉のリスク，「書は言を尽くさず，言は意を尽くさず」）ことがあります。そうした壁を乗り越えて質問者が何を求めているか，つまり知りたいことの中身が何かが分かれば，解答者は問いに適切に対応した解答を提供することができます。質問者自身が何を知りたいかがよく分かっていないときは，問い自体をみずから細分化し，どのような争点を優先させるべきかを明らかにする作業が必要になります。この作業は解答者と質問者との間でも協力して行われます。これは「『何』とは何か」[99]（本当に知りたいことは何か，問いと解答が適切に対応しているか）を問う作業です。

（3） 稠密性の追求
［2304］ 稠密性の追求とは，問いや解答を可能な限り細かく分解するよう努め，実践することです。稠密性が求められるのは，立論や議論を緻密に行うためです。仁川（大韓民国）やスワンナプーム（バンコク）の巨大空港やパリのメトロでも，案内表示が「微に入り細を穿って」細かく行われていれば，決して道に迷わないのと同様です。ただ，実際の対話では，時間的制約から，大体の傾向が分かればよいとされており，さほど細かな議論は好まれていません。稠密性の追求は，自宅でたっぷりと時間を掛けて分析する批判的読書の過程で有効に機能するはずです。

［2305］ 稠密性を追求するためには，争点を可能な限り細分化することが必要です。いかにきめ細かく争点を細分化できるか，その程度に応じて，稠密性の度合いも異なります。小学生用の世界地図のように，縮尺率が1,000万分の1の壁掛け地図，登山者が用いる25,000分の1の地図，市販の道路地図というように，倍率を異にする地図を対比すれば，稠密性を求める実践的な意味がお分かりのことでしょう（目の粗い地図ではまったく視野に入らないものであって

---

99) 出隆著『哲学以前』（新潮文庫44，新潮社，1955年）13頁（この本は後に出隆著『出隆著作集 第1巻』（勁草書房，1980年）に再録されています）参照。

も，地図の精度が高まれば，図上にくっきりと現れてきます。弓道やアーチェリーの専門家が的の真ん中を何度も難なく射抜くのに対して，素人は的に当てることさえ必ずしも容易ではありません）。

(4) 迅速性の追求

［2306］ 迅速性の追求とは，問いから解答までの時間を可能な限り短縮するよう努め，かつ実践することです。迅速性が求められるのは，立論や議論の内容を豊富にするためです。討議の場で提供される内容が質量ともに多ければ，得られる情報量も増え，それなりに，考える材料も充実します。ただ，このことがあてはまるのは高いレヴェルで対話が行われる場合だけです。実際の対話では，問いに対する解答がなかったり，問いと解答との間に長い沈黙が支配したりして，対話が一向にはかどらないことも少なからずあります。

［2307］ 対話や議論が一対一で行われるときよりも，迅速性が一層求められるのが，多数の参加者がいる場合です。真っ先に意見を述べれば，争点を決定する機会を利用することができ，その後の議論をリードするチャンスも生まれます。これは，品質，価格等において差のない商品が競合している場合に，消費者が，市場に最初に提供される商品から購入するのと同じ効果を持ちます（ここでの基準は「早い者勝ち」です）。この場合，素早い意思決定，つまり迅速性の確保それ自体に経営戦略上大きな意義があります。リトルリーグの少年投手が投げる直球のスピードを，スピードガンのような数値化のための機械を用いて，高校野球のエース，プロ野球の代表的投手，アメリカ大リーグのナンバーワン投手などが投げるスピードと対比すれば，市場において速さが重要な意味を有することも分かるはずです。球速が速ければ打たれないボールでも球速が遅ければ打ち頃のボールとなり，ホームランを打たれかねません。水準が高い社会では，それに応じた技術が必要とされています（アメリカ合衆国大リーグに挑戦する日本人選手が陸続として出てくる背景には，日本プロ野球界の水準が大リーグにはるかに及ばないという事情があります。また，シンガポールが金融，IT，バイオメディカルの各分野で重点投資を行った結果，有為な人材がどんどんシンガポールに吸

収されつつあることも同種の例です。高等教育においても，なぜ日本やアジアの若者がアメリカやヨーロッパの一流校に留学するかを考えれば，日本の教育環境が国際水準には達していないということがすぐに分かります。少子化の時代に限らず，国内で限られたパイを争うような後ろ向きの姿勢を早急に捨て去り，いつでも世界的な評価基準に従い，世界中から優秀な学生を集められるよう，日本の教育関係者も絶えず努力し続ける必要があります）。

（5）ま と め

［2308］　この「基礎力の向上」を目指す段階でも，争点整理力の重要性が改めて強調されなければなりません。むろん，争点整理のみに注意がとどまっていれば，どのような争点を加えるべきかに関心が行きがちで，何のための争点整理なのかを忘れることになりかねません。それでも，何のために争点整理を行うかをわきまえつつ，争点整理を実践すれば，次第に実用的な争点整理力が身に付いてくるはずです。実戦練習を積み重ねることで，学修者は各種の能力を磨くことができます。各種の訓練を徹底して行えば，次第により正確に，より緻密に，より短時間で，読んだり書いたりすることができるようになり，その結果，聞く力と話す力を強化することもできるようになります。判断する力，質問する力，主張する力，対話する力，討論する力，核心を摑む力，議事を進める力，評価する力，指導する力，これらの能力をさらに向上させようとする場合も，なすべき作業に変わりはありません。時間を管理する力を磨けば，思考の速度は早まります。分析の密度を細かくしようとすれば，ひとつでも多く差異を感じ取る感覚を磨く感性（独自性ないし創造性，他人と同じことに満足しない独立精神，人まねを嫌う姿勢）が大切です。密度を高めて争点を細かく設定すれば，個々の争点に対する解答を探求する場合でも，争点に正確に対応した解答を用意し易くなります。これら，正確性・稠密性・迅速性をそれぞれ高めるためには，自分よりも優れた者を積極的に探し求めて，実践練習を頻繁に繰り返す方法が最も効果的です（武者修行，道場破り，異文化体験）。

4. 基礎力の拡充

(1) 質問する力の養成

[2401] 話し合いを行なうためには，まず討論の素材となる争点（課題，議題，主題）が話し手と聞き手との間で共有されていなければなりません。話し手が問題提起という形式で争点を設定する場合も少なくありませんが，話し手が設定した争点が聞き手にとっても争点として承認されるか否かは聞き手の側の判断に全面的に委ねられています。聞き手が何を争点として考えているかを示すために用いられるひとつの形式が，質問という行為です。以下，質問する力を養成するために何が必要かについて説明し，その後に，討論における留意点について説明します。

[2402] 質問する力は，話し手により提供された情報の正確な把握を意図した補充要請，当該情報の内容的真偽の確認を意図した根拠補充要請，これらを行う能力です。多くの理解によれば，「質問」とは「疑問または理由を問いただすこと」[100]と説明されています。「質」は「是非を明らかにする，疑問を問いただす」意で，原意は，本来の姿がどのようなものかを知ることです[101]。そこには，前提として，本来の姿が分からない，本来の姿がどのようなものかを知りたいという欲求があります。また，「問」は「たずねる，といただす，しらべる」の意で，原意は，人の家の門や神域で安否や神意を尋ねることです[102]。ここでも，安否や神意が分からないという理解が前提にあります。そこから，分からないことを明らかにし，分かるようにする作業が「質問する」という行為の内容として考えられることになります。逆に言えば，質問しないときは，そうした前提がすべて満たされている，つまり，すでに十分に分かっているから質問する必要がないとみなされることになります。何を質問したらよ

---

100) 新村出編『広辞苑（第四版）』（岩波書店，1991年）1154頁。
101) 鎌田・米山著（前注70））1045頁。
102) 鎌田・米山著（前注70））207頁。

いかが分からない場合には，まず「何を質問したらよいか」という質問をすることが大切です。これにより，話し手と聞き手との間に共通の素材を見つける契機が得られるはずです。

　[2403]「分からない」という状態を明らかにするためにどのようにすればよいでしょうか。「分かる」が他動詞であることから，必然的に，この行為を行なう主体（主語）と客体（直接目的語）について組み合わせて考える必要があります。主語が誰かに応じて何が分からないかも変わります。講義でも演習でも，講演会でも対話でも，TVのニュースでも音楽や絵画の鑑賞でも，どのような場面でも，私たちは頻繁に多様な情報に接していますが，接触し入手した情報の内容が自分にとって既知の事項か未知の事項か，当該情報の内容が分かるか分からないかの判断も，主体に応じてそのつど異なります。分からない情報をそのまま放置するか否かの判断も各自の評価基準次第です。分からない情報を分かる情報に変えたいという判断があるところでは，その前提に，「分かることが期待されている」とか「分かっているべきである」とかという評価が存在しています。講演を聞くために会場に行き，授業に出席するために教室に行くという行為には，通例，分からないことを分かるようになりたいという意思が当然に含意されています。大学生という身分ないし地位を手に入れ，高等教育を受ける者には，すでにして，学修し，「研究する」能力を身に付けたいという主体的意思がその身分ないし地位に含まれています。分からないことを分かるようにするためには，「分かりたい」という主体自身の自覚的努力と「分からせる」という外部からの働きかけ（分かりやすく言い換えて伝達するという補充的行為）とがともに必要です。分かりたいと思う者の行動がここにいう「質問する」行為に当たります。分からせる側が「参加者の理解度確認のために行う質問」は，ここにいう第一次的な「質問」ではなく，分かりたいと思う者の質問を引き出すためになされる補助的な誘発行為です（著者の場合，「御質問をどうぞ」という言葉で講義を始めることも稀ではありません。最初に質問を求める趣旨は，クラス全体のレベルや関心を確認する作業を通じて，その時点で何についてどのような順序でどのように説明することが最も適切かを決めようとする政策的な考慮

に基づいています)。

　[2404]　「質問する」行為の主体が誰かという問いに対する答は上の説明からすぐに引き出されます。これに対して、なぜ質問するか、何を質問するか、どのように質問するかといったその他の争点に対する答はすぐには出てきません。これらの問いに対する答は一律に決められないからです。答の内容を決める基準は、質問の目的、対象、方法という三者の相関関係如何という前提的な問いに対する解答の内容に応じていくらでも変わります。どのような関係を優先するかにより、答も異なります。そこから、争点相互の間に存在する蜜接な関連性に配慮しつつ、上記の各争点に答える作業が必要になります。この作業は多次元連立方程式を解く作業に似ています。ひとつの変数を変えれば、等式を成り立たせるために、他の変数も変えなければならなくなるという意味においてです。解明の順序もひとつに決まってはいません。以下では、説明の便宜上、質問の目的、質問の対象、そして質問の方法の順に考えましょう。

　[2405]　①　質問という行為の目的も多様です。そもそも、みずからに示された素材それ自体の内容を理解できないから不明点を尋ねるという質問もあれば、質問という行為を介在させることを通じて、自己の問題関心を他者に共有させようとするために、共有すべき内容の説明を求めて尋ねるという質問もあり得ます(この点を考慮すれば、質問する側も質問を受ける側もともに質問の趣旨や意味を確認する必要があります)。初学者の場合、なぜ質問するかに対する答は、分からないことを分かるようになるためというものです(分かっていることを確認するために行う質問は、なぜ質問するかという問いに対する答えが、分かっているかいないかが分からないので確認するためというのであれば、ここに含まれます。これと異なり、質問がまったくない状況を乗り切るために敢えて時間つぶしのために行われる質問や報告者が答え易い質問はアリバイ作りのためのサクラの質問です)。なぜ分かるようになることが必要かという前提的争点に対する答も多様です。一対一の関係で分からないことが理解できるように一問一答を反復する場合と、話し手が一名で聞き手が多数の場合とでは発言のプロセスが異なります。後者では一問一答型の反復行為を同時に平行して行うことが物理的に不可能です。そこか

ら，質問者相互間での優先順位の決定が必要になります。優先順位の決定基準は，質問者を除く他の参加者の理解の質と量に応じて，変わり得ます。

　[2406] ②　何を質問するかに対する答は，分からない箇所について質問するというものです。しかし，どこが分からないかについては個人差があります。聞き手Aが分からない箇所と聞き手Bが分からない箇所が常に一致するとは限りません。参加者は，質問の機会を利用し，自己の争点関連表を完成させることが必要です。参加者間に一対一の関係で質問する機会が確保されていない場合，何を質問するかの判断基準となるのは，各参加者の理解の質量の総和，抽象的にいえば，集団全体の水準です。

　[2407] ③　どのように質問するか，どのように答えるかという問いに対する答も，質問者の理解の質と量に左右されます（どのような問いを出す（争点を挙げる）か，どのような答を出すか，どのような判断基準を用いるか，これらは時として，同一事象の言換えにもなります）。理解が質量ともに進み，かつ経験も積んでいる上級生の場合には，簡単な質問と簡単な答で足りるかもしれません。しかし，さほど理解が進んでいない下級生の場合には，前提的知識についての補充説明も必要になることでしょう。下級年次の授業内容が説明的になりがちであるのに対して，上級年次の授業が討論中心になりがちであるという事態が生じる理由も，この点に求められます。何についてどの程度分かっているかを明らかにする上で利用できる参考資料が，当該主題に関する争点関連表です。ここでも，争点整理の技法を活用することができます。

　[2408]　質問の目的・対象・方法，これら三者の関係に配慮すると，ここでも一対一の関係で質問が行われるミクロ次元の対処法と，集団で質問が交わされる場合のマクロ次元の対処法を分けて実際の質問の状況について説明することが必要になります。

　[2409] ①　ミクロの次元では，時間のある限り何でも自由に質問できると考えがちですが，実際は違います。第一に，ある程度内容について理解できているが，重要な一部が欠落しているために全体を理解できていないため，それを補充したいというときは，それに対応した質問が可能です。第二に，提供さ

れた情報がある判断基準の要件と効果の内容説明にとどまるときは，当該判断基準の形成基準や適用基準のそれぞれの要件と効果について質問することも必要です。第三に，予備知識を欠くときは，初歩の予備知識から段階的に知識を積み重ねることが必要なので，段階的に前提となる知識を得るための補助的質問が必要になります。初心者向けの講義の際に受ける質問では，これら3つの類型が混在してみられます。各自の理解状況と必要性に応じて，それぞれの方法が利用されればよいのです。これに対して，ある程度理解が進んでいるときは，そこに時間的配慮が加わります。時間が有限であるところから，いつでも最終時刻を考慮し，質問時間終了時にどのような状況に到達することを望むかという戦略目標を考えることが必要です。到達点をあらかじめ設定できるときは，この方法が用いられます。

[2410] ②　マクロの次元では，集団としてのチーム・プレーを有効に実践する視点も必要です。質問にしても解答にしても，各自の発言はサッカーの試合におけるボールのような役割を果たします。質問者個人のレヴェルで争点関連性の整理を行うだけでなく，チームとして，複数の主体間で争点整理を行なうことが必要です（この作業はもっぱら議事進行者に課された仕事です）。このためには，各自が作成した複数の争点整理作業を相互に補完し合い同調させる場面が必要です。ここでは，各自が有する争点関連表をレジュメ配布等により互いに公開しつつ，集団全体の争点関連表を形成する作業が，司会者の統率のもとに参加者全員の協力を得て行われるはずです。チーム・プレーを効果的に行うためには，参加者間に相互の信頼関係が成り立っていなければなりません。そうした信頼関係を築くためには，討議の場だけでなく，討議後に用意されている懇親会や食事会，ゼミ合宿など，普段から意思の疎通を図る仕組みを整えておくことも大切です。

（2）　主張する力の養成

[2411]　主張する力は，自己の欲求，要求等を他者に適切に伝える能力です。主張は「自分の説を強く言い張ること」[103]です。「ああしたい」とか「こうす

べきだ」とかといった説の前提には,「～は～を～すべきか否か」(二者択一型)とか「～は～をどのようにしたいか」(疑問詞型)とかというかたちで,必ず何らかの争点があります。つまり,主張は特定の争点に対する論者の解答です。この解答は2つの部分,すなわち,結論と理由付けとから構成されます。結論は中心的争点に対する論者の直接の解答です。理由付けは,大前提(論者と聞き手がともに承認する命題・基準)から結論へと至る論者の思索の過程を複数の争点とそれぞれの争点に対する判断基準および解答の連鎖によって段階的に示したものです。主張の基本的な構造は,争点整理という視点で捉えると,このように単純に言い換えることができます。もっとも,どの程度細かく論証すべきかという点は,話し相手の希望や水準に応じて変容します。あるときは概要で済みます。同じ結論を述べても,別の相手に対してより緻密な論証が必要となることもあります。論証過程の稠密性は聞き手の問題関心の内容次第です。理由付け①の理由付け②を示し,さらにその理由付け②の理由付け③を添えるというように,根拠を段階的に探求することによって,論証の過程はより緻密なものになります。大前提と結論との間をどのような争点の連鎖によって結び付けるべきかという点は,すべて論者の政策的判断に依存しています。このようにみると,どの程度の論証が必要かは,主張する側と主張を聞く側との協働作業の内容によって決まることが分かります。主張を聞く側が主張を好意的に受け入れようとするか,逆に主張を拒否しようとするかの判断は,もっぱら両者間の利害関係や信頼関係(感情を含む)に左右されます。

[2412] 中心的争点とそれに対する結論がなければ,そもそも主張それ自体が存在しません。また,結論があっても,その理由付けが欠けていれば,主張は不完全なものとなります。主張する力を付けるには,このように,結論と理由付けとをつねに一体のものとして捉え,「～したい。なぜならば……だから」と説明する練習を繰り返し積み重ねる必要があります。特に留意する必要があるのは,理由付けが本当に当該主張の理由付けとなり得ているか否か,同語反

---

103) 新村出編(前注99)) 1235頁。

復となっていないかといった点についてつねに慎重に検証することです（前述 [2119]-[2121] 参照）。理由付けを探求する過程は，通例，具体的表現から一般的表現へと抽象度を高めつつ段階的に移行します。上位概念を用いるなど，基準自体の表現上，抽象度が高まれば，主張する側と主張を聞く側との間で共通の理解が成立する可能性が高まります。共通理解が高まることによって，比較の第三項が成立する可能性も一層強まります（逆にいえば，相手側から同意を得ようとして，意識的にないし意図的に，抽象度の高い表現を用いることがあります）。むろん，抽象度が高まれば，往々にして，その具体的な適用の場面で両者間に理解の差が生じる余地が生まれます。主張する側も主張を聞く側もともに，了解可能か否かを双方で確認しつつ，協働作業を行うことが必要です。

[2413] 主張を行う場合も，前述（[2227] 以下）のように，序論，本論，結論の三部構成に配慮することが必要です（この点は，書く場合も話す場合もまったく同様です。むろん，どちらの場合も，どの程度の時間が与えられているかにより，分量に相違が出ます）。主張する際にまず留意する必要があるのは，問題提起の形式（テーマ設定の仕方，中心的争点の表現方法）です。この点はいくら強調しても強調しすぎることがありません。中心的争点をどのように設定するかを決める基準は，何のために議論を行うのかという点に左右されます。

[2414] 中心的争点をどのように設定するかは論者の問題意識により相当に異なり得るものです。中心的争点が大きければ大きいほど，つまり，多くの個別的争点に対する解答をすべて踏まえなければ結論を出せないほど大きな争点の場合，その争点に対する結論の表現は，場合分けや例外を含む表現となるために，ずっと抽象度が高いものになりがちです。それに伴って，当該結論を支える理由付けも，複数の主張の組合せを要件や効果に含む基準を段階的に取り入れることとなり，より複雑なものになります。ここでも，ミクロの争点につき明確に主張できる力を十分に蓄えておくことがまず肝要です（ミクロの争点についてきめ細かな論証力を備えていなければ，マクロの争点について論証することは不可能です）。思考の型（争点整理力）を体得できていれば，あとは十分に時間をかけて密度を高めることにより，マクロの争点についても密度の高い理由付

けを伴いつつ，自己の主張を展開することができます。自分の意見を他者の意見に優先させるという意味での「勝つため」の議論（いずれの意見を優先すべきか）と，自分の意見が他者の意見に劣後しないという意味での「負けない」ための議論（意見相互間での優劣を決める基準があるか）とでは，中心的争点の表現方法が変わります（論争に勝とうとすれば，「比較の第三項」として，みずからに有利な序列決定基準を積極的に提示する必要があります）。逆に，負けないためには，相手が提示する比較の第三項の前提が欠けているために，それが比較の第三項としては成立し得ないということを主張すれば足ります。それは，「ある事柄の存在を主張する側がその存在を立証する責任がある」とする訴訟法上のルールが一般に承認されているからです。このルールは世界中に存在しないことを証明するよりも存在することを証明する方がずっと容易であるという政策的な配慮に基づくものです。

　[2415]　また政策決定を求める争点は，次善の策としての多数決により評議される以外に優先順位を決める方法はないため，本来的に論議になじみませんので，避ける必要があります（この場合には，即座に多数決により意思決定をすれば足ります。論議を続けるのは，論証を伴う説得により，意見を変える可能性がある場合のみです）。主張自体も論拠もともに平行線を辿るこのような事態を避けようとすれば，問題提起の仕方を変えることが必要です。たとえば，主張と論拠との間に因果関係が成り立つか否かを中心的争点とすれば，同じ二者択一型争点という形式を採ってはいても，肯定説と否定説とが並存するという事実の存在それ自体が「そこでの因果関係が論理必然的に成り立っているわけではない」ことを明確に証明しています。どのような問題が提起されているかという点での現状をみると，しばしば好んで取り上げられているのが，「犯罪被害者実名報道の是非」とか「死刑制度に対する賛否」とか「少年法適用年齢引下げの当否」とかといった二者択一型の争点です。この問いに答える場合，判断基準 α の要件として，被害者側の感情のみが，また加害者の生命のみが重視されがちです。自説に固有の事象にのみ言及する結果，複数の主張に共通する事象への目配りが欠けるといった事態を避けるためには，比較対照表（縦軸に，併

存する主張を並べ，横軸に，それぞれの主張の構成要素を並べて，ひとつの表（マトリックス）を作成してみると，主張相互に共通項がないため，議論がまったくかみ合わないという状況を正確に実感することができます）を緻密に作成することが有益です（中心的争点がこのように設定されている場合，往々にして，議論が噛み合わず，徒労感だけが残ります）。肯定説または否定説を主張しようとする場合，論者は当該主張が成り立つことを論証する必要があります。しかしながら，意見交換の過程で同一論者の発言相互間に矛盾があるため当該主張自体が成り立たないといった場合を除けば，結論についての対立が論拠相互間での対立に置き換えられるだけにとどまる場合が少なくありません。この場合，主張と論拠は同語反復となり（前述［2119］-［2121］参照），多数決で決定するといった優先順位決定基準についての合意がない限り，一方の主張を他方のそれに優先させる客観的基準（論者相互間でともに承認する基準＝比較の第三項，前述［2117］参照）を見出すことができません。生産性のない話し合いは，まったくの時間の無駄です（時間管理とコスト感覚）。もっとも，所与のテーマそれ自体がつねに政策的にしか論じられないテーマであるとか論理的に論じることのできるテーマであるとかということを必ずしも一義的に決められない場合があるという点にも留意する必要があります。それは，政策的なテーマであっても，討議の過程で，論者間に比較の第三項を作り出すことができる場合には，その限りで，論理に基づき，優先順位を決定することが可能となるからです。また共通項を前提として選ばれた論理的に解決可能なテーマであっても，その共通項の成否が疑問視されるときは，政策的にしか論じられないテーマに転換することもあります。

［2416］　ここに述べたことは，疑問詞型争点の形式で問題が提起されるときもそのままあてはまります。二者択一型の争点との対比でいえば，優先順位を決める対象，つまり疑問詞型争点に対する解答が２つではなく３つ以上になるという点に違いはあっても，優先順位決定基準を見出せないという点では両者に変わりはありません。もっとも，どのような問題を提起することができるか，またどのような問題を提起すべきかといった諸点はすべて討議の相手方が思索力でどの程度の水準にあるかという状況にも左右されます。主張と結論と

が同語反復の関係にあることを見抜くことができる水準にある者同士の討議では，比較の第三項が成立するまで，論議は終息しません。これに対し，主張と結論とが同語反復の関係にあることを見抜くことができる水準にない者同士の討議では，平行線を辿る意見が際限なく交わされ，時間切れを待ったり，徒労感による議論の放棄を招来したりするだけとなりがちです[104]。

（3） 対話する力の養成

[2417] 対話する力は，一方で，みずからが身を置く場（当該会議体）が達成すべき目標を常時考慮しつつ，他方で，当該目標の達成に必要な素材について争点整理を行うことにより，当該集団を目標の達成へと導く能力です。最初の素材は開陳された意見（みずからの発言および他者の発言）ですが，目標の達成に必要であるという視点から各参加者により進行中補充される意見も含まれます。この能力は，本来，対話に参加する者全員が備えるべきものですが，現実の社会では，この能力を欠く者や十分に備えていない者が少なくありません。参加者中の1名～2名がこの能力を備えていても，大多数の参加者にこの能力が欠けていれば，当該会議体は機能しません。会議を成功させようとすれば，参加者全員がこの点に留意する必要があります。この意味で，対話の成否は参加者の能力に全面的に依存します。むろん，すべての参加者が同程度の能力を有するとは限りません。まずはみずからがどの程度の争点整理力を備えて

---

[104]　討論会やディベイトなどの名目で行われている話し合いのほとんどはこの類型に属します。人生70年とした上で，20歳から60歳までの40年間に，1日8時間×365日分として，1年間に使用可能な時間は2,920時間です。実働40年間に使用可能な時間は，総計で「116,800時間」でしかありません（1年間365日，40年間生きるとすると，14,600日しか，あなたの持ち時間はないのです）。家族間の対話や世間的な付き合いの時間などを入れれば，あなたにとって本当に利用できる時間は，この3分の1程度かもしれません。実際にあなたが一生涯に使えるわずかこれだけの時間を無駄に使うならば，あなたが本当にやりたいと思っていることをどこまで実行できるでしょうか。このような状況を真剣に考慮すれば，社会生活を送るうえで「およそ時間の無駄になる」ことは絶対に避けなければなりません。

いるかをみずから確認することが大切です。能力に応じて，争点整理，行間補充等，カヴァーする範囲が広がることもあります。この点は，野球，サッカー等，団体競技を想起すれば，十分にうなずける点です。相互の補完作業が必要です。

　[2418]　対話する力が発揮される局面は，対話を行う準備の段階から，目標達成後における次の課題の発見まで，すべての段階に存在します。準備の段階では，みずからが対話を通じて実現すべき目標を設定すること，対話参加者がどの程度の対話力を有するかを予測すること，集団の中でみずからが果たすべき役割を想定すること，これらが必要です。むろん，そうした準備は，本番における展開に応じて絶えず修正されなければなりません。本番で必要なのは，達成目標の確認です。集団の意見をまとめ，組織としての結論を出すことだけでなく，参加者の意見を互いに知ることも達成目標になり得ます。いずれを選択するかは参加者が個別に判断しなければなりません。予算編成や予算執行等を伴う組織では前者が採用されますが，ブレーンストーミングなど，考える場を経験する講義，研究会等では後者が重視されます。本番の成否を左右するという意味で注目されるのは，最初の発言です。疑問文（争点の提示）であれ平叙文（争点に対する解答）であれ，参加者は皆各自の手元で，最初の発言を手掛かりとして，達成目標を考慮しつつ，争点整理を行う必要があります。この作業は参加者間での争点整理を行う前提となります。みずからが考えた争点整理を他者も共有できているという思い込みを避けようとすれば，誰もが争点整理に関する意見を絶えず出し合うことが必要です。異なる争点整理を調整する役割を担うのは司会者です（司会者が機能しなければ，フロアの誰かがこの職務を代行します）。みずからが望む目標を達成しようとすれば，積極的に発言する姿勢が求められます（「先手必勝」）。対話に慣れてくれば，常に先手を取ろうとせず，後手に回る経験もすべきです。瞬間的判断力に優れたものが他にいれば，後手に回ることになります。先手でも後手でも，状況に応じて立ち回れる能力を養うことが応用力を高めることとなります。

　[2419]　最初の発言を受けて述べられるどの発言（第二の発言，第三の発言，

……）も重要性では最初の発言に引けを取りません。すぐ前の発言をサポートして発展させるのか，それともすぐ前の発言の問題性を明らかにして仕切り直すためにこれを潰すのか，この点は後の発言にかかっています。潰す発言は早い段階で行う必要があります。それは，対話の時間が物理的に限定されているからです。発言には，争点を形成する各種の意見（簡略化すれば，争点の提示，争点に対する解答，解答を支える判断基準 α，α を根拠づける形成基準 β，α を具体的に用いる際の適用基準 γ，これらに尽きます）の表明だけでなく，争点間の関係を整理する議事進行上の発言もあります。参加者間でどの程度共通理解があるかに応じて，後者の意見の比率は変わり得ます（参加者の理解度が相当異なるときは，議事進行に関する発言の頻度が高くなりますし，参加者間に理解のずれがなければ，議事進行の発言は激減します）。争点整理をどの程度細かく行うか，この点は，達成目標の大きさ，参加者数，対話の時間，対話の経験等に左右されます。目標が大きければ，争点整理のための路線図は粗くなり，小さければ小さいほど密になります。対話の時間が短ければこの路線図は粗くなり，時間があればあるほど密になります。参加者が多ければ一人の発言時間は限られるため，この路線図は粗くなり，少なければ少ないほど密になります。参加者が有する対話経験が質量ともに乏しければこの路線図は粗くなり，豊富であればあるほど密になります。

[2420] 対話もサッカーになぞらえて説明することができます。個々の発言はボールの動きに相当します。ボールをどのように回していけば確実にゴールを決めることができるか，選手，監督，コーチ，協会，サポーター等，ステークホルダーの誰もがそれぞれの視点からこの点について考えているはずです。両チームとも，相手チームが決まった時点から試合開始に先立ち，相手の出方を予測し，メンバーを入れ替え，いかにして最高のパフォーマンスを発揮できるかを考えます。試合開始の合図とともに蹴り出されるボールは最初の発言に当たります。ボールはひとつだけなので，ボールに触れる選手（発言者）は通例一人です。サッカーでは相手のゴールにボールを入れるためにパスを効果的につなぎ合わせ，タイミングをみてシュートします。パスワークは対話そのも

のです。相手の選手にパスカットされないために，いかにパスをうまくつなぐかという視点は，対話においていかにうまく言葉を交わすかという作業です。

　[2421]　うまく言葉をつなぐ力は文章表現力の発露です。普通，いかに説得力ある文章を書けるかは個人作業として説明されますが，集団で協力し，一定の主張を文章化する協働作業が対話です。サッカーにおいて「オフ・ザ・ボール（ボールを持たない選手10名がフィールドの中でいかに行動するか）が重要だ」といわれるように，対話においても，発言者だけでなく，言葉を発していない者がその後の対話においていかなる役割を果たすべきかが常に考えられなければなりません。発言者から言葉を奪い返す（ボールを取り戻す）役割，相手の発言の問題性を指摘する（相手サイドにボールを蹴り込む）役割，見方との間で言葉を交わしつつ真の争点を明確化する（パス交換をしながら相手サイド内にスペースを作り出す）役割，相手の主張を決定的に突き崩す（ゴールに向かってシュートする）役割等，どの発言（プレー）をとっても単独で結果を出せるものはありません。複数のものが参加する場面では，参加者間の連係プレーがきわめて重要になります。連係プレーを充実させるためには平素の練習が必要となります。本番の時だけ集合し形の上でだけチームを編成しても，チーム・プレーは成り立ちません。本当のチーム・プレーは，チームメート同士，相手がどのような局面でどのように動くかを繰り返し練習し体で覚え込んでいなければ，本番で使えるようにはなりません（普段繰り返し練習していても本番で失敗する確率がゼロにならないからこそ，チーム・プレーの練習を繰り返す必要があります）。講義科目の場合，この種の練習をする機会はありません。むしろ，平素のゼミ活動の中で，サブゼミを繰り返し，ゼミナリステン同士でチーム・プレーを行えるよう反復練習すること以外，おそらく解決策を見出すことはできないでしょう。その意味では，平素のゼミ活動の成果が講義科目の学修活動に反映されることになっているはずです。

　[2422]　以上の留意点を現場に応用するためには，一にも二にも練習しなければなりません。第一に，個人レヴェルで争点整理を実践すること，第二に，一定のレヴェルにある者同士でチームを作り，繰り返しチーム・プレーの練習

をすること，第三に，複数のチーム相互で実践練習を行うこと，第四に，練習を通じて感じた問題点を話し合い，確実に解決するよう日々努力し続けること，これらが練習の中身です。大学の講義は，黙って席に座り，教員が整理して伝える要点をノートにメモし，それをオウム返しに反復することで完了するものではありません。自分が社会の一員として実践の場でどのように行動すべきか，そして自己の考えを実行できるか，これらを念頭に置きつつ，「考える」，「考えた結果を具体化する」，「実践の過程を通じて自己の思索における問題点を発見し，それを改訂する」，こうした作業を繰り返すことにより，実社会で活動する基礎力を身に付けること，これが大学での学修目標です。実社会に通用する水準に達していれば早期卒業も可能です。

[2423] 最後に，物理的な絶対条件として，全員が時間的制約を考慮する必要があります。会議体参加者は実質的討議のために集まっているので，（司会者であっても）一人で所要時間の3割以上（この数値は最大限として想定されたものですが，対話の目的や参加者のレヴェルにより変動します）を自分で使うべきではありません（時間泥棒は懲罰対象となる）。

（4） 討論する力の養成

[2424] 討論する力は，自己および他者の発話内容を素材としてひとつの意思決定へと纏め上げる能力です。この能力は必ずしも自説を優先させることのみを意味してはいません。通常の理解によれば，討論とは「意見を言いあって正しい道理をたずね窮めること」です[105]。「討」は形声文字「言」＋「肘」で，その語源は「口と手で罪人を問いただす」ことです[106]。「論」も形声文字「言」＋「侖」で，語源は「すじみちをたてて述べる」こと[107]です。「質（ただ）す」の「質」は会意文字「斦」＋「貝」で，金銭に相当する財貨の意です。財貨にあてはまるか否かを明らかにすることから，事柄の是非を明らかにする，疑問

---

105) 鎌田・米山著（前注70））1002頁。
106) 鎌田・米山著（前注70））1002頁。
107) 鎌田・米山著（前注70））1019頁。

を問いただすの意[108]で用いられます。そこから,「討論」とは,参加者が筋道を立ててそれぞれの意見を述べるとともに,他の意見の是非を明らかにするために,筋道を立てて当該意見の論拠の是非を問い質すことであると考えられています。このような理解とこの[2424]冒頭の定義とは,その内容において,決して一致していません。後者の理解では筋道が立っているか否かが関心事ですが,冒頭の定義では「正しい道理」が考えられています。後者の定義では論拠の是非を明らかにすることが考えられているのに,冒頭の定義では「道理を尋ね窮める」ことが目標とされています。このように,「討論」をどのような意味で理解すべきかの解答は,論者により異なり得るのです。いずれの理解が適切かの判断基準は,論者が関与する「討論」の目的に求められることでしょう。

[2425] 法律専門科目としての「法学基礎演習（1年次）」の教育目標（後述[2430]）は,「実社会（法治国家）で必要とされる法的思考力,分析力,表現力等を参加者全員が着実に,望むらくはより高度に体得できるようにすること,特に法律学の学修上不可欠の基礎的能力を体得させること」です（これに対して「法学基礎演習（2年次）」の教育目標は「『法学基礎演習（1年次）』で修得済みの各能力を実定法解釈学として応用できるよう定着させること,特に基本書を批判的に読み,判決書の法律構成を批判的に検証し,叙述の問題性を指摘できること」です。両科目の連続性への配慮が重要です）。この目標を達成するためには,思考力,分析力,表現力等の基本的技法（基礎編）をすべての履修者に体系的に理解させるだけでなく,読んだり書いたり話したりする上で必要となるこれらの技術を用いる履修者自身がいつでもこれらの技法を意のままに操作できるよう,繰り返し実践する場（応用編）も確保されなければなりません。この種の技術は何度も実践し,たとえレヴェルが低くてもそれを完全に体得できるまで継続しなければ,決して身に付きません。この点で,すべての履修者には,愚直にこの技法の習得に取り組むことが期待されます。

[2426] どのような組織でもそうですが,とりわけ学修する共同体にとって

---

[108] 鎌田・米山著（前注70））1045頁。

大切なのは、参加者全員の基礎力をできる限り高い水準に引き上げることです（この点は、合奏のほか、野球、バレーボール、駅伝など、団体競技の成績をみれば、すぐに分かることです）。一部の者しかこの種の基礎的能力を身に付けていないときは、チームとしてのまとまりを保つことができず、集団活動として成果を上げることができません。どの参加者もひたむきに努力しなければ決して報われることはありません。実力を向上させるためには、すべての参加者が、(a)筋道を立てて自分の意見を言えるようにすること、(b)筋道を立てて他の参加者の意見の論拠の是非を問い質せるようにすること、これら２つの作業を即座に実践できるようにすることが必要です。これら２つの作業を参加者が自覚的に行えるようになれば、後は、常により高い目標を設定しつつ、実践練習を通じて初級から中級へ、中級から上級へ、より正確に、より緻密に、より迅速に、作業を行えるようになります。

　[2427]　まず、(a)「筋道を立てて自分の意見を言えるようにする」ためには、発言者の側で、それぞれの場に即して言うべき内容が明確に決まっていなければなりません。そのためには、言うべき内容以前に、その内容に関連して存在する各争点とそれに対応した解答が用意されていなければなりません。解答の成否の判断基準を考えれば、解答の正当化根拠も必要です。言葉による説得の場面では、論証が求められています。このようにして、参加者自身が複数の争点を発見し、さらに、争点間の関連性を「前提と結果の関係にある」とか、「並列の関係にある」とか、「原則と例外の関係に立つ」とか、「命題と例証の関係にある」とかというように、体系的に整理し、争点ごとにそれぞれの判断基準を配置することにより、自分の意見の内容を簡明に整理することができなければなりません。誰でもこの作業を「筋道を立てて」行う必要があります。筋道とは、前提に反しない「物の道理、物事を行う時の手続の順序」[109]を意味しています。また、「道理」とは「ものごとのすじみち」[110]とされています。これらの説明は同語反復のものですが、これらを総合すれば、ひとつの整理と

---

109)　西尾他共編（前注26））526頁。
110)　西尾他共編（前注26））717頁。

して，意見を構成する各争点に対応した解答相互間に矛盾がないようにしている場合に，「筋道が立っている」と言うことができます。

　［2428］　次に，(b)「筋道を立てて他の参加者の意見の論拠の是非を問い質せるようにする」ときも，上の(a)の場合と同様の作業が必要になります。それは，この場合にも同じ争点が含まれているからであり，同じ争点がそこに存在していなければ，討論に参加することはまずないはずだからです。ここでも，筋道の内容確認が必要ですが，他の参加者が用いる筋道は当該論者に固有の筋道です。この場合，話し手の筋道と聞き手の筋道とが一致することもありますし，話し手の筋道と聞き手の筋道とが異なる場合もあり得ます。話し手の筋道と聞き手のそれ，すなわち双方の筋道が一致する場合でも，当該筋道の採用（正当化）根拠まで一致しているか否かは別個の争点として検討される必要があります。それは，当該筋道の形成基準が異なれば，同じ筋道であっても，その適用基準が異なり得るからです[111]。

　［2429］　討議の過程に参加する場合，当面の論点から逸脱してはならないという意味での確実性（正確性）（正確な運転技術，ハンドル操作）と，討議に参加する積極性（強力な推進装置，エンジン）がともに必要です。これら2つは，討論の際に車の両輪のような役割を果たしています。確実性がなければ，ハンドル操作が不安定となって，車は道路から飛び出します。また，積極性がなければ，弱いエンジンのため推進力が働かず，車は前進も後退もできません。動かない車も車道からはずれた車も，現代の文明社会では，事故の原因になりかねません。そうした車は無用というよりもむしろ有害無益な存在です。ただ黙って座っているだけ（お地蔵さん）で，「発言しない参加者は討議に参加する意味も資格もない」のです（何をどのように発言したらよいかが分からない場合，そのこ

---

[111] 本文の［2424］および［2427］で述べたように，話し手と聞き手とで整理の筋道が異なる以上，聞き手の筋道の是非を検討するときに，話し手の筋道を持ち出すことは不適切です。話し手の筋道と聞き手の筋道といずれが優先するかを論じる段階で話し手の筋道のみに依拠することは論理上不可能です。それは，共通の判断基準という意味で考えると，話し手の筋道が「比較の第三項」となっていないからです。

とをまず発言によって他の参加者に伝える必要があります。そうすれば，他の参加者にもどのように発言すべきかのヒントが得られます。前述［2403］)。むろんここに示したのは教室における話合いの場合にのみあてはまることです。ビジネス等の現場ではシビアな評価が下され，一定程度の水準で話合いができなければそもそも相手にされません。発言の確実性を高めるには，上記の過程を具体的に実践することが必要です。たとえば，いつも強調するように，各自が手元のノートに争点関連表を図示する作業を行うことが有益です。図示作業は手間が掛かるものですが，図解した整理は，争点間の関係を最も分かりやすく視覚的に示すという意味で有益な資料です。しかも個別の主題について作成した図解資料を，使用された文言を書き換えるだけで，その他の主題についても使えるという副次的効果もあります。この作業を毎回実践していると，ある時点からは，実際に図示しなくても論議の全体の状況を頭の中で自由に思い描けるようになります。手間が掛かるからといってこの作業をいつまでも実践しなければ，決して争点整理力は身に付きません。

　［2430］この種の技術を確実に体得するためには，くどいようですが，実践以外に方法はないのです。積極性を高めるには，意識してとにかく毎回発言する姿勢を具体的に示す以外に途はありません。自分自身で「今日は少なくとも5回は発言しよう」と決意するなど，自分で目標を決め，かつ実行することが唯一の解決策であり，毎回発言していれば，成功例と失敗例の累積により，どのように発言すれば組織に受け入れられるかを経験で覚えてゆくので，発言することが次第に苦にならなくなります。実社会に出れば，誰も助けてはくれません。実社会はそれだけ厳しい場です（そうした社会で生き抜き，勝ち残り，自己の理想を追求できるような基礎力を法律学学修の一環として身に付けること，これが専門科目としての「法学基礎演習（1年次）」と「法学基礎演習（2年次）」に共通する教育目標です。関係者の中にもこの趣旨をまったく理解していない方がみられますが，これらの科目はたんなる学修作法を教えるだけの補習的な意味を持つ科目ではありません。前述［2425］参照)。在学中にそうした実社会での行動基準に慣れていれば，しかるべき水準の活動を維持することができるので，アルバイトでも就職試験で

も，また卒業後のビジネスの現場でも，まったく後悔せずに済むはずです[112]。

(5) 核心を摑む力の養成

[2431] 核心を摑む力は，自己および他者の文章および発話内容に現れた種々の争点を整理する能力です。核心を摑むためには，争点を可能な限り小さく設定する工夫が必要です。実社会では，核心を摑んだ対話を日常的に着実に行うことが頻繁に求められています。それは，論議の時間が物理的に限られていることが通例だからです。朝食会を兼ねた早朝30分のミーティング，3分間程度の立ち話による打合せなど，短時間に問題点を示して即座に結論を出したり，また結論を出せなくてもどのような段取りを取るべきかを決めて実践したりすることは，実社会では日常茶飯事です[113]。ビジネスの現場では，書く力の応用として，Ａ４大１枚に要領よくまとめられた主張の要旨（レジュメ）を作成することが頻繁になされ，また話す力の応用として，シークエンス（主張の流れ）がよく分かるように適切に整理された報告（プレゼンテーション，会議体の編成内容により，報告時間は1分のときもあれば，10分のときも，また30分のときもあります）を行うことも稀ではありません。それゆえ，学生時代にレジュメや議事録の作成に慣れておくことが推奨されます。そうした成果を平素から発揮できるようになれば，きっと達成感や満足感を得ることができましょう。一

---

[112] そうした場で必要になるのは，社会的協調の精神など，基本的な社会常識に属する事項を除けば，せいぜい，実務的な専門知識を補充することで足りるはずです。社会人が実務に携わる上で知識が必要になるときは，最先端の事項に関する文献を主体的に選んで読めば済むはずです。社会人がリカレント教育を求めて大学院に進学する動きの背景には，卒業生が修得している既存の方法論が通用しなくなっているという認識があることでしょう。ただ，私見では，大学時代に自分なりの方法論を体得し，そのヴァージョン・アップの方法も身に付けている場合には，そうした卒業生はリカレント教育を自分自身で実践できるはずであり，大学院に進学する必要はないのではないかと思います。

[113] 吉越浩一郎著『2分以内で仕事は決断しなさい──スピード重視でデキる人になる！──』（かんき出版，2005年）（吉越氏はトリンプ・インターナショナル・ジャパン株式会社元社長）。

流のプレイヤー同士の見応えのあるウインブルドンでのテニスの試合のように，引き締まったかつテンポの良い論戦は迫力や見応えがあるという意味で，充実した議論は大いに魅力のあるものです。そこには，核心を摑んだ無駄のない動きがあります。

　［2432］　それでは，どのようにすれば，そうした質の高い論議を行なうことができるでしょうか。核心を摑むためには，文書による応答であれ，口頭での対話であれ，そこで行なわれる論議の社会的意義や歴史的意味を確認することが必要です。参加者全員がチーム・プレーを行おうとすれば，何のための論議かという目的意識を明確に共有する必要があります。社会生活における論議や意思決定のかなりの部分は，それだけで完結するというよりも，議論の積み重ねというかたちで，次のステップへ進むための前提として過渡的な役割を与えられている場合が少なくありません（稟議制などが示すように，個人も組織も単一の判断だけで完結する存在ではありません）。この点に慣れていない初心者は，議論の道筋を決めるのに手間取り，肝心の本論について話し合えないまま，時間を浪費することもよくみられますが，この点を考慮すれば，前提的な争点についてどの程度の時間を割くことが必要かという点にも配慮することができるようになります。国家の経営でも，企業でも家政でも，大切なのは最終的な達成目標の実現であり，そこに至る経路の相違は達成目標に対してずっと比重が軽いものです。それは，いくらでも代替策があり得るからです。

　［2433］　核心を摑もうとすれば，独りよがり（井の中の蛙）も禁物です。法律学を学修していると，「法律がすべてだ」と思いがちですが，実社会では「法的解決はあくまでもひとつの選択肢でしかない」ということがいくらでもあり得ます。裁判に持ち込まずに市場での解決に委ねたり（経済的解決＞法的解決），裁判所で争わずに世論に評価を委ねたり（社会的解決＞法的解決），裁判所が認めなかった被害者（ドミニカ移民，肝炎患者など）救済を内閣の判断で実施したり（政治的解決＞法的解決）というように，法の地位は決して絶対不変のものではありません（法的にはこの請求が認められるはずだといっても，民事執行の手間や費用を考えて和解で解決したり，コストを考えて少額債権を放棄したりすることも

あります。これらは経済的解決の典型です)。また，プロパテントの時代だといっても，知的財産の保護はあくまでも一局面を表すにとどまり，競争法や租税法，労働法など他の法分野との総合的な関連性を顧慮して，特許権に基づく各種請求権主張の是非を判断しなければなりません。さらにもっと大切なことですが，日本の法律制度・司法制度も，国際社会の中で諸外国の法制度と対比してみると，あくまでもひとつの選択肢（司法商品）でしかなく，国内での解決よりも外国での解決が優先されることも少なくありません（日本の司法が全体として国際社会で通用するサーヴィス商品となり得ているか，競合商品に対して比較優位を保ち得ているか，日本の司法も空洞化しているのではないかといった諸点についての関係者による継続的な見直しも必要です）。このように，どの社会制度もすべてグローバルな視点で歴史的視野のもとに総合的に検討されなければなりません。

[2434] 実践という観点では，何よりもまず，長期的・中期的・短期的に考えて現時点でどのように行動するか，またいつどのような結果を実現すべきであるかという点について政策的判断を下す必要があります。討論の終着点（達成目標，方向性）を決めなければ，どのような手順を踏むべきであるかという点も決められません。達成すべき目標には理想的なものだけではなく，妥協の結果として実現される現実的なものもあります。このように，到達点を決め，出発点を確認すれば，複数のルートを考えることができます。むろん，どのような目標を達成しようとするかに応じて，採るべき経路にも違いが生じ得ます。実務では，生じ得る複数の可能性をすべて検証した上で，暫定的にひとつの経路が採用されますが，状況次第でいつでも他の経路に転換する余地を残しておくことが必要とされる場合も少なくありません。ルートの選択は，目的達成という視点のみでなく，実現可能性という状況によっても制約されることが少なくありません。

[2435] 最後に時間管理の重要性を改めて指摘しておきます（[1108], [1208], [2245], [2248], [2258], [2306]-[2307]等参照)。それは，誰もが物理的な制約を超越することができないからです。時間を短縮することができれば，短縮により浮かせた時間を他の目的のために転用できるという意味で，時間厳守と時間

短縮には大きな実践的意義があります。この点はいくら強調しても強調しすぎることはありません。時間に余裕がない場合ほど，あらゆる無駄を排除し，すぐに核心を押さえた議論をする（本題に入る）ことが必要になります。議論の枠組みを設定しようとする場合だけでなく，設定されたルートを辿るときも，参加者は常に時間的な制約の有無を考慮しなければなりません。討議に参加するすべての関係者にとって，時間は共有せざるを得ない貴重な財産です。ひとりの無駄な発言が他の参加者の貴重な時間を参加人数分だけ奪うことになるからです[114]。無駄な発言とは，設定されたルートからはずれた争点についての主張です。また解答が分かりきっているときになされる形式的争点（省略された争点）についての反対意見も討議の妨害行為に当たります。前の発言者と同じ内容を言いたいときは，前の発言者のどのような意見（▽▽の争点に関する○○説）に賛成すると言えば，わずか3秒で済みます。時間的制約を考慮すれば，討議は最短距離を辿ることが必要な場合が少なくありません。このことはJRの在来線と新幹線との対比を想起すれば明らかになります（類例として，中国上海の浦東国際空港から上海市内に10分程度で乗り入れるリニア・モーターカーと1時間以上を要するバスでの移動との対比など）。短時間で到達するためには，直線路を進むことが重要になります（家系図に即していえば，長子相続型など，本家の血筋のみを跡付けるという方法です）。討論を緻密に行おうとする場合やどれが議論の本筋かがなお判断しかねる場合は，むろん，枝葉の論議も大切になりますが，いつもそうであるとは限りません（実務上，短時間のうちに有効な結論を出すことが求められているのは，市場での競争に勝ち残るためには迅速な決断が必要とされているからです）。

　[2436]　上記の事情が示すように，無駄な話を体験すればするほど，却って，核心を摑むということの実践的重要性が身に沁みて分かるはずです。どのような争点をどの順に排列すれば，最も迅速に判断を下すことができるかという点

114）　20人の聞き手がいる会議体で話し手が1分間ずつ無駄話をすれば，それだけで20分がすぐに消えてしまいます。3分間の無駄話では合計1時間が無駄に消費されていきます。コスト感覚を持った人々にとっては，もったいない話です。

に留意しつつ，最短距離で設定目標に到達できるよう，争点を順序よく排列し，適切な選択肢を選べば，本質に関わる討議を短時間で完了させることができるようになります。むろんここに書いたような作業は多くの経験を積み重ねることによってのみ次第に身に付けることができるような性質のものです（経験は何物にも代えがたい貴重な財産です。だからこそ，他では経験できないような貴重な経験の機会があるときは，遠慮せず積極的に挑戦すべきです。「チャンスの前髪は摑んだまま絶対に離さない」）。効果的な議論の仕方は，決して一朝一夕に身に付けることができるほど，簡単なものではありません。ただこの点への配慮を普段から意識して行なっている者とそうでない者との間には，短期間でも，大きな技能の開きが生じるという点を初期の段階でよくわきまえておくことが大切です。特に初心者は，このことをよく自覚して，話し相手を選ぶときも，自分より少し上のレヴェルの者を話し相手として優先的に選ぶことが必要です。

（6）　議事を進める力の養成

［2437］　議事を進める力は，自己および他者の文章および発話内容を素材として集団としての意思決定をスムースに行う能力です。以下，議事進行に関わる種々の役割に着目して，いくつかの留意点を挙げます。議事を進める力はむろん全員に必要とされる能力ですが，時として，役割に応じて必要とされる能力の現れ方に違いが生じます。司会者，報告者，フロアの参加者，そしてコメンティター，これら討論に参加する者が担うどの役割も，議事を進める上で重要な意義を持っています。討議を含む議事運営は，すでに学修済みの基本的技法を応用したゲームのようなものです。以下，役割の相違に即して個別の説明を行います。これらの留意事項に気を付けて，より正確に，より迅速に，より緻密に実践するように努力すれば，参加者は皆，次第に達成感が得られるようになるはずです。

［2438］　まず，司会者の役割は，あたかも船長（他にオーケストラの指揮者等）のそれに対応します。その基本は，海難事故や衝突事故に遭わないよう，出航から帰航までの全航程に責任を持ち，安全運行について最大限の努力をするこ

とです（航海を安全なものとするためには，事前準備も事後のケアも周到に行われなければなりません）。初心者は討論中の安全運行（正確さ）だけを考えがちですが，最初のうちはそれでも止むを得ません。それでも，仕事に慣れてくると，時間という物理的制約への配慮が期待されます（実社会では，迅速性も稠密性も適切性（ピンポイント）もすべての参加者にとって必要な視点です）。実社会では，安全運行に加え，航路の選択にあたり速度，価格等，経済合理性を考慮し，最小限のコストで目的を達成する効率性への配慮も必要になります。

[2439] 司会者の行為は，以下の各部分に分けることができます。①開会宣言，②当該会議体における達成目標（中心的争点）の明示，③当該目標達成のための原案（叩き台）の提示（この部分は，司会者自身でなく報告者が分担することもあります），④原案（報告内容）の争点整理，⑤当該会議体において中心的争点（達成目標）につき結論を出すプロセス（ルート，経路）の提示と決定（争点関連性の整理），⑥フロアからの各争点に関する多様な発言の体系的整理，⑦中心的争点につき結論を出すための操作，⑧討議過程全体の整理，⑨閉会宣言，これらです。参加者中に初対面の者がいるときは，最初に司会者が参加者を紹介したり，参加者間で相互に自己紹介が行われたりすることもあります。時間配分は当該会議体の性質により多様です。意見交換を主目的とするときは，⑥に多くの時間が割かれます。また，一度の会議で結論を出すことが難しいと主催者が判断するときは，連続した数回の会議が必要になります。いつまでに何を達成すべきか（中間達成目標）に配慮すれば，各回の会議体の位置づけが異なるものとなります。

[2440] 会議の内容を簡潔に示すため，必要に応じて，司会者は会議の前に「議事次第」を文書で用意します（こんにちのようなIT環境のもとでは，事前にメール添付資料として配信することにより，争点整理までを事前に済ませることができます）。「議事次第」には，会議体の名称，主催者，日時，場所，議題等の必要事項が列挙されます（むろん状況の変化に応じて議題の順序が変更されることもままあります）。議題の排列から，議事進行の順序が分かります。この文書は，会議参加者が準備を進める上で重要な資料となります。議事終了後，司会者は，当

日の討議経過をまとめた「議事録（案）」を作成し，参加者に配布することが必要です。次の会議体で「議事録（案）」が承認されれば，「議事録」として確定させることができます（参加者の同意が得られるときは，「議事録（案）」の確定作業もメール添付形式で行うことも可能です）。特に継続的会議体においては，中心的争点に関する結論を出すまでに何度も会議を重ねることがあります。どの時点でどこまで審議が進んでいるかを議事録で明示することは，議事を後戻りさせない（時間を無駄に消費しない）ために，必要な作業です。また注意を要する点ですが，議事録の作成は，時として，特定の意見の正当化根拠を作り出すために，意図的（戦術的）に用いられることがあります（議事録の作成を担当したいと言い出す者が自らに有利になるような表現を議事録に盛り込むリスクがあるという点にも留意しておく必要があります）。議事録案の承認という手続は，参加者間で共通の基準を成す比較の第三項を作り出すという意味でこのように重要な意義を持っています。

[2441] 上記の種々の作業をバランスよく行うためには，ここでも高品質の実践経験を意識的に積み重ねることが大切です。人生にはいつも新しい出会いがあり，世代交代が徐々に進行していますので，極端な閉鎖型社会（新規メンバーの参加を排除する集団）を除けば，会議体の参加者はいつも変わります。メンバーが代われば，未知の発想を有する参加者を受け入れる余地が生まれます。異文化間コミュニケーションを成功させ，どんな事態にもそれなりに対応できるようにするためには，質量ともに多くの経験を積む（場数を踏む）以外に対処法はありません。

[2442] 次に報告者は何をすべきかについて述べましょう。報告者の役割は，原則として，モデルコース（叩き台）を提示することです。船長の役割との対比でいえば，航路案を提示する航海士のそれに相当します。参加人数が少なかったり，効率的処理を目指したりするときは，司会者が報告者の役割を兼ねる場合もあり得ます。

[2443] 通常の授業（演習，ゼミナールなど）における個別報告を例として報告者の行為を具体的に示せば，以下のような作業が行われているはずです。①

中心的争点（報告者にとって何が問題なのか，報告者が主張したい論点）の設定とその背景（報告者がなぜその論点を取り上げたのか，検討の社会的意義）の説明，② 検討の順序とその理由（報告者が当該争点につき結論を導き出す過程とその根拠の明示），③ 中心的争点に対する結論（上記の争点につき報告者が採用した解決策），④ 当該結論を支える根拠（報告者が上記の結論を採用する理由）の段階的提示，これらです（報告に不慣れな初心者の場合，往々にして知識・情報など資料の提供が中心となりがちなため，報告だけで30分以上かかる例もみられます。むろん慣れるにしたがって，報告時間が短縮され，討議時間を増やすことができるようになります）。所定の報告時間（会議体により異なりますが，討議の時間を十分に確保しようとすれば，報告を10分から15分程度にとどめることも必要です。内容のある報告をする場合でも，人間が集中して他者の話しを聞ける限度を考慮すれば，20分ないし30分が限度です）報告の中に，これらが要領よく含まれていれば，報告者は問題の提起というその重要な役割を一通り果たしたことになります。このうち，① は司会者が担当する場合もあります（個別報告ではなく，分科会やパネル・ディスカッションなど）。同一主題のもとで複数の報告者が参加するパネル・ディスカッションやシンポジュムの場合には，① と ② を主報告者に委ねることも可能です。報告時間が短いときは，まず結論を述べ，次に主要な理由に限って説明し，細部の説明を省略するという方法も有益です。この場合，時間が余れば補足説明に充てることができます。何を言いたいのか，なぜそのように言いたいのか，なぜそう言えるのか等について報告者の主張がフロアに間違いなく伝われば，すぐにも討議を始めることができます。討議時間を十分に確保するためにも，報告は簡潔にかつ所定の時間内に終わらせることが必要です[115]。

---

115) 外国人による講演会などでは，外国語での講演に続いて講演内容の翻訳が日本語で述べられることが少なくありません。90分の授業時間のうち，講演と翻訳だけで80分消費するときは質疑時間を10分しか確保することができません。これに対して，わたくしが「国際取引法」の講義等で実践してきた通り，時間的な余裕があるときは，講演内容の全訳をあらかじめ配布することによって，ほとんどすべての時間を質疑に充当することができます。ここでも，時間の使い方次第で，外国人ゲストと実質的な討議を行い，参加者が満足感を得ることが可能となります。

[2444] 報告内容を簡潔に示すために，通例，報告者は少なくともＡ４大１枚の「レジュメ（報告要旨）」を用意することとされています（現在では，OHP，パワーポイントなども頻繁に利用されていますが，参加者が多い場合，遠くの席からは見にくいこともあって必ずしも有効な方法とは言えません）。むろんレジュメに記載済みの内容（主張の骨子，証拠資料など）については説明を省略できるので，報告時間を短縮することができます。報告の中心が資料的説明に置かれるときは，別途，添付資料を追加することも必要です。レジュメの内容を読むだけの報告であれば，レジュメの意義は減殺されます（OHP，パワーポイントで画面に映し出される資料を口頭で読むことも原則として不要です）。短時間に報告内容を聞きながら読めるように配慮する場合，余りに詳しすぎるレジュメは不要です。レジュメの形式・内容についても，経験を重ねるこによって，次第に改善されるはずです。

[2445] さらに，フロアの参加者にも果たすべき役割があります。フロアの参加者の役割は，報告者により提示されたモデルコースを改善するための意見の提示です。たとえば，報告の趣旨が不明確であれば明確にし，論理に飛躍があれば批判を行い，また「比較の第三項」が示されていなければ異論を出すことによって行間を緻密に埋める作業を行うことなどが挙げられます。船長の役割との対比でいえば，同僚の船員，乗客，当該船舶を運航している船会社，同じ海洋を航海している他の船舶の乗務員，潜在的な顧客，海上交通取締監督官庁等，国内および諸外国，国際団体等に関わる多様な利害関係者がここに登場します。それぞれの立場や関心の相違に応じて，フロア参加者の意見は，参加者の社会的・文化的・歴史的背景の相違を反映した多様なものとなりますし，新しい視点（異論）が出されるときは，議論が深まるはずです。

[2446] フロアの参加者の行為のうち，特に重要なのは，① 個々の争点に対する意見と ② その理由の提示，これらです（司会者や報告者がそれぞれの役割を果たしていない場合，フロアの参加者がそれらに代替する機能を果たさなければ会議体を維持することができません）。司会者が用意した個々の争点に対する意見を参加者が表明する作業を通して，当該会議体参加者間で共有可能な争点関連図と

方向性が次第に形成されてゆきます。こうした作業の過程全体に亘り，争点に対する解答でも新たな争点の追加でも不要な争点の削除でも，参加者があらゆる場面で積極的に意見を述べ，理由を説明することによって，当該会議体は効果的に意思決定を行えるようになります。参加者が効率的な議事進行に協力しようとするときは，「異議なし」とか「賛成」とかといえば足り，同一内容の結論と理由とを何度も繰り返して述べる必要はありません。この他，司会者が用意した争点関連図に対して，新たな争点の追加に関する意見とその理由を提示することが可能なときは，そうした営為も必要となります（この部分は，司会者が用意した争点関連図の適否という争点に対する意見となります）。

[2447] 発言の際に特に大切なのは，発言者がどのような問題意識をもって発言しているかという視点です。発言者自身がいかなる発言効果を狙うか（どの方向に議論を導こうとするか）により，表明される意見の内容も変わります。フロアの参加者の大勢が報告者の発言を支持する場合（原案可決）もあれば，逆にそれを拒否する場合（原案否決）もあります。報告内容に対しても議事運営に対しても，参加者全員からいつも好意的な理解や反応が得られるとは限りません（司会者が十分に機能しなければ，司会者を交代させることが共同体の利益に適います）。ここでは，フロアの参加者と司会者との間で主導権をめぐるバトルが生じる余地もあります。むろん，初心者は，まず司会者や報告者の発言内容を積極的に支持するサポーターの役割に徹することから始めるべきです。報告者や司会者を経験する機会が多ければ多いほど，グローバル・ビジネス・リーダーとして活動する下地を作ることができるようになります。当該会議体における発言力を保つためには，積極的寄与が必要です。当該会議体の存在意義を失わせるようなよほどの緊急時でもない限り，司会者や報告者の提案や議事進行を阻害するような行動をとらないことが，共同体の利益確保という点で，有益です（「和の尊重（協調性）」という「法文化」）[116]。

---

116) 実社会には，悪意に満ちた議事妨害者（総会屋など）がいないわけではありません。それを排除するには，妨害者の発言の前提を否定することで足ります。つまり，妨害者の発言の根拠（判断基準）に客観性がないことを指摘すればよいのです。

［2448］　フロアの参加者も，司会者や報告者と同様，各自が手元に自分なりの争点関連図を事前に用意し，討議の場でそれに加筆修正を行う作業を可能な限り緻密に実践する必要があります。違和感を抱く鋭い感性と緻密な分析力を備えていれば，こうした地道な作業を通じて，他の参加者が見逃していた争点を発見することもできるようになります。むろん，フロアの参加者も，所定時間内にすべての作業を完了させるため，コスト感覚を持ちつつ，議事進行に積極的に協力する義務があります。

［2449］　最後に，コメンティターの役割についてです。コメンティターの役割は，第三者の立場から，議論の過程を改善するために，司会者，報告者，フロア参加者，これら全員により行われたプロセス自体の問題点を指摘することです。船長の役割との対比でいえば，当該船舶の運行管理者等に対応します。

［2450］　コメンティターの行為は，司会者，報告者，フロア参加者，それぞれが果たすべき役割を十分に果たしていたか否か，どの程度それぞれの役割を果たしていたかという視点から，現実に生じている問題点を指摘し，可能性のある改善策を提案することです。限られた時間内に問題点を指摘するためには，それぞれの時間帯になされた活動のうち，重要な事項のみに限定して問題点を指摘することが効果的です。何が重要な問題点であるかは，コメンティターの問題意識次第で変わり得ます。コメンティターの作業も毎回の記録に残しておくことが有益です（司会者が，「議事録（案）」中に，報告，討議などと併記して，コメントの内容を書くという方法もありますし，議事録とは別にコメンティターの意見を残すこともあります）。

［2451］　以上からお分かりのように，討議は，あたかもすべての参加者が協力して作り上げるひとつの総合的な「芸術」作品（ars）のようなものです。作品としての完成度が高いときは，一流のプレィヤーによるシンクロナイズドスイミング，オペラ，宝塚歌劇などにおける演技のように，討議全体を通じて，生き生きとした躍動感が漂い，観客を興奮させることになります。そうした刺激を受けて，観客の中から次代を担うプレィヤーが出ることもあります。討議は参加者が互いに正確性，迅速性および稠密性を競い合うゲームでもあります

が，同時に組織としてひとつのまとまりを形成するという共通の利益をも有している（運命共同体）ので，参加者が互いに協力し合うことも必要です。参加者が互いにひとつひとつのプレーの意味を了解できるときは，討議を楽しむ余裕が生まれます。このことに気付けば，参加者自身がやりがいを感じてさらに新たな目標を設定してその達成に向けて挑戦する意欲も湧くことでしょう。しかし，メンバーの中に個々の作業を十分に行うだけの技術を体得していない者が混在しているときは，他の参加者は討議を楽しむことができず，不安感に苛まれます。この場合，参加者は，沈黙することによってただ時間の経過を待つだけになりがちです。しかし，討議が参加者全員により一定の目標をもって作り上げられる協働参加型の作業であることを考慮すれば，発言する意欲を持たない者にはそもそも討議に参加する資格がありません。いつでも適切に発言できるよう，平素から心がけて実践し，地道に練習を積み重ねることが必要です。そのためには，各自が自己の役割を自覚し，また必要性に応じて，それぞれの目標を達成できるよう，自覚的に練習する以外，そうした閉塞状況を打開し得る方策はありません（「学問に王道なし」）。

(7) 評価する力の養成

[2452] 評価する力は，自己および他者の文章および発話の内容の成否，適否，当否等を決定する能力です。評価の定義は多様です（個々の行為や状態に対して行われる評価もあれば，一定の過程，人物，事象等の全体に対して行われる評価もあります）。評価が具体的な行為であるという点に着目すると，評価の主体（who），評価の客体（what），評価の理由（why），評価の過程（how），評価の環境（時間（when）および空間（where））などについてあらかじめ確認しておくことが大切です。評価の目的が異なれば，当然のことながら，評価の対象にも違いが生じますし，評価の方法も変わることがあります[117]。

---

117) 著者が担当する「法学基礎演習（1年次）」および「法学基礎演習（2年次）」では，毎年度（前期・後期）末，履修者全員参加の形式による評価活動を行っています。評価者自身に対する評価を含めた全員に対する書面評価（A4大1頁）と相

[2453]　評価する場合も評価を受ける場合も，まず評価の目的，対象，方法，これら三者の相関関係に留意することが大切です。評価するにあたっては，評価の基準を明らかにする必要があります。ここでは，評価対象を選び出す基準と評価対象物を評価する基準とが明確に区別されなければなりません。一方で，評価対象選定基準が決まらなければ評価対象を選び出せません。他方で，評価対象が決まらなければどのような評価基準を用いることができるか，どのような評価基準を用いるべきかも決められません。これら二者の間で優先順位を決めようとすれば，いずれか一方を暫定的に取り上げ，その後に他方を取り上げ，両者間の整合性を図る以外に方法はありません（つまり，これら2つの基準は必ずしも論理的な前後関係に立つものではありません）。そうした整合性を図るときの基準を提供するのが評価の目的如何という視点です。好意的な評価を行おうとすれば，評価基準は概して緩やかなものになりがちですし，逆に厳しく評価しようとするときは，評価基準も厳格なものになります（採用人数が多い試験と極端に少ない試験との対比等）。このようにみると，客観的な評価を行うことは必ずしも容易ではありません。このような評価の実態を考えることができれば，評価する側の心理と評価される側の心理，両者に均等に目配りすることができるようになります。評価したり評価されたりする経験を積めば，評価される側は，どのような評価基準が用いられているかに着目することによって，評価の結果をあらかじめ予測することができます。評価される側が評価者の能力不足を問題視する場合もあります。このような評価の限界を十分に自覚したうえで，評価する側は評価される側に信頼されるように，できる限り公平で中立的な評価を目指すよう心がけることが必要です（両者の立場を経験することには，評価の過程を客観的に把握する上で，大きな意味があります）。

[2454]　むろん評価活動にも完成（完璧）はあり得ません。どのような評価が望ましいかという問いが意味を持つ場も限られています。日々の生活において主体的に評価を実践する経験を積み重ねることによってみずからに固有の評

互面接試験（参加者の人数により13分〜20分）の2種類です。

価マニュアルを作り上げてゆくこと，そうした評価マニュアルを日々の実践を通して改訂し，国際的水準に近づけてゆくこと，これらに留意されれば，評価の質も次第に向上し，だんだんに優れた評価を行えるようになります（ある学術賞の選考過程に関与した経験から言えば，評価する力それ自体が，他の審査委員からも受賞者からもその他の関係者からも，常に評価の対象とされ続けています）。

（8） 指導する力の養成

[2455] 指導する力（リーダーシップ[118]とも表現されます）は，目的や目標を共有する集団（人々の集合体はあらゆる意味でここに含まれます）をその達成に向けて前進させる能力です[119]。この点を取り上げるのは，上述の7つの能力を踏まえた上で一段階上のレヴェルから下位のレヴェルにある者をいかに指導することができるかを考えようとするからです（こうした位置づけはむろん著者がここで採用する便法にすぎません。「指導する力」がなければ「議事を進める」こともできず他者を「評価する」こともできないと考える者であれば，「指導する力」は上記二者の中に分解して入れられることになりましょう）。目的が大きければ大きいほど，また目標が高ければ高いほど，その達成へ向けられた過程はより込み入ったものとなります。この力は，集団の構成員全員に必要なものであり，この能力を備えた人物の参加比率が高ければ高いほど，組織は活性化しますし，設定された目的や目標を達成する過程は，より正確に，より緻密に，より迅速に展開さ

---

118) 「リーダーシップというのは，組織の繁栄と成長のために全面的に責任をとり，組織をよい方向に変えていくことです。真のリーダーシップは，名声，力，地位に関するものではありません。責任に関するものです」（ロビン・シャーマ著（北澤和彦訳）『3週間続ければ一生が変わる　Part 2　きょうからできる最良の実践法〈最高の自分に代わる101の英知〉』（海竜社，2007年）253頁）

119) 「目指す価値観や行動様式を現場の隅々，第一線の社員にまで浸透させることは各企業にとって重要な課題である。各社とも経営理念をつくり倫理規定や行動指針を整備し，何度も何度も訓示や声明の形で社員に伝えようとする……が，トップの思いが末端まで伝わり，その実現に向け皆が行動し始めるという状況ができるか否かは『経営者の力量』による。……これは……国家においても同様である。」（「経済気象台　問われるトップの力量（啄木鳥）2007年1月31日朝日新聞朝刊26面）

れるはずです（管理職の重層的構成）。地域的に限定された場合でも，グローバルに開かれた場でも，国家でも民間でも，企業でも家庭でも，どのような集団でも，指導する力を有する者がその力を発揮しているところは成功例の累積により社会から高く評価されます。これに対して，指導する力を持たない者がトップにいる組織は，社会から否定的な評価しか得られません（種々のランキング参照）。逆にいえば，社会的に評価されていない組織のトップはおおむねこのような意味での指導力を持っていません。そうした者がトップとして多数決により選ばれている組織は，過半数のメンバーがそのことをまったく自覚していない状況にあります（マラソンや駅伝の例でいえば，1キロメートルを平均2分40秒台で走れる走者が多数参加しているレースでは記録を狙うことができますが，1キロメートルを平均3分40秒台で走るランナーしか参加していなければ，到底記録を狙うことができません。またトップグループに常時加われるランナーが多数いるチームと，いつでも第3集団や第4集団に取り残されているチームとでは，レースへの参加の姿勢が違ってきます。ランキングの上位にある組織には概して国際水準にあると評価される人物が多数参加しています）。書店の新刊コーナーにビジネス書[120]が山積みされている状況こそ，社会にそれだけの潜在的需要が恒常的に存在することを示す何よりの証左といえましょう。

　[2456]「指導」は「目的に向かって教えみちびくこと」[121]です。「教える」は「注意を与えて導く。……学問や技芸などを身につけるように導く」[122]ことであり，「導く」は「手びきをする。……教え示す。……ある状態に至らしめる」[123]ことです。国語辞典などで語義を探っても堂々巡りの説明に出会うことは良くあることですが，そうした説明を通じて読み取れるのは，「指導」とい

---

120) 国家指導者や政治家，高級官僚の回顧録，企業経営者の自叙伝など，著名な人物による著作やハウトゥーものは，内外に多くあり，枚挙に暇がありません。最近の著作では，野田智義・金井壽宏著『リーダーシップの旅』（光文社新書，光文社，2007年）などがあります。
121) 新村出編（前注99)) 1157頁。
122) 新村出編（前注99)) 353頁。
123) 新村出編（前注99)) 2459頁。

う行為がいくつもの行為の連鎖により成り立っているという点です。① 最終目的を掲げ，② そこに至る多様な道筋を例示し，③ その中のどの道筋がどのような理由で優先されるべきかを説明し，④ 採用した道筋がどのように構成されておりそのルートをどのように進めばよいかを提示し……というように，「指導」にはいくつもの段階があります。どの段階の行為についても，みずからの信念（世界観）を基礎に，国際社会の行動基準や事業目的との整合性を考え，長期，中期，短期の達成目標を設定するなかで，手持ちの人材，資金，物資と外部調達の可能性とを検討しつつ，想定し得る選択肢を手がかりに作業を進めることになるはずです。ここでも，結局は，争点を発見し，争点関連性を整理するという基礎力が応用されていることに皆さんはすぐ気づかれることでしょう。

5. 基礎力の応用

（1） はじめに

［2501］ 皆さんは，以上に示した基礎力を，どのように応用することができるでしょうか。わたくしたちの社会行動は，具体的な行為に至るまでの意思決定と決定された意思を実現する実行との2つに分けることができますが，上述の技法が用いられるのはもっぱら意思決定の場面においてです（他方，実行の有無や程度は，当事者の意欲や能力に左右される点が少なくなく，各自の個別的な努力による以外，解決策を見出すことができません）。意思決定をどのように行うかという点は，むろん，全面的に各自の世界観（［1211］，［2269］，［2603］）に左右されますが，意思決定の過程をできる限り細かく操作する能力を身に付けておけば，応用範囲はずいぶん広がるはずです。鋏や包丁と同様に，道具を使う人がどのような目的を持ち，どのように活かして使うかに応じて，「争点整理」という技法の切れ味も結果も大きく変わります。以下では，3つの典型的な利用の仕方についてのみ，簡単に説明しておきましょう。

(2) 専門性の追求

[2502] 上述の技法を応用できる第一の局面は専門性を追求する場合です。社会生活は，当該社会を構成する人々の間での共同生活であり，各自がそれぞれの役割をこなすことを求められています（必要なのは，contribution ではなくて，burden sharing です）。社会を発展させようとすれば，前例がどうなっているかのみを気にして，旧来の慣行を墨守する保守的なやり方に代えて，いつでも，地球社会の動向に目を配り，あるべき理想を追求する革新的な姿勢が必要です。そのためには，絶えず新しい発想を試み，かつ積極的に発言することが求められています。共同生活で自己の存在意義を示すには，他者のそれとは異なる意見を述べることが大切です。人真似ばかりしていては，存在意義が薄れます。新しい発想を示すためには，新しい可能性ないし争点を発見する技術を身につけていなければなりません。つまり，争点整理の技法を応用することにより，自己の存在価値を大いにアピールすることができます。

[2503] 社会生活を行う上で，なすべきことは限りなくありますが，人の能力には限りがありますので，そのすべてに通暁することはできません。そこから，独自性を発揮しようとすれば，まず何かひとつだけ，当該社会にとって必要とされる事柄に関して，どんなに小さくても，専門的な能力を身に付けることが必要になります。自己の専門とすることに関して，他者には言えないような固有の意見を提供することにより，あなたはその社会を支えることができるようになり，その社会にとって不可欠の人物として評価されるようになります。とりわけ，経験の浅い年代では，そうした専門性を追求することがまず求められます。

[2504] 専門性を発揮するためには，どんなに小さくてもひとつの井戸を深く深く掘り続けることが必要です（細分化の過程）。それは，いったん掘った井戸は，模倣という行為を通じて，他者も容易に掘ることができるようになるからです。二者択一型よりも疑問詞型の争点を提示し，解答を探求し続ける努力は容易なものではありません。誰でも簡単に答えを発見できるようなものであれば，専門とは言えません。専門性を持ち続け，他者をリードしようとすれ

ば、誰でも、みずからが設定した領域について絶えず新しい動きをフォローし、絶えず最先端を探求し続ける努力を継続する必要があります。ライヴァルがあまたひしめくレストラン業界にあって、ミシュランやゴー・ミヨーのガイドブックで多くの星を獲得し続けるシェフにはそれなりの血のにじむような努力がなされていることをわれわれは知る必要があります。そうした努力をしているからこそ、専門家には敬意が払われる価値があり、専門家として高い報酬を得られる機会があります。

　[2505]　ひとつの井戸をある程度（他者が容易には真似できないレヴェルまで）深く掘り進めることができれば、次に、最初の主題に隣接したテーマを選んで、同様に緻密な争点整理を進めることが可能です。専門領域が同じであっても、小さな範囲の専門家よりも大きな範囲の専門家の方が、より有益な意見を述べることができるからです（視野の広さ＝応用範囲の広さ）。いかにおいしくても目玉焼きだけしか作れない専門家より、目玉焼きもオムレツも両方作れる職人の方が一流レストランへの就職のチャンスが広がるのと同様です。

（3）　体系性の追求

　[2506]　上述の技法を応用できる第二の局面は体系性を追求する場合です。専門性を追求することに一生を捧げる職人的な生き方にも価値がありますが、他方で、そうした職人の手を介して創造された製品を社会に還元する組織の維持という視点も無視することはできません。分野により異なりますが、年齢の高まりとともに、創造的な仕事ができなくなり、専門職から離れなければならない場合もあれば、年齢と経験に応じて、次第に管理職としての役割を期待されるようになる場合もあります。組織が存在しなくなれば専門家の存在も不要となる場合を考えれば、ここでも、自己の専門的な関心事のみを追い求めるミクロ的な生き方には限界があることを知る必要があります。

　[2507]　体系性の追求は、個々の専門を組み合わせる作業です（総合化の過程）。そこでは、種々の選択肢を相互に比較対照し（「比較法文化論」の講義で取り上げた「比較」の方法はここでも十分に応用することができます）、いくつもの組

み合わせを作り出し，時間や経費を考慮したコスト計算，消費者の選好など経営に必要な諸要素を考慮して，意思決定を行うことが必要です。ふたたびレストランの料理を例にとれば，日本料理でも中華料理でもフランス料理でも，アラカルト料理ではなく，コース料理を構想する力が体系的整理力に相当します。刑事事件専門の弁護士として仕事が切れ目なく続き，事務所の経営も安定している場合は別として，どの地域で，どのような人々を相手にして，社会の動向を考慮しつつ弁護士業を行おうとするかに応じて，必要とされる専門知識も変わりますし，どのような専門知識をどのように組み合わせて，ライヴァルに負けずにクライアントをコンスタントに確保できるかという視点も法律事務所経営者には必要とされています。この意味で，経営という視点を考慮せざるを得ない人々にはすべて体系性の追求を可能とするような能力が求められています。

　[2508]　こうした体系性への配慮は，「点としての司法試験」から「プロセスとしての法学教育」へと視点を転換したとされる2004年4月発足の法科大学院教育についてもそのままあてはまります。契約法だけ学修していれば民法の知識がつくというわけではなく，不法行為法も不当利得法も，物権法も，家族法も相続法も総則もというようにすべてを学修して初めて古典的な民法の学修を完了したということができ，さらに消費者契約法やリース契約法のような現代的展開をも考慮し，それら実体法の学修成果を実践するうえで必要な民事手続法（民事訴訟法，民事執行法など）の学修をも加えなければ，民事法分野の法律問題に答えることはできません。誰に対してどのような請求を行えば最も効果的に利益を回収できるかという戦術的な視点をも考慮すると，基礎知識の応用という視点に配慮することが法律学の学修でも不可欠だということがわかります。

（4）　国際性の追求

　[2509]　上述の技法を応用できる第三の局面は国際性を追求する場合です。現代国際社会の枠組みである「国民国家制」を前提とする場合でも，経済社会

の実態はすでに国境の持つ意味をすっかり失わせています（1998 年 4 月以降の解雇者 233 名の原職復帰と団体交渉開催を要求するフィリピントヨタ労組（TMPCWA）争議を支援するため，日本を含め世界的規模での反トヨタ世界キャンペーンが実施されていました）。もはや社会的には国内事項と国際事項との区分が不能となっているのに，今なお国民国家制にしがみつき，国境の内と外とで異なる規律を実施しようとしているのがわれわれの共同体社会です（国家法，国家裁判所，法学教育等，あらゆる司法サーヴィス商品も国際社会のマーケットで変動商品として評価され購買の対象として位置付けられています）。国民国家制のもとではより良い商品が優先的に選ばれるため，競争力ある商品を提供できない者はランキングの下位に立つしかありません（このような競争における弱者は必然的に多数に上るため，弱者の意見を優先させるために民主主義的多数決という制度を導入しようとします。これと対立するのが自由競争主義であり，マラソンにおけるトップグループのランナーのように世界をリードする立場にある者により主張されています）。国民国家制に代わる新しいあり方を模索しているのがヨーロッパ連合の動きです（国民国家制から広域国家制・連邦制へ）。対話の相手が国境を越えて広がるほど，異文化圏における説得の技術をも取り込んだ，応用範囲の広い対話術を獲得することが必要になります（これは外国語の知識の習得とは異なる思考力です）。地球社会への転換は現時の必然的帰結です。

（5）ま と め
　［2510］ここに述べた専門性の追求，体系性の追求および国際性の追求は，いずれもわたくしたちが社会生活を送る上で不可欠の視点を提供しています。社会における紛争を解決し，また予防するための手段としての法律学の学修において，争点整理を含む学修の基本的な技法をいかに応用することができるかを考えれば，その範囲が相当程度広いというよりも，わたくしたちの社会生活すべてが争点整理の連続であるということに気が付くはずです。この点を自覚的に行うか否かによって，むろん，基礎力体得の意味と応用範囲はずいぶん変わるはずです。

6. 学修の基本的な技法の総まとめ

[2601] この『学修の基本的な技法』と題する資料を用意して初心者に対しくどく述べてきたことは、つまるところ、自国語か外国語かを問わず、文字で記述される文章であれ、話し言葉で述べられる文章であれ、① 争点と解答との組み合わせをひとつの単位として取り出すこと、② そうした単位を可能な限り多く拾い上げること、③ 単位相互間の関係が明らかになるように整理すること、④ 何を言いたいのか、なぜそう言えるのかに着目して文章全体の流れを再構成することなど、具体的な学修の進め方に関する方法論とその実践例です。これらの作業を着実に実行し続ければ、レジュメを作るときも、レポートを書くときも、討論を行うときも、さらには、蓄えた能力を卒業後に実務（企画書、立法理由書、判決書、専門論文など）で応用するときも、読者は容易に対処することができるはずです。

[2602] 学修の出発点はいつでも争点（二者択一型および疑問詞型）の発見です。争点の発見と複数の解答の発見とはほぼ同時に並行して行われているはずです。平叙文が争点に対する解答であれば、平叙文の前提に争点がありますし、平叙文の表現から新たに争点を発見することもできます。発見した争点は地図上の都市に相当するものです。都市間を結ぶ交通手段と同様、争点間の関連性を論理および政策の視点から整理することが大切です。これらの点に留意すれば、独力で考える手がかりが得られ、争点ごとに自己の主張を明確に組み立て、発表し、討議において説得力を持って主張することが次第にできるようになります。思考の方法を一旦身に付ければ、あとは時間を掛けて着実に経験を積み重ねるだけで足ります。以上に長々と述べてきたことは、結局、「争点整理」（[2106]-[2110]）の重要性を訴えることに尽きます。

[2603] 着実に実行する持続力があれば、上記の作業を行うことができますが、それ以前にもうひとつ決定的に重要なことがあります。それは、繰り返しになりますが、読者自身の「自分探し」という意味での世界観（[1211]、[2269]、

[2501]）を確立することです。自分は何のために生きるのか，どのような夢やロマンを求めているのか，それをどのようにして実現しようとするのかといった点です。この読者自身の到達目標を設定して初めて，上記の技法を活かす場が生まれるのです。たんに技法だけを修得したつもりでも，達成すべき目標がなければ，技法の誤用や濫用を避けることができません（宝の持ち腐れ）。

第3章
結　　び

1. 当初の課題に対する解答

　[3101]　この『学修の基本的な技法』では，特に中央大学法学部国際企業関係法学科の新入生を対象として，大学での学修上不可欠の技術ないし方法論がどのようなものか，またどのようにすればそうした技法を体得することができるかという点について一通り説明してきました。その目的は，新入生諸氏が入学直後から学修を効果的に進め，かつ成果を挙げられるように支援するという点にありました[124]。読む力，書く力，聞く力，話す力，判断する力，質問する力，主張する力，対話する力，討論する力，核心を摑む力，議事を進める力，評価する力，指導する力，これら13の能力をどれも可能な限り高い水準に引き上げ，かつ維持するためにはどうすればよいかについて具体的な作業のプロセスを分かり易く示すことを通じて，新入生がどのように学修を進めることができるかを一通り明らかにしたつもりです。

　[3102]　「大学で本当の学力を身につけること」，その実現に向けて新入生がまず行うべきことは何か（問題提起①）に対する著者の解答は，「争点整理の技法を体得すること，そして，日々の実践を通じて，少しでも高いレヴェルで争点整理を正確に，迅速にかつ稠密に行えるようになること」でした。また，新

---

124)　ここには，普段の授業で話す内容をノートにメモする時間を節約するという趣旨のほかに，話した内容を正確にメモできない場合に備えて，あらかじめ資料として提示するという趣旨も込められています。

入生は日常の学修においてどのように行動すればよいか（問題提起②）に対するに著者の答えは、「つねに疑問を抱いて対案を出すように心掛け、かつその実践に努めること」であり、より具体的にいえば「図解による争点整理を反覆して行い、かつそうした整理の適否をつねに検討すること」でした（前述 [1101] 参照）。

　[3103]　これまでの学修を通じて皆さんはこれらの技法をひとまずは初級レヴェルで一通り体得されたことと思います。後は、各自の意欲と必要性に応じて、それぞれの作業を繰り返し練習し、実践できるようにすればよいのです。この資料はあくまでも第一次的にはわたくしが担当する「法学基礎演習（1年次）」の履修者のみを対象として用意したものです（むろんこの資料の内容は「法学基礎演習（2年次）」、「専門演習（3年次）」等の履修者にも決して無縁のものではありません）。著者は、教室における正規の授業のほかに、毎週、履修者全員に宿題として課したレポートの添削の反覆を通じて、1年生前期の3ヶ月間（4月中旬から7月中旬まで）で履修者全員がここに取り上げたような基礎力を一通り身に付けることを到達目標としています（著者の担当する「法学基礎演習（1年次）」を履修する機会を得られない方々がこの資料を読むだけでこの資料の内容を確実に理解し、実践できるようになるかどうかは、むろん、読者の理解力や実践力に全面的に依存しています。読むだけでは理解できない読者に対し、これら基本的な技法を体得する上で留意すべき点をもっと細かく説明しようとすれば、さらに多くのスペースが必要となりますし、個別的な指導が必要となるはずです。これらの能力を着実に向上させるには「個人指導による英才教育以外には方法がない」ということも事実です。中級以上の能力を身に付けようとすれば、わたくしが担当する上級年次配当科目（「法学基礎演習（2年次）」、「専門演習（3年次）」および「専門演習（4年次）」。なお、研究者や高度専門職業人を目指す場合は、大学院法学研究科国際企業関係法専攻博士課程への進学が有用です）を継続して履修されるなど、別に設けられている指導の機会を積極的に利用されるよう、お薦めします。

　[3104]　最後に、なお読者に強調しておきたい点があります。それは、「自

由に使える時間が相対的に多い」という意味で，考える時間をより多く有する学生時代，特に法学部の基礎教育を受ける1年生および2年生の時期の過ごし方についてです。「考える」作業の場合，じっくりと時間をかけて争点を整理する必要があるため，最初のうちはどうしてもわずかな成果しか生まれません。相当の距離を滑走しなければ離陸できないジャンボジェット機のように，最初はなかなか目に見える結果が得られません。「一年間の学修でどれだけ実力が付いたのかが分からず，不安になる」と語る経験者がいることも確かな事実です。けれども，決して焦る必要はありません。目に見える成果を求めてあれこれと手を出しても，基本的な学修の技法を身に付けていなければ，結局は，実践で使える能力を身に付けることができません。とりわけ新入生の最初の3ヶ月間はただひたすらに耐えて，基礎力を蓄えることに専念すべきです。そうすれば，成田の新東京国際空港第2ターミナルからフランクフルト・ラインマイン国際空港第2ターミナルまでノンストップで航行できるような力を付けることができます。この時期にじっくりと基礎力を蓄えた者のみが，これまでの蓄積の上に専門知識を加え，また実践経験を積み重ねることを通じて着実に応用力を体得でき，早期に種々の技法を実践でき，また応用力を発揮できるようになります（どんな花を咲かせるにも，土壌の整備から始めて丹念に水をやり，日当たりのよい場所でじっくりと育てる根気強さが必要であり，即効薬はありません）[125]。さほど時間を掛けなくても済むような案件については手早く処理するなど，短時間で意思決定できるようになれば，多くのことをなし得る時間を独力で確保することができるようになり，それだけ多くの成果を挙げられるよう

---

[125] 往々にしてみられる現象ですが，早期合格を目指して，1年次から国家試験などの受験勉強を始め，特に丸暗記型の学習方法を採用することで足りると考える学生が少なくありません。しかし，40年以上に及ぶこれまでの経験からみると，この「学修の基本的な技法」に示した技術をまったく体得していない学生の場合，せっかく蓄えた知識も砂上の楼閣のようなものでしかなく，現役ではその種の国家試験にまず合格していません。また卒業後にそうした難関に合格しても，有能な実務家とみなされるまでには，やはり，ここに示した技法をどこか別の場で努力して身に付けているのが通例です（前注7）参照）。

[3105] もうひとつ大切なのは，基礎力養成の段階では，任意に取り上げる主題の選択にあたっても，目先の華やかな社会的事象（最新流行のテーマ）を追わず，むしろ，じっくりと腰を据えて真剣に，ものごとの本質論や原理的な問題と取り組むことです。マスコミ受けする，時代の最先端を行く主題は確かに資料も多く入手できますし，あたかも時代の寵児であるかのように，華やかな印象を与えがちですが，せっかく入手した資料でも十二分に使いこなせなければ，結局は宝の持ち腐れになりかねません。また皆が同じ意見を述べ合うだけでは，議論に発展性がありません。誰もが言える意見ではなく，あなたにしか言えない個性溢れる自立した意見，それこそが集団の中で埋没せずに集団内で独自性（創造性）を認められる「価値ある意見」となり，組織におけるあなたへの信頼感やあなたの存在感を一層高めることになります。しかも，時代の変化に応じて，当面の主題はどんどん移り変わります（日々の新聞を読めば，そのことがよく分かります）。日々新しい事件や事故が起こり，日々新しい動きが現れていながら，それらはすぐに忘れ去られていきます。そうした社会や時代の表層面を追ってむなしい努力をするよりも，いつの時代にもどの社会にも通用する根本的なパラダイム（理論的枠組み，基本思想）を取り上げる方がいつでもどこでも異文化に対応できる応用力の修得という点で不可欠です。こうした力を着実に体得する上でも，少数の古典的かつ基礎的な重要資料に限定し，じっくりと深く沈潜して分析する作業の方が将来的には応用が利き，長い目で見れば得策といえます。

2. 今後の課題

[3201] くどいようですが，大学の入学試験に優秀な成績で合格された皆さんの場合，ここで取り上げた能力をすべて欠いているということはまったくなく，どの能力もそれぞれに備えているのが実情です。ただ，学修するときは，どの能力についても現状に甘んずることなく，質量ともにさらに高い水準を目

指すことが肝要です。また，優れた指導者の下で，優れた学友と能力を競い合う訓練を継続することが必要です。このような実践経験を通して自らの優れた能力を高め，付加価値をさらに付けられるようになれば，どのような進路を選ばれるにせよ，皆さんは，それぞれの努力の質と量に比例して，地球社会においてより大きな責任を担う活動をすることが十分にできますし，人生においても大きな満足感（その意味は，むろん，どのような欲望を持つかに比例しています）を味わうことができるようになりましょう。

[3202] もうひとつ，近年繰り返し指摘されていることですが，現代社会にはどの社会にも専門家の不在という大きな問題があります[126]。優れた専門職業人の高齢化や引退により，社会を担う上で必要な知識と技術を備えた人材，それも多くの後輩に慕われる品格ある優れたリーダーが大幅に不足して世代交代がうまく行われず，社会を維持することができなくなりつつあります。高等教育機関においてさえ十分な研究能力も教育能力を持たず，研究実績も教育実績もない者が名前だけ「教員」として授業を担当しているという事実があります。皆さんは，人当たりの良さや美辞麗句に騙されることなく，そうした無資格者を十分に見分けられるだけの判断力（人物を見る目）を早い段階で身に付けることが必要です。十分な眼力を持たない者は高い学費に見合うだけの教育を受けることができません。

[3203] この意味で，人材確保の重要性はいくら強調しても強調しすぎることはありません。誰でも社会の第一線で活動できる期間はたかだか30〜40年

---

126) このことは，2005年以降に発生した事象で言えば，みずほ証券による誤発注問題，元一級建築士等による耐震偽装，JR福知山線脱線事故，高等学校における世界史履修偽装（これを世界史未履修と名付けるミスリーディングな表現が意図的に濫用されています），日興コーディアル証券不適正会計処理等，日本航空ジャパン再生問題等，近時の社会事象によっても十分に確認されるところです（その他の事例については，マークス寿子著『日本はなぜここまで壊れたのか』（草思社，2006年），ジェームズ・R・チャイルズ著（高橋健次訳）『最悪の事故が起こるまで人は何をしていたのか』（草思社，2006年）等のほか，日々の新聞記事等を参照して下さい）。

程度です。社会を維持し発展させるためには，優れた人材に後事を託すことが必要です。誰もが駅伝の走者のように限られた期間しか活動できないという事実を重視すれば，現代社会に生きるわれわれは，大学教育を受けることを通じて専門職業人として固有の技術を修得し，自己の努力によって付加価値を付けてそうした技術を発展させ，さらに改良を加えた技術を次の世代へと伝える社会的責任をも担っているということになります。どの分野でどのようなかたちで社会の活動に関与するかは各自の自由（職業選択の自由）ですが，皆さんには，その意欲と能力に応じて，国の内外を問わず，社会的伝統の形成に参画する十分な機会が与えられています。とりわけ重要なのは若い人材を育てるという意味での教育界の役割の大きさです。高い志を抱き，かつ優れた能力を有する有意の青年には，いわば水源地のような上流で働く場が十分に確保されています（その典型としての教授職は何よりも自由が保障されており，また本人の意欲次第で日常的に国際的経験を積み重ねることもできるので，性別を問わず，意欲ある青年に向いています）。

　[3204]　人生は，何歳になっても，いつも学修の連続です。前述（[1211]）のように，人の生き方は，その人に固有の倫理観や人間観に規定されています。現実の社会に理想とする先人を見つけ，文学作品の中にそうした理想的人物を見つけてそうしたモデルの行動を手本とすることもひとつの生き方[127]です。そうした生き方に飽きたらず，自分なりの工夫に基づき独自性を発揮したいと思う人もたくさんいます。その場合でも，予備知識を持たずに最初から独自性を発揮できるわけではありません。予備知識を得ようとすれば，無数の情報の中から必要かつ有益なものを選び出すために不可欠の根本的判断基準を最初の時期に修得することが必要です。そのために最適の方法は，多くの先人の

---

127)　「仏語に瀉瓶という用語がある。瓶に入った水（師の教え）を，別の瓶（弟子の瓶）へ注ぎ移す。……瀉瓶はしかし，移しかえるといっても「無条件に」という条件がつく……世に言ういいとこ取りは，瀉瓶とは言わない。この伝授の仕方は，何も学問の道だけのことではない。芸の道にもそのまま通ずる。」（和田亮介氏「あすへの話題　瀉瓶」1997 年 5 月 14 日日本経済新聞夕刊 1 面参照）。

例が示す通り，読書です。すぐ役立つ「How to 物」は，社会生活を送るにあたり，必要に迫られていくらでも読む（あるいは読まざるを得ない）機会がありますし，実務に就けばみずから工夫して読み続けなければ，仕事で成果を出すことができません。新入生には，いつでも読めるような本（新書版で刊行される啓蒙書などを含む）は二の次にして，何よりもまず知識人の教養書として古くから読み伝えられてきた古典的教養書[128]と真剣に取り組まれるよう，お勧めします。

[3205] 現代は，いつでもインターネットによってたくさんの情報を得られる時代ですが，同時に，情報の量より質が重視され，固有の分析視点が求められる時代でもあります。「学歴のグローバル化」[129]が進み，どこの大学で学修したかということよりも，どれだけ質の高い学修をしてきたかが問われています。若いうちから国際社会の最前線に触れる経験を積むことも必要ですが，他方で，若いうちに「沈思黙考する」（ひとりで落ち着いてじっくりと深く考え続ける）という基礎的訓練をしておくことも必須の条件のひとつです。卒業してから，「学生時代にもっと真剣に勉強しておけばよかった」といった反省をしても，「後悔先に立たず」としか，言いようがありません。あなた自身の大切な人生航路を決定的に左右するのが，新入生が最初に経験する4月から7月までの学修方法の内容です。このことを十分に自覚して，学修を進められるよう，改めて希望致します。

[3206] 本章の記述を終えるにあたり，皆さんの一層の御活躍を祈念するとともに，日本国内だけでなく，東南アジア，中南米，アフリカ諸国などを含めて，世界中に多数存在する，向学心を持ちながらも種々の事情でその機会を得られない同世代の人々に比して，はるかに高い大学教育を受けられるという点

---

128) そうした書物は多くの出版社から多数刊行されています。最近の版として，たとえば，ミシェル・ド・モンテーニュ（宮下志郎個人訳）『エセー』（全7巻）（白水社，2005年以降）などがあります。
129) 耳塚寛明「まなび再考」2007年1月29日日本経済新聞朝刊25面。

で「恵まれた位置にいる」[130]こと（[2269], 前注97）参照）に感謝しつつ，それぞれの経験を生かしそれぞれの方法でこの『学修の基本的な技法』の改訂版[131]を作成され，あなたなりの技法を，時代や国を越えて，志ある後世の方々に対し順次伝えて下さるよう希望して止みません。

---

[130] 「あなたたちは，世界のなかで恵まれた位置にいる。熱心な先生や愛情あふれる両親のお陰で"幸運"を与えられたことを，十分認識してほしい。そして何よりも，幸運の女神がこれほど豊かに微笑んでくれたのだから，自分にはそれなりお責任があることを肝に銘じてほしい。」ジャイ・ジャイクマー「転落から高みへ」（デイジー・ウェイドマン著（幾島幸子訳）『ハーバードからの贈り物』（ランダムハウス講談社，2004年），15頁以下，24頁。

[131] 前注21）に掲げた5冊の書籍のほか，橋場剛『Life cycle—ライフサイクル～プロコーチの日記』（新風舎，2005年）など参照。橋場氏（中央大学法学部国際企業関係法学科1期生）は，アクセンチュア株式会社を経て，ビジネスコーチ株式会社の経営役員として，コーチングの分野におけるベンチャービジネスの最前線で活躍されています（橋場氏は2008年6月11日4時限目「国際ベンチャービジネスと法」のゲスト・スピーカーとして講義を担当されました。同氏は2009年度にも同様の講義を担当されました）。

付録(1) 重要用語集

　　読者の参考に資するため，特に重要な用語につき，以下に著者なりの定義を掲げました。それぞれの定義を丸暗記するのではなく，なぜそのような定義を採用するのかという点についてよく考えて下さい。

(1) 　争点：「相対立する複数の見解（解答，解決策）が存在する場面を，そうした見解の対立が明確になるような表現で示すこと」（[2106]参照）

(2) 　争点関連性の整理：「複数の争点が相互にどのような関係に立っているかを明らかにすること」（[2109][2251]）

(3) 　判断基準 α：「争点に対する複数の解答（選択肢）の間で優劣（序列順位）を決める根拠（ものさし，ルール等）」「『要件→効果』の形式で表現される」（[2112]参照）

(4) 　判断基準 α の形成基準 β：「判断基準 α に対して，判断基準たる資格（それが判断基準として認められる状態）を与える根拠（ルール），判断基準 α の成否という争点に対する答えを導く際の根拠」「β の効果は，『α の要件＋効果』という形式を採る」（[2114]参照）

(5) 　判断基準 α の適用基準 δ：「判断基準 α を用いる範囲（時間的，空間的，主観的（人的），客観的（事項的，物的）範囲など）を決める根拠（ルール）」「δ の効果は，『α を用いる』という表現を採る」（[2115]参照）

(6) 　比較の第三項：「複数の主張がともに認める共通の判断基準」「それぞれの主張をまったく含まないという意味で，両説から等距離にある，いわば第三者的な地位にある基準」（[2117]参照）

付録(2) 争点整理作業参考資料

「争点」・「基準」・「解答」三者の関係について要点を復習しましょう。

(1) 　対話の当事者2名（①および②）の間で，同一（共通）の争点Q（疑問詞型（5W1H），二者択一型（要否，可否等））をめぐり，2つの異なる解答（①Aおよび②A）が存在することがある。この状況を人は意見の相違という（この構造は，対話の参加者が3名以上の場合にも，あてはまる）。

(2) 　解答①Aを導く場合，Qと①Aとの間に，判断基準 α① が存在する。①が提示する α① の基準性を②も了承するとき，①Aおよび②Aの間では，α① が共通基準となる（α① に照らして，①Aと②Aとの間で優先順位が決定される）。このとき，α① という共通基準は，2つの異なる意見のいずれからも等距離にある第三者に相当するという意味で，「比較（を可能とするため）の第三（者的地位にある共

通）項（tertium comparationis）」と呼ばれる。この構造は，Qと②Aとの間の関係にもあてはまる。

(3) 　①が提示する $\alpha①$ の基準性を②が了承しないとき，①と②との間で，共通基準探求の努力が続けられる。②が $\alpha②$ を提示し，①が $\alpha②$ の基準性を承認すれば，2つの異なる解答（①Aおよび②A）は「解答②A」に収斂する，つまり，①Aと②Aと対立は解消する。

(4) 　②が $\alpha①$ の基準性を承認しないとき，①Aと②Aとの対立は，2つの解答を導く判断基準，$\alpha①$ と $\alpha②$ との対立へと置き換えられる（この状態は，争点の言い換えと呼ばれる）。この場合，①は②に対し，$\alpha①$ の形成基準たる $\beta①$ を提示することにより，②が $\beta①$ の基準性を承認するか否かを問う必要がある。②が $\beta①$ の基準性を承認せず，逆に，①に対して $\beta②$ を提示する場合があり得る。その場合，①は②に対してさらに $\beta①$ の根拠となる $\beta①'$ を提示する必要がある。この過程は，①と②との間で共通基準が合意されるまで反復される。

(5) 　①と②との間で，共通基準（「比較の第三項」）を見つけるためには，①も②も，当該共通基準の中に，自己の主張の内容を成す要素を一切盛り込んではならない（自説を構成する要素を盛り込むときは，両者から「等距離」にあるとは言い得ない）。この点で，①も②も，当該共通基準が，自説を構成する要素をその中に盛り込んでいないこと（同語反復に陥っていないこと）を常に確認する必要がある。

(6) 　あらゆる手段を尽くしても，①と②との間で共通基準を発見（創造）し得ないことも生じ得る。その場合，①と②との対立の解消を第三者に委ねるというやり方もあれば，対立の解消を先送りするという選択肢もある。対話の参加者が3名以上の場合において，全員が一致して「多数決での決定」という優先順位決定基準を採用していれば，①Aと②Aとの間での優先順位は構成員間での多数決により決定される（関係者全員の合意（pacta sunt servanda）が最善の方法であるのに対して，多数決による決定という方法は最善の方法ではないという意味で「何も得られないよりはましだ（better than nothing））といわれる）。

索　　引

あ行

明石海峡大橋　153
アヌビス　158
アンダーセン　174
イィーバーシァル　177
石川明　152
石原詢子　30, 82, 125
市川由紀乃　22
伊勢物語　161
１年生および２年生の
　　時期の過ごし方　331
異論　244
ウィールライト・アメリカ・インディア
　ン博物館　160
ヴェンクシュタイン　176
エーベンロート　182
エプケ　151
エリアーデ　163
演繹的方法　253
大石まどか　69
王家の谷　158
尾形光琳　161
お土産　278
オルセー美術館　185

か行

会議体そのもののまとまり　276
かきつばたと八橋　161
確実性　304
確実性を高める　305
核心を摑む力　206, 306
書く力　204, 258
学問に王道なし　317
家系図　221
価値ある意見　332
カピトリーノ美術館　159
考えながら読む　236
考える　213
感情（政策）　214
カント　209
聞く力　205, 268
聞く力と話す力の融合　205, 279
議事録　312
疑似論理　215
議事を進める力　207, 310
基礎力を蓄える　331
北川善太郎　152, 188
帰納的方法　253
疑問詞型　214
行間を補充する　238
熊野参詣　169
クラウス　177
グリム兄弟　153, 155
グリム童話　153
グレゴリウス１世　163
クレスラー　176
クロイツァー　182, 184
グロスフェルト　154, 171, 180
桑田三郎　179
グンデルト　176
経営者の視点　278
形式的争点　220
ケェーバー　176
結論　263
結論とその理由付けに当たる部分とを
　　入れ替えた文章を作成　232
研究することを教育する　201
研究能力　199, 202
ケンペル　174
原理的な問題　332
効果（法律効果）　223

甲骨文字　　167
交通路線図　　221
構文図解　　236
こおろぎ橋　　171
国際性　　324
小桜舞子　　62
コスト感覚　　282, 296
国家　　163
伍代夏子　　47, 133
ゴッホ　　185
言葉のリスク　　282
狛犬　　171
ゴルニッヒ　　151
ゴローニン　　173
コロサー　　181
コンセルヴァトーリ宮殿　　159

さ行

最高神祇官　　164
最後の審判　　158
細分化　　215
サヴィニィ　　153, 155
坂本冬美　　37
佐藤文彦　　151
猿橋　　187
参加者間での合意　　281
ザンドロック　　180
思案橋　　170
シーボルト　　174
時間管理　　296, 308
自己規律　　202
自然法則　　281
実質的争点　　220
実践以外に方法はない　　305
シッファー　　177
質問　　288

質問する力　　206, 288
指導する力　　207, 319
自分で書く内容　　241
社会行動文法　　6
社会的行動規範　　6
シャルシュミット　　177
主張する力　　206, 292
主張と論拠との間に因果関係が
　　成り立つか否か　　295
受動的な読み方　　200
樹木の枝葉　　221
循環論　　233
植民地研究所　　176
書は言を尽くさず，言は意を
　　尽くさず　　285
序論　　261
白川静　　167
進行プラン　　276
迅速性の追求　　208, 286
シンツィンガー　　177
心理　　215
人類博物館　　160
水神　　169, 171
数量的制限　　277
正確性　　304
正確性の追求　　207, 284
聖ベネゼ　　165
世界観　　211, 282, 321, 326
セザンヌ　　185
積極性　　304
積極性を高める　　305
絶対的な比較の第三項　　229
前提的争点の成否を問題視する　　247
前提を疑う　　239
専門性　　322
相互主義　　145

相思相愛　63
喪失感の克服に関する5段階説
　　　106, 112, 122, 130, 137, 139
相対的な比較の第三項　229
争点　216
争点関連性の整理　219
争点整理　326
争点整理の手法　193
争点の発見　218
争点の発見と争点関連性の整理　274
争点の補充　222

た行

対案の提示　254
大英図書館　158
体系化　215
体系性　323
太陽に掛ける橋　154
対話する力　206, 297
多岐川舞子　76, 116
男女平等　97
地球社会　191, 201, 325, 333
知的刺激　278
中心的争点の表現方法　294
稠密性の追求　208, 285
ツヴァイゲルト　180, 185
ツタンカーメン王　158
テーマ設定の仕方　294
テキスト分析　204, 266
寺崎英成　154
tertium comparationis　229
ドイツ東亜博物学民族学
　　　研究協会　176
同語反復（言い換え）　231, 232, 296
当事者意識　238
東方見聞録　174
東方旅行記　174
東洋語研究所　176
討論　301
討論する力　206, 301
トーラの冠　157
ドゴン族　160

な行

永井裕子　10, 102
中村英郎　152
二者択一型　214
Nippon　175
日本アジア学会　176
日本学ハンドブック　176
日本史　174
日本誌　175
日本の能にみる神道　176
日本幽囚記　173
人間観　209
能動的（批判的）な読み方　200
野田良之　180
ノンモ　160

は行

ハイデルベルク大学　151
怪鳥（ばけどり）グライフ　155
橋占い　169
橋の夢　169
橋渡し　170
Pax optima rerum　147
発言しない参加者は討議に参加する
　　　意味も資格もない　304
話す力　205, 272
ハミッチュ　177
バランス人形　221
バルト　177

判断基準　222
判断基準 a の形成基準 β　225
判断基準 a の適用基準 γ　226
判断する力　205, 280
beam　166
比較の第三項　229, 280
ひとり演説　205, 279
批判　244, 246
批判的読書　235, 243
評価する力　207, 317
フィリップス大学　151
藤あや子　88
ブラウロック　182
ブラウン　174
プラトン　163
フランケ　176
bridge　166
Brücke　166
フロレンツ　176
文章　218
ヘーンリッヒ　180
ベルツ　176
ヘンゼルとグレーテル　155
ベンル　177
法学基礎演習（1年次）の
　　教育目標　302
法学基礎演習（2年次）の
　　教育目標　302
報告要旨　314
法文化　3
ボーナー　177
ホーライター　174
ボルク　182
本質論　332
本論　262
pont　164

Pontifex　164
Pontifex maximus　164

ま行

マールブルク大学　151, 155
マイスナー　177
マクロの次元　292
マザーグース　166
マリコ　154
マルコ・ポーロ　174
ミクロの次元　291
水の神　160
水森かおり　109
ミトラ　159
三善清行　169
ミレー　209
ミンケ　180
民族博物館　175
紫式部日記　170
女神アイリス　164
メトロポリタン美術館　160
メンクハウス　151
免罪符　165
戻り橋　169
Monumenta Nipponica　177
問題意識　261, 276
問題提起の形式　294

や行

ヤーコプ・グリム　173
ユダヤ博物館　157
要件（法律要件）　223
用語の説明　203
読む力　204, 235
読む力と書く力の融合　204, 266
より厳密（正確性，精度）　209

より細かく（稠密性，密度）　209
より早く（迅速性，速度）　209

ら・わ行

ラートブルフ著作集　180
ライン　175
ライン川を越える　164
ラミング　176
ランゲ　175
リース　176
立論　244
両性具有　160
両性平等　127
倫理　215
倫理観　209
ルイス・フロイス　174
ループレヒト・カール大学　151
ルーン文字　165
レーザー　188
レジュメ　314
ロエスレル　175
論証　234
ロンドン橋　166
論理　214
和を以って尊しとなす　20

山内 惟介
やま うち これ すけ

主要略歴
1946 年 8 月　香川県仲多度郡（現，琴平市）に生まれる。
1971 年 3 月　中央大学法学部法律学科卒業
1973 年 3 月　中央大学大学院法学研究科民事法専攻修士課程修了
1973 年 4 月　東京大学法学部助手
1977 年 4 月　中央大学法学部専任講師
1978 年 4 月　中央大学法学部助教授
1984 年 4 月　中央大学法学部教授（現在に至る）
2002 年 7 月　法学博士号取得（学位論文『国際公序法の研究』）
2007 年 3 月　ドイツ連邦共和国アレクサンダー・フォン・フンボルト財団フンボルト学術賞受賞
2012 年 11 月　名誉法学博士号取得（ドイツ連邦共和国ミュンスター大学法学部）

主要著訳書
〈単著〉
『海事国際私法の研究――便宜置籍船論――』（中央大学出版部，1988 年）
『国際公序法の研究――牴触法の考察――』（中央大学出版部，2001 年）
『国際私法・国際経済法論集』（中央大学出版部，2001 年）
『国際会社法研究 第一巻』（中央大学出版部，2003 年）
『比較法研究 第一巻　方法論と法文化』（中央大学出版部，2011 年）
『Japanisches Recht im Vergleich』（中央大学出版部，2012 年）
『21 世紀国際私法の課題』（信山社，2012 年）
『国際私法の深化と発展』（信山社，2016 年）
『比較法研究 第二巻　比較法と国際私法』（中央大学出版部，2016 年）
〈共編著〉
『ドイツ・オーストリア国際私法立法資料』（中央大学出版部，2000 年 9 月）
『中央大学・ミュンスター大学交流 20 周年記念―共演　ドイツ法と日本法』（中央大学出版部，2007 年 9 月）
〈訳書〉
グロスフェルト著『国際企業法』（中央大学出版部，1989 年）
グロスフェルト著『比較法文化論』（中央大学出版部，2004 年）（共訳者：浅利朋香）

比較法研究　第三巻
法文化の諸形相
日本比較法研究所研究叢書 (111)

2017 年 2 月 28 日　初版第 1 刷発行

著　者　山　内　惟　介
発行者　神　﨑　茂　治
発行所　中　央　大　学　出　版　部
〒 192-0393
東京都八王子市東中野 742-1
電話 042-674-2351・FAX 042-674-2354
http://www2.chuo-u.ac.jp/up/

© 2017　山内惟介　ISBN978-4-8057-0811-8　㈱千秋社

本書の無断複写は，著作権法上の例外を除き，禁じられています。
複写される場合は，その都度，当発行所の許諾を得てください。

日本比較法研究所研究叢書

№	著者	書名	判型・価格
1	小島武司 著	法律扶助・弁護士保険の比較法的研究	A5判 2800円
2	藤本哲也 著	CRIME AND DELINQUENCY AMONG THE JAPANESE-AMERICANS	菊判 1600円
3	塚本重頼 著	アメリカ刑事法研究	A5判 2800円
4	小島武司・外間寛 編	オムブズマン制度の比較研究	A5判 3500円
5	田村五郎 著	非嫡出子に対する親権の研究	A5判 3200円
6	小島武司 編	各国法律扶助制度の比較研究	A5判 4500円
7	小島武司 編	仲裁・苦情処理の比較法的研究	A5判 3800円
8	塚本重頼 著	英米民事法の研究	A5判 4800円
9	桑田三郎 著	国際私法の諸相	A5判 5400円
10	山内惟介 編	Beiträge zum japanischen und ausländischen Bank- und Finanzrecht	菊判 3600円
11	木内宜彦・M・ルッター 編著	日独会社法の展開	A5判 (品切)
12	山内惟介 著	海事国際私法の研究	A5判 2800円
13	渥美東洋 編	米国刑事判例の動向 I	A5判 (品切)
14	小島武司 編著	調停と法	A5判 (品切)
15	塚本重頼 著	裁判制度の国際比較	A5判 (品切)
16	渥美東洋 編	米国刑事判例の動向 II	A5判 4800円
17	日本比較法研究所 編	比較法の方法と今日的課題	A5判 3000円
18	小島武司 編	Perspectives on Civil Justice and ADR: Japan and the U.S.A.	菊判 5000円
19	小島・清水・渥美・外間 編	フランスの裁判法制	A5判 (品切)
20	小杉末吉 著	ロシア革命と良心の自由	A5判 4900円
21	小島・清水・渥美・外間 編	アメリカの大司法システム(上)	A5判 2900円
22	小島・清水・渥美・外間 編	Système juridique français	菊判 4000円

日本比較法研究所研究叢書

23	小島・渥美・清水・外間 編	アメリカの大司法システム(下)	A5判 1800円
24	小島武司・韓相範 編	韓国法の現在(上)	A5判 4400円
25	小島・渥美・川添・清水・外間 編	ヨーロッパ裁判制度の源流	A5判 2600円
26	塚本重頼 著	労使関係法制の比較法的研究	A5判 2200円
27	小島武司・韓相範 編	韓国法の現在(下)	A5判 5000円
28	渥美東洋 編	米国刑事判例の動向 III	A5判(品切)
29	藤本哲也 著	Crime Problems in Japan	菊判(品切)
30	小島・渥美・清水・外間 編	The Grand Design of America's Justice System	菊判 4500円
31	川村泰啓 著	個人史としての民法学	A5判 4800円
32	白羽祐三 著	民法起草者穂積陳重論	A5判 3300円
33	日本比較法研究所 編	国際社会における法の普遍性と固有性	A5判 3200円
34	丸山秀平 編著	ドイツ企業法判例の展開	A5判 2800円
35	白羽祐三 著	プロパティと現代的契約自由	A5判 13000円
36	藤本哲也 著	諸外国の刑事政策	A5判 4000円
37	小島武司他 編	Europe's Judicial Systems	菊判(品切)
38	伊従寛 著	独占禁止政策と独占禁止法	A5判 9000円
39	白羽祐三 著	「日本法理研究会」の分析	A5判 5700円
40	伊従・山内・ヘイリー 編	競争法の国際的調整と貿易問題	A5判 2800円
41	渥美・小島 編	日韓における立法の新展開	A5判 4300円
42	渥美東洋 編	組織・企業犯罪を考える	A5判 3800円
43	丸山秀平 編著	続ドイツ企業法判例の展開	A5判 2300円
44	住吉博 著	学生はいかにして法律家となるか	A5判 4200円

日本比較法研究所研究叢書

45	藤本哲也 著	刑事政策の諸問題	A5判 4400円
46	小島武司 編著	訴訟法における法族の再検討	A5判 7100円
47	桑田三郎 著	工業所有権法における国際的消耗論	A5判 5700円
48	多喜 寛 著	国際私法の基本的課題	A5判 5200円
49	多喜 寛 著	国際仲裁と国際取引法	A5判 6400円
50	眞田・松村 編著	イスラーム身分関係法	A5判 7500円
51	川添・小島 編	ドイツ法・ヨーロッパ法の展開と判例	A5判 1900円
52	西海・山野目 編	今日の家族をめぐる日仏の法的諸問題	A5判 2200円
53	加美和照 著	会社取締役法制度研究	A5判 7000円
54	植野妙実子 編著	21世紀の女性政策	A5判 (品切)
55	山内惟介 著	国際公序法の研究	A5判 4100円
56	山内惟介 著	国際私法・国際経済法論集	A5判 5400円
57	大内・西海 編	国連の紛争予防・解決機能	A5判 7000円
58	白羽祐三 著	日清・日露戦争と法律学	A5判 4000円
59	伊従・山内・ヘイリー・ネルソン 編	APEC諸国における競争政策と経済発展	A5判 4000円
60	工藤達朗 編	ドイツの憲法裁判	A5判 (品切)
61	白羽祐三 著	刑法学者牧野英一の民法論	A5判 2100円
62	小島武司 編	ADRの実際と理論 I	A5判 (品切)
63	大内・西海 編	United Nation's Contributions to the Prevention and Settlement of Conflicts	菊判 4500円
64	山内惟介 著	国際会社法研究 第一巻	A5判 4800円
65	小島武司 編	CIVIL PROCEDURE and ADR in JAPAN	菊判 (品切)
66	小堀憲助 著	「知的(発達)障害者」福祉思想とその潮流	A5判 2900円

日本比較法研究所研究叢書

67	藤本哲也 編著	諸外国の修復的司法	A5判 6000円
68	小島武司 編	ＡＤＲの実際と理論 Ⅱ	A5判 5200円
69	吉田豊 著	手付の研究	A5判 7500円
70	渥美東洋 編著	日韓比較刑事法シンポジウム	A5判 3600円
71	藤本哲也 著	犯罪学研究	A5判 4200円
72	多喜寛 著	国家契約の法理論	A5判 3400円
73	石川・エーラース グロスフェルト・山内 編著	共演 ドイツ法と日本法	A5判 6500円
74	小島武司 編著	日本法制の改革：立法と実務の最前線	A5判 10000円
75	藤本哲也 著	性犯罪研究	A5判 3500円
76	奥田安弘 著	国際私法と隣接法分野の研究	A5判 7600円
77	只木誠 著	刑事法学における現代的課題	A5判 2700円
78	藤本哲也 著	刑事政策研究	A5判 4400円
79	山内惟介 著	比較法研究 第一巻	A5判 4000円
80	多喜寛 編著	国際私法・国際取引法の諸問題	A5判 2200円
81	日本比較法研究所編	Future of Comparative Study in Law	菊判 11200円
82	植野妙実子 編著	フランス憲法と統治構造	A5判 4000円
83	山内惟介 著	Japanisches Recht im Vergleich	菊判 6700円
84	渥美東洋 編	米国刑事判例の動向 Ⅳ	A5判 9000円
85	多喜寛 著	慣習法と法的確信	A5判 2800円
86	長尾一紘 著	基本権解釈と利益衡量の法理	A5判 2500円
87	植野妙実子 編著	法・制度・権利の今日的変容	A5判 5900円
88	畑尻剛 工藤達朗 編	ドイツの憲法裁判 第二版	A5判 8000円

日本比較法研究所研究叢書

89	大村雅彦 著	比較民事司法研究	A5判 3800円
90	中野目善則 編	国際刑事法	A5判 6700円
91	藤本哲也 著	犯罪学・刑事政策の新しい動向	A5判 4600円
92	山内惟介／ヴェルナー・F・エブケ 編著	国際関係私法の挑戦	A5判 5500円
93	森勇／米津孝司 編	ドイツ弁護士法と労働法の現在	A5判 3300円
94	多喜寛 著	国家（政府）承認と国際法	A5判 3300円
95	長尾一紘 著	外国人の選挙権 ドイツの経験・日本の課題	A5判 2300円
96	只木誠／ハラルド・バウム 編	債権法改正に関する比較法的検討	A5判 5500円
97	鈴木博人 著	親子福祉法の比較法的研究 I	A5判 4500円
98	橋本基弘 著	表現の自由 理論と解釈	A5判 4300円
99	植野妙実子 著	フランスにおける憲法裁判	A5判 4500円
100	椎橋隆幸 編著	日韓の刑事司法上の重要課題	A5判 3200円
101	中野目善則 著	二重危険の法理	A5判 4200円
102	森勇 編著	リーガルマーケットの展開と弁護士の職業像	A5判 6700円
103	丸山秀平 著	ドイツ有限責任事業会社（UG）	A5判 2500円
104	椎橋隆幸 編	米国刑事判例の動向 V	A5判 6900円
105	山内惟介 著	比較法研究 第二巻	A5判 8000円
106	多喜寛 著	STATE RECOGNITION AND *OPINIO JURIS* IN CUSTOMARY INTERNATIONAL LAW	菊判 2700円
107	西海真樹 著	現代国際法論集	A5判 6800円
108	椎橋隆幸 編著	裁判員裁判に関する日独比較法の検討	A5判 2900円
109	牛嶋仁 編著	日米欧金融規制監督の発展と調和	A5判 4700円
110	森光 著	ローマの法学と居住の保護	A5判 6700円

＊価格は本体価格です。別途消費税が必要です。